汪桂平 主编

# 中国本土宗教研究

STUDIES OF
CHINESE
INDIGENOUS RELIGIONS

【第三辑】

社会科学文献出版社
SOCIAL SCIENCES ACADEMIC PRESS (CHINA)

# 《中国本土宗教研究》编辑委员会

**主 办** 中国社会科学院世界宗教研究所道教与民间宗教研究室
**顾 问** （排名不分先后）

马西沙　小林正美　王宜峨　王　健　卢国龙　吕锡琛
朱越利　刘仲宇　许抗生　孙亦平　孙　波　李远国
杨立志　张泽洪　陈耀庭　陈　静　林国平　卓新平
郑筱筠　赵文洪　Kristofer M. schipper（施舟人）
贾　俐　曹中建　韩秉芳　熊铁基　樊光春　黎志添

**主　编** 王　卡　汪桂平
**副主编** 李志鸿
**编辑部** 王皓月（主任）　刘　志　林巧薇　胡百涛
**编　委** （排名不分先后）

山田俊　王　卡　尹志华　刘固盛　刘　屹　刘　迅
刘永明　李志鸿　何建明　汪桂平　张广保　陈　霞
郑　开　赵卫东　赵　伟　赵法生　赵　敏　姜守诚
袁清湘　郭　武　黄永锋　萧霁虹　梅　莉　章伟文
盖建民　程乐松　谢世维　强　昱　雷　闻　谭德贵

# 目 录

## 理论前沿

重新认识道教与民间信仰在当代社会中的作用 …………… 詹石窗　张　雷 / 3

中国宗教的二元论或多元论 ………………………………………… 王宗昱 / 10

论唐玄宗李隆基援佛释《老》的诠释思想 ………………………… 吕锡琛 / 20

论中国本土宗教的士绅化倾向
　　——以陆西星在江南传播的内丹学为例 ………………………… 孙亦平 / 29

## 经典解读

《金丹大要》现存版本系统及成书过程考述 ………………… 盖建民　刘雪涛 / 43

"炼道入圣"与宋元道教"度人"方式之变迁 …………………… 郭　武 / 60

明清仙解《老子》再论 ……………………………………………… 刘固盛 / 70

诗文证史：试述清代诗文集对道教研究的重要价值 ……………… 尹志华 / 82

宋元清微雷法与诸家雷法关系异同析 ……………………………… 王　驰 / 94

道教法箓的神学基础及其传授史论略 ……………………………… 张兴发 / 105

## 历史钩沉

陈抟师承、著述考辨 ………………………………………………… 张广保 / 127

明初武当道士内丹修炼考略 ………………………………… 杨立志 / 140
全真道社会角色的变迁
　　——以青州驼山昊天宫为例的考察 ………………………… 赵卫东 / 155
全真南北两宗之外、与钟离权相关的道教人物、道派承传之探讨 …… 章伟文 / 170
"道观"名义初考 ……………………………………………… 蔡林波 / 179
道教礼仪的宗天礼教渊源略探 ………………………………… 易　宏 / 185
内丹术与明代士人社会 ………………………………………… 张　方 / 213

## 田野调查

长春派道士墓群、墓塔遗迹的守护与弘传 ………… 萧霁虹　兰胜波 / 229
南台湾灵宝道派填库科仪中的"十月怀胎"歌 ………………… 姜守诚 / 252
唐代昊天观历史与现状考察 …………………………………… 高叶青 / 268

## 区域聚焦：河南道教

北宋东京道教的初步考察 ……………………………… 张泽洪　施　义 / 281
从文物和遗迹看武则天的道教信仰 ……………………… 张得水　黄林纳 / 293
潘师正生平考述 ………………………………………………… 汪桂平 / 306

# 理论前沿

# 重新认识道教与民间信仰在当代社会中的作用

詹石窗　张　雷

**内容摘要**：如何评估道教与民间信仰在当代社会中的作用？这个问题攸关社会治理，也攸关宗教管理条例的具体实施。以往虽然有不少文章涉及这个问题，但依然有再深入探讨的必要。首先应该把道教与民间信仰当作中国本土宗教整体来看待；其次，要从历史文化传承在民俗中的积淀入手进行多方面考察，看到民族性格蕴含的道教与民间信仰精神，发掘其思想主张、修持法门对于当代健康人格培育的作用。

**关键词**：道教　民间信仰　传统文化　社会治理

**作者简介**：詹石窗，1954年生，哲学博士，四川大学道教与宗教文化研究所教授。张雷，四川大学道教与宗教文化研究所中国哲学专业博士研究生。

## 一　道教与民间信仰研究的基本走向

### （一）道教与民间信仰研究基本情况

道教与民间信仰[①]作为中华民族多元文化传统的重要组成部分，也是宗教学、民俗学等领域关注的主要课题，尤其是20世纪80年代以来，关于二者的研究可谓层出不穷。道教研究领域，经过近四十年的发展，在研究机构、人才培养、学术刊物以及项目成果等方面成绩斐然。在研究方法上，道教研究"较长一段时间内以文献学、

---

① 关于民间信仰的定义，目前学术界存在不同的看法：部分学者否定"民间信仰"的宗教属性，认为"民间信仰"不属于"宗教"范畴，但也有不少学者认为"民间信仰"本质上就是宗教，在概念使用上往往将"民间信仰"和"民间宗教"等同，还有第三种观点认为对民间信仰的界定不必太精确，不妨模糊一点，会更有利于研究的进行。笔者认为，"民间信仰"和道教都是中国本土宗教整体的一部分，只有从中国本土宗教的整体视野出发，才能更好地理解道教与"民间信仰"的关系。鉴于学界存在的分歧，本文在引用某位学者的观点时，尊重其原有的提法，而在一般的讨论中则称其为"民间信仰"。

哲学和历史学的方法为主，之后积极吸纳其他学科的具体研究方法，呈现出海纳百川的态势"①。可以说，道教研究在经历了一段低谷之后，在近四十年间走向全面复兴，越来越受国内外学术界关注。

同一时期，民间信仰研究也迎来了一个全面复兴与发展的新阶段，在多个领域取得了丰富的成果。但是与道教研究相比，民间信仰研究由于内涵的丰富性和研究方法的多元性，则表现出更为复杂的特点。作为根植于百姓生活的文化传统，民间信仰以其顽强的生命力延续至今，更呈现出复苏的态势，已经成为中华民族多元文化的重要内容。因此，民间信仰也越来越成为各人文社会学科共同关注的社会现象和历史现象，在宗教学和民俗学之外，人类学、民族学、历史学、社会学、艺术学、文化遗产学等也积极参与到民间信仰研究当中。多学科的介入，为民间信仰研究注入了新的活力，有力地推动了民间信仰研究的发展，但是也应该看到，这种介入，彼此缺少必要的沟通，故而难以从整体上把握民间信仰的内涵、发展态势。

还有一点需要指出的是，尽管学术界在道教研究和民间信仰研究领域都取得了长足的进展，但是道教和民间信仰的关系仍然是学术界关注的一个重要问题。这一问题不仅涉及民间信仰的定义，也涉及民间信仰与宗教的关系，目前在学术界仍然存在很多争议，尚未达成共识。不过，可以肯定的是，学术界普遍认为道教和民间信仰存在密切的联系，二者内涵不同，却又彼此互相影响、联系紧密。

## （二）道教与民间信仰研究的不同走向

第一，道教研究和民间信仰研究各有侧重。

综观数十年来的道教研究与民间信仰研究，二者在研究方法和路径上可以说各有侧重。总的来说，在道教研究领域，以历史脉络梳理、文献考证居多；在民间信仰研究领域，实地调查居多。尽管这一时期的道教研究，在学术方法上实现了从单一到多元化的转变，通过数十年的努力，建立起了道教研究较为完整的学科体系，但是总的趋势仍是以历史学、文献学研究为主。这一特点在早期体现得更为明显，出现了一大批通史、断代史和专题类著作。此后，道教研究方法逐渐丰富，从卿希泰先生的治学轨迹就可看出这种方法上的转变。先生"从哲学史方法，转向文化人类学的方法，转向社会学的方法"，在历史研究和文献研究的道路之外，不断拓展道教研究的视野

---

① 詹石窗：《改革开放四十年来的道学研究》，《中国宗教》2018年第10期，第12~15页。

和方法。

与道教研究相比，民间信仰研究则呈现出完全不同的走向。20世纪80年代初，民间信仰研究的复兴首先是在民俗学界开始的。由于受到民俗学研究视野的影响，民间信仰研究在研究方法和研究范式上，逐渐向民俗学靠拢，实地调查等民俗学研究方法逐渐成为民间信仰研究的重要范式。同时，由于民俗学、社会学、人类学等学科的关注，民间信仰研究呈现出复杂而多元的特点，宗教学和历史学对民间信仰的关注反而略显不足。这一时期，在民俗学研究方法和范式的指导下，民间信仰研究取得了一系列重要的成果，大量的民俗学调查成果为民间信仰研究积累了丰富的资料。

应该看到，西方宗教学研究的方法论对道教与民间信仰研究有着深刻影响。

宗教学这一学科起源于西方，长期以来中国的宗教学研究，特别是民间信仰研究，深受西方学科理论和研究方法的影响。我们不能否认，西方宗教学理论和研究方法，曾经在很长一段时期内对中国宗教学研究起到了重要的推动作用，但是随着中国宗教学和民间信仰研究的不断深入，西方宗教学理论和研究方法的一些问题也逐步呈现出来。西方许多宗教理论，主要是建立在基督宗教文化基础之上，面对中国多元丰富的宗教信仰，其解释力和操作性也就无法达到真正圆融的状态。

主流西方宗教学理论一般认为，一种宗教必须具备教义、教规、仪式和信众组织等构成要素。以此来看中国的宗教和民间信仰，似乎很难完全套用西方的宗教学理论，若刻意为之未免削足适履。同时，有学者指出西方宗教学研究对宗教概念的定义，大都隐含"潜在二元论"的假设[1]，这是需要引起中国学者注意的。在西方宗教学理论中，宗教与世俗二元对立的划分，并不符合中国的历史事实，中国的宗教信仰与世俗生活可以说是密不可分的。很长一段时期，由于受西方宗教理论的影响，人们对中国宗教信仰的认识存在一些偏差，尤其是民间信仰在长时期内被认为是封建迷信，是一种未发展成宗教的落后信仰形态。因此，在这一理论认识的影响下，宗教学领域对民间信仰的关注和研究往往不够充分，存在一定程度的忽视。20世纪90年代之后，欧美学界尤其关注中国民间信仰，但主要是将其作为社会学、人类学、民俗学等学科研究的对象。

---

[1] 张志刚：《关于中国民间信仰研究的若干思考》下，《中国民族报》2018年8月21日，第6版。

### （三）存在问题：道教与民间信仰研究的分离

通过对四十年来道教和民间信仰研究的梳理，可以发现道教研究和民间信仰研究总体上沿着两条不同的路径在走，尽管二者在历史和现实中存在着紧密的联系，但是道教和民间信仰研究在整体上却处于一个分离的境地。

造成这种分离的原因是多方面的。首先，由于西方宗教学理论和研究方法的影响，长期以来宗教学研究对民间信仰有所忽视，缺少深入系统的研究和梳理。其次，这与民间信仰的复杂内涵有关，因为民间信仰的内涵过于庞杂，学界对其定义一直存在争议。不同的学者从宗教学、民俗学等学科视野出发，对民间信仰的概念进行阐发，但共识有限。再者，这也与中国宗教学研究的发展历程有关，国内道教研究真正的复兴与发展也只是近四十年来的事情，由于起步晚、基础薄弱，这段时期道教研究主要致力于自身学科体系的构建。但是随着学术研究的不断深化，道教与民间信仰的关系已经成为一个无法回避的话题，可以说道教与民间信仰研究的分离，在某种程度上已经成为影响道教研究乃至中国宗教学研究向更深远发展的障碍。

目前，民间信仰研究吸引了包括宗教学、民俗学、人类学、社会学、历史学等众多学科的关注，这种重视可以说是前所未有的。这是由民间信仰内涵的复杂性与多元性决定的，也致使民间信仰研究呈现出多学科交叉的特点。但是，这一繁荣的背后，也隐含着肢解民间信仰研究完整性的危险。由于长期以来在认识上的偏差，民间信仰并未被正式纳入宗教管理体系之内。时至今日，社会上仍然存在把"民间信仰"与"封建迷信"画等号的认识。为了克服这一分离的现状，首先应该把道教与民间信仰当作中国本土宗教整体来看待；其次要从历史文化传承在民俗中的积淀入手进行多方面考察，看到民族性格蕴含的道教与民间信仰精神的融通，这对于我们强化民间信仰研究、全面认识中华民族传统文化、重塑中国宗教观有着重要意义。

## 二 应该把道教与民间信仰当作一个整体来把握

### （一）从历史角度看道教与民间信仰的不可分离性

道教和民间信仰，根植于中华民族传统文化漫长的发展历程之中，可以说彼此之间存在着千丝万缕的联系。道教作为中国土生土长的宗教，是在中华民族传统文化的土壤中孕育出来的,在其产生和发展的过程中吸收了大量的民间信仰,并且保留了许多原始巫术和民间信仰形态。道教在正式形成之前,是作为一种民间宗教的形态存在于众多民间信仰之中的。随后在魏晋之间不断改造和充实的基础上,在吸收了大量民间信仰之后,才实现了由一个地方民间宗教变成具有独立品格和广泛影响的全国性宗教。尽管此后道教得以摆脱民间宗教的身份,但是其与民间宗教和民间信仰的联系从未中断。二者在崇奉的神祇方面,仍然存在很多重合和相似之处。

魏晋之后,道教实现了上层化改革,与民间信仰在形式上有所区别。但是作为道教生存与发展的文化土壤和基层力量,民间信仰与道教之间并没有完全割裂。道教一直没有放弃对民间信仰的吸收①,并以此来丰富自己的信仰体系,扩大其在民众间的影响力。民间信仰作为老百姓自发的神灵崇拜,其信奉的神灵也大多要在道教神仙体系中寻找出身,以此来提高神灵的地位,进而获得更为权威的认同。民间信仰因其普遍性,有着广泛的群众基础和人员构成,并且这种信仰蕴含了最为基础的宗教意愿、宗教情感,可以说为道教提供了众多的信众来源,是道教形成、传播和发展的重要支撑。明清以降,道教组织在一定程度上的确衰落,但民间信仰却呈现出蓬勃的发展趋势。这一时期,道教对民间信仰进行了新的吸纳,也有道士参与到民间教派组织中,二者的交融也更为明显。

(二)从现实角度看道教与民间信仰的交融性

道教和民间信仰的交融,不仅存在于历史时期,经过世代延续的传承,在现实世界中也同样存在紧密的联系。明清以后,道教与民间信仰的融合更为明显,彼此之间的区别和差异也逐渐减少。改革开放以来,随着思想解放和文化政策的转变,道教和民间信仰都呈现复苏之势,并且保持了历史上这种交融发展的态势。

由于道教和民间信仰共生于中华民族传统文化之中,二者在神祇、组织、修持等方面,有着千丝万缕的联系,可以说你中有我我中有你。近年来民间信仰研究领域大量的实地调查资料显示,历史上道教和民间信仰的这种交融得以延续至今,民间信仰所崇奉的神灵,大都能在道教信仰体系内找到其出身,二者崇奉同一神灵的现象并不少见。

---

① 参见刘仲宇《道教对民间信仰的收容和改造》,《宗教学研究》2000年第4期,第41~43页。"为了给吸纳民间信仰的部分神灵制定理论上、教义上的依据,道门中编制了某些专门的条例。比如较早有女青鬼律,后来又演变出多种为鬼神的升迁、奖惩所拟订的条例。"

## 三 道教与民间信仰社会作用再探讨

### （一）道教与民间信仰的交融是自然形成的文化生态

"中国的民间宗教与道教有同生共长的连体关系。"① 在道教和民间信仰的发展历程中，二者之间互相交融渗透，是自然形成的文化生态。首先，道教和民间信仰有着共同的文化基础。虽然在早期民间信仰的文化土壤中，道教逐渐上升为独立的宗教形式，但是二者共同存在于中华民族的文化传统之中，可以说道教的基础在民间。其次，道教和民间信仰，因其在宗教学意义上的共通之处，二者在神祇、组织、戒律、修持等方面有着千丝万缕的联系。最后，这种紧密的联系，决定了道教和民间信仰处于一个共生的体系之内，这种文化生态与百姓生活息息相关。

### （二）道教与民间信仰的交融是中华民族多元融合文化基因的体现

道教作为勾连上层社会与下层百姓生活的宗教，有着相对严格的教义和组织形式，但是作为道教文化土壤的民间信仰，却具有身份丰富的包容性，并不断为道教提供新的血液。二者的交融，一方面保持了道教作为制度宗教的权威性和神圣性，另一方面借助民间信仰的包容性而不断吸收新的因素和力量。可以说二者的交融共生，正是中华民族多元融合文化基因的体现。

值得注意的是，道教与民间信仰虽然联系紧密，但是二者在交融共生中又各有侧重，"中国民间崇奉之道教神祇，道观专职羽士自不待言。而民间则自有其普遍发展重点，颇与正宗道教有所轻重"②。可以看出，道教遵奉的神祇，在民间信仰中并没有居于主要地位。民间信仰因其地域的分散性和信仰的灵活性，在神祇选择上较道教更为丰富。尤其是民间信仰在地域上的分散性和差异性，为多元文化的发展提供了更为广阔的空间。

### （三）道教与民间信仰的交融承载中华民族生生不息的精神动力

道教蕴含的价值取向、道德诉求以及美好愿景，塑造了中华民族的部分品格。民

---

① 马西沙、韩秉方：《中国民间宗教史》，上海人民出版社，1992，第1页。
② 王尔敏：《明清时代庶民文化生活》，岳麓书社，2002，第14页。

间信仰与人们的生活息息相关，世代延续，是中华民族传统文化的基本元素和重要组成部分。道教与民间信仰一起，构成了民众精神生活的重要内容，二者的交融也为中华民族的延续发展提供了不可替代的内在动力。一方面，道教与民间信仰的交融，在现实生活中为人们提供了独特的精神支撑。当面对生活中的坎坷与困难，抑或是面对生存的难题时，人们就会借助信仰的力量，来调节情绪，寄托对美好生活的期望。道教和民间信仰正好扮演了这样一个角色，根植于人们的日常生活之中，向人们传授修持的法门和追求幸福生活的方法。另一方面，道教与民间信仰互相交融，根植于中华民族多元文化传统的土壤之中，具有深厚的文化内涵。这种精神和信仰的力量，对于传承民族文化、塑造民族性格有着不可忽视的作用。

（四）道教与民间信仰的交融，维系着社会的稳态结构

首先，道教与民间信仰的交融，使宗教教义中以和为贵、劝人向善、道法自然以及避祸祈福等朴素追求深入人心，成为广大民众一种基本的精神诉求。道教在追求长生的同时，也追求社会和谐。可以说，道教教义所推崇的众多理念，在当今社会对于维持社会和谐和稳定仍有重要的价值。这些理念，又通过道教与民间信仰的交融，在广大民众中传播开来，与人们朴素的避祸祈福心理一起，构成了积极向善的社会人生观。以神的名义劝善惩恶，加强人们的道德约束、道德意识，使人不敢胡作非为，有益于潜移默化地移风易俗，于此，它是可以发挥难以估量的作用的。

其次，民间信仰作为中华民族文化传统的重要组成部分，是各民族、各地区历史文化的记录和反映。但是，由于民间信仰在地域上的分散性和差异性，难以形成共有的文化合力。只有将道教和民间信仰当作中国本土宗教整体来看待，从历史文化传承在民俗中的积淀入手进行多方面考察，看到民族性格蕴含的道教与民间信仰精神，才能以此为纽带更好地挖掘道教和民间信仰交融之中共同的文化精神。包括道教和民间信仰在内的中国本土宗教信仰，是强化文化认同的重要力量，从整体的视野来审视道教和民间信仰的交融，对于形成文化认同、增强民族凝聚力，有着积极作用。

# 中国宗教的二元论或多元论

王宗昱

---

**内容摘要**：作者肯定《金泽》一书对中国宗教多元论视角做出的贡献，就中国宗教的特征和某些论题提出一些个人意见。作者对所谓"私祀"一词的使用进行历史考察，并且列举了和私祀并列使用的若干名词。这些名词大多出现在清代地方志中。地方志在描述祀典以外宗教形态的时候没有简单划出官方民间的二元分野。作者就血祭现象做了初步探讨，使用了南方民间血祭习俗的田野考察资料，认为这些血祭的辟邪性质和儒家的血食飨神有区别。至于儒家的血食飨神是否对于远古血祭辟邪有所改造还有待考察。这些讨论会涉及中国宗教的共通性和多样性。

**关键词**：私祀　血祭

**作者简介**：王宗昱，北京大学哲学系教授。

---

李天纲教授的《金泽》一书是新近问世的中国宗教研究的重要成果。已经有几位同行发表了评论，本文仅就两个问题谈一些本人的看法。李教授的著作是在田野考察的基础上完成的。本文只是撷拾零碎或者空谈玄理，更多的是综合了学术界的论点作为评论李教授著作的参考。

## 一　祀典、淫祀和私祀

《金泽》一书的第三、四两章的题目分别是"祀典"和"私祀"。在第三章里面有一个小节的题目是"祀典和淫祀"。我认为《金泽》对私祀问题的讨论推动了中国民间宗教的研究，值得海内外同行参考。然而，《金泽》一书也不能摆脱学术界的成见，所以还是有必要就祀典和淫祀问题做讨论。本文题目所云二元多元者就是希望突破旧范畴，推动同行就李教授的新视野做出积极的反应。

学术界关于祀典和淫祀的研究已经有大量的成果，我只是注意过皮庆生、雷闻、蔡宗宪等人的论著①，他们在辨名析理或考证史实方面为同行的深入研究提供了坚实的基础。根据他们的溯源，我们知道所谓"祀典""淫祀"都是古代贵族处理内部宗教事务的术语，它们的适用空间是很有限的。简单地说，它们最初并不适用于贵族以外的异教。《汉书·地理志》介绍楚地风俗时说那里"重淫祀"，这里使用这一术语的意思当然和《礼记》有了区别。东汉中央派到地方为官的第五伦、宋均这类强势人物有禁止淫祀的政绩。《旧唐书》记载："吴楚之俗多淫祠，仁杰奏毁一千七百所②，唯留夏禹、吴太伯、季札、伍员四祠。"狄仁杰仅仅许可四种信仰是合法的。这显然是以地方信仰为敌。雷闻更看重中央政府或者儒生对地方宗教的容忍乃至承认。皮庆生更多地考察了中央对地方宗教的政治性打击。杨建宏也比较多地从政治博弈的角度考察了中央和地方之间的宗教关系。③ 历史学家或许比宗教学家更多地看到中国的宗教关系和政治关系是多元框架下的关系。目前的研究不够深入，给我的印象比较深的是中央与地方的二元架构。《金泽》一书对于"私祀"的讨论或许在试图建立多元架构。在肯定《金泽》价值的基础上④，我还想就这个"私祀"问题做些探讨。

私祀这个词很早就出现了，而且和政府的宗教政策有密切关系。据沈约《宋书》记载，诸葛亮去世以后，刘禅迟迟没有为他立庙，老百姓就在民间"私祭"。习隆等人上奏说："亮德范遐迩，勋盖季世。兴王室之不坏，实斯人是赖。而烝尝止于私门，庙象阙而莫立，百姓巷祭，戎夷野祀，非所以存德念功，述追在昔也。今若尽从人心，则渎而无典。建之京师，又逼宗庙。此圣怀所以惟疑也。愚以为宜因近其墓，立之于沔阳，使所属以时赐祭。凡其故臣欲奉祠者，皆限至庙。断其私祀，以崇正礼。"⑤ 臣子们认为官方应该祭祀诸葛亮，但是又不能让这个礼节压过宗庙。奏章批评了民间祭祀，没有文字记载如何"断其私祀"。这段文字里面的私祀是相对"正

---

① 皮庆生：《宋代民众祠神信仰研究》，上海古籍出版社，2008；雷闻：《郊庙之外——隋唐国家祭祀与宗教》，生活·读书·新知三联书店，2009；蔡宗宪：《淫祀、淫祠与祀典》，《唐研究》第十三卷，北京大学出版社，2007。
② "一千七百"指的是祠庙的数目还是祠祀对象的数目还不能确定。蔡宗宪认为"淫祀"一词起初与"淫祠"同义，后来逐渐指向庙宇。这个考察值得重视。本文暂不做这个区分。
③ 杨建宏：《略论宋代淫祀政策》，《贵州社会科学》2005年第3期，第150页。
④ 王健认为私祀是祀典与淫祀之外民间神灵的第三种生存方式。见其论文《祀典、私祀与淫祀：明清以来苏州地区民间信仰考察》，《史林》2003年第1期，第52页。王健还有《利害相关：明清以来江南苏松地区民间信仰研究》一书（上海人民出版社，2010）。
⑤ 引自《宋书》第十七卷，四库全书电子版。宋人胡寅《斐然集》把"所属"改为"所亲属"。无从考证。

礼"说的，是指非官方的礼仪。私祀亵渎了诸葛亮的光辉形象，也没有礼典依据。这个正礼主要是为方便"故臣"祭祀诸葛亮。总之，正礼不向百姓开放，因此"断其私祀"也并非针对民间。民间祭祀诸葛亮到清代仍然有。①

检索《四库全书》，私祀只有几十个用例，而出自诸葛亮这个故事的有十几条。不计诸葛亮这个例子，其他的用例可以分为两类。一类是在儒教的范畴内把家祭称为私祀；另一类是指非官方的典礼，或者是没有列入祀典的祭祀。北宋英宗时候朝廷讨论如何规定对于英宗父亲赵允让的祭礼。范百禄奏云："大宗隆，小宗杀。宗庙重，私祀轻。礼也。"②适逢发生水灾，范百禄就进一步得出结论说："礼一悖，则人心失而天意睽，变异所由起也。"范百禄说的私祀在这里显然指的是家祀。英宗是继承仁宗的大统，他礼拜父亲赵允让就是私祀。

洛阳有理学家二程兄弟及其父亲的墓地。宣德年间，有官员发起重新修葺了墓地祠堂，并邀请宰相杨荣写了《重修河南程氏三先生墓祠记》③。杨荣追述了魏了翁奏请朝廷将二程兄弟从祀孔庙的缘由。"此天下之通祀也。天下通祀，则祠墓不立可也。而墓又有祠。盖墓祠则犹庙祭，一家之私祀也。通祀以道统之传，惟二先生得与其列。私祀则推其所自出，而开国公择师教子之贤，是不可泯也。揆之于礼，殆亦弗畔矣。"杨荣对于这个墓地的祠堂是否合礼还有支吾闪烁的口气。为何如此，我目前还没有能力考察。作者强调这是家祭，或许是刻意缩小这个活动的意义。

可是，目前我找到的家祀例子只有这一个。此外也有几个著名人物的祠堂在重修过程中有后裔参与，不过主持人不是后裔。他们说到的私祀主要还不是家祭，而是指非官方的典礼，或者是没有列入祀典的祭祀。比杨荣稍晚的邵宝的文集里有几个例子可以供我们比较。北宋文学家秦观的第十九代孙在无锡为秦观新建了祠堂，"岁举私祀于堂"。邵宝前去拜谒，写下了《淮海秦先生祠堂记》④。无锡原有崇奉南宋宰相李纲的祠堂，正德年间有乡里人发起重建。这个祠堂是附属在佛寺之下的，以前有乡里人陆氏捐献田地供给祭祀之费用，重建人又增加了十三亩田产，"与陆氏所舍同隶寺

---

① 嘉庆年间住持沔阳武侯祠的道士李复心编撰了《忠武祠墓志》一书。书中记载了沔阳民间祭祀诸葛亮的风俗："武侯墓祭期每年清明节前后，演剧三四日，亦里中社会也。是日，百货俱集。南郑、城固、褒城之人赛神者甚众。""邑人称庙曰爷庙，称墓曰爷坟。除水旱灾疫必祷外，或妯娌口角，夫妇不睦，以至鸡鸭琐事，亦哭于侯之位前。"参见王宗昱《清代汉中地区的全真道》，收入刘凤鸣主编《丘处机与全真道》，中国文史出版社，2008。
② 见《宋史》第三三七卷《范镇传》。
③ 见杨荣《文敏集》卷十。
④ 见邵宝《容春堂续集》卷十。

僧，为春秋私祀之需"。"顾未有主献者。君子谓宜谋于公之族裔焉"。这个私祀有三个要素：乡里人发起，托管在寺庙里，请李姓人作为子孙来献礼。邵宝特别提到"时寺僧可清等奉祠事"。或许春秋祭祀还有儒教的色彩，但是这个私祀有浓厚的佛教氛围。在《道南书院记》①里，邵宝讨论到私祀和公祀的问题。理学大家杨时曾经在常州讲学，他去世不久就有祭祀他的祠堂。明朝嘉靖年间，有官员创办书院，书院内也有祭祀杨时的祠堂。"徒祠无祀可乎？徒祠而无祀是浮屠老子之宫也。虽然，私祀可，公祀不可。公祀何为而不可也？公祀在典。龟山既列诸庙庭从祀矣。诸贤者皆乡贤也，亦有祀于祠矣。再举则渎。是以公祀不可也。私祀何为而可也？以义起礼，拟诸释菜。郡守主之。岁春秋二举，取诸田租以供。田二百亩，租若干石。祭之余以充修理之用。不别科率，何为不可也？"我理解这里的公私分别指的是以政府名义和私人的名义。杨时和诸位先贤都已经列入祀典，当然每年的例行公祭都会祭拜他们。这个祠堂里面的活动只能以私人的名义。

邵宝的上述文字讲的都是和士大夫有关系的礼。《裴晋公祠记》②描述了河南郾城裴度的祠堂。"不知其所创始，盖民之私祀。祈丰禳沴，往往即焉。然非典也，吏罔攸司。葺不葺惟民，岁久且敝。"这是纯粹民间自生自灭的私祀。邵宝任职许州知州的时候寻求到一位赞助人出来修葺祠堂，又请求政府雇佣一个看守，"且为定私祀期"。可见，邵宝认为私祀也是可以有政府参与的。或许邵宝申请列入祀典没有成功，不过，这个私祀是民间的，和前面那些士大夫的小团体不同。但是，我还是想指出，这个祭祀的对象毕竟是帝王将相一类的人，不是滨岛敦俊讨论到的那些土神③。

或许，士大夫很少有机会接触民间的私祀。邵宝的文集里讨论了那么多私祀，只有裴度的祭祀是民间百姓的活动。蔡襄《端明集》有他祭神求雨的文字："某事神以礼，虽重私行而不愧也。治牲羊，荐酒醴。管箫歌舞，从其风俗。王其歆之。唯神于礼法不录，太守于礼不应私祀以请。然而，民人有言：惟乞神而灵。请而从私，犹且甘心，况公溥乎！"④他祈请的这个神灵显然是在民众中受到长期崇拜的，却是没有列入国家祀典的。由于士大夫们格于祀典的限制，他们很少谈到这类纯粹民间的私祀，见诸他们文字的私祀很狭隘。不过很多地方志的编写必须面对民间形形色色的信

---

① 见邵宝《容春堂续集》卷十一。
② 见邵宝《容春堂集》卷十一。
③ 滨岛敦俊：《明清江南农村社会与民间信仰》，朱海滨译，厦门大学出版社，2008。
④ 见《端明集》卷三十六。以上各文集文字引自四库全书电子版。

仰，那里谈到的私祀比上述例子要宽泛得多。《金泽》一书处理了大量地方志的材料。李天纲教授使用的私祀概念很宽泛，他似乎把私祀和"私建"等同①。如果我们去看地方志，私祀的概念还不是那么宽泛。或者说，私祀之外还有一些名目值得注意。

目前我见到最早在地方志里面把民间祠庙列为私祀的是王鏊主持的《姑苏志》②。此后，嘉靖《泾县志》、隆庆《长洲县志》、崇祯《固安县志》、康熙《永州府志》《当涂县志》都有私祀祠庙的内容。康熙《吴县志》列有"土祀"，或为"土人私祀"。嘉靖《吴江县志》的编纂人徐师曾说："余志祀典而事神之礼备矣。复有祠庙则私祀也。祀典稽诸邦礼，私祀达乎人情。恶得而废诸？"这说明在明代的地方志中就有很大的空间容纳民间祠祀。乾隆《宁远县志》说："凡经制所不载者，为私祀。"乾隆《永兴县志》说："祀有不载经制会典者，故名之曰私。"同治《上海县志》说："今分别其每岁动支公项致祭者曰秩祀，其民间崇德报功自行致祭者曰私祀。"这里的定义似乎接近《金泽》使用的"私祀"，它是最宽泛的解释。举凡非官方的祭祀活动都可以被称为私祀。

不过，我们也要注意到清代的其他地方志里面还有新出现的名目。仅就目前所见列举如下：道光《贵阳府志》祠祀略云："近时方志亦各有祠祀坛庙之篇，但秩祀与无文杂然并陈，则浊乱而无经。今为之区目曰正祀，曰仿祀，曰应祀，曰废祀，曰原祀，曰沿祀。庶乎泯衃之习正，而地天之通于以绝焉。"编者没有解释这些名目的含义，只是在各类下记录庙宇。光绪《湘阴县志》对自己的分类做出了解释："……祀典祠庙，相沿至今。或今制祀典，颁行府县，而乡村别立祠庙。或工艺之家推原事始，以私报祭。及商贾客籍修立会馆，祀所主神，皆谓沿祀。二曰越祀。古皇列祀，下及郡县，在礼为僭。唐宋以后，名臣及岳渎之祀，义无所系，而祠庙兴焉。隆其俎豆，于分为宜。语其由来，于义为诞。故曰：其神是也，而祀者非也，谓之越祀。三曰淫祀。祠庙丛猥，名号不经，重以附会虚诬，谓之淫祀。四曰异祀。宫观寺院，唐宋以来，相沿祀祷，有历传数百年者。明史礼志如北极宫，灵济宫，显灵宫，大圆通寺，大德观，显应宫，皆以时颁祀。因汇取二氏寺观之遗标而存之，谓之异祀。"③显然，沿祀收入的祠庙最多，甚至工商会馆也在内。所谓越祀、淫祀和异祀都是编者为表明官方立场的话。相比之下，所谓沿祀是官方允许的民间祠祀。

---

① 李天纲：《金泽》，第244页。
② 现存有正德元年本。参见王健《利害相关：明清以来江南苏松地区民间信仰研究》，第133页。
③ 本文引录的地方志文字来自爱如生数据库。

## 二 儒教的局限性

《金泽》一书的价值在于引导学者注意到儒教以外的宗教形态。中国宗教是多元的，这不会有学者反对。即使在科学研究的领域，哪些现象可以被当作宗教来研究似乎也有不同的立场。例如，会有学者认为很多民俗习惯不应该被当作一个宗教，只能被当作祭祀。那么，上文说到的那些现象几乎都是祭祀，而不是宗教了。每个学科或者每个学者都会有自己确定研究对象的原则。中国宗教的多元性质不但是中国客观历史的问题，也是未来学术研究的新方向，因为认识对象是在认识过程中建立的。

《金泽》的贡献更多的是在揭示中国宗教多元性方面。《金泽》的论述帮助我认识到儒教的生成和影响。作者指出："儒教的宗教制度来源于民众的宗教生活。"① 如何认识儒教系统里面的远古遗迹的确是一个很有意义的工作，作者也看到儒教以后的发展持续和民间信仰保持交流，这些观点都将拓展我们的研究视野。然而，我又看到作者似乎在消解多元的宗教生态，我感觉他把儒教在中国宗教生态中的作用看得过分重要了。他说：从皇帝到民间百姓的祭祀"都来自一个系统——古代儒教祭祀制度。上上下下的祭祀，原理相通，都属于《仪礼》《礼记》和《周礼》系统的周孔之教"②。当然，作者在具体论述中还是看到了儒教与民间宗教的区别，他的"汉人宗教的基本形式"一章有利于同行进一步的探讨争鸣。我仅仅就"血食"这个论题提出不同看法。

《金泽》对于血食的讨论深入研究了古代礼书的经典论述，而且参照了涂尔干对古代犹太人血祭传统的分析。《金泽》的论述很可以成为宗教学教材的经典。作者指出："儒教血祭保留了原始信仰，和古代萨满式的巫教有密切关系。"③ 我认为至少民间的血祭还有一些现象值得注意，而且超出了儒教的范畴。前辈学者江绍原曾经发表了一组关于血的文章④，值得我们反复阅读。比起《盟与诅》，《古代的衅（涂血）礼》对材料的搜讨还不是很多，不过作者的观点已经很明晰了：血有辟邪、除秽的功能。作者举出的材料包括了古人在多种器物乃至祭坛上涂血。他总结衅礼

---

① 李天纲：《金泽》，第418页。
② 同上书，第421页。
③ 同上书，第461页。
④ 这些文章没有全部收入论文集，例如连载于《晨报副刊》的《血，红血》。

的意义有三：①使人一面认清所衅之物是圣物。②一面又可以与圣物里面的神明交流。③防止妖魔鬼怪侵入圣物，并洗涤圣物所蒙的不洁。① 江绍原不认为衅礼也是祭礼，他指出盟誓礼和衅礼的杀牲意义不是飨神。我在下文似乎要模糊血食、血祭和衅礼的界线。我认为我们对于和血有关的礼还有很多的分析工作要做。② 本文对《金泽》的批评只是提出一些不同意见，而且也只是举出一些民间信仰习俗中血祭的例子。

劳格文《福建客家人的道教信仰》③ 一文叙述了龙岩地区民间的斋醮活动，有多处谈到血的使用。上杭县的仪式上要用雄鸡血涂染一根竹子并把全村的邪祟"集中转嫁"到这根竹子上。在下元节夜里要杀一头猪，"猪血被接入几只碗内和大米一起泼到地上：这是献给孤鬼的"。长汀县的斋醮把五碗鸡血米酒倒掉，据说是给"五猖五郎（也叫五伤五郎猛将，是闾山教的一组五位骑虎驱魔神将）"的。仪式要"献上一只雄鸡做牺牲并将鸡血洒在桃木棍上以避邪保六畜"。半夜时分，法师把鸡血倒在五只碗里，把它们和供品远远地扔到地上："因为这里有许多妖邪"。普度仪式上，"要割开一头猪的喉咙将血喷在地上作牺牲（这叫开斋），然后道士们就返回主坛用和着雄鸡血的米酒祭将"。我们还需要阅读大量相关资料才能准确解释这些血的含义。我们看到有两处明确说到血是辟邪的。那么，给孤鬼的血酒是什么含义呢？江西安远县民间斋醮有祭将仪式：杀鸡后，"把鸡血滴在五个小碗内，倒入米酒，配成血浆，祭祀五伤五郎。碗面上各放竹筷一根，以镇压煞气"。法师到门口召五方伤亡，"请五伤五郎快快前来领受红花血浆，众神兵快快前来领受军粮"④。这个祭祀五郎的行为有双重含义，既有飨神，也有辟邪，不过辟邪的手段是放筷子。劳格文的报告还指出：祭将是"献牺牲给煞神"。"若村子有了不平安，这一项必不可免。最小的牺牲是一只公鸡，大者可是一头整猪，但最常用是猪头。为了驱邪，献牺牲时尚须加上混着血的米酒。"⑤ 祭祀的对象是"煞神"，人们既需要它的帮助，又要避开它的害处。辟邪的工具是血，这个米酒不是涂血形式，但是有江绍原的思想。

---

① 江绍原：《江绍原民俗学论集》，上海文艺出版社，1998，第158页。
② 江绍原的工作很重要。伊利亚德（M. Eliade）主编的宗教百科全书初版本和2005年再版本中"血"这一词条都没有血的辟邪的含义。
③ 收入罗勇、劳格文主编的《赣南地区的庙会与宗族》，香港：国际客家学会、海外华人研究社、法国远东学院，1997。
④ 刘劲峰：《安远新龙乡长坊、里田、九龙三村醮坛科仪初探》，收入罗勇、劳格文主编《赣南地区的庙会与宗族》，第220页。
⑤ 罗勇、劳格文主编《赣南地区的庙会与宗族》，第253页。

江西石城县闾山教有"遣茅人"的仪式。茅人代表"邪神"或"鬼蜮"。茅人就是用稻草或桃树枝扎成的人偶。也可以在纸上画一个人头贴在墙上。茅人的嘴上抹了鸡血,为了有灵气。当地还有"驱邪捉鬼"仪式。仪式最后杀狗,把狗血洒在场地。"其意思有人说是飨茅人,即赏鬼蜮吃,吃了就让其离开;亦有人说鬼蜮怕狗血,狗血可以驱邪。"① 这个仪式包含了血的多种含义,既和生命有关,又作为祭品,更有辟邪的作用。洒血是否兼有飨神和辟邪的含义呢?这是我们应该继续江绍原先生的方向。

福建长汀县伏虎庙会上有"宰头花"的节目。杀猪时猪血喷出,洒出一片血红色,叫作"打花"。"打花是为了避邪,因为血可以驱邪气"。宰头花就是头一个杀猪打花,头一个杀猪打花的人可以给自己带来好运气。人们争相上前用刀刺进猪的喉咙,希望身上脸上粘上猪血,自认为宰了头花②,这是宽泛意义上的涂血。江绍原指出后世人们使用红纸以及红朱点主的习俗都和涂血礼有密切的关系。辟邪和带来好运是一个行为的两面意思。江绍原也因此把后世流行的红色喜庆隐藏的辟邪意思发掘出来。"打花"的习俗可以作为江绍原理论的又一个依据。

福建武平县客家村落每年有祭厉坛仪式,由义冢会组织。仪式上要把生猪扛到厉坛前,"杀猪时把猪血淋在饭上,然后洒向四周,接着将冥钱、冥票烧在明堂里。据说不论本地外地的孤魂野鬼,都可以在此享受香火供品,红花血食"③。这个仪式可以综合祭祀和衅礼的含义。衅礼是辟邪,厉鬼是恐惧的对象,祭祀他们也有祈求的意思。武平地处闽西,但是上述仪式类似闽南供奉"好兄弟"的习俗。这样的血食应该属于《金泽》一书指出的儒教的影响。在中国宗教生态里,给神吃东西可以被看作儒教的同道。本文的重点在指出中国人对于祖先以外的神灵的态度还有负面的。

下面我们来看民众如何对待祖先神。江西赣州地区有萧氏宗祠,追溯始祖为五代时期的萧觉。祭祖礼有一些洒血的活动,祠堂前临时插在地上一个竹筒,竹筒上扎了红纸,要把鸡血洒在红纸上。神像旁边有一个"兵桶"④,"聚集老祖萧觉所属阴兵阴

---

① 赖盛庭:《石城的闾山教》,收入《赣南地区的庙会与宗族》,第188、196页。
② 张鸿祥:《汀州城区的庙会大观》,收入杨彦杰主编《闽西的城乡庙会与村落文化》,香港:国际客家学会、海外华人研究社、法国远东学院,1997,第95页。
③ 刘大可、刘文波:《武北湘村的宗族社会与文化》,收入杨彦杰主编《闽西的城乡庙会与村落文化》,第277页。
④ 兵桶里面的阴兵阴将是老祖属下。赣州郊区沙河口宗祠曾经有三个兵桶,后来送给别的村落一个,去解救那里的瘟疫。

将的灵物"。祭祀活动要复述老祖军事神话，祭祀老祖代天巡视时所乘龙船，这个活动叫作"血祭上座"。人们杀猪后把猪血供献给船神，把一个充气的猪尿泡系在龙尾，上书"收瘟摄毒"。① 最后一天的活动是送老祖英灵上路，实际上是把龙船抬到江边烧化。我怀疑这是一个糅合了祭祖和送瘟神的民间风俗②，不能把它和儒教经典里的祭祖等同看待。这里面有用血食献给船神的因素③，也有江绍原指出的涂血礼。猪尿泡显然是涂血礼的用品，而且是辟邪的。在令旗和兵桶上面洒血是涂血礼，不过不应该被理解为辟邪，它应该是江绍原指出的神圣化的行为。老祖的形象值得我们分析，老祖为什么会成为阴兵阴将的首领？这个调查报告没有提及向萧觉贡献祭品的节目。

福建清流县东山村萧氏祭祖时有"洒花"仪式。在仪式上杀一牛一猪一羊一鸡，"将牲血洒在庙宇，涂于神坛上、木柱上，用牲血洒祀萧瑀"④。赣州沙河口的祭祖仪式融合了对其他神明的祭祀要素。清流东山的仪式更突出始祖萧瑀和他的狗，人们把鸡血洒在"黄狗大将军"神像上，然后把杀死的鸡扔在地上，根据鸡头朝向判断吉凶。祭祀萧瑀的供品很多，所谓"十牲十素"。"黄狗大将军"也有专门的祭品。在这个祭祖仪式上我们看到了飨神和涂血两个活动。根据调查报告，我们姑且把这个洒血、涂血解释为祭祀飨神。这样的飨神和朱熹《家礼》中记载的做法不同，这里的涂血飨神也是江绍原没有的意义。祭祖是否可以有涂血礼呢？朱熹的"奉毛血腥肉"是否为涂血礼呢？我们还可以到民间习俗里去寻找。

《田野中的客家妇女与民俗信仰》一书的作者也参加了上述地区的田野考察，书中提供了一些祖先崇拜的习俗。道士在送葬前一天要为亡者引魂。引魂时，"先燃烛点香，接着杀一只鸡，把鸡血洒在草纸上，并压三张带血的草纸（当地人称花纸）在社公坛前，然后请社公神帮忙找到亡者的魂魄。……请完社公神后就用亡者的衣服包住另一只鸡，因雄鸡会叫，一路走，一路啼，以此方法引回亡魂"。出灵柩时候，道士会用菜刀在棺材下面刻写一符，杀一只雄鸡，并念道："伏以日吉时辰，天地开章，今生召请，降大吉祥，天上下来降魂童子，地府起来引魄童郎，引出是日承功当

---

① 以上情节见张嗣介《沙河口的萧氏宗祠崇鹤堂及祭祖俗》，收入罗勇、劳格文主编《赣南地区的庙会与宗族》。
② 参见江绍原《端午竞渡本义考》，收入氏著《江绍原民俗学论集》。
③ 作者报告说是把一盆猪血抬到龙船的龙首前，所以应该是供品。见《赣南地区的庙会与宗族》，第113页。猪血称为猪花，花的意思指血，有的调查报告显示猪血被称为大红花，鸡血被称为小红花。
④ 童金根：《清流县东山萧氏的宗族传说及其庙会》，收入杨彦杰主编《闽西的城乡庙会与村落文化》，第218页。

斋追荐某某魂下，今日出兵（殡）之日，年杀（煞），月杀，日杀，时杀，部下一百二十四位凶神恶煞，天杀归天去，地杀入地藏，凶神恶煞，雄鸡担当。"① 当然，我们可以认为这个习俗不属于儒教范畴，尤其是关于"死有归杀"的信仰曾经受到颜之推的激烈批判。我想指出的是祖先崇拜的习俗里面血的使用不仅仅是血食飨神，上面说到的"花纸"或许还可以在其他地区的祭祖习俗中看到。嘉庆《龙川县志》记载清明前后扫墓时，"有祀田及殷实家则宰猪羊设祭，余各具三牲、香、楮锭诣丘垄间，以雄鸡血纸挂坟，曰设墓，曰挂纸"。民国《赤溪县志》也记云：八月墓祭，"墓碑之首挂白纸，而衅以鸡血，曰墓头纸"②。这个血纸不是祭品，而是辟邪用的。

现在可以做一个小结。第一，血有辟邪的含义。第二，上述例子中血食作为祭品的同时也可能有辟邪的含义，所谓"吃了就让其离开"。这是以前我们对于"血食"的解义里没有的，也需要继续研究。第三，祖先崇拜的习俗里也有用血辟邪的，不过不属于儒教，原因有二。首先，下葬时的辟邪活动由道士主持。其次，我找不到奉献给亲人的供品有辟邪的含义。不过，我们要注意上述辟邪的对象可以分为两类：死魂灵和其他邪恶。从民俗材料中可以看到用血辟邪辟煞也见于其他礼俗，甚至婚礼也有。③ 邪要比死魂灵的范畴宽广很多，所以我们对于用到血的礼仪要追究它的含义。孤魂野鬼和死去的祖先都是死魂灵，都会作为辟邪的对象，无论是供奉食品还是涂血。我没有看到揭示儒家牺牲负面意义的论著，可以说目前所知儒家的血食在用血的习俗里只是一部分，而且是小部分，这是儒家礼仪的局限性。儒家血食不足以容纳目前尚在流行的和血有关的礼仪。儒家的血食飨神是自己独立发明的，还是对古代礼仪的重新解释？如果是它的独立发明，那么诚如《金泽》中所揭示的，它影响到中国民间礼俗。如果它是对古代礼仪的重新解释，也诚如《金泽》指出的，它来自古代的礼俗。那么它曾否有过辟邪的含义呢？果真能发掘出儒教的血食也有辟邪的含义，那么中国关于血的宗教是一元论的。

---

① 钟晋兰：《田野中的客家妇女与民俗信仰》，暨南大学出版社，2019，第176、181页。劳格文、王振忠主编的"歙县传统社会丛书"记载的杀鸡洒血会滴在棺材盖上，但是没有辟邪的明确言辞，却要说些吉利的祝愿。收入王振忠编《歙县的宗族、经济与民俗》，复旦大学出版社，2016，第48、272页。
② 丁世良、赵放编《中国地方志民俗资料汇编》（中南卷），北京图书馆出版社，1997，第736、819页。
③ 参见韦斯特马克《人类婚姻史》，王亚南译，商务印书馆，2002，第838页。

# 论唐玄宗李隆基援佛释《老》的诠释思想<sup>*</sup>

吕锡琛

**内容摘要**：李隆基顺应儒释道三教合流的时代趋势，他对《老子》文本的诠释既体现出紧扣当下政治实践来把握和诠释原文的"视域的融合"，又引入儒佛道经典进行"跨文本诠释"和"融贯性诠释"的结合，将佛道融会的重玄学之"有无双遣""重玄兼忘"等概念、佛学的"妙本""法性""净染""摄迹归本"等概念圆融自如地应用于对《老子》多章的诠释中，更将这些概念贯通于全书，又以佛学的修行论和空观思想来诠释和充实《老子》"有无相生"等命题或文句，不仅开拓、丰富而且深化了《老子》文本的理论内涵和佛道的互动和融汇，亦映射出道学诠释学所具有的兼容并蓄之特性和宽广的理论创新空间。

**关键词**：李隆基　援佛释《老》　道学诠释学　跨文本诠释　融贯性诠释

**作者简介**：吕锡琛，中南大学哲学系教授、博士生导师，中南大学道学国际传播研究院执行院长。

---

李唐皇室追尊老子为远祖，认道教为本家，尊老崇道，基于这一立场，唐玄宗李隆基对老子奉若神明。因此，与以往大多数《老子》的注家有所不同，他是怀着"玄元妙旨，岂其将坠"的忧患意识和责任意识进行注疏工作的。

李隆基将《老子》奉为治国理政和修身处世的法宝："其要在乎理身理国，理国则绝矜尚华薄，以无为不言为教。"① 在日理万机之余，他深入地体悟"玄元妙旨"，撰写出《道德经注》《道德经疏》《道德经疏外传》等10多万字的著述。从他的

---

\* 本文为汤一介先生倡导，王博、刘笑敢教授主持的国家社科基金重大招标项目"中国诠释学史 道家诠释学史"子课题的阶段性成果之一。

① 唐玄宗：《道德经疏·释题》，见刘韶军点评《〈老子〉御批点评》，湖南人民出版社，1997，第473页。

《道德经注》的"序言"中可以看到，在完成此著之后，为了避免为"来者所嗤"，他还征求众臣学人甚至佛道人士的意见，"询于众公卿臣庶道释二门，有能起予类于卜商，针疾同于左氏"，为了表达自己的诚意，他还强调，"苟副斯言，必加厚赏"。由此可以看出李隆基对于这一作品的重视程度。

在李隆基的《老子》注疏中，显示出兼收并蓄的恢宏气度。他顺应当时儒释道三教合流的时代趋势，既沿袭了李唐皇室尊老崇道的传统，又引入《庄子》《易经》《尔雅》《西升经》等儒道经典以及道教重玄学"本迹两忘"等概念，更是对外来的佛学理论进行融会和摄取，挥洒自如地用"摄迹归本""妙本"等具有佛学意蕴的概念，对《老子》进行理论阐释，彰显出融会儒释道的深厚理论素养，亦映射出道学诠释学所具有的兼容并蓄之特性和宽广的理论创新空间。

## 一 以"妙本"释"道"的融贯性诠释

"道"是老子思想及以他为代表的道家思想的核心范畴，因此，对于"道"的诠释乃是注《老》诸家下力最多亦最能体现出各家诠释特色的一个概念。

李隆基对《老子》的诠释，既吸收了佛学的概念，亦受到唐代盛行的道学重玄学的影响，重玄学是一种思辨性很强的道教哲学理论，它的创建和发展是在与佛教的论争中建立起来的，既回应了佛教的挑战又吸纳了佛教的理论和方法。李隆基融会佛学和重玄学理论，对"道"这一中国传统观念进行了富有创新的诠释，这种会通佛道的做法，乃是一种融贯性诠释①。

众所周知，《老子》第一章较为集中地阐发了"道"的理论："道可道，非常道。名可名，非常名。无名，天地之始。有名，万物之母。"李隆基对这段话如此阐发说：

> 道者，虚极之妙用。名者，物得之所称。用可于物，故云可道。名生于用，故云可名。应用且无方，则非常于一道。物殊而名异，则非常于一名。是则强名曰道，而道常无名也。无名者，妙本也。妙本见气，权舆天地，天地资始，故云

---

① 融贯性诠释是刘笑敢教授在《诠释与定向》一书中提出来的概念，指在经典诠释中，诠释者通过注释或诠释的方式提出了自己的概念或命题，并将其贯穿于注释之中，形成了自身融贯一体的理论架构见刘笑敢《诠释与定向》，商务印书馆，2009，第221页。

无名。有名者,应用也。应用匠成,茂养万物,物得其养,故有名也。①

在这里,李隆基将"道"诠释为"虚极之妙用","应用且无方",它超越一切可以称说的具体之物、具体之用,故"非常于一道","非常于一名",而具有"常无名"的特性。为了进一步阐明其特性,他使用了"妙本"这一概念来诠释"道"或"无名":"无名者,妙本也。""妙本"产生元气,是天地的起始,"妙"这个词虽然并非佛教的专用语言,但"妙"字在佛教经典中的使用率非常之频繁②,以此来表示不可思议、奇妙等意。李隆基以"虚极之妙用"诠释"道"的特性,颇有几分佛学的意蕴,特别是他解读"常无欲以观其妙"这一句时,使用了"观乎妙本""欲观妙本""观见妙本"等说法,将"妙本"作为天地万物本源的一个名词,将"妙本"作为了"道"的同义词,这在中国哲学史上,尚属鲜见。结合上下文来看,"妙本"不是李隆基随意偶尔用之的概念,而是糅入了佛学妙理意味,以图表达"道"那种本源性、不可言说、无可言说的特性,这与他解释本章"众妙之门"时所说的"正观若斯,是为众妙"的"众妙"是有很大区别的。后者主要指功能,而前者则是指本体。由"妙本"产生元气,正是融会佛道的典型。似乎可以说,这是李隆基糅入了佛教思想以诠释老子之"道"的创举,而且,他注疏"玄之又玄,众妙之门"等句时,亦反复强调不应"住斯妙""不滞于玄""本迹两忘""无住",整段都贯穿着引佛解道的意图。

李隆基的"妙本"这一概念比较典型地彰显出融贯性诠释的特点。他通过融入佛教意味的"妙",形成了具有理论特色的"妙本"概念,以此来表达"道"那种无形无象、不可思议而又生化万物、贯穿万物的特性。如,在第五十一章的疏解中,李隆基回答了何以将"道"释为"妙本"的原因:"妙本,道也,至道降气,为物根本,故称'妙本'"③。应该说,"妙本"这一援佛入道的创造富有新意,又相当贴切。

李隆基在第一章融通佛道创立"妙本"一词以解释"道",这一概念就成为一个

---

① 唐玄宗:《道德经注》,"道可道"章,见刘韶军点评《〈老子〉御批点评》,第2页。
② 天台大师在《法华玄义》十卷中,从第二卷至第七卷,共六卷皆在阐释妙法莲华经的"妙"之一字。如在第二卷上(同第三十三卷第六九七页),阐说三法妙,明示佛法妙时,曾区分为迹门十妙与本门十妙而做说明:(1)迹门十妙。谓境妙、智妙、行妙、位妙、三法妙(乘妙)、感应妙、神通妙、说法妙、眷属妙、利益妙(功德利益妙)的十妙。(2)本门十妙。谓本因妙、本果妙、本国土妙、本感应妙、本神通妙、本说法妙、本眷属妙、本涅槃妙、本寿命妙、本利益妙的十妙。
③ 唐玄宗:《道德经注》,"道生之"章,见刘韶军点评《〈老子〉御批点评》,第319页。

特有名词而贯穿多章之中。如，他在"孔德之容"章的疏解中，进一步融会佛学和重玄学的思想来解释"道"的运动状态。他说：

> 虚极妙本，强名曰道。道之为物，其运动形态若何？言此妙本不有不无，难为名称，欲谓之"有"，则寂然无象；欲谓之"无"，则湛似或存。无有难名，故谓之为"恍惚"尔。此明降生本迹也。妙本无物，故谓之"惚"；生化有形，故谓之"恍"。斯则自无而降有，其中兆见一切物象，从本而降迹也。物者，即上"道之为物"，谓妙本也。妙本降生，兆见众象，修性反德，则复归无物。无物即道也。言人修性反德，不离妙本，自有归无，还冥至道，故云其中有物，言有妙物也，此摄迹以归本也。①

在这段话中，他首先运用"妙本"一词来描述"道"那种无形无象、不可言说的特性，然后具体阐发了"妙本"（"道"）从无形无象而生发万物，"自无而降有""兆见一切物象"的运动状态，进而又引入佛学"本""迹"等概念，将其概括为"从本而降迹"的过程。但值得注意的是，在描述了"自无而降有"这一运动过程之后，他又强调要"自有归无"，返归于"至道"。而这种返归不再是自然而然的显现，而是要通过修炼者的自觉努力。故他又引入《庄子》中"性修反德"的心性修炼思想和佛学、重玄学"摄迹归本"的概念，将本段的重心落脚于通过修炼返本归原这一宗旨。

通过李隆基的这番诠释，第二十一章这段主要描述"道"之性状的话语，不仅阐发了《老子》论述道之性状的原意，而且还将其内容做了扩展，包含了本体论、生成论、修养论等更为丰富的意蕴。

## 二 以佛学修行论解释《老子》

从以上的论述，我们可以看到，李隆基非常重视通过修炼以图"还冥至道"，摄迹归本，体悟大道。那么，如何才能达到这一目的呢？在这一问题上，他一方面继承了老子清静寡欲的主张，这可从他诠释"常无欲以观其妙，常有欲以观其徼"这句

---

① 唐玄宗：《道德经疏》，"孔德之容"章，见刘韶军点评《〈老子〉御批点评》，第139页。

话中体现出来。关于这句话，历来有两种断句方法，一是以宋代司马光、王安石、范应元、苏辙和今人任继愈、陈鼓应、古棣等人为代表，以"无""有"作为哲学范畴，断句为"常无""常有"，另一种则是以河上公、严遵、王弼、朱元璋和今人张松如、许抗生等人为代表，断句为"常无欲""常有欲"。李隆基因循了后一种断句方式，但他的诠释却颇有特色。他将修养论和认识论结合起来，强调"常无欲"对于感悟大道的重要性，他说："若常守清静，解心释神，返照正性，则观乎妙本矣。"反之，处于"常有欲"的状态下，则"其情逐欲而动，性失于欲，迷乎道原，欲观妙本，则见边徼矣。"在此句的疏文中，他更是通过对比两种心理状态在体道活动中的不同结果："人常无欲，正性清静，反照道源，则观见妙本矣。若有欲，逐境生心，则性为欲乱。以欲观本，既失冲和，但见边徼矣。"① 在这里，唐玄宗不再停留于形而上的理论阐发，而是立即落实到现实的心性修养活动，我们可以看到这些诠释的背后有着非常明确的问题意识，即是要揭示出体悟大道的不二法门——清静寡欲。

但李隆基又进一步认识到，不能执着于追求这种玄妙之境，故他在疏解"玄之又玄，众妙之门"时，又将重玄学的"本迹两忘""有无双遣"和佛学的"无住"等方法论融入，他说：

> 摄迹归本，谓之深妙。若住斯妙，其迹复存，与彼异名，等无差别。故寄又玄以遣玄，欲令不滞于玄，本迹两忘，是名无住，无住则了出矣。
>
> 今既无有欲，亦无无欲，遣之又遣，可谓都忘。正观若斯，是为众妙。其妙虽众，若出此门，故云众妙之门也。②

我们知道，老子"玄之又玄，众妙之门"这句话的原意是赞叹"道"之奥妙，具有接通"有""无"或"有名""无名"的玄妙作用，但李隆基则直接借用了成玄英"有无双遣""重玄兼忘"等思想，从方法论和修养论的视角来诠释这句话，将老子"玄之又玄"这一状物的形容语转化为"又玄以遣玄"的破除执着之法。他要人们既不执着于"本"，亦不落于"迹"；既不能"有欲"，亦不要刻意于"无欲"，以图避免执滞于"斯妙"或"玄"，而达到"遣之又遣""无住"的精神解脱境界。

---

① 唐玄宗：《道德经疏》，"道可道"章，见刘韶军点评《〈老子〉御批点评》，第5页。
② 唐玄宗：《道德经疏》，"道可道"章，见刘韶军点评《〈老子〉御批点评》，第8页。

在修养论方面，李隆基在多处吸收了佛教的修养方法，再次反映出他融会佛道的取向。例如，他在诠释"俗人昭昭，我独若昏"一段话时说："常若昏昧，而心寂然，曾不爱染，于法无住，故似无所止着尔"。老子此语的原意是表现修道者那种超越凡俗的个人境界，是一种境界论的抒发。而李隆基则将佛学的无染、无住的修养论融入，从而将老子文本的境界论转为修养论，更具有操作性。

同样，在诠释"善行无辙迹"等句时，他引入佛学的概念，将老子不着人为的主张进一步转为破除执着、清静修行的修养论。他说："于诸法中体了真性，行无行相，故云善行。如此则心与道冥，故无辙迹可寻求。"① 在他的《道德经疏》中，更是直接打通佛道，其文曰："善行无辙迹，此明法性清净也。"进而明确地引入"重玄"之义，文中说："行谓修行也。法性清净，是曰重玄。"② 我们知道，老子这句话中所说的"行"显然只是指人的行为，"善行"即好的行为。但李隆基却将"行"解释为"修行"；"善行无辙迹"是强调自然无为，不执着于有形的作为，与李隆基所说"法性清净"完全不是一回事。但李隆基通过引入佛学的修养方法，开拓了新的论题，让老子的这一理想境界变得更具有操作性。下面将"善言无瑕谪"诠释为"不滞言教"，"此明善行之人不滞言教也"，亦具有同样的效果。

接下来对"善行善闭"的疏解依然沿袭了以上的思路，他说：

> 夫善行善闭，不耽不滞，则心照清净，境尘不起，故云善闭虽无关键，其可开乎？
>
> 夫坐忘遗照，深契道原于诸法中，尽能不滞系心于此，故云善结。夫用绳约者，绳散则约解，以道结者，心静则道冥，适使万缘尽兴，终能一无所染，虽无绳索约束，岂可解而散乎？③

关于"善行无辙迹"一章，一般认为是对于"自然无为思想的引申"，说明有道者以"顺任自然以待人接物"④。李隆基则侧重立足于修养论的立场，并通过大量引入佛学和重玄学的概念进行诠释，将此章的宗旨理解为"教之忘遣，语以渐顿，不无阶级，

---

① 唐玄宗：《道德经注》，"善行无辙迹"章，见刘韶军点评《〈老子〉御批点评》，第177页。
② 唐玄宗：《道德经疏》，"善行无辙迹"章，见刘韶军点评《〈老子〉御批点评》，第178页。
③ 唐玄宗：《道德经疏》，"善行无辙迹"章，见刘韶军点评《〈老子〉御批点评》，第180页。
④ 参见陈鼓应《老子注释及评介》，中华书局，2013，第172页。

论其造极,是法都空"①。力图对于"执学滞教"的世俗之弊病有所破解。

与这一理路紧密联系的是他对"唯之与阿"一段的疏解。他说:

> 唯之与阿,同出于口,唯恭则心。绝之则无忧,不绝则生患。若能了学无学,学相皆空,于知忘知,不生分别,则唯阿齐致,善恶两忘也。

对老子"唯之与阿相去几何"这段话的理解历来存在诸多差异。有的注者认为老子此语是强调贵贱、美恶的差距很小,有的注者的看法恰恰相反,认为是强调贵贱、美恶之间的差别甚大。从字义来看,以上两种关于"相去几何"的理解都可成立,这也正是老子思想难以把握的原因之一。愚意以为,应当要结合老子一贯的辩证思维,宜将其理解为破除世人对贵贱、美恶的执着与分别。但如何破除?老子语焉不详。唐玄宗则运用重玄学和佛学的理论,通过"学相皆空,于知忘知,不生分别"的修养方法来达到"唯阿齐致,善恶两忘"的圆融境界。他的诠释厘清了老子原来取向不甚明确的意旨,不仅便于人们对老子之主张的理解与操作,更有非同寻常的意义。在这里,我们看到,作为国家最高管理者的李隆基,呈现出与绝大多数专制君主很不一样的境界,他没有以真理的化身或道德权威的姿态来树立某种是非标准或善恶标准,而是"不生分别""善恶两忘",这就给时人和后世留下了自由思考和思想解放的广阔空间,字里行间流露出大唐盛世开放博大的胸襟!

## 三 以佛学的"空观"诠释老子的对立统一思想

揭示事物的相反相成、对立统一是《老子》的重要主张,第二章正是集中地体现了这种相反相成的思想:

> 天下皆知美之为美,斯恶已。皆知善之为善,斯不善已。故有无相生,难易相成,长短相形,高下相倾,音声相和,前后相随。是以圣人处无为之事,行不言之教,万物作而焉而不辞,生而不有,为而不恃,功成而弗居。夫唯弗居,是以不去。

---

① 唐玄宗:《道德经疏》,"善行无辙迹"章,见刘韶军点评《〈老子〉御批点评》,第184页。

一般认为，老子此章的主旨是揭示事物存在着相反相成的辩证关系，告诫人们去除主观独断，以"无为"的态度治国处事。陈鼓应先生说："本章以美与丑、善与恶说明一切事物及其称谓、概念与价值判断，都是在对待的关系中产生的。而对待的关系是经常变动着的，因此一切事物及其称谓、概念与价值判断，亦不断地在变动中。一切概念与价值都是人为所设定的，其间充满了主观的执着与专断，因此引起无休止的言辩与纷争"，有道者却能"超越主观的执着与专断的判断，以'无为'处事，以'不言'行教"①。应该说，陈先生对此章的解释代表了众多注老者的观点。

但唐玄宗的诠释却独树一帜，他引入佛学的"空观"理论进行诠释。他说："美善无主，俱是妄情。皆由封执有无，分别难易，神奇臭腐，以相倾夺。大圣较量，深知虚妄，故云恶已"；"六者相违，递为名称，亦如美恶，非自性生，是由妄情，有此多故。"②

他进一步疏解道：

> 相生之名，犹妄执起。如美恶非自性生，是皆空故，圣人将欲救其迷滞，是以历言六者之惑。"难易之相成"，此明难易法空也。难易无实，妄生名称，是法空。故能了之者，巧拙两忘，则难易名息，亦如美恶无定故也。"长短之相形"，此明长短相空也。以长故形短，以短故形长，故云长短相形。亦如兔胫非短，由鹤胫之长，故续之则忧。鹤胫非长，由兔胫之短，故断之则悲。见短长相犹如美恶，既无定礼，皆是妄情。"高下之相倾"，此明高下名空也。高下两名，互相倾夺，故称高必因于下，又有高之者，称下必因于高，又有下之者。又高则所高非高，又下则所下非下。如彼世间，凡诸有名位，递为臣妾，亦复无常，是皆空故，故无定位。音声之相和，此明和合空也。"前后之相随"，此明三时念空也。日月相代，代故以新，如彼投足，孰为前后？则前后之称，由相随立名。名由妄立，谁识其初？过去未来，及以见在，三时空故，念念迁故，亦如美恶无定名也。③

在这里，李隆基从本体论的高度出发，以各个层面或不同性质的"空"阐发"有无""美恶"等现象界的对立事物或观念的相对性和变动性，将"有无之相生，难易之相

---

① 参见陈鼓应《老子注译及评介》，第65页。
② 唐玄宗：《道德经注》，"天下皆知"章，见刘韶军点评《〈老子〉御批点评》，第10～12页。
③ 唐玄宗：《道德经疏》，"天下皆知"章，见刘韶军点评《〈老子〉御批点评》，第13页。

成，长短之相形，高下之相倾，音声之相和，前后之相随"分别诠释为"有无性空""难易法空""长短相空""高下名空""和合空""三时念空"，试图消解对立和执着。这种熔佛道于一炉的诠释颇见李隆基深厚的佛学修养和哲学思辨水平。

他由以上的论述得出结论说："故圣人知诸法性为空，自无矜执。"他进而将这些发展变化的辩证智慧用于政治治理，突破分别心，放下主观执着。他对后面的"是以圣人处无为之事"这段话语进行疏解说："故圣人知诸法性为空，自无矜执。则理天下者，当绝浮伪，任用纯德，百姓化之，各安其分。各安其分则不扰，岂非无为之事乎？言出于己，皆因天下之心，则终身言，未尝言，岂非不言之教耶？"又对"生而不有，为而不恃，功成不居"一句注释说："令万物各遂其生，不为己有，各得所为，而不负恃，如此即太平之功成矣。犹当日慎一日，不敢宁居也。"①

从以上注疏来看，李隆基从老子对立统一、相反相成的辩证法出发，进而将其化为一种政治治理智慧，他将"无为"诠释为"各安其分"，所谓"各安其分则不扰，岂非无为之事乎？"但是，这种"各安其分"社会环境的获得不是一厢情愿所能奏效的，而是建立在为政者认识到"诸法性为空，自无矜执"之基础上，他具有圆融达变的智慧，破除主观执着，因此，能够让民众去除浮华虚伪的行为，回归真实本性，"绝浮伪，任用纯德，百姓化之，各安其分"。可见，李隆基所理解的"无为"，是为政者减少主观干扰，让民众自得其性，各安其分。作为一位最高管理者，李隆基对"无为"做出的这种诠释，不仅符合老子关于"无为"的思路，且将其具体化为治国的方略，有助于民众的自为、自治。

\* \* \*

从现存的帝王解《老》作品来看②，唐玄宗对老学所下的功夫最多，诠释水平也是最高的，他的老子诠释既有"视域的融合"，紧扣当下的政治实践来把握和诠释老子的文本，又实现了"跨文本诠释"和"融贯性诠释"的结合，他将佛道融会的重玄学之"有无双遣""重玄兼忘"等概念、佛学的"妙本""法性""净染""摄迹归本"等概念圆融自如地应用于对《老子》多章的诠释中，更将这些概念贯通于全书，开拓、丰富且深化了《老子》文本的理论内涵，加速了儒释道的互动、互补和融会。

① 唐玄宗：《道德经疏》，"天下皆知"章，见刘韶军点评《〈老子〉御批点评》，第15~16页。
② 据史籍所载，先后有梁武帝、梁简文帝、魏孝文帝、唐玄宗李隆基、宋徽宗赵佶、明太祖朱元璋、清世祖福临等八位皇帝注释《老子》，梁武帝等四位皇帝注本已失佚，仅有书名见于《魏书·官氏志》《旧唐书·经籍志》等史籍。

# 论中国本土宗教的士绅化倾向[*]

## ——以陆西星在江南传播的内丹学为例

孙亦平

**内容摘要**：生活于明嘉靖、万历年间的陆西星虽然宣扬全真道"性命双修"的内丹学，但他不受全真道教规约束，其首倡"阴阳双修"的内丹学却有超出宋元全真道南北二宗的独特意趣，且主要在江浙一带的士绅中流行，后人称之为内丹"东派"。陆西星的内丹学以"三元丹法"中的"人元丹法"展开，尤其是从"性命双修"的角度对"人元丹法"做了较为深入的探讨而在历史上留名，陆醒不仅提出"金丹之道，必资阴阳相合而成"，而且还努力将个体修道作为儒家所倡导的"修齐治平"之起点，晚年还研习佛教，切合了明清时江南士人精神上的多元需要。陆西星所倡的内丹学之意趣反映的中国本土宗教士绅化倾向，丰富了江苏道教文化的内容。

**关键词**：陆西星  内丹学  阴阳相合  江苏道教

**作者简介**：孙亦平，南京大学哲学系、宗教学系教授，博士生导师，全国老子道学文化研究会副会长、国家图书馆"文津讲坛"特聘教授，国务院政府特殊津贴专家。

明清时，内丹心性学依然在持续发展，在江苏就出现了以陆西星为代表的东派。陆西星虽然宣扬全真道的"性命双修"的内丹学，但他却不出家受戒，更不受全真道教规约束，生前没有培养弟子，更没有创立宗派，他首倡"阴阳双修"的内丹学说有超出宋元全真道南北二宗的独特意趣，且主要流行于江浙一带，因此后人称之为内丹"东派"。

到目前为止，学术界对陆西星是否是《封神演义》作者的问题讨论比较多，其

---

[*] 本文为国家社科基金重点项目"江苏道教文化史"（项目批准号：12AZJ002）的阶段性成果。

中胡适、孙楷第、张政烺、柳存仁等都持陆西星说。柳存仁曾作《〈封神演义〉作者陆西星》《陆西星、吴承恩事迹补考》来证明《封神演义》的作者为明代道士陆西星，编撰时间约在明嘉靖中。① 虽然其中牵涉道教内丹学，但更是一种对文学作品的考察。随着近年来对明清道教研究的深入，陆西星的著作也陆续被整理出版。本文力图将陆西星所倡导的内丹学置于江南道教发展中加以考察，并展现其对道教仙学的推进及对江苏道教文化的影响。

一

陆西星（1520~1606），号潜虚，博学能文，扬州兴化人，其早岁业儒，后转而慕道，自称数遇仙人，以吕祖降迹授以丹诀的神异故事来宣扬内炼成仙，后又"谢去亲知，长啸入栖霞山"，隐居栖霞山，撰有十余种丹书，编为《方壶外史》刊行。陆西星晚年参佛，又撰有《楞严经述旨》《楞伽句义通说》。有关陆西星的生平事迹，清咸丰年间（1851~1861）梁园隶等纂修《重修兴化县志》的记载较为详尽，从中可见他在江苏接续全真道内丹学传统又多有所发挥的弘道事迹：

> 陆西星，字长庚，生而颖异，有逸才。束发受书，辄悟性与天道之旨。为名诸生，九试不遇，遂弃儒服，冠黄冠，为方外游。数遇异人，授真诀，乃纂述仙释书数十种，其《南华副墨》为近代注《庄》者所不及，西星于书无所不窥，娴文辞，兼工书画。同时宗臣最以才名，而著作之富独推西星云。②

陆西星出身于扬州兴化的大族，其父精于易学，以布衣卒终，家境较为清贫，其好友宗臣在作《陆长庚母夫人叙》时说："当是时，余贫，长庚更大贫。至不能张烛启涂，往往错足沟秽，不恨也。"③ 陆西星侍母尽孝，故从小发愤读书，希望改变家庭的生活境遇，这也是后来陆西星积极参加科考的动因，由此也营造了家族中的学习氛围，其弟陆原博"亦才士，宗臣拟之'二陆'，其《楚阳诗选》与西星《南华副墨》

---

① 柳存仁：《陆西星、吴承恩事迹补考》，《和风堂文集》下册，上海古籍出版社，1991，第1392~1415页。
② （清）梁园隶等纂修《重修兴化县志》，台北成文出版社，1970，第941~942页。
③ 《陆长庚母夫人叙》，蒋凡主编《古代十大散文流派》第三卷，湖南文艺出版社，1997，第2443页。

并载焦竑《经籍志》中。"① 其从子陆律是嘉靖四十三年（1564）贡生，"陆律，字子和，少从宗周受《大戴礼》，颖秀奇拔，日记数千言，饩于庠试辄冠其曹，与从父西星齐名，以嘉靖四十三年贡，为龙游训导，嗜学稽古无虚日，生产不一问也，著《从吾集》，纵横有才士风。"② 陆家可称书香门第。然而，陆西星久试不遇，乃弃儒为道，入山隐居。

据陆西星撰《金丹就正篇自序》言，嘉靖二十六年（1547），他遇异人得受仙道秘诀，即吕洞宾降临其所居住的北海草堂，亲授丹诀。引导他走上道教内丹修炼之路，其实这从一个侧面反映了吕祖信仰在当时江南民间社会的传播：

> 嘉靖丁未，偶以因缘遭际，得遇法祖吕公于北海之草堂，弥留款洽，赐以玄醴，慰以甘言。③

陆西星认为自己深得吕洞宾真传，从此努力钻研道教丹书。嘉靖四十三年（1564），陆西星《金丹就正篇》成书："甲子嘉平，……复感恩师示梦，去彼挂此，遂大感悟。追忆曩所授语，十得八九。参以契论经歌，反覆绅绎，寤寐之间，性灵豁畅，恍若有得，乃作是篇。"④ 在经过身体力行地修炼之后，开始著书阐发自己体悟的内丹之旨，所撰《金丹就正篇》是道教内丹学史上最早系统专论阴阳双修问题的著作，开内丹东派。

为了更好地研究内丹学，陆西星又追溯到道书的源头去研读《老子》："若夫溯大道之宗，穷性命之隐，完混沌之朴，复真常之道，则孰先《老子》？"并参考全真道丹经来加以诠释，"参以丹经，质之师授，恍然似得其要领者"，由此提出："《老子》者，圣人道德之微言，而性命之极致也。"⑤ 陆西星又开始修炼地元外丹，为此后来他还曾研习风律、堪舆地理。嘉靖四十五年（1566）陆西星历时三个月所撰《老子道德经玄览》以老子所倡导的阴阳之道来解读丹法，展现了他一贯内外兼修的主张。

---

① （清）梁园隶等纂修《重修兴化县志》，第942页。
② （清）梁园隶等纂修《重修兴化县志》，第940页。
③ （明）陆西星著，盛克琦编校《方壶外史·道教东派陆西星内丹修炼典籍》下册，宗教文化出版社，2010，第373页。
④ （明）陆西星著，盛克琦编校《方壶外史·道教东派陆西星内丹修炼典籍》下册，第374页。
⑤ 《藏外道书》第5册，巴蜀书社，1994，第217页。

从《明史》卷九十八《艺文志三》保留的陆西星著作看，他将儒佛道三教思想相融合，因倾向于内丹修炼而提出"性命双修，此本成仙作佛为圣之大旨"的观点，在撰写的多部内丹学著作中，建构了自己的内丹学体系，其所著《方壶外史》八卷，其中包括十五种著述：《无上玉皇心印妙经测疏》《黄帝阴符经测疏》《崔公入药镜测疏》《纯阳吕公百字碑测疏》《紫阳真人金丹四百字测疏》《龙眉子金丹印证诗测疏》《邱长春真人青天歌测疏》《悟真篇注》《玄肤论》《金丹就正篇》《金丹大旨图》《七破论》《老子道德经玄览》《周易参同契测疏》《周易参同契口义》），反映了陆西星研习道书而形成自己的内丹学意趣的大致历程。

在《方壶外史》中，陆西星继续托名吕祖真传，借"测疏"来解释道教丹经。陆西星认为"《阴符经》，固古之丹经也"。隆庆元年（1567），撰成《黄帝阴符经测疏》及《玄肤论》二书，系统阐述其内丹理论和方法，"陆生既闻性命之学于圣师，豁然有契于其衷，乃述所传，为论二十篇，总七千余言，名曰《玄肤》"。① 隆庆三年（1569），陆西星撰《周易参同契测疏》，继续托名吕祖真传，借"测疏"系统阐述其人元阴阳丹法。隆庆四年（1570）陆西星在《金丹大旨图》中，描绘"先天无极之图""太极未分之图""太极分阴阳之图""阴阳互藏之图"等八幅内丹图，属于内丹修炼理论的阐释范围。同年撰《七破论》七篇，述旁门愚见，抨击其他修炼术，推动了全真道内丹学在江南的传播。

陆西星于万历四年（1576）到万历六年（1578）著《南华真经副墨》，以《庄子》来论述《老子》，其中又吸取了佛教的"不二法门"，期望以无分别心之平等而无差异之至道将佛、道融贯起来。此书成为陆西星从内丹学转向佛学的一个分水岭，与晚明大乘佛教典籍《楞严经》极度盛行的社会文化思潮有关。陆西星生命中的最后20年，主要精力集中到佛学研参上，这为两次注疏《楞严经》提供了机缘，由此撰有《楞严经述旨》《楞伽句义通说》等著作。如果说，《方壶外史》是可以公开的道书，是为"外"，那么，他晚年对佛典的诠释，"《述旨》以宗古德，《通说》以为童蒙，皆如禅之要典"②，则是促进道教与禅学的相融，是"藏之其家"的秘本，是为"内"。这反映了陆西星晚年借佛禅论内丹之归向。

---

① （明）陆西星著、盛克琦编校《方壶外史·道教东派陆西星内丹修炼典籍》下册，第352页。
② （明）陆西星著、盛克琦编校《方壶外史·道教东派陆西星内丹修炼典籍》下册，第481页。

## 二

陆西星的《玄肤论》是针对当时社会中所流行的各种乱象："垄断之夫，纵谈黄白，人元则以闺丹首乱，服食则以金石戕生，学术不明，流祸无极"，在深研《周易参同契》后认为其是用隐晦之语讲述丹法之秘，故著《玄肤论》系统地论述了内丹学的基本理论，诸如三元丹法之相互关系，内外丹之划分，先后天之区别，修性了命的关系等重要的理论问题。虽然他谦虚地说"玄肤者，言玄理肤浅，非精诣也"，但却通过20篇，每篇一论，系统地论述了丹法原理和功夫次第，其对内丹学的创造性发挥主要表现在以下四个方面。

第一，首次提出以天元、地元、人元为内涵的"三元丹法"，并在《玄肤论》中对此进行了详细论述：

> 丹有三元，皆可了命。三元者，天元、地元、人元之谓也。天元谓之神丹。神丹者，上水下火，炼于神室之中，无质生质，九转数足，而成白雪，三年加炼，化为神符，得而饵之，飘然轻举，乃药化功灵圣神之奇事也。其道则轩辕之《龙虎》、旌阳之《石函》，言之备矣。地元谓之灵丹。灵丹者，点化金石而成至宝，其丹乃银、铅、砂、汞有形之物，但可济世而不可以轻身，九转数足，用其药之至灵妙者，铸为神室，而以上接乎天元，乃修道之舟航，学人之资斧也。……人元者，谓之大丹。大丹者，创鼎于外，炼药于内，取坎填离，盗机逆用之谓也。古者高仙上圣，莫不由之。[①]

"三元丹法"将古来复杂的炼丹术进行了系统化的分类，天元丹法谓神丹，指清修的功夫；地元丹法谓灵丹，指外丹烧炼；人元丹法谓大丹，指取坎填离的阴阳双修。其他的各种修炼方法都被认为是旁门小术。陆西星这种对丹法的分类特别反映了江南人所擅长的对事物的清晰分辨，得到了广泛认同而流传开来。"三元丹法"成为明清道教仙学论述丹法的代表观点，"三元丹法，是道教仙学的重要内涵"。[②] 近代陈撄宁先

---

① （明）陆西星著、盛克琦编校《方壶外史·道教东派陆西星内丹修炼典籍》下册，第354页。
② 胡海牙编著《仙学指南》，中医古籍出版社，1998，第66页。

生在"三元丹法"的基础上发挥为四种:"仙家丹法大别为四:天元谓之神丹,言其神妙莫测。地元谓之灵丹,言其夺造化灵气。人元谓之还丹,言其还我固有。黄白谓之金丹,言其点石成金。地元能点金,又能服食。黄白止能点金,不可服食。此乃二者不同之处。"①"三元丹法"的影响至今依然。

第二,在"三元丹法"的基础上,又特别突出"人元丹法"。《玄肤论》在首论"三元论"之后的19篇主要围绕着"人元丹法"而展开。以问答的形式,陆西星从内外药论、阴阳互藏论、先天后天论、铅汞论、元精元气元神论、神统论、金液玉液论、性命论、质性论、神室论、河车论、澄神论、养神论、凝神论、真息论、火符论、药火论、抽添论、遗言论等方面,对人元丹法做了深刻探析。书中的内丹二诀以练神调息为要,神即是性,性定则神自安,神安则精自住,精住则气自生。炼神又分澄神、养神、凝神三部,缺一不可。书中力求使其丹法理论和功诀显明易懂,其丹法思想来自南宗的命先性后,但又主以阴阳双修。胡孚琛先生根据陆西星《玄肤论》"丹有三元,皆可了命"的看法,将内丹学之丹法按其"阴阳"机理而言,分为"三家",即自身阴阳、同类阴阳、虚空阴阳,又可分为"四派",即自身阴阳之清净丹法、同类阴阳之彼家丹法和龙虎丹法、虚空阴阳之虚无丹法,统称"三家四派",并提出"真正要研究的,还是人元大丹,又简称'丹道',即名之曰内丹学"②。

第三,从性命双修的角度对人元丹法做了深入探讨。生命为一个由身心、神气有机结合的系统,人元丹法之所以谓之大丹,乃是因为它"创鼎于外,炼药于内,取坎填离,盗机逆用之谓也"。人的生命或是依托于精气神,或是身心,或是形神,或是性命,种种不同的说法,但丹家往往用性命,陆西星也通过对"保性命之真"而对得道成仙的内外根据做理论上和实践上的探索,由此将"性命双修,此本成仙作佛为圣之大旨"。这是因为"性者,万物一源;命者,己所自立。性非命弗彰,命非性弗灵。性,命所主也,命,性所乘也。今之论者,类以性命分宗,而不知道器相乘,有无相因,虚实相生,有不可歧而二者。故性则神也,命则精与气也;性则无极也,命则太极也。可相离乎?"③ 因此,人元丹法又称"性命之学","夫道者,性命

---

① 转引自陈国符著《道藏源流考》下册,中华书局,1963,第290页。
② 胡孚琛著《三家四派丹法略讲》,《西南民族大学学报》2008年第8期。
③ (明)陆西星著,盛克琦编校《方壶外史·道教东派陆西星内丹修炼典籍》下册,第361页。

兼修，形神俱妙者也。金液炼形者，了命之谓也。玉液炼己者，了性之谓也。"① 它以修炼人身体内部精气神，后天得先天而妙其用，是之谓了命而关乎了性也，通过性命双修来达到神形俱妙、出神入化之境为主要特征。

第四，在人元丹法中，从筑基炼己、摄心修性入手而倡导阴阳双修。陆西星在具体的内丹修持方面受南宗阴阳派影响较大，他早年所撰《金丹就正篇》从"顺则生人，逆则成丹"出发，认为"人元大丹"是以模仿男女阴阳交合，精气互施的生人之道为理论基础的：

> 金丹之道，必资阴阳相合而成。阴阳者，一男一女也，一离一坎也，一铅一汞也，此大丹之药物也。夫坎之真气谓之铅，离之真精谓之汞，先天之精积于我，先天之气取予彼。何以故？彼坎也，外阴而内阳，于象为水为月，其于人也为女。我离也，外阳而内阴，于象为火为日，其于人也为男。故夫男女阴阳之道，顺之则生人，逆之则成丹，其理一焉者也。②

人禀天地元气，父精母血而生，先天精气分藏于男女。人元丹法虽然与生人的程序不同，但需以分藏于男女身中的先天之精与先天之气为药物，使之交合为一，取阴补阳。因此他认为炼丹采药，精气合会必须男女双修，而不能在孤阴孤阳身中自修而成。其实内丹修炼都是强调阴阳和合，"丹经篇篇说阴阳，阴阳本是万法王"，陆西星是对张伯端到刘永年再到翁葆光这一宋元以来在南方传播的阴阳双修的理论进一步系统化。如果说，刘永年先打出阴阳双修的旗号，翁葆光是实际践行者，那么，陆西星则承袭此系丹法，明确提出阴阳双修的丹法主张，并对阴阳双修的方法做了具体的描述，认为"金丹之道，必资阴阳相合而成"③。其要旨在于通过男女阴阳之道，以"彼"之气制"我"之精，通过"凝神聚气"以"炼己"作为炼丹之枢要："金丹始终，皆藉于此。故炼药求铅，以己迎之；收火入鼎，以己送之；烹炼沐浴，以己守之；温养脱胎，以己成之。正心诚意，则身修国治而天下平矣。此炼丹之枢要也。"④不仅使之易于人人手修持，而且将之作为儒家所倡导的"修齐治平"之起点，期望

---

① （明）陆西星著，盛克琦编校《方壶外史·道教东派陆西星内丹修炼典籍》下册，第360页。
② （明）陆西星著，盛克琦编校《方壶外史·道教东派陆西星内丹修炼典籍》下册，第374~375页。
③ （明）陆西星著，盛克琦编校《方壶外史·道教东派陆西星内丹修炼典籍》下册，第374页。
④ （明）陆西星著，盛克琦编校《方壶外史·道教东派陆西星内丹修炼典籍》下册，第377页。

以此来消弭道教倡导的阴阳双修的内丹学与儒家伦理道德上的冲突。正是基于此，后世才将陆西星作为内丹学中的阴阳双修派的开创者，又因其倡导的"阴阳双修"主要流传于江浙一带，故又称为"东派"。

## 三

若将陆西星的内丹学置于全真道发展中加以考察，就可见出于对性与命在修仙中作用的不同认识，全真道内部出现过不同的流派，一般认为，有主张先修性后修命的北宗，有主张先修命后修性的南宗，有主张个体独自清静修行的清修派，有主张男女同类双修、阴阳配合的阴阳派，还有以"守中"为主要特点的中派，如元代李道纯所著《中和集》在会通儒佛道三教心性思想的基础上，又将内丹修炼的要旨概括为"中和""虚静"四字，认为"中"就是"玄关"，守玄关才能致中和，致中和才能带来身静心虚，因此，将"守中"作为丹法的第一要义，由是而在内丹道中形成了自成体系的中派，又称"虚空阴阳"①。但在实际修炼中，这种划分并非绝对，而是因人、因时而异的，② 因内涵丰富、方法多样反而促进了内丹学的持续发展。到明清时期，出现了以陆西星为代表的东派，以李西月为代表的西派和以伍宗阳、柳华阳为代表的伍柳派等。虽然众多流派相互竞争，但都以"全真而仙"为最高目标，并通过一些实际可操作的方法来引导人们关注每一个个体生命的存在。

在道教史上，通常会说全真道有南北二宗、东西两派并称之说。南宗有五祖，从张伯端至白玉蟾、再到彭耜，其发展传承有文献依据。北宗由王重阳至北七真人，再到丘处机及诸弟子创龙门派，亦有史籍记载。西派起于清代道士李西月③，有《太上

---

① 胡孚琛先生在《〈道学通论·仙学篇〉补遗——谈内丹学研究中的几个理论和实践问题》中指出："至于修炼虚空阴阳的丹法，乃人体和宇宙，心灵和虚空，体道合真的感应法门。丹家中派李道纯讲最上一乘妙道，以太虚为鼎，太极为炉。清净为丹基，无为为丹母，中为玄关，明心为应验，见性为凝结。三元混一为圣胎。性命打成一片为丹成，乃形神俱妙，直超圆顿之功夫。"（詹石窗总主编《百年道学精华集成》第五辑《道医养生》卷六，巴蜀书社，2014，第86页）
② 虽然近年来随着全真道研究的深入，也有学者提出这样的分判不一定符合历史事实，因为内丹修炼中的性命先后问题，在不同的道教思想家那里是循其修炼内容与方式而有着自己独特表达的，这需要具体问题具体分析。
③ 李西月（1806~1856），初名元植，字平泉，入道后更名西月，字涵虚，号长乙山人，在其所著《太上十三经注解》中有《题〈东来正义〉诗》，其落款是"三清总校真函、兼洞天秘藏事、文明普度先生、东派祖师、同仙史馆、愚弟陆西星拜题。"（清）李涵虚原著，盛克琦点校《圆峤内篇：道教西派李涵虚内丹修炼秘籍》，宗教文化出版社，2009，第75页。

十三经注解》《三车秘旨》《道窍谈》等著作传世。清嘉庆十一年（1806），李西月学习陆西星的丹法双修①又自成一家，为了不受全真教团的束缚而广泛传教，他推陆西星为道教"东派祖师"②，通过编纂《吕祖年谱》来讲述海山奇遇吕祖以得亲传的种种故事，以说明吕洞宾"有三大弟子，为群真冠：海蟾开南派，重阳开北派，陆潜虚汇东派，吾愿入西方化一隐沦。亲拜吕翁之门，身为西祖"。③李西月自称得到吕洞宾亲传，不仅借南、北、东三派来衬托"西派"出世的必然性，更是处处以陆西星为榜样，参照陆西星之名，入道后将初名"元植"改为"西月"，暗示星月交辉；参照陆西星号"潜虚"，改字"涵虚"，以潜、涵来表达隐遁之意；参照陆西星字"长庚"，改字为"长乙"，是因为在五行中庚为西金，乙为东木，以说明两者遥相呼应。李西月还以"西道通，大江东，海天空"作为自己教团传承字辈，因流传于四川而区别于"东派"，故世称"西派"，其法脉一直流传至民国。

陆西星在世时，其丹法就受到江南士绅较为广泛的关注，有"四方之士，有就陆子而参道者"，如赵遵阳、姚更生、郑思成等，"但均未著书立说，很可能陆一派之成员不过为同师门弟子若干而已，并无法脉延续。"④陆西星在世时并没有自立"东派"，陆西星之后也没有什么有关"东派"法脉传承的记载，故有一些学者对"东派"是否指陆西星一派提出质疑。笔者认为，暂且不论陆西星是否创派，这个东派是否有清晰的法脉传承，值得注意的是明末到清代时，内丹学还在江浙一带传播，名家辈出，著述不断，其中仇兆鳌和陶素耜都是深受陆西星思想影响的内丹家。

陶素耜（1650～1723），会稽（今绍兴）人，原名式玉，字尚白，号存斋，清静心居士、通微真人。康熙十五年（1676）举进士，早年云游四海，来往于霍童洞天，遇方外至人，传以修养秘法，研习丹法要旨，曾任两淮都转盐运使司盐运使，康熙二十七年（1688）被罢官后，钻研道教丹书，后遇仇兆鳌得知陆西星丹法，著有《参同契脉望》《悟真约注》，对陆西星的《玄肤论》《金丹就正篇》进行修订。康熙三十九年（1700）庚辰，陶素耜在所著《参同契脉望》中谓："自上阳泄漏于前，潜虚

---

① 有关李西月丹法的具体内涵，请参加霍克功著《论李西月对内丹双修理论的贡献》，《宗教学研究》2006年第4期。
② 董沛文主编，（东汉）魏伯阳等著，周全彬，盛克琦编校《参同集注：万古丹经王〈周易参同契〉注解集成》第2册，宗教文化出版社，2013，第702页。
③ 《吕祖年谱·海山奇遇》卷之六《示冷生》，董沛文主编《新编吕洞宾真人丹道全书》下册，团结出版社，2009，第955页。
④ 谢正强：《傅金铨内丹思想研究》，巴蜀书社，2005，第162页。

详阐于后，深造实诣，二注并传，庶几暗室之巨灯，迷津之宝筏。"① 说陆西星接续上阳子陈致虚而注《参同契》，"二注并传"推动了以性命双修为特征的内丹学在江浙"越水吴山"一带的传播。

仇兆鳌（1638～1717），字沧柱，号知几子，鄞县（今宁波）人，曾跟随黄宗羲学习，后于清康熙二十四年（1685）举进士。此后，仇兆鳌利用在京师之便，广搜秘要，始读《参同契》《悟真篇》，乃知道教丹法。五十八岁时回归江南，与知交陶素耜讨论丹法心得，陶素耜始悔孤修之失，遂寻师访道。六十四岁，仇兆鳌为陶素耜《参同契脉望》作序，谓陶素耜"得孙教鸾真人嫡派，遂注《参同》《悟真》，博采诸家，而折衷己意，晦者阐之使明缺者补之使完，凡药物火候、结丹脱胎，口所不能尽吐者，皆隐跃逗露于行墨之间，俾潜心好道之士，流览玩索，知真诠毕萃于斯编矣。"② 因此"东派"应是对以陆西星为代表的在江浙一带传播内丹学者的概称。东派继承《参同契》《悟真篇》的内丹学传统，表现出一些独特的江南文化特点与意趣。

第一，以吕祖崇拜为信仰特点。全真道初兴时，就构造了东华帝君→钟离权→吕洞宾→刘海蟾→王重阳的传承体系，称之为"北五祖"。八仙中的吕洞宾因具有誓愿度尽天下人、然后自己再成仙的精神，深得广大民众的喜爱与尊奉，民间扶乩、解梦、灵签等占卜吉凶祸福的活动往往托之吕祖。全真道龙门派南传后，继承了道教的多神信仰，尤其突出了对吕祖的崇拜，倡"吕仙之道，传丘长春"，并将金盖山视为"吕仙纯阳子化身所游之地"，因此，在江南地区道观中大多建有吕祖殿、纯阳宫等，与广大民众追求祈福消灾的心理需要相关，吕祖往往成为当地最占香火的神仙，大概是受江南道教文化的影响，陆西星自言其所修丹法也是吕洞宾数次降临亲授丹诀，引导他走上道教内丹修炼之路的。

第二，继承文人道教的传统。陆西星本质上属于重视文化传承的江南士绅，但喜读道书，奉行道教信仰与修道实践，又属于文人道士的范畴，其用道教信仰与实践来指导自己的生活。从其保留至今的著述来看，不仅内容广泛，所著内丹著作通过援易入道、援佛入仙，强调丹法步骤应从炼性入手，通过佛仙互释、易道互证，以佛禅来阐发内丹修炼之宗旨，反映了江南文人受仙道文化浸染，以身体力行来实践丹道生活

---

① 《藏外道书》第10册，第4页。
② （清）仇兆鳌撰《参同悟真注序》，《藏外道书》第10册，第1页。

而丰富了明清时期道教内丹修炼的形式与内容。

第三，以散居道士立身。陆西星虽然修炼全真道所倡的"性命双修"之内丹，但形成了与在江南传播的龙门派不一样的修道风格。王重阳在创教之初，就对全真道士的宗教生活提出了带有禁忌性的具体要求，这从《重阳立教十五论》中可见，希望通过倡导戒律，树立全真道之新风，以与旧道教相区别。丘处机则仿照佛教戒律，立全真道的"三坛大戒"。后来，王常月将持戒与修仙相联系，倡导"仙佛无门，皆从戒入"①。江南全真道龙门派奉"以戒为师"的传统，将持戒精严作为道士必须遵守的行为准则。② 然而，陆西星不受全真道教规戒律的约束，更不出家受戒，犹如江南正一道散居道士，只在江南士绅中传播内丹学，没有认真培养弟子，更没有形成像全真道龙门派一样字辈分明的传承谱系，但这也使陆西星能够打破宗派之界线，不仅从道教内部融合全真与正一，而且在其生命的最后 20 年中，从内丹学的角度参研佛学，促进了明清道教对佛教的借鉴与融合。以陆西星为代表的士绅化倾向，是特别值得研究的明清时期中国本土宗教的发展现象。

---

① （清）王常月传《龙门心法》上卷，《藏外道书》第 6 册，第 736 页。
② 孙亦平：《论全真道龙门派在江南地区的传播与影响》，《宗教学研究》2010 年第 3 期。

# 经典解读

# 《金丹大要》现存版本系统及成书过程考述

盖建民  刘雪涛

**内容摘要**：上阳子陈致虚，是元代道教金丹派南宗与全真道北宗合流的关键人物，其自著《金丹大要》系统阐述了他的内丹法门，此书现存版本众多、各版差异较大，源流复杂。在前人研究基础上通过进一步搜罗考辨，我们认为《金丹大要》目前可见的至少有九个版本，而这九个版本又分属于四个版本系统。在此书现存所有版本中，《正统道藏》本刊印流通时间最早，影响最大，但其内容有所残缺；中国书店版《海王邨古籍丛刊·道书全集》本《金丹正理大全金丹大要》内容最全，亦最为接近本书十卷本原貌，但有一些陈致虚弟子附益的内容。同时，现存《金丹大要》的成书也经历了一个复杂的过程，经过细致考察后，我们认为今本《金丹大要》的成书大体上经历了三个阶段，而这不同的三个阶段，也是陈致虚生平之中受道、修道、传道的重要时间节点。

**关键词**：陈致虚  金丹大要  版本  版本系统  成书过程

**作者简介**：盖建民，哲学博士，四川大学道教与宗教文化研究所教授。刘雪涛，四川大学道教与宗教文化研究所研究生。

## 一 前言

陈致虚（1290～？），字观吾，号上阳子，江右庐陵（今江西吉安）人，元代金丹派南宗与全真道北宗合流的关键性人物，对后世道教宗派的发展、内丹思想的演变都有重大影响。[①] 鉴于陈致虚在道教史上的重要地位，学界以往对他的生平、思想等

---

① 参见卿希泰主编《中国道教史》第三卷（修订本），四川人民出版社，1996，第374～382页。盖建民：《道教金丹派南宗考论：道派、历史、文献与思想综合研究》上册，社会科学文献出版社，2013，第546页。

方面多有所讨论。① 近年来具有代表性的综合研究成果当推周冶的博士学位论文《上阳子陈致虚生平及思想研究》，其文从陈致虚的生平、著作、思想三个方面入手，对陈致虚的身份、师承、传教活动、著述情况、丹道思想、对南北宗合并的贡献等多个问题进行了细致考辨。② 后有何建明著《陈致虚学案》一书，在讨论陈致虚的生平、著述、思想等方面之外还整理了《上阳子金丹大要校注》，并针对周冶的一些观点提出了自己的见解。③ 此外盖建民《道教金丹派南宗考论：道派、历史、文献与思想综合研究》一书在对陈致虚著作进行考辨的基础上，也对陈致虚的道脉传承、传教活动、对南北宗合并的贡献、丹法思想等问题做出了自己的回答。④

以文系人，研究陈致虚生平思想，当以其自著《金丹大要》记载最为集中，为主要依据的材料。⑤ 对于《金丹大要》的现存版本，前贤时彦已做过一些研究，主要有两种代表性观点。周冶认为："《金丹大要》现在能见到两个本子，《道藏》所收十六卷本和《金丹正理大全》所收十卷本。后者见于《藏外道书》第九册、《道书全集》《四库全书存目丛书》子部第259册。"⑥ 何建明则认为《金丹大要》"目前至少

---

① 对截至2007年学术史上详细的陈致虚研究回顾参见周冶《上阳子陈致虚生平及思想研究》，四川大学道教与宗教文化研究所博士学位论文，2007，第1~3页。其后可参阅何建明列出的有代表性的陈致虚研究论著目录，何建明：《陈致虚学案》，齐鲁书社，2011，第359~360页。近年来，周冶、黄红兵等人陆续发表了多篇论文对陈致虚生平、思想等做了专题探讨。
② 周冶：《上阳子陈致虚生平及思想研究》，四川大学道教与宗教文化研究所博士论文，2007年4月。
③ 何建明：《陈致虚学案》，齐鲁书社，2011。
④ 盖建民：《道教金丹派南宗考论：道派、历史、文献与思想综合研究》，第355~356、546~562、844~845页。此外，以《金丹大要》为研究对象的代表性研究成果，还有朱越利《惠能与禅丹——以〈上阳子金丹大要〉为据》。其文以《上阳子金丹大要》为据，探讨陈致虚援引南宗禅学思想，还进一步认定"南宗禅就是丹"，并且说明了陈致虚虚构了惠能炼丹一事，以说明惠能对中国历史影响之深、与"禅丹"关系之密。详见朱越利《惠能与禅丹——以上阳子〈金丹大要〉为据》，《西南民族大学学报（人文社科版）》2005年第12期，第292~295页。
⑤ 曾传辉指出："研究陈致虚生平的资料，今本《金丹大要》资料最为集中。"见曾传辉《元代参同学：以俞琰、陈致虚为例》，宗教文化出版社，2004，第46页。
⑥ 周冶：《上阳子陈致虚生平及思想研究》，四川大学道教与宗教文化研究所博士论文，第51页。周冶认为《藏外道书》第九册、《道书全集》、《四库全书存目丛书》子部第259册同为《金丹正理大全》本。笔者认为，三者虽均为《金丹正理大全》本版本系统，但其相互之间内容细节上还有不少差异，根据广义的版本定义，此三者当为同一版本系统中的不同版本。孙钦善认为："仅限于纸书，传统的版本概念也有不同内涵，广义包括抄写本和刻印本，狭义则仅指刻印本，此用其广义。也就是说，版本就是同一部书在编辑、传抄、版刻、排印、装帧乃至全部流传过程中所产生的各种形态的本子。""同一书在流传过程中出现了不同的版本，这些版本由于渊源关系不同而又分成不同的系统。"详见孙钦善《中国古文献学》，北京大学出版社，2006，第63、107页。关于"版""本"二字的含义流变以及"版本"二字合称的概念内涵，还可参见张舜徽《中国文献学》，上海古籍出版社，2009，第41~64页。

发现有七个版本"①。在前贤研究基础之上，通过进一步搜罗考辨，我们认为《金丹大要》现存至少有九个版本，并且从内容上看，这九个不同版本又分属于四个版本系统。② 通过对分属于四个版本系统的九个不同版本的《金丹大要》进行对比研究，我们希望将《金丹大要》目前可见版本及其相互关系梳理清楚，从而为陈致虚研究提供切实可据的材料，也为进一步研究现存金丹南宗道书的版本系统提供实践经验。③

对于《金丹大要》的成书时间，学界一般认为此书成书于1335年前后。④ 但值得注意的是，现存《金丹大要》内容复杂，其成书并不是在某一个时间点一蹴而就的，而是经历了一个分为三个阶段的长期过程，这一长期过程中的时间节点，也是陈致虚生平受道、修道、传道经历的重要时间坐标。因此，我们希望在将《金丹大要》

---

① 何建明总结的《金丹大要》的七个版本分别为《道藏》本、《重刊道藏辑要》本、《藏外道书》甲本（第九册）、《藏外道书》乙本（第十册）、中国书店影印出版《海王邨古籍丛刊·道书全集》本、碧梧山庄影印本《金丹大要》、《中华道藏》本，根据上条注释对版本以及版本系统的论述，这七个版本实际分属于四个版本系统，对此问题的进一步论述详见后文。何建明：《陈致虚学案》，第60~62页。

② 本文研究《金丹大要》现存各个版本及其相互关系，均以内容不同且学者易得的各个代表性影印本为研究对象，以期切实推进此项研究。并且，各个不同的影印本，本身就是同一部古籍的不同版本。如黄永年指出："只要这部书的本身是古籍，那不管什么时候重刻、影刻、影印、铅字排版，也不管是线装或精装平装，都是这部古籍的一种版本。"见黄永年《古籍版本学》，江苏教育出版社，2005，第3页。同时，由于本文主要探讨各个不同版本内容上的差别与联系，现存的与本文涉及的各影印本内容完全相同，但属不同出版社影印出版的其他影印本则不列入本文的研究对象之中。

③ 不论是从丹法思想还是道脉传承来看，陈致虚都属金丹派南宗法脉，故可考察陈致虚自著《金丹大要》的版本系统，来为进一步研究金丹南宗其他道书的版本系统提供学术实践经验。对于陈致虚道脉归属的详细论述，参见盖建民《道教金丹派南宗考论：道派、历史、文献与思想综合研究》上册，第546~551页。

④ 《金丹大要》的成书时间学界多有讨论，一般认为此书成书于1335年前后。卿希泰先生主编《中国道教史》认为："《金丹大要》和《金丹大要列仙志》成书于1335年前后。"见卿希泰主编《中国道教史》第3册（修订本），第381页。胡孚琛主编《中华道教大辞典》中王卡所撰"金丹大要"条亦认为此书约成书于至元改元（1335）之岁。见胡孚琛主编《中华道教大辞典》，中国社会科学出版社，1995，第392页。还有一些学者只是谨慎地记录《金丹大要》前两序的撰写时间，而不确定《金丹大要》整书的成书时间。任继愈主编《道藏提要》谓"欧阳序撰于至元改元之岁（1335）"，见任继愈主编《道藏提要》（修订版），中国社会科学出版社，1995，第815页。朱越利《道藏分类解题》"上阳子金丹大要"条认为："《上阳子金丹大要》：元陈致虚撰。卷二载其《道德经序》，撰于元文宗至顺二年（1331年）。卷前欧阳天璃序撰于元惠宗至元改元（1335年）。"见朱越利：《道藏分类解题》，华夏出版社，1996，第325页。萧登福也谨慎地指出："书前有弟子明素蟾序、弟子欧阳天璃至元旃蒙（乙）大渊献（亥）岁（1335）序。"见萧登福：《正统道藏总目提要》，文津出版社，2011，第1033页。施舟人（Kristofer Schipper）、傅飞岚（Franciscus Varellen）主编的《道藏通考》认为本书成书时间在1131~1335年之间。见Kristofer Schipper&Franciscus Verellen, eds., *The Taoist Canon: A Historical Companion to the Daozang* (Chicago: The University of Chicago Press, 2004), Vol. 2, p. 1179.

目前可见不同版本及其所属版本系统梳理清楚的基础上，进一步考论现存《金丹大要》成书的具体过程，继而在文献基础上扎实推进陈致虚生平的研究。

## 二 《金丹大要》目前可见版本系统考述

### （一）《正统道藏》本版本系统

**1.《正统道藏》本《上阳子金丹大要》**，简称《金丹大要》，元陈致虚撰，见《道藏》太玄部·睦夫字号。①

《正统道藏》本《上阳子金丹大要》十六卷，《上阳子金丹大要图》一卷、《上阳子金丹大要列仙志》一卷、《上阳子金丹大要仙派》一卷。②《上阳子金丹大要》原题"紫霄绛宫上阳子观吾陈致虚撰"③，前有陈致虚门人弟子所作两序，一为"门弟子明素蟾天琮序"④，另一落款为"至元改元旃蒙大渊献岁除月，门弟子庐山紫元欧阳天璹拜手序"⑤，二序均称其师上阳子著《金丹大要》十卷。另考《上阳子金丹大要》卷一陈致虚自述本书宗旨云：

> 上阳子曰："是此《金丹大要》十卷，首卷《虚无》三章以象三才，二卷《上药》一章以体法身，三卷《妙用》九章以证九还，四卷《须知》七章以验七返，五卷《积功》诗歌以分邪正，六卷《累行》序说使无著象，七卷《发真》问答接引群生，八卷《修真图像》示可印证，九卷《越格》拟古最上一乘，十卷《超宗》酌古见性成佛，卷卷皆备铅汞火候。"⑥

据此，《金丹大要》原帙当为十卷无疑。针对《正统道藏》本《上阳子金丹大要》

---

① 目前学界一般通行为文物出版社、上海书店、天津古籍出版社联合影印出版的《道藏》本，世称"三家本"，简称《道藏》本。此外《正统道藏》还有涵芬楼本、新文丰本，三者内容上没有区别，方便起见，本文以"三家本"《道藏》为引用资料。
② 以上四书详见《道藏》第24册，文物出版社、上海书店、天津古籍出版社，1988，第1a~80b页。
③ （元）陈致虚：《上阳子金丹大要》，《道藏》第24册，卷一《虚无》，第2c页。
④ （元）陈致虚：《上阳子金丹大要》，《道藏》第24册，序，第1c页。
⑤ （元）陈致虚：《上阳子金丹大要》，《道藏》第24册，序，第2b页。
⑥ （元）陈致虚：《上阳子金丹大要》，《道藏》第24册，卷一《虚无》，第6a页。

为十六卷的问题，曾传辉认为："十卷以后，为后人编纂时加入。"① 周冶认为："今《道藏》本乃将前七卷各分为二，加九、十两卷而为十六卷，却将第八卷析为《金丹大要图》《金丹大要仙派》《金丹大要列仙志》各一卷。"② 经过核对《正统道藏》本内容，笔者认为当以周说为是。《正统道藏》本将十卷本析分作《上阳子金丹大要》十六卷，《上阳子金丹大要图》《上阳子金丹大要列仙志》《上阳子金丹大要仙派》各一卷。此外，《正统道藏》还将原《金丹大要》第四卷《须知》的内容又单独印出，名为《修炼须知》一卷，收入太玄部·唱字号。③

2.《中华道藏》本《上阳子金丹大要》

《中华道藏》本《上阳子金丹大要》十六卷、《上阳子金丹大要图》一卷、《上阳子金丹大要列仙志》一卷、《上阳子金丹大要仙派》一卷。本书也将原《金丹大要》第四卷《须知》（《正统道藏》本第七至第八卷）内容单独印出，名为《修炼须知》。但值得注意的是本书在编排上将《修炼须知》放在《上阳子金丹大要仙派》之后，以上五书依次排在一起，不像《正统道藏》与《道书集成》将《修炼须知》与前四书隔开，可见本书编者已经意识到了《修炼须知》为原《金丹大要》第四卷《须知》的内容。④ 以上五书均收录于张继禹主编、华夏出版社2004年出版的《中华

---

① 曾传辉：《元代参同学：以俞琰、陈致虚为例》，第46页。曾氏论述依据为"十一、十二卷是记其与诸高足之授受经过与因材施教的要点，语及《金丹大要》之书，事涉至元乙亥之后，显非原帙所含。十三至十六卷是语录之体，以第三人称行笔，为后学所记，非出亲笔；内容则以谈禅论佛为主，用佛理阐释金丹，意在融通佛道。"详见曾传辉：《元代参同学：以俞琰、陈致虚为例》，第46~47页。笔者认为，《正统道藏》本《上阳子金丹大要》第十一、十二卷为原十卷本《金丹大要》卷六《累行》的内容析分而成，所记之事并非全为至元乙亥之后，当为析分十卷本《金丹大要》后，后人继续增补而成。第十三、十四卷为析分原十卷本《金丹大要》卷七《发真》而成，据陈致虚自序，本就与语录问答之体。第十五、十六卷为析分原十卷本《金丹大要》卷九《越格》而成。因此，《道藏》本十六卷当为析分原书十卷而成，并且在析分的同时亦有后人不断增补，是后人析分与增补共同造成的，而非简单的十卷之后为后人编纂时加入。

② 周冶：《上阳子陈致虚生平及思想研究》，四川大学道教与宗教文化研究所博士学位论文，第51~52页。

③ 即《正统道藏》本《上阳子金丹大要》第七至第八卷的内容。参见（元）陈致虚《修炼须知》，《道藏》第24册，第142c~149a页。对《正统道藏》本《上阳子金丹大要》的详细考辨，可参见盖建民《道教金丹派南宗考论：道派、历史、文献与思想综合研究》上册，第355~357页。另外，《正统道藏》本《上阳子金丹大要》十六卷、《上阳子金丹大要图》《上阳子金丹大要列仙志》《上阳子金丹大要仙派》各一卷，以及《修炼须知》一卷均还收于汤一介主编《道书集成》第36册，且《道书集成》本所收内容顺序与《正统道藏》本完全相同，盖是将《正统道藏》本重新影印。以上五书详见汤一介主编《道书集成》第36册，九州出版社，1999，第345a~424b、486c~493a页。

④ 本书编者于《修炼须知》的解题中就明确指出"经名：修炼须知。元陈致虚撰。原系《上阳子金丹大要》第四卷（今本第七至八卷），后分出单行本一卷。"见（元）陈致虚《修炼须知》，收于张继禹主编《中华道藏》第27册，华夏出版社，2004，第608a页。

道藏》第 27 册，实为《正统道藏》本重新标点本。① 此本内容与《正统道藏》本基本相同，在标点整理过程中有部分文字整理者据文义有所改动，整体脱胎于《正统道藏》本《上阳子金丹大要》，故均属《正统道藏》本版本系统。

## （二）《金丹正理大全金丹大要》本版本系统

**1. 中国书店影印出版《海王邨古籍丛刊·道书全集》本《金丹正理大全金丹大要》**

中国书店 1990 年影印出版《海王邨古籍丛刊·道书全集》本，题名《金丹正理大全金丹大要》②，本书前有嵩岳主人明嘉靖戊戌（1538）作《重刻金丹正理大全序》，后亦有明素蟾、欧阳天璕两序，均作《金丹正理大全金丹大要序》。何建明认为此本"所收内容与《藏外道书》的甲本基本一致"，只在几篇序言的顺序和第五章的名称上有所区别。③ 而对于其所谓"《藏外道书》甲本"，何氏则说："该书包括《虚无卷第一》、《上药卷第二》、《妙用卷第三》、《须知卷第四》和《积功卷第五》，并非完整的《道藏》本，而是明代的一个民间私刻本。"④ 也就是说，何氏认为中国书店影印出版《海王邨古籍丛刊·道书全集》本《金丹正理大全金丹大要》是一个与《藏外道书》甲本大体相同的明代民间私刻五卷残本。

然而笔者研读此书后，发现事实并非如此。检《海王邨古籍丛刊·道书全集》本《金丹正理大全金丹大要》，此本篇首目录虽著录仅有前五卷，但全书正文内容却为十卷全帙。在第五卷后，本书另有一目录，著录第六、第七、第八三卷内容。⑤ 但是在其后正文里，本书《累行》卷第六⑥、《发真》卷第七⑦、《图像归源》卷第八⑧、《越格》卷第九⑨、《超宗》卷第十⑩卷卷俱在。也就是说，此本为十卷完帙，

---

① 以上 5 书见张继禹主编《中华道藏》第 27 册，第 520a~614c 页。
② （元）陈致虚：《金丹正理大全金丹大要》，《海王邨古籍丛刊·道书全集》，中国书店，1990，第 4a~116b 页。此书蒙周冶博士慷慨借阅，谨致谢忱。
③ 参见何建明《陈致虚学案》，第 61~62 页。
④ 何建明：《陈致虚学案》，第 61 页。
⑤ 后一目录见（元）陈致虚：《金丹正理大全金丹大要》，《海王邨古籍丛刊·道书全集》，第 52b~53a 页。
⑥ （元）陈致虚：《金丹正理大全金丹大要》，《海王邨古籍丛刊·道书全集》，第 53b 页。
⑦ （元）陈致虚：《金丹正理大全金丹大要》，《海王邨古籍丛刊·道书全集》，第 79a 页。
⑧ （元）陈致虚：《金丹正理大全金丹大要》，《海王邨古籍丛刊·道书全集》，第 91a 页。陈致虚：《金丹大要序》为《八卷〈修真图像〉示可印证》，与此篇名不同。
⑨ （元）陈致虚：《金丹正理大全金丹大要》，《海王邨古籍丛刊·道书全集》，第 106b 页。
⑩ （元）陈致虚：《金丹正理大全金丹大要》，《海王邨古籍丛刊·道书全集》，第 112a 页。

相比《正统道藏》十六卷本而言，更接近陈致虚自序十卷本《金丹大要》原貌，但是此本有两个目录且一共著录八卷内容的这一特殊情况我们暂时还缺乏其他线索，无法做更多讨论。另据周冶考订，与《正统道藏》本相比，此本内容更全，《正统道藏》本内容多有所脱漏，① 同时，此本第六卷《累行》中也有一些内容为陈致虚弟子附益之作，但这些附益之作同样是研究陈致虚生平与思想的重要依据。②

其次，此本并非"明代的一个民间私刻本"，而是明嘉靖间周藩周恭王朱睦㮮刻印之藩府本，介于官刻家刻之间。③ 此书前嵩岳主人作《重刻金丹正理大全序》有言"朝廷敦睦宗亲之圣意，爵禄已极"④，可见嵩岳主人当为明代之皇亲贵戚。清徐乾学《传是楼书目》卷三载："《金丹正理大全》四十卷，明周王嵩岳主人，十八本。"⑤ 此外，瞿冕良《中国古籍版刻辞典》《乐善斋》条云：

> 明嘉靖间周藩朱睦㮮（？~1538）的室名。睦㮮号嵩岳主人。……嘉靖十七年刻印过自编《金丹正理大全》11种42卷（10行21字），南唐谭峭《化书》6卷，《玄宗内典诸经注》42卷，元陈致虚《周易参同契分章注》3卷。……嘉靖42年（1563年）刻印过元萧廷芝《金丹大成集》5卷（11行20字）。⑥

---

① 周冶将《正统道藏》本与《金丹正理大全》本详细比对，并结合陈致虚自序内容综合考订，对《正统道藏》本的脱漏内容有详细说明，我们认为其研究成果是可靠的。详见周冶：《上阳子陈致虚生平及思想研究》，四川大学道教与宗教文化研究所博士论文，第52页。
② 周冶经过详细考订，认为"对于《大全》（笔者按，即《金丹正理大全金丹大要》）本《累行卷第六》多出的十四篇文章，有很多出自陈氏自序所标1331年之后，甚至出于明素蟾、欧阳天瑃至元改元（1335）所作刊刻本序言之后，显然为后来所增补。但是，这并不能说明没有收录这些文章的《道藏》本就是原本。因为，《大全》本《与谷阳子周允忠》应作于1335年，却不见于《道藏》本。而且，《道藏》本所存《与心阳子余观古》当作于1336年以后，也晚于1335年刊刻序。所以，《大全》本虽然经过后来增补，但《道藏》本亦非原貌，实属遗脱。"详见周冶：《上阳子陈致虚生平及思想研究》，四川大学道教与宗教文化研究所博士论文，第52页。《金丹正理大全金丹大要》卷六多出的这些在1331年甚至1335年以后的内容，大多是陈致虚门弟子记录的师徒之间交游论道的文章，也是研究陈致虚生平与思想的重要材料。古书中属于门弟子附益的文章并非伪作，也具有一定学术价值这一观点，余嘉锡早有所论。详见余嘉锡：《古书通例》，中华书局，2007，卷四《辩附益》，第287~296页。余嘉锡所论多为汉魏以前古书，但我们认为但这一"通例"对《金丹正理大全金丹大要》仍然适用。
③ 关于藩府本的论述，详见黄永年《古文献学讲义》，中西书局，2014，第160~161页；孙钦善：《中国古文献学》，第84页。
④ （明）嵩岳主人：《重刻金丹正理大全序》，《海王邨古籍丛刊·道书全集》，中国书店，1990，第1a页。
⑤ （清）徐乾学：《传是楼书目》，《续修四库全书》第920册，上海古籍出版社，2002，卷三《致字四格·道家·内外丹》，第754a页。
⑥ 瞿冕良编著《中国古籍版刻辞典》，齐鲁书社，1999，第118页。

嵩岳主人即是明嘉靖间周藩周恭王朱睦㮮之别号，并且周藩周恭王朱睦㮮组织刊刻了多部道家修炼典籍。《金丹正理大全金丹大要》当为嘉靖戊戌年（1538）周藩所刻之藩府本，介于官刻与私刻之间，且此本内容最全，分卷为十卷亦合于陈致虚自序。

关于《金丹正理大全》编纂者的问题，各家亦有不同看法。上引徐乾学、瞿冕良认为此书为明周王嵩岳主人朱睦㮮自编；朱越利认为此书为涵蟾子所辑丛书[①]；何建明认为嵩岳主人"主要是本书收藏者和刻印推广者"。[②] 考《重刻金丹正理大全序》曰：

> 予不揣芜陋，于是扫榻延请高真之士，披阅诸丹经子书，颇得教外别传之旨。三乘之内，恍惚而得其须眉。于是劳心焦思，二十年来，念念在心，未尝而忘也。渴念间，有人进予书一部，计二十四本，名曰《金丹正理大全》。予喜而若狂……惜乎未得大行于世，后之有志于道者，无以为证训，遂乃命工锓梓，用传诸方。[③]

据此自序，《金丹正理大全》为他人进献之书，嵩岳主人也就是周藩周恭王朱睦㮮加以付梓流传。故我们认为《金丹正理大全》最初的编纂者另有其人，明嘉靖间周藩周恭王朱睦㮮为此书的刊印者和推广者。那么这个编纂者具体是谁？另考《金丹正理大全》所收彭晓《周易参同契通真义》、陈显微《周易参同契解注》、陈致虚《周易参同契分章注》、翁葆光和戴起宗《悟真篇注疏》、翁葆光《悟真篇直指详说》等均题"紫霞山人涵蟾子编辑"[④]。另外，道光《遵义府志》卷三十八对涵蟾子亦有所记载，其文曰：

> 涵蟾子，不知名姓及何许人。邹志学《紫霞山记》称山去播南三十里，乃

---

① 朱越利认为："《金丹正理大全》为涵蟾子所辑，《金丹正理大全》收录金丹大要等9种单行本和涵蟾子辑丛书《诸真元奥集成》及《群仙珠玉集成》两部丛书。"详见朱越利《道经总论》，辽宁教育出版社，1997，第333~334页。
② 何建明：《陈致虚学案》，第61页。
③ （明）嵩岳主人：《重刻金丹正理大全序》，《海王邨古籍丛刊·道书全集》，第1a~2a页。何建明引用此段来论证嵩岳主人只是本书的收藏者和刻印推广者，但何建明据《藏外道书》甲本《金丹正理大全序》，该本脱自"高真之士披阅"至"惜乎未得大行于世"中间整整一页。故何建明引文为："予不揣芜陋，于是扫榻延请高真之士披阅哉。惜乎未得大行于世，后之有志于道者，无以为证训，遂乃命工锓梓，用传诸方。"此段引文见（明）嵩岳主人：《金丹正理大全序》，《藏外道书》第9册，第4a~b页。参见何建明《陈致虚学案》，第61页。
④ （明）涵蟾子辑《金丹正理大全》，《海王邨古籍丛刊·道书全集》，第145a、182a、211a、287b、341b页。

涵蟾子炼丹之地。考明嘉靖间周恭王睦㮮校刊《金丹正理大全》，其中彭晓《参同通真义》、陈显微《参同解》、陈致虚《参同分章注》、翁葆光戴起宗《悟真注疏》、葆光《悟真直指详说》诸种并题紫霞山人涵蟾子编辑。知涵蟾子必在致虚之后，颠仙之前，前志失载，今补。①

道光《遵义府志》的记载与我们的判断相同，我们认为《金丹正理大全》编纂者应为涵蟾子，明嘉靖间周藩周恭王朱睦㮮刊印流通。

2. 巴蜀书社出版《藏外道书》第9册本《金丹正理大全金丹大要》

此本收录于巴蜀书社出版的《藏外道书》第9册②，题名《金丹正理大全金丹大要》，即何建明考订之"《藏外道书》甲本"。与《海王邨古籍丛刊·道书全集》本相比，此本《重刻金丹正理大全序》为《金丹正理大全序》，题名"周藩嵩岳主人谨序"，且此序置于明素蟾、欧阳天璕两序之后。③ 与《海王邨古籍丛刊·道书全集》本相比，此本内容有所脱漏，例如《金丹正理大全序》脱"诸丹经子书，颇得教外别传之旨……想诸仙圣师，垂教于千载玄风之下，竟非小补"④ 整整一页。另此本《虚无卷第一·金丹大要序》后署"至顺辛未仲秋紫霄绛宫上阳子观吾陈致虚序"。⑤

同中国书店影印出版《海王邨古籍丛刊·道书全集》本《金丹正理大全金丹大要》一样，本书亦是篇首目录为五卷，第五卷后另有目录著录卷六、卷七、卷八三卷内容，全书正文十卷俱在。⑥ 总的来看，本书脱胎于中国书店影印出版《海王邨古籍丛刊·道书全集》本《金丹正理大全金丹大要》，但内容上有所脱漏。

3. 《四库全书存目丛书·子部》第二五九册本《金丹正理大全金丹大要》

此本收于齐鲁书社1995年出版的《四库全书存目丛书·子部》第二五九册，题名《金丹正理大全金丹大要》，元陈致虚撰。⑦ 此本为影印复旦大学图书馆藏明嘉靖

---

① （清）平翰等修，郑珍、莫友芝纂，道光《遵义府志》，苏晋仁、萧炼子选辑《历代释道人物志》，巴蜀书社，1998，卷三十八《方伎》，第1019a~b页。
② （元）陈致虚：《金丹正理大全金丹大要》，《藏外道书》第9册，第1a~131a页。
③ （明）嵩岳主人：《金丹正理大全序》，《藏外道书》第9册，第4页。
④ （明）嵩岳主人：《重刻金丹正理大全序》，《海王邨古籍丛刊·道书全集》，第1b页。
⑤ （元）陈致虚：《金丹正理大全金丹大要》，《藏外道书》第9册，第10a页。
⑥ 后一目录见（元）陈致虚：《金丹正理大全金丹大要》，《藏外道书》第9册，第58页。第九、第十卷内容见（元）陈致虚：《金丹正理大全金丹大要》，《藏外道书》第9册，第120a~131a页。
⑦ （元）陈致虚：《金丹正理大全金丹大要》，《四库全书存目丛书》子部第259册，齐鲁书社，1995，第221a~349a页。

十七年（1538）周藩刻《金丹正理大全》本，附《四库全书总目·金丹大要》十卷提要，据提要此为"浙江巡抚采进本"。① 此书前有明素蟾、欧阳天瑀两序，无嵩岳主人《重刻金丹正理大全序》。与《海王邨古籍丛刊·道书全集》本，《藏外道书》第9册本相同，均为篇首目录五卷，五卷后另有一目录著录六、七、八三卷内容，全部正文内容为十卷。②

## （三）陶素耜删节本版本系统

### 1.《藏外道书》第十册本《金丹大要》

此本收录于巴蜀书社出版《藏外道书》第10册，题名《金丹大要》，无目录亦不分卷，且有一处眉批，此即何建明考订之"《藏外道书》乙本"③。该本当为《金丹大要》的一个选本，此本《金丹大要序》后题"节录陈上阳真人原序"，未署节录者姓名，此页亦钤有"中国道教协会图书室"藏书印一枚。④ 关于此书，何建明认为："该本明显是《金丹大要》的一个选本……所收主要是《道藏》本《上阳子金丹大要》的卷六至卷八部分，加上《上药三品》、《说丹法参同十八诀》两篇。"⑤

那么这一选本的节选者具体是谁呢？我们认为，此书节录者当为陶素耜。陶素耜，清代会稽人，原名式玉，自号存存子，通微道人，清净心居士。编纂《道言五种》行世。⑥《道言五种》全书包括《周易参同契脉望》《悟真篇约注》《金丹大要》《金丹就正篇》《承志录》，共计五种。⑦ 首先，此本《金丹大要》正文内容与下文碧梧山庄影印、陶素耜删节本《金丹大要》基本相同。⑧ 其次，此本与《参同契脉望》

---

① （元）陈致虚：《金丹正理大全金丹大要》，《四库全书存目丛书》子部第259册，第349a页。
② 后一目录见（元）陈致虚：《金丹正理大全金丹大要》，《四库全书存目丛书》子部第259册，第276b~277a页。第九、十卷内容见（元）陈致虚：《金丹正理大全金丹大要》，《四库全书存目丛书》子部第259册，第337b~348b页。另外，除上文所述三种已影印出版的《金丹正理大全金丹大要》外，《金丹正理大全》明嘉靖十七年周藩刻本原本全国图书馆亦有多处馆藏，如北京国家图书馆善本书库、陕西省中医药研究院图书馆等都有馆藏，据学者研究陕西省中医药研究院图书馆藏本与北京国家图书馆藏本内容相同。参见赵琳、孙力、武文筠《〈金丹正理大全〉述要》，《中国医药文化》2010年5期，第55页。
③ （元）陈致虚撰、（清）陶素耜节录：《金丹大要》，《藏外道书》第10册，第125a~149a页。眉批见（元）陈致虚：《金丹大要》，《藏外道书》第10册，第126b页。
④ （元）陈致虚：《金丹大要》，《藏外道书》第10册，第125b页。
⑤ 何建明：《陈致虚学案》，第61页。
⑥ 详见胡孚琛主编《中华道教大辞典》，第208页。
⑦ 详见（清）陶素耜集注，玉溪子增批，蒲团子点校《道言五种》，中华书局，2011，第1页。
⑧ 本书较碧梧山庄影印陶素耜删节本《金丹大要》脱《金丹大要图说》，其余内容基本相同。

《悟真篇约注》整体收入《藏外道书第》第十册，三书整体为陶素耜《道言五种》之残存。故此本节录者当为陶素耜。

**2. 碧梧山庄影印，陶素耜删节本《金丹大要》**

上海古籍出版社 1989 年出版马济人主编的《气功·养生丛书》中将此本《金丹大要》与《规中指南》共同影印出版。此本下书口有"碧梧山庄影印，求古斋发行"十一字，前有题名"康熙戊戌蒲月会稽后学通微道人陶素耜识"之《金丹大要玄肤论缘起》①。蒲月当为农历五月，因旧时汉族五月五日端午节用菖蒲叶作剑，与艾叶共悬于门首辟邪，故称"蒲月"。② 陶素耜于此《金丹大要玄肤论缘起》中云："陈上阳真人绍北派正传，作此《大要》，综列祖心传，阐金丹精髓，洞彻真源。惟词多重复，余稍为删订，然不敢增一字。"③ 此本《陈上阳真人金丹大要目录》后亦有"会稽参学弟子陶素耜删订"之语④，据此，则此本当为陶素耜于康熙戊戌年（1718）删订成书。《金丹大要序》后附有"戊午年重九前一日，重荷陶子惠示玉谿子批注存存子五种，亟将此序补录讫，中和居士并识。原本下少此一张，此指陶子手抄新得以刻五种，此批在圣师五师七真之上页。"⑤ 值得注意的是，增批此书之玉溪子，并非南宋著名内丹家玉溪子李简易。李简易为江西宜春人，且陶素耜去李简易年代久远。据蒲团子于中华书局本《道言五种》前言中考证，此玉溪子为四川广安武胜人，生平不详。⑥

就内容上来说，此本《金丹大要》为两卷本。前有《金丹大要图说》与《上药三品说》。此后以《金丹妙用》《药物妙用》《鼎器妙用》《采取妙用》《真土妙用》五章为《金丹大要》卷上，以《火候妙用》《颠倒妙用》《还丹妙用》《神化妙用》，并《须知》八章、《丹法参同十八诀》为《金丹大要》卷下。⑦

---

① （元）陈致虚撰，（清）陶素耜节录《金丹大要》，上海古籍出版社，1989 年影印碧梧山庄本，第 4 页。
② 详见叶大兵、乌丙安主编《中国风俗辞典》，上海辞书出版社，1996，第 92 页。
③ （清）陶素耜：《金丹大要玄肤论缘起》，见陈致虚撰、陶素耜节录，《金丹大要》，第 3 页。
④ （元）陈致虚撰，（清）陶素耜节录：《金丹大要》，第 13 页。
⑤ （元）陈致虚撰、（清）陶素耜节录：《金丹大要》，第 11 页。
⑥ （清）陶素耜集注、玉溪子增批、蒲团子点校《道言五种》，第 4 页。
⑦ 按陈致虚自序《须知》七章，道藏本《上阳子金丹大要》于七章后又有《续须知七事》，则此第八章可能是前七章成书后增补而成，故《金丹正理大全》本、陶素耜删订本均为《须知》八章。详见陈致虚：《上阳子金丹大要》，《道藏》第 24 册，第 29c 页。另外，碧梧山庄影印，陶素耜删节本《金丹大要》今天还可见于萧天石主编《道藏精华》第八集之三，《金丹大要》与《无根树词注解》合刊出版。本书不论是版式还是内容都与上海古籍出版社 1989 年出版马济人主编《气功·养生丛书》中碧梧山庄影印、陶素耜删节本《金丹大要》完全相同。两书均为"碧梧山庄影印，求古斋发行"，陶素耜删节、玉溪子增批之两卷本。详见陈致虚撰、陶素耜节录《金丹大要》，萧天石主编《道藏精华》第八集之三，自由出版社，2007，第 181～320 页。

**3.《三洞拾遗》收录本《金丹大要》**

此本见于今人王卡主编，黄山书社出版的《三洞拾遗》第10册，此影印本封面上题名"《金丹大要》，民国19年11月出版，陈上阳真人手著、陶通微道人删订、玉溪子增批，上海城隍庙后豫园路翼化堂书局总发行所。"① 与碧梧山庄影印本相比，此本《金丹大要序》后无附语，《陈上阳真人金丹大要目》后题名"陈上阳真人致虚著，陶通微道人素耜订"②，脱《金丹大要图说》，其余内容基本相同。因此，此本也属于陶素耜删节本《金丹大要》版本系统，是民国19年上海翼化堂书局刻本陶素耜《道言五种》中的一种。

## （四）《重刊道藏辑要》本

《金丹大要》三卷，收入《重刊道藏辑要》"昴集"，题"上阳子陈致虚著"，与《正统道藏》本相比，此本前无明素蟾与欧阳天瑃两序。③ 此本为三卷本，盖将《金丹正理大全》本一至五卷合为《金丹大要总旨》，作为《金丹大要上》，第六卷为《金丹大要中》，第七到十卷合为《金丹大要下》。就内容上来说，此本与《金丹正理大全》本基本相同，与《正统道藏》本差异较大，较《正统道藏》本第十卷《积功·道德经转语》后多《金丹五事》。较《正统道藏》本第十二卷多了《与西阳子张性初》《与南阳子徐仁寿》《与南阳子张彦文》《与来阳子李天来》《与回阳子张工部》《九宫山交泰庵记》《与得阳子夏彦文》《与扶阳子赵仁卿》《与南阳子邓养浩》《与至阳子赵伯庸》《与义阳子韩国仪》《与真阳子》《与东阳子》这十三篇文章。④

《道藏辑要》为清代编辑的大型道教丛书，其初编编纂者有彭定求、蒋元庭二说，现一般认为蒋元庭为其初编编纂者。光绪年间，二仙庵方丈阎永和与贺龙骧、彭

---

① （元）陈致虚著、（清）陶素耜节录、玉溪子增批《金丹大要》，周燮藩主编、王卡分卷主编《三洞拾遗》第10册，黄山书社，2005，第414a页。此即蒲团子所言《上海翼化堂书局刻本》，据蒲团子考证，《道言五种》现存版本有"康熙年间妙莲斋刻本、遗经堂刻本，嘉庆五年（1800）瀛经堂刻本（名《道言内外五种秘录》），民国乙卯（1915）四川成都蓉城复真书局刻本（名《增批道言五种》），民国19年（1930）上海翼化堂书局刻本（名《大字足本增批道言五种》）。据说还有道光刊本行世。"见（清）陶素耜集注、玉溪子增批、蒲团子点校《道言五种》，第3页。

② （元）陈致虚著、（清）陶素耜节录、玉溪子增批《金丹大要》，周燮藩主编、王卡分卷主编《三洞拾遗》第10册，第415b页。

③ （元）陈致虚：《金丹大要》，《道藏辑要》（缩印本）卷七，吉林人民出版社，1995年缩印本，第109a～157c页。

④ 《金丹正理大全》本十三篇俱在，且多《与谷阳子周允中》一篇，周冶对此考订颇详，详见周冶《上阳子陈致虚生平及思想研究》，四川大学道教与宗教文化研究所博士学位论文，第52页。

翰然于成都二仙庵据蒋元庭本重新刊刻流通，并于其中新增道书数十种，名为《重刊道藏辑要》。① 虽然《重刊道藏辑要》大多数内容是从明本《道藏》中精选而出，但其中亦包含许多明本《道藏》之外的内容。此本《金丹大要》不论是分卷还是内容上都与《正统道藏》本差异极大，二者判若冰炭，版本源流上定非同源。此本内容上与《金丹正理大全》本基本相同，可能与《金丹正理大全》本有所联系，但还缺乏有力证据进一步说明其版本源流，故单独列出阙疑。

总的来说，陈致虚《金丹大要》现在可见至少有九个版本，分属《正统道藏》本、《金丹正理大全金丹大要》本、陶素耜删节本、《重刊道藏辑要》本四个版本系统。其中《正统道藏》十六卷本《上阳子金丹大要》刊印流通时间最早，影响最大，但其内容有所残缺，不合于陈致虚自述十卷本原貌。中国书店版《海王邨古籍丛刊·道书全集》本《金丹正理大全金丹大要》内容最全，亦最为接近陈致虚十卷本原貌，但其后有一些陈致虚弟子附益的内容。陶素耜删节本成书时间较晚且内容较少，《重刊道藏辑要》本与《金丹正理大全金丹大要》本内容较为相似但版本源流有待进一步研究。因此，研究陈致虚生平及思想，当以中国书店版《海王邨古籍丛刊·道书全集》本《金丹正理大全金丹大要》为主要依据，兼采《道藏》本《上阳子金丹大要》以及陈致虚其他著作内容综合考虑。

## 三　现存《金丹大要》成书过程辨析

主要就中国书店版《海王邨古籍丛刊·道书全集》本《金丹正理大全金丹大要》与《正统道藏》本《上阳子金丹大要》来看，现存《金丹大要》内容复杂，其成书并非在一个具体时间点上一蹴而就，而是经历了一个分阶段的长期过程。

就目前可见资料来看，陈致虚在《金丹大要》主体部分成书之后，开始西行传道度人。② 《金丹大要》卷第六《累行》陈致虚自叙其生平经历云：

---

① 参见〔意〕莫妮卡撰《〈清代道藏〉——江南蒋元庭本〈道藏〉之研究》，万钧译，莫妮卡校，《宗教学研究》2010年第3期，第17~27页；尹志华：《〈道藏辑要〉的编纂与重刊》，《中国道教》2012年第1期，第54~57页。

② 陈致虚著《金丹大要》主体部分成书之后，还经过了后人的不断增补，今本《金丹大要》的成书经历了一个复杂的过程。上阳子后学对《金丹大要》的不断增补，可参见周冶《上阳子陈致虚生平及思想研究》，四川大学道教与宗教文化研究所博士学位论文，第50、52页。本文后文亦有所论述。

> 仆自获遇至人，盟授大道，即欲图就所事。而以功缘未立，用是求诸仙经，搜奇摭粹，作成《金丹大要》。书成之后，不恤起处，每过名山，及诸城邑，随方作缘，低首下心，开道世人，诱进此道。①

据陈致虚自叙，其开始西行传道度人在著成《金丹大要》主体部分之后，也可以说，《金丹大要》的成书，是陈致虚生平之中从修道度己转向传道度人的重要时间节点。而其开始动笔写作《金丹大要》，则在他遇师赵友钦得受金丹大道之后，即陈致虚的受道、修道、传道历程以《金丹大要》为线索串联了起来。

就相关文献记载来看，陈致虚于己巳（1329）之秋，在衡阳得遇赵友钦传授金丹大道。《金丹大要》卷八《图像归源》有载：

> 缘督真人姓赵名友钦字缘督，饶郡人也。为赵宗子，幼遭劫火，早有山林之趣。极聪敏，天文经纬，地理数术，莫不精通。及得紫琼师授以金丹大道，乃搜群书经传，作三教一家之文，名之曰《仙佛同源》，又作《金丹问难》等书行于世。己巳之秋寓衡阳，以金丹妙道悉付上阳子。六月十八日生。②

《金丹大要》卷一《虚无·道德经序》、卷五《判惑歌》亦有陈致虚四十于衡阳得遇赵友钦授道之语。③ 此后不久，陈致虚又得青城至人传授丹法。《金丹大要》卷一陈致虚自序《金丹大要序》曰："致虚夙荷祖宗积善，天地界矜，游浪人间，年且四十，伏蒙我师授以正道，厥后复遇青城老师，亲传先天一炁、坎月离日金丹之旨。"④《金丹大要》卷六陈致虚亦自述曰："予始得缘督赵公之语，虽素有志，未勉迟疑。后羁旅中，复拜至人，以青城至秘之文，悉授无隐。"⑤

何建明认为："从赵缘督得到金丹之道后，他又到青城山得到青城老仙的秘授与指点。"⑥ 笔者认为，此时陈致虚应还在衡阳一带，并非亲到青城山得授金丹秘旨。首

---

① （元）陈致虚：《金丹正理大全金丹大要》，《海王邨古籍丛刊·道书全集》，卷六《累行》，第55a页。
② （元）陈致虚：《金丹正理大全金丹大要》，《海王邨古籍丛刊·道书全集》，卷八《图像归源》，第106a页。
③ （元）陈致虚：《金丹正理大全金丹大要》，《海王邨古籍丛刊·道书全集》，第11b、40b页。
④ （元）陈致虚：《金丹正理大全金丹大要》，《海王邨古籍丛刊·道书全集》，卷一《虚无·金丹大要序》，第7a页。
⑤ （元）陈致虚：《金丹正理大全金丹大要》，《海王邨古籍丛刊·道书全集》，卷六《累行》，第61a页。
⑥ 何建明：《陈致虚学案》，第5页。

先，从时间上看，此时去陈致虚衡阳遇师未远，陈致虚应还在衡阳一带活动。其次，《金丹大要》卷六陈致虚自述其"仆以西行，旅寓思国"，故而其传道路线为自东向西，跨州过府，因此其出发地当为思州（今属贵州）地区一带以东，而非西蜀青城。① 最后，青城山素为修仙胜境，得道之士，游方度人多化名青城，此青城至人之托名并不足以说明陈致虚此时亲到青城山。另外，据周冶详细考订，此青城至人当为刘谷云。②

陈致虚在遇师得道之后，开始写作《金丹大要》。也就是说，陈致虚著《金丹大要》最早不会早于其于己巳（1329）秋衡阳遇师，其开始动笔当在己巳（1329）秋衡阳遇师之后不久。

另考《金丹大要》卷一陈致虚自作《道德经序》文末落款"至顺辛未仲秋后三日，紫霄上阳子观吾陈致虚序"③。盖建民指出："陈致虚写作时间当不晚于至顺辛未（1331）"④，也正是在至顺辛未（1331），陈致虚已著成包括《道德经序》在内的今本《金丹大要》部分内容。如周冶所说："该书自序作于至顺辛未（1331年）仲秋，其主体部分当于是时完成。"⑤ 在此之后，陈致虚便开始西行传道，授徒度人，并且在传道过程中不断增补《金丹大要》，其传道首站便是贵州地区，授道至阳子田至斋。《上阳子注悟真篇序》云："仆承师授，寝食若惊，首授田侯至阳子。"⑥《金丹大要》卷六收有《与至阳子田至斋》一文、贵州当地方志史料以及诸多其他史籍文献对此记载颇多，诸方家对此事亦有所论述。⑦

因此，陈致虚当于至顺辛未（1331）仲秋之后开始西行传道，进入贵州地区，并且，至迟在甲戌（1334）秋陈致虚已离开贵州地区。《金丹大要》卷六《与谷阳子

---

① （元）陈致虚：《金丹正理大全金丹大要》，《海王邨古籍丛刊·道书全集》，卷六《累行》，第53b页。
② 周冶：《上阳子陈致虚生平及思想研究》，四川大学道教与宗教文化研究所博士学位论文，第27页。
③ （元）陈致虚：《金丹正理大全金丹大要》，《海王邨古籍丛刊·道书全集》，卷一《虚无·道德经序》，第13a页。
④ 盖建民：《道教金丹派南宗考论：道派、历史、文献与思想综合研究》上册，第356页。
⑤ 周冶：《上阳子陈致虚生平及思想研究》，四川大学道教与宗教文化研究所博士学位论文，2007年4月，第50页。
⑥ （元）陈致虚：《紫阳真人悟真篇三注序》，《道藏》第2册，第972a页。陈致虚授道至阳子田志斋的详细情况，诸位方家已多有高见，可参周冶《上阳子陈致虚生平及思想研究》，四川大学道教与宗教文化研究所博士学位论文，2007年4月，第30～31页。
⑦ 诸多前贤对此段历史已有所讨论，对涉及史料亦已搜集考辨，代表性成果可参见黎铎《道教传入贵州考》，《贵州文史论丛》1991年第4期，第112～115页。曾传辉：《元代参同学——以俞琰、陈致虚为例》，第47～48页。周冶：《上阳子陈致虚生平及思想研究》，四川大学道教与宗教文化研究所博士学位论文，第30～31页。何建明：《陈致虚学案》，第23～24页。张泽洪：《元明清时期全真道在西南地区的传播》，《文史哲》2015年第5期，第42～44页。

周允中》云:"甲戌秋古渝之会也"①,周冶认为"古渝或当为古洪,即今南昌市"②。此后,根据《金丹大要》卷六《累行》的相关记载来看,陈致虚多活动于湖北、江西、安徽一带传道授徒。③

在此之后,据《金丹大要》前欧阳天瓛序落款"至元改元旃蒙大渊献岁除月,门弟子庐山紫元欧阳天瓛拜手序"。《尔雅·释天》曰:"在乙曰旃蒙""在亥曰大渊献"④。《金丹大要》当于元顺帝至元改元乙亥(1335),由欧阳天瓛付梓,整体成书刊刻流通。⑤

而1335年之后,《金丹大要》还被后人不断增补。此点曾传辉、周冶均有所揭橥,今本《金丹大要》有不少内容都出于明素蟾、欧阳天瓛至元改元(1335)所作刊刻流通序之后。⑥

也就是说,现存《金丹大要》的成书经历了一个长期过程,这一过程可以划分为三个阶段。第一阶段是1329年至1331年之间,此时陈致虚于1329年遇师赵友钦后开始动笔著书,并于1331年著成此书主体部分。第二阶段是1331~1335年之间,陈致虚传道途中此书被不断增补,直至1335年整体成书欧阳天瓛刊印流通。最后1335年以后可以看作第三阶段,此书不断加入陈致虚弟子附益的内容。

## 四 结论

经过以上讨论,我们基本梳理清楚了现存《金丹大要》的版本情况和成书过程。

---

① (元)陈致虚:《金丹正理大全金丹大要》,《海王邨古籍丛刊·道书全集》,卷六《累行》,第60b页。
② 周冶:《上阳子陈致虚生平及思想研究》,四川大学道教与宗教文化研究所博士学位论文,第37页。
③ 如陈致虚乙亥(1335)冬,于浔江(江西)遇初阳子王冰田;乙亥(1335)夏五月于湖北九宫山遇明素蟾;至正辛巳(1341)会夏彦文于浔江(今江西九江);至正癸未(1343)四月,于鹤儿山(安徽芜湖)遇东阳子陶唐佐;等等。对陈致虚传道各弟子的相关论述可参见周冶《上阳子陈致虚生平及思想研究》,四川大学道教与宗教文化研究所博士学位论文,第30~49页。何建明:《陈致虚学案》,第23~60页。盖建民:《道教金丹派南宗考论:道派、历史、文献与思想综合研究》上册,第551~562页。
④ 《尔雅注疏》,《十三经注疏》下册,上海古籍出版社,1997,卷六《释天》,第2608a页。丁培仁认为:"元代汉族士人受异族统治,好复古,如此处用太岁加岁阳纪年法,盖有保存自家文化之深意。"见丁培仁:《明道藏有关文昌梓潼帝君文献考述》,《宗教学研究》2004年第3期,第45页。陈致虚使用太岁加岁阳纪年法,也正是元代这种复古思潮的体现。
⑤ 如上文所述,迄今为止学界一般认为《上阳子金丹大要》成书于1335年左右。
⑥ 详见曾传辉:《元代参同学——以俞琰、陈致虚为例》,第46页。周冶:《上阳子陈致虚生平及思想研究》,四川大学道教与宗教文化研究所博士学位论文,第52页。

总的来说,《金丹大要》目前可见至少有九个版本,可分为四个不同的版本系统。在这九个版本中,《海王邨古籍丛刊·道书全集》本《金丹正理大全金丹大要》内容最全,亦最为接近陈致虚十卷本原貌,但此本中有不少陈致虚弟子附益的内容。研究陈致虚生平思想,当以此本《金丹大要》为主要依据材料,兼采《正统道藏》本《上阳子金丹大要》与陈致虚其他著作。同时,现存《金丹大要》的成书经历了一个漫长过程,除陈致虚自著外还有不少其门弟子附益的内容,但这些内容同样也是记载陈致虚生平行迹的宝贵材料。具体分析,这一成书过程可分为三个阶段,这三个阶段之间的两个时间点——1329年、1331年——正是陈致虚一生之中受道、修道、传道的三个关键时间节点。

# "炼道入圣"与宋元道教"度人"方式之变迁

郭 武

---

**内容摘要**：本文通过考察唐末五代内丹修炼之"炼道入圣"阶段的内容，及其在后世全真道中的废止，而讨论了宋元道教"度人"方式的发展变化。作者认为："炼道入圣"乃是唐末"钟吕金丹道"所倡内丹修炼的重要内容，属于"炼神合道"以后继续积累功德、待诏升天的阶段，旨在督促修炼有成者努力收授门徒、弘扬道法；不过，这个阶段的"度人"方式却显得不够开放，以致后世道教典籍很少提及它。宗承钟吕的全真道亦未继承这种"度人"方式，而是采用了一种"大乘"式的度人模式；这种"大乘"模式在"受度需求"颇为强烈的金元乱世，导致了全真道教团发展的巨大成功。

**关键词**：内丹 炼道入圣 度人 宋元道教

**作者简介**：郭武，山东大学特聘教授、博士生导师。

---

宋元时期的道教，内丹修炼逐渐流行，革新势力蓬勃发展，出现了许多新兴的教团。作为新兴教团之代表的全真道，一度赢得了"教门四辟，百倍往昔"[①]、"千门万户，莫不归向"[②] 的兴旺局面，并且深刻地影响着后世道教的发展。这种局面之形成，与道教经过革新而焕发出的生命力有关。而这种生命力，则一方面来自其经过革新的理论学说、修行方法之吸引力，另一方面又与全真道徒的济世行为、度人精神有关，如陈垣先生《南宋初河北新道教考》言："全真何以能得人信服乎？窃尝思之，不外三端，曰异迹惊人，畸行感人，惠泽德人也。"[③] 除此之外，窃以为金元全真道教团发展的成功，还与其颇为实用的"度人方式"有关系。下面，拟通过考察内丹

---

① 李志常述：《长春真人西游记》卷下，《道藏》，文物出版社、上海书店、天津古籍出版社，1988年影印本，第34册，第496页。
② 樗栎道人编《金莲正宗记》卷四《长春丘真人》，《道藏》第3册，第360页。
③ 陈垣：《南宋初河北新道教考》，中华书局，1962，第37页。

修炼之"炼道入圣"阶段的内容兴废,从一个侧面说明宋元道教的度人方式。浅陋之处,祈望教正!

一

所谓"炼道入圣",是早期内丹修炼强调的一个阶段,其词首见于唐末道士施肩吾①撰《西山群仙会真记》,后来南宋曾慥编《道枢》亦曾袭用其说。关于施肩吾,元赵道一编《历世真仙体道通鉴》记曰:

> 施君名肩吾,字希圣,号华阳,睦之分水人,世家严陵七里濑。少举进士,习《礼记》,有能诗声。趣尚烟霞,慕神仙轻举之学。唐宪宗元和十五年,登进士第……初,希圣遇旌阳授以五种内丹诀及外丹神方,后再遇吕洞宾传授内炼金液还丹大道,于是终隐西山……琼山白玉蟾跋《施华阳文集》云:李真多以太乙刀圭火符之诀传之钟离权,钟离权传之吕洞宾。吕即施之师也。②

由上可知,施肩吾曾师从许旌阳、吕洞宾等人,得传外丹神方与内丹之道,并留有《施华阳文集》等著述。而吕洞宾的内丹之学则来自钟离权,其说即被后世道教内丹尊为正宗源头的"钟吕金丹道",其法经过金元全真道的弘扬而流传至今,在道教内部有着巨大的影响。现存《道藏》中的内丹修炼典籍,有署"正阳真人钟离权云房述、纯阳真人吕岩洞宾集、华阳真人施肩吾希圣传"的《钟吕传道集》,从中可窥"钟吕金丹道"内丹之学的概要。至于《西山群仙会真记》,在《道藏》中署"清虚洞天华阳真人施肩吾希圣撰,三仙门弟子天下都闲客李竦全美编",盖属发扬钟吕学说的《施华阳文集》之一部分③。清《钦定四库全书总目·道家类存目》著录《西山群仙会真记》五卷,并有叙录曰:

---

① 关于施肩吾的生活年代,学界多有不同说法,如朱越利先生著《道藏分类解题》曾言施肩吾其人还有五代北宋以及南宋诸说。详请参阅朱越利《道藏分类解题》,华夏出版社,1996,第311页。
② 赵道一编《历世真仙体道通鉴》卷四十五《施肩吾》,《道藏》第5册,第359页。
③ 施肩吾曾在《西山群仙会真记·序》中言:"欲论得道而超脱者,西山十余人矣!遂从前圣后圣,秘密参同。一集五卷,取五行正体之数,每卷五篇,应一炁纯阳之义。开明至道,演说玄机,因诵短篇,发明钟吕太上至言。"(《道藏》第4册,第422页)从中可知其著述旨在"发明钟吕太上至言",且每五篇为一卷、每五卷为一集;而所谓"一集",大概即属《施华阳文集》之一部分。

> 旧本题"华阳真人施肩吾撰"。肩吾字希圣，洪州人，唐元和十年进士，隐洪州之西山，好事者以为仙去。此书中引海蟾子语，海蟾子刘操辽时燕山人，在肩吾之后远矣，殆金元间道流所依托也。其书凡五卷，卷各五篇，曰识道、识法、识人、识时、识物，曰养生、养形、养气、养心、养寿，曰补内、补气、补精、补益、补损，曰真水火、真龙虎、真丹药、真铅汞、真阴阳，曰炼法入道、炼形化气、炼气成神、炼神合道、炼道入圣。其大旨本于《参同契》，附会《周易》，参以医经，戒人溺房帷、饵金石、收心敛气、存神固命，有合于清净之旨，犹道书之不甚荒唐者。①

《钦定四库全书总目》关于《西山群仙会真记》卷数、篇目的记载，与《正统道藏》本相同。所谓"殆金元间道流所依托"之疑，盖与此书曾经为后人编纂有关。② 考该书之主旨，实与《钟吕传道集》一脉相承，其篇目纲要、基本内容由施肩吾本人撰成当属无疑。由《钦定四库全书总目》的叙录，可知《西山群仙会真记》有"书凡五卷，卷各五篇"这样一个编排特点，而"炼道入圣"则属其第五卷之末篇，与"炼法入道""炼形化气""炼气成神""炼神合道"四篇共同组成了此卷的内容。关于其编排特点，施肩吾曾在《西山群仙会真记·序》中解释说："一集五卷，取五行正体之数，每卷五篇，应一炁纯阳之义。"③ 也就是说，"五"之数实有着特殊的含义和神秘的功用。由此，可知"炼道入圣"乃是与"炼法入道""炼形化气""炼气成神""炼神合道"同样重要的内容，属于一个完整的内丹修炼过程中不可舍弃的阶段。

## 二

在《西山群仙会真记》卷五诸篇里，《炼法入道》主张超越各种传统的"旧法"

---

① 《钦定四库全书总目》卷一百四十七《道家类存目》，《四库全书》本。
② 朱越利著《道藏分类解题》亦因现存《西山群仙会真记》曾引五代刘海蟾语，而怀疑其"为五代北宋间施肩吾所撰，后人托名或混为唐施肩吾"，又"疑《西山记》或为李竦所加"（第311页）。本文作者则认为，明正统《道藏》中署"施肩吾撰，李竦编"的《西山群仙会真记》盖属发扬钟吕学说的《施华阳文集》之一部分；《施华阳文集》今已不存，而后人李竦编成的《西山群仙会真记》则难免会有所增窜。这种情况，在道教典籍的编纂和流传过程中屡见不鲜。此外，现存明《道藏》中署"钟离权述、吕洞宾集、施肩吾传"的《钟吕传道集》也是如此，我们既不能将其完全视为钟吕的亲自撰述，但也不能认为其与钟吕没有关系。
③ 施肩吾：《西山群仙会真记·序》，《道藏》第4册，第422页。

如房中采补、烧炼外丹、胎息闭炁、坐忘内观以及"开顶缩龟、住山识性、烧炼看读、布施供养"等，要求人们从以往各种修炼方法中发现"阴阳相交相合"的成仙之"道"，其主旨实是为了批评各种"旧法"而确立"新道"（内丹）的权威，这在内丹修炼兴起不久的唐末是有其积极意义的。① 而《炼形化气》《炼气成神》《炼神合道》三篇，则阐述了内丹修炼的"炼形化气""炼气成神""炼神合道"三个阶段，其说与"钟吕金丹道"及后世全真道的相关典籍所言大同小异，兹不赘述。② 至于《炼道入圣》篇，所言则为"炼神合道"以后继续积累功德、待诏升天的阶段。所谓"圣"者，在汉语里有"最崇高"之意，由此可见此阶段属于内丹修炼的最高境界。《炼道入圣》篇曾引《洞天语录》言："夫修养真气，真气既成，而煅炼阳神。阳神既出，得离尘世，方居三岛。功成神迁弃壳，须传流积行于人间。行满功成，受紫诏天书，而居洞天矣！"又引《稚川受道记》曰：

道成之人，不可不传，传之非人，祸及七祖，得人不传，灾临己身。

这里所说的"传流积行"，是指继续留在人间传播道教的内丹修仙方法，而"不可不传"则表明了此事的重要性和必要性。之所以有这样的要求，大概是为了弘扬道法、发展道教的需要，因为在古代中国，儒释道三教一方面相互融合，另一方面相互争胜，而发展信众、扩大影响则是三教在各个时期的要务。事实上，《西山群仙会真记》的这种说法，乃是唐代"钟吕金丹道"的一贯主张。《钟吕传道集》曾言"法

---

① 请参阅郭武《"炼法入道"小考》，《中国道教》2016年第6期，第52~55页。
② 《西山群仙会真记》的内容虽然繁杂，但其主旨却在该书《序》中表述得很简明，《序》言："览仙经之万卷，不出阴阳；得尊师之一言，自知真伪。水火木金土，五行也，相生而为子母，相克而为夫妇，举世皆知也，明颠倒之法、知抽添之理者，鲜矣！上中下精炁神，三田也，精中生炁，炁中生神，举世皆知也，得返复之义，见超脱之功者，鲜矣！知五行颠倒，方可入道，至于抽添，则为有道之人也。得三田返复，方为得道，至于超脱，则为成道之人也。"（《道藏》第4册，第422页）这些内容，在《钟吕传道集》《秘传正阳真人灵宝毕法》以及后世全真道的《大丹直指》等典籍中也同样有之，如《钟吕传道集》所论问题为："论真仙""论大道""论天地""论日月""论四时""论五行""论水火""论龙虎""论丹药""论铅汞""论抽添""论河车""论还丹""论炼形""论朝元""论内观""论魔难""论证验"。书中钟离权曾言："法有十二科：匹配阴阳第一、聚散水火第二、交媾龙虎第三、烧炼丹药第四、肘后飞金晶第五、玉液还丹第六、玉液炼形第七、金液还丹第八、金液炼形第九、朝元炼气第十、内观交换第十一、超脱分形第十二。"（《道藏》第4册，第681页）而这"十二科"恰是《秘传正阳真人灵宝毕法》的篇目。署"长春演道主教真人丘处机述"的《大丹直指》，则围绕"五行颠倒龙虎交媾""五行颠倒周天火候""三田返复肘后飞金精""三田返复金液还丹""五气朝元太阳炼形""神气交合三田既济""五气朝元炼神入顶""内观起火炼神合道""弃壳升仙超凡入圣"诸问题展开。

有三成而仙有五等",又详述各种"仙"的基本性质与得成途径,如述"地仙"、"神仙"与"天仙"曰:

> 地仙者,天地之半,神仙之才,不悟大道,止于小成之法,不可见功,唯以长生住世而不死于人间者也……始也法天地升降之理,取日月生成之数,身中用年月,日中用时刻,先要识龙虎,次要配坎离,辨水源清浊,分气候早晚,收真一、察二仪、列三才、分四象、别五运、定六气、聚七宝、序八卦、行九洲,五行颠倒,气传子母而液行夫妇也,三田反复,烧成丹药,永镇下田,炼形住世而得长生不死,以作陆地神仙,故曰地仙。
>
> 神仙者,以地仙厌居尘世,用功不已,关节相连、抽铅添汞而金精炼顶,玉液还丹、炼形成气而五气朝元、三阳聚顶。功满忘形,胎仙自化,阴尽阳纯,身外有身,脱质升仙,超凡入圣,谢绝尘俗以返三山,乃曰神仙。
>
> 地仙厌居尘境,用功不已而得超脱,乃曰神仙。神仙厌居三岛而传道人间,道上有功而人间有行,功行满足,受天书以返洞天,是曰天仙。既为天仙,若以厌居洞天,效职以为仙官:下曰水官,中曰地官,上曰天官。于天地有大功,于今古有大行,官官升迁,历任三十六洞天,而返八十一阳天,而返三清虚无自然之界。①

这就是说,完成"炼形化气""炼气成神""炼神合道"三个阶段之修炼者,至多不过成为"地仙"或"神仙",唯有完成"炼道入圣"阶段修行且"道上有功而人间有行"者,方能成为最高级的"天仙",并有资格成为"仙官"甚至"返三清虚无自然之界"。这样一种说法,对修炼有成者提出了更高的要求,其"人间有行"的主张,无疑在一定程度上批评了道士只追求"度己"忽视"度人",而要求"传道立教",有利于道教教团的不断扩大。在这个意义上,"炼道入圣"阶段及其"人间有行"的主张,也可谓是内丹道团的一种"度人"方法或"传教"方式。前述全真诸子之"异迹惊人""畸行感人""惠泽德人"等弘道传教、济世度人的行为,当与"钟吕金丹道"的这种"度人"精神有关系。

---

① 钟离权述,吕洞宾集,施肩吾传:《钟吕传道集》卷一《论真仙》,《道藏》第4册,第657~658页。按:"地仙厌居尘境,用功不已"一句,原文"地仙"作"天仙",误。

不过,《钟吕传道集》对于"传道人间"并未展开论述,而《西山群仙会真记》关于如何在世间传播道法的讨论,也仅谈到了"舍施"、"信金"与"盟誓"等问题。《炼道入圣》篇曾引《西山记》言:"所为舍施者,表其受道之人诚心也。大则舍一身,中则舍儿孙,下则舍田宅。上则舍施于有道之人,中则舍施于有法之人,下则舍施于有术之人也。"又引《茅真君戒》曰:"传道之人,必欲与先圣立教,遇有志之士,勿谓无信金而不传,遇无志之士,勿谓得信金而强与,非特坠教坠道,而又彼此皆无益也。"并解释收取"信金"订立"盟誓"的原因说:

> 玉真人请益元德真君曰:"上仙入南洲,传道立教,必欲立盟誓,出金玉者,何也?"真君曰:"盖南洲之人,孽重福薄,不信天机,轻命重财,愿为下鬼,若不立信金,彼必有反虑,若不设盟誓,彼必轻泄,故取之以金,表其不变。"①

此类要求受教者甘于"舍施"、交纳"信金"、订立"盟誓"的"传道立教"做法,对于考验入道之人的诚心、保持修炼队伍的稳定是有益处的,但这种"门槛"似乎也会有碍于"度人"的发展、教团的扩大。加上"天仙"的境界颇为高远而很难达到,以致吕洞宾曾说:"鬼仙固不可求矣,天仙亦未敢望矣。"② 所以,"炼道入圣"阶段在后世道教的内炼典籍中较少被提到。南宋曾慥编纂《道枢》时,尚且提及这个阶段言:"功成神迁,已弃身壳,尚须积行于世,俟其行满功成,然后受紫诏天书而居洞天,此吾所谓炼道入圣者也。"③ 到了金代全真道创立后,丘处机述《大丹直指》虽有"弃壳升仙超凡入圣"阶段,但也仅以"炼精为丹而后纯阳气生,炼气成神而后真灵神仙,超凡入圣、弃壳升仙而曰超脱万万世,神仙不易之法也"④ 来总结全书,而再没有关于积累功德、待诏升天的"炼道入圣"言论了。考察明清时期有关内丹修炼的著述,也未再看到"炼道入圣"这个阶段,可见此说应已退出了历史舞台。

---

① 施肩吾:《西山群仙会真记》卷五《炼道入圣》,《道藏》第 4 册,第 441 页。
② 钟离权述,吕洞宾集,施肩吾传:《钟吕传道集》卷一《论真仙》,《道藏》,第 4 册,第 658 页。
③ 曾慥集《道枢》卷三十八《会真篇》,《道藏》第 20 册,第 822~823 页。
④ 丘处机述:《大丹直指》卷下,《道藏》第 4 册,第 402 页。

## 三

作为一种宗教,道教自创立伊始就已具有浓厚的"度人"精神,这从列于《道藏》之首的经典题为《灵宝无量度人上品妙经》(简称《度人经》)即可窥一斑。《度人经》既宣扬"仙道贵生",又主张"仙道贵度"和"无量度人"①,这表明道教的追求实际上同时包括"度己"(仙道贵生)与"度他"(无量度人)两个互不矛盾的方面。围绕着这两个互不矛盾的方面,道教展开了其一系列的丰富内容:既有精深的思想理论,又有庞杂的行为仪式,既指向个人的信仰追求,又指向社会的服务功能,既迎合上层精英口味,也面对下层大众需求。粗略地说,其成仙信仰及相关修炼多属"度己"之列,而斋醮科仪及符箓法术则多作"度他"之用。经过革新传统成仙信仰及相关修炼方法而来的唐代"钟吕金丹道",虽然多有"度己"之色彩,但其"炼道入圣"的主张却也显示了"度他"的愿望。

自称宗承钟吕的金元全真道,虽然深受钟吕之"度他"精神影响,但却又未继续倡扬唐代的"炼道入圣"说法,究其原因,可能与该说之"度他"范围不够广泛,以及"舍施""信金"之类有碍教团扩大有关。在战火纷飞、民不聊生的金元乱世,全真诸子之"度人"目的,与钟吕之追求"天仙"境界不同,其更为关心的,是世俗社会中普罗大众的疾苦。史载丘处机在西行返回中原的途中,曾这样告诫众弟子:

> 今大兵之后,人民涂炭,居无室、行无食者皆是也。立观度人,时不可失!此修行之先务,人人当铭诸心。②

丘处机真可谓一位杰出的宗教家,他看到了道教发展的大好机会!事实上,作为一种存在于现实社会中的宗教,道教之发展不仅与自身的理论学说、修行方法等内在因素有关,而且与外部的社会环境有关,依赖于当时人们希望解脱来自社会、心理、生死等方面压力的"受度需求"。丘处机所看到的"居无室、行无食"等景象,不仅是当时人们所受来自社会的压力之体现,也蕴含了他们强烈的"受度需求"。而弟子们在

---

① 《灵宝无量度人上品妙经》卷一,《道藏》第1册,第3~5页。
② 商挺:《大都清逸观碑》,李道谦集《甘水仙源录》卷十,《道藏》第19册,第809页。

他的教导下，纷纷在返回中原后奔赴各地、立观度人，如李志柔"恪遵玄训，于是始建长春（观）于漳川，奉天（观）、栖真（观）于大名……其门弟诸方起建大小庵观二百余区"①，宋德方在编纂《道藏》的同时，"犹假余力即莱州神山开九阳洞及建立宫观，自燕至秦晋，凡四十余区"②，赵志渊则在"大名、磁（州）、相（州）之间度学者凡数百人，立庵观十有余所"③。一时间，即令全真道教团的发展进入了高潮，以致"东尽海，南薄汉淮，西北历广莫，虽十庐之聚，必有香火一席之奉"④。

丘处机及其弟子们践行的"立观度人"，不仅拯救了大批生灵、救济了大众疾苦，同时也促进了其教团组织的巨大发展。虽然作为道士隐居修行之所的"道馆"在六朝时期就已出现，但道教庵观之真正成为道士生活不可或缺的居所，却是在主张"出家"制度的全真道创立之后，如王重阳《立教十五论》首论即为"住庵"，其言："凡出家者，先须投庵。庵者，舍也，一身依倚。身有依倚，心渐得安，炁神和畅，入真道矣。"由此，可见"立观"对于"度人"之意义。值得注意的是，全真祖师王重阳在《立教十五论》的第十二论"圣道"中，并没有引述唐末"炼道入圣"的内容，仅言："入圣之道，须是苦志多年，积功累行。高明之士，贤达之流，方可入圣之道也。"这种语言的"简略"或"忽略"，表明全真道在创立之初，即已试图放弃传统丹道的"炼道入圣"说法，而采用另外一种模式的"度人"方法。丘处机及其弟子们的"立观度人"，不过是沿其祖师王重阳的思路而走下来的。与唐代"炼道入圣"所倡"舍施""信金""盟誓"之类要求颇高、单传秘授的形式相比，全真道的"立观度人"可谓一种适应大众、公开普及的方式，或曾受到过佛教"出家"制度的影响，也可称之为"大乘"模式。这种模式的内容之一，是通过"传戒"仪式来招收"出家住观"的道士，如《历世真仙体道通鉴续编》记载丘处机曾多次举行这类"传戒"活动：

> （庚辰）四月，作醮于太极宫，师登宝玄堂传戒……中元日，醮，午后

---

① 李道谦：《终南山楼观宗圣宫同尘真人李尊师道行碑》，《甘水仙源录》卷七，《道藏》第19册，第781页。
② 李道谦编《终南山祖庭仙真内传》卷下《披云真人》，《道藏》第19册，第540页。
③ 张好古：《清平子赵先生道行碑》，李道谦集《甘水仙源录》卷八，《道藏》第19册，第791页。
④ 高鸣：《清虚宫重显子返真碑铭》，陈垣编纂《道家金石略》，文物出版社，1988，第476页。

传戒。①

与此同时，全真道还多采用"建会"等简易形式来招纳信众，如王重阳曾在山东建立"七宝会""三光会""金莲会""玉华会""平等会"等普度性社团②，而丘处机在西行返京后也曾"建八会于天长，曰平等，曰长春，曰灵宝，曰长生，曰明真，曰平安，曰消灾，曰万莲"③。之所以如此，一方面可能是因为"立观度人"尚存"传戒"与"出家"之类繁琐环节或门槛障碍，另一方面则是因为信徒之根器、认识、修行等存在着各种差异，需要针对不同情况而因人施教。但无论其"度人"形式属于繁琐还是简易，其目的皆是更多地招收信徒，最大限度地发展教团组织。值得指出的是，这种将教团组织分为不同"层级"或"类型"的做法，在道教发展的历史上是颇有新意的。

除了上述形式，全真道的"大乘"度人模式还包括运用传统道教的斋醮科仪等内容。如前曾述，在信仰者看来具有祈福禳灾功能的斋醮科仪，乃是道教帮助大众、服务社会的重要"度他"手段，在中国民间具有广泛的影响。作为"革新派"或"丹鼎派"之代表的全真道，并未放弃这种传统的"度他"手段，而是照样沿用甚至发扬光大之，如《历世真仙体道通鉴续编》记载丘处机曾多次举行斋醮活动：

> （章宗明昌）三年十月，芝阳醮……五年九月，主醮于福山……（庚辰）四月，作醮于太极宫……中元日，醮，午后传戒……（甲申）九月初，宣抚王楫以荧惑犯尾宿，主燕境灾，将醮以禳之……丙戌五月，京师大旱，行省请师主醮……丁亥五月，复旱，在京奉道会，众请作醮，师徐谓曰：我方留意醮事，公等亦建此议，所谓好事不约而同也……④

《金莲正宗记》则记载丘处机举办斋醮之影响："师既住持长春宫，而教化大行，全真之道翕然而兴。主持醮坛，祈风祷雨，刻期不差，如影响焉……"⑤ 由此可见，举

---

① 赵道一编《历世真仙体道通鉴续编》卷二《丘处机》，《道藏》第5册，第426页。
② 详见赵道一编《历世真仙体道通鉴续编》卷一《王嚞》，《道藏》第5册，第414~418页。
③ 李志常述《长春真人西游记》卷下，《道藏》第34册，第496页。
④ 赵道一编《历世真仙体道通鉴续编》卷二《丘处机》，《道藏》第5册，第425~428页。
⑤ 樗栎道人编《金莲正宗记》卷四《长春丘真人》，《道藏》第3册，第360页。

行斋醮活动也是金元全真道赢得信众而致"教化大行"的重要方式或手段。或许正是由于这种方式或手段的影响力较大，其他全真诸子也同样擅长此事，如王处一曾应金世宗诏主行"万春节醮事"，又应金章宗诏主行"普天醮事"。① 由全真诸子热衷举行传统道教的斋醮活动，但却放弃所"宗承"的"钟吕金丹道"之"炼道入圣"阶段，可知这两种模式对于道教教团发展的作用之区别，亦可窥全真诸子对践行"大乘"度人模式之执着。而这种"大乘"的度人模式，也在"受度需求"强烈的金元乱世，导致了全真道教团发展的巨大成功。

  通过以上考察，可知内丹道团在初兴之时，虽然已经显露出了一定的"度他"精神以及发展教团组织的愿望，但却还是碍于成仙修炼之"度己"色彩偏重、实践方法隐秘的传统，未能在"度人"方式上做出重大突破，以致其所倡"炼道入圣"修炼阶段在后世渐被遗弃。在金元乱世背景下兴起的全真道，其更关心的是世俗大众的现实疾苦，其"度人"的目标亦非钟吕所倡"天仙"境界，因此，其"度人"方式也不同于传统的内丹道团，而是能在继承与创新的基础上，建立了一套颇具"大乘"性质的模式。这种"大乘"性质的度人模式，不仅在金元乱世中拯救了大批生灵、救济了大众疾苦，而且也促进了全真道教团组织的巨大发展。经过这种考察，可以得知一种宗教的发展不仅与其神学理论、修行方法有关，而且与其济世行为、度人精神有关，同时还与其度人方法或传教方式有关。了解道教历史上的这些现象，或许对于当代道教的发展也不无启迪。

---

① 详见赵道一编《历世真仙体道通鉴续编》卷三《王处一》，《道藏》第 5 册，第 429~431 页。

# 明清仙解《老子》再论*

刘固盛

**内容摘要**：托名吕祖等神仙解《老》，是明清老学发展的一个突出现象。这一现象的出现，既可以视为道教与民间信仰混融的结果，也体现出老学民间化的倾向。仙解《老子》的实际作者大都为文人学者甚至官员，或者与之相关，而以神道设教的方式呈现出来，在内容上具有鲜明的道教属性并突出修身治国之道等特点。

**关键词**：《老子》 道教 吕洞宾

**作者简介**：刘固盛，华中师范大学道家道教研究中心主任，教授，博士生导师。

明清时期，出现了一批托名神仙解《老》的著作，这既可看出道教神仙信仰在该时期影响增大，也反映了明清老学发展的民间化倾向。仙解《老子》是道教老学与民间信仰结合的产物，是明清老学的一个重要特点。对于这一问题，笔者在《道教老学史》中有所涉及①，并曾撰文专门论述②。随着近年来海内外学界对明清道教研究的不断深入以及对明清道教历史的重新认识和评价，明清仙解《老子》这一与道教密切相关的问题，包括其出现原因、作者、内容与特点、价值与意义等，也需要进一步探讨。故本文在笔者过去研究的基础上进行再论。

## 一 仙解《老子》的原因

明清时期仙解《老子》的著作，大都已收入《老子集成》③，主要有八洞仙祖

---

\* 本文为国家社科基金重大项目"中国老学通史"（项目批准号：14ZDB004）阶段性成果。
① 参见刘固盛《道教老学史》（华中师范大学出版社，2008）第六章第二节。
② 刘固盛：《明清时期的仙解老子》，载詹石窗主编《梦与道：中华传统梦文化研究》，东方出版社，2009。
③ 熊铁基、陈红星主编《老子集成》，宗教文化出版社，2011。

《太上道德经解》，吕真人注、顾锡畴解《道德经解》，纯阳吕仙撰、杨宗业校《道德经注》，纯阳子注、刘沅重镌《道德经解》，纯阳真人释义、牟允中校订《道德经释义》，纯阳吕仙衍义《道德经注释》，吕纯阳解、田润校《太上道德经》等。这些著作所借托之神仙主要就是吕洞宾，八洞仙祖虽然是指八个神仙，但中心人物为孚佑帝君，即吕洞宾。这一现象的出现主要有以下两个原因。

其一是道教民间化的结果。明清时期，道教与民间信仰进一步结合，在社会上的影响不断加大，其中的一个重要表现就是扶乩与劝善书的盛行。① 吕祖信仰是民间信仰的重要内容，对吕祖的信仰和崇拜大约开始于北宋末年，由于全真道奉吕洞宾为纯阳祖师，随着元代统治者对全真道的扶持，吕祖信仰不断扩大，到明清时期达到了一个新的高峰，所谓"古今圣真，未可数计，妙道真传，群推孚佑帝师。非特开南北宗派，传经演典，至大至精，即片语只词，亦必关合道妙，玄微难名。且敕普度，化被四洲"②。特别是清代中叶出现在湖北江夏的乩坛涵三宫专为吕洞宾降笔扶鸾而设，所以托名吕祖的各类道教经书通过扶鸾的方式大量涌现出来。《道藏辑要》收入不少托名孚佑上帝的作品，亦与此有关，因为其编者蒋予蒲（蒋元庭）即是鸾坛的组织者和参与者。据意大利学者莫尼卡的研究，蒋予蒲1792年夏与其信奉儒教的父亲蒋曰纶加入了觉源坛（又名第一觉坛），这是一个专门为吕祖所设的鸾坛，江夏涵三宫则是蒋予蒲鸾坛的样板，有着自己的规章制度和修行方式，其成员都有各自的职能。一系列托名吕祖降笔的道经在蒋予蒲的鸾坛上产生出来，并被收入《道藏辑要》。③

其二是吕祖崇拜在老学中的反映。扶乩在宋元时期便和《老子》发生了关联，如刘惟永《道德真经集义·诸家姓氏》录有宋代张冲应、张灵应两著，并注云："以上两家，系鸾笔。"可见宋代已有以鸾笔解《老》者。到明清时期，随着扶乩之风的兴盛，以鸾笔形式解《老》的情况明显增加，其中托名吕洞宾所撰的老学著作大都为扶乩之作。如署名纯阳真人的《道德经释义》就宣称该著是"吕祖降鸾释义"，署

---

① 参任继愈主编《中国道教史》（下卷），中国社会科学出版社，2001，第868页。
② 《重刊道藏辑要·凡例》，清光绪三十二年（1906）成都二仙庵刻本，第1册，第10页。
③ 参莫尼卡著《"清代道藏"——江南蒋元庭本〈道藏辑要〉之研究》，万钧译，《宗教学研究》2010年第3期。莫尼卡在该文中指出，1803～1805年之间，在当时所存吕祖经典《吕祖全书》的基础上，蒋元庭在坛友协助下编辑了一个新版本——《全书正宗》。这部16卷的经藏也被称为《吕祖全书》，其中大部分经文都被收入《道藏辑要》的核心卷册。如《孚佑上帝纯阳吕祖天师十六品经》《金华宗旨》《同参经》《五经合编》《吕帝文集》《吕帝诗集》《太上道德经解》《先天斗帝敕演无上玄功灵妙真经》《玉枢宝经》《易说》《传道集》《天仙金丹心法》《玄宗正旨》《十戒功过格》《警世功过格》《圣迹纪要》《语录大观》等。

名纯阳吕仙的《道德经注释》亦称孚佑帝君"降鸾释义,普化群黎"。此种以神道设教说解《老子》的方式,不一定有助于《老子》哲理的展开,但对道教教义、道教伦理思想在社会上的传播有很大的促进作用。

由此看来,明清老学所出现的这些托名吕祖的扶鸾之作,既可以视为道教与民间信仰混融的结果,也体现出老学民间化的倾向。

## 二 仙解《老子》的作者

既然吕洞宾只是仙解《老子》的托名,那么其真实的作者应该另有其人。如吕真人注、顾锡畴解《道德经解》,吕真人注前面题有"顾锡畴撰",显然,该书的实际作者与顾锡畴有关,或者本是顾锡畴撰写,而以扶鸾的方式呈现出来。顾锡畴,字九畴,号瑞屏,江苏昆山人。万历四十七年(1619)进士,崇祯朝历任国子监祭酒、礼部左侍郎等职,南明福王时官至礼部尚书。著有《纲鉴正史约》《秦汉鸿文》《尚书讲义》《天文易学》等。该书顾锡畴之序云:"真人以普度为心,位列上仙,灵迹显化,婴儒共钦,发为词章,既有全集流布宇内,而此经解尤会文切理,不拘拘于字释句训,而大旨跃如,虽谓老子注纯阳可也。且墨迹历数百季而如新,尤为稀世之珍。"① 序文实际上点明了《道德经解》的鸾笔性质。全书语言非常浅显,并夹杂五言、七言诗,如:"利我我无心,害我我有守。天下原无贵,至贱谁不有?""主兵先后分强弱,进退工夫在合离。轻敌定知真宝失,兹和端的有便宜。"这些诗都应是扶乩诗。

又如纯阳吕仙撰、杨宗业校《道德经注》。杨宗业为晚明武将,据《明史》卷二百七十一,杨宗业参加了天启元年(1621)的辽阳之战:"又有杨宗业、梁仲善者,皆援辽总兵官。宗业历镇浙江、山西。杨镐四路败后,命提兵赴援。至是父子并战死。"杨宗业万历年间镇守过浙江和山西,辽阳之战中,他担任援辽总兵官,父子同时殉职。据杨宗业序,该注是一位道人所授,道人则云其书是吕洞宾所注,要他代为转交。道人对杨宗业说:"昔遇唐真人吕师谓予曰:万古仙源皆本《道德》。《道德》五千,不外一真。此经本不容后仙赞一辞,而末学昏庸,眇窥玄始,予故以释语添注,阐发幽微,提纲挈要,尽删繁芜之论,不涉借喻之词。言言真秘,句句玄通,所

---

① 熊铁基、陈红星主编《老子集成》第七卷,第736页。

谓入道之筌蹄，宁外于此？今以授尔，非私尔一人也。道人在大罗，下视尘界，有如慕道累德，存心正，处世诚，学足穷玄，思足运妙者，几何人？则味玄杨子其俦矣。尔行将遇此子于闲亭，必以吾所授者而授之。又得令杨味玄以道人所授而获广其传，则天下万世之人，同此道体，同此德行者，其或可以兴起矣。则今日山人之授于将军者，非山人所授，而吕祖之所先传也。"① 吕洞宾所注，道人所传，显然是虚构，杨宗业为实际作者而托言神授的可能性很大。又御史张惟任为该注作序云："今杨将军所得吕仙注事甚奇，岂神仙一种道理，汉武帝以多欲，求之不得，将军心诚，求之而得耶？今读其解，宣示宝藏，抉露鸿筌，俨睹函关之驾青牛，逼同尹喜之望紫气。信非灵异者，不能道也。"张惟任在序中已明确透露出该注的"灵异"背景。另该注前还有云水山人题的《道德经引》，及未署作者的《道德机微七言诗》，从形式和内容，都呈现出鸾笔作品的一般特点。

又如署名八洞仙祖分章合注的《太上道德经解》。该书过去一般认为是在明代经扶鸾而成，实际上应该是清代的著作。《老子集成》收录该注时，认为作者应是明清雍正之前的人，但并没有确定的说法。《道藏辑要》收录的《天仙金丹心法》为考察该书的成书时代提供了一条线索，因为《天仙金丹心法》同样署名为八洞仙祖合著，且前面还有"宏教弟子柳守元熏沐题词"，这与《太上道德经解》所署一致，闵智亭道长、李养正先生认为《天仙金丹心法》是清嘉庆十八年至二十年（1813~1815）间全真道士柳守元托八仙而作，系全真道北宗主性命双修之内丹功法。② 上述两书同时提到的柳守元是一个关键人物，闵、李二位视柳守元为一真实的全真道士，但日本学者森由利亚却认为柳守元"并不是实际存在的人物，而是《道藏辑要》的编纂者蒋予蒲所经营的乩坛，觉源坛里降临的仙人，是从信仰出发而被想象出来的人物"③。莫尼卡进一步指出，在蒋予蒲经营的乩坛上，吕洞宾富有传奇色彩的弟子和助手柳荣变为了柳守元，"在众多据说在蒋予蒲的扶鸾坛上降笔扶鸾的神仙真人中，柳守元是一个很重要的角色。作为吕洞宾同其门徒的媒介，柳守元不仅帮助蒋予蒲及其道友编纂《全书正宗》，而且还是蒋予蒲编辑的两部著作中许多序跋的托名作者。此外，柳守元也被说成是《道藏辑要》中一系列新道经的作者。如果说蒋予蒲设坛扶鸾而出

---

① 熊铁基、陈红星主编《老子集成》第八卷，第58页。
② 旧题八仙合著《天仙金丹心法》，中华书局，1990，闵、李合序。
③ 森由利亚：《清代全真教的天仙戒和吕祖扶乩的信仰——关于〈三坛圆满天仙大戒略说〉的研究》，《天台山暨浙江区域道教国际学术研讨会论文集》，浙江古籍出版社，2008，第214页。

的大部分道经是改编而成而不是文学创作的话，那么相比之下，托名柳守元所作的道经则是原创作品——这些道经形成了蒋予蒲扶鸾坛成员的新的特征。在这样的背景下，柳守元作为蒋予蒲扶鸾坛的鸾神和监护人，就成为天仙派继创派祖师吕洞宾之后的第二任祖师，享有崇高的地位。"① 森由利亚、莫尼卡的看法值得重视。换言之，柳守元可能并不是一个真实的历史人物，而确是蒋予蒲鸾坛虚构出来的角色，那么，凡是署名柳守元撰或序、跋、题词的道经，都与蒋予蒲经营的觉源鸾坛有关。由此看来，托名八洞仙祖合著、"宏教弟子柳守元熏沐题词"的《太上道德经解》，也极有可能是蒋予蒲鸾坛降笔而作。该注虽托名仙解，却颇有可取之处，正如序中所说："八洞仙祖，阐扬奥旨，不离乎道，不泥乎道，就文解意，浅近无非高深。俾千万世后，能领略此尊经者，以之为已则顺而祥，以之为人则爱而公，以之为天下国家，无所处而不当。而玄纲仙谱，卒亦莫能逾越其范围，其解乃至解也。"② 全注语言浅显明白，平正通达，从内容上看，并不重视对老子道论的哲学发挥，而是集中言道德人心教化与治国之理。

再举一个例子，题为纯阳子注、刘沅重镌的《道德经解》，也应是一部扶鸾之作。前有南宋端平三年（1236）纯阳山人即吕洞宾的序，该序表明了本书的扶鸾性质。又有刘沅分别撰于嘉庆十年（1805）和道光二十四年（1844）的重镌、重刊序，说明本注与刘沅具有密切关系。刘沅是清代著名学者，儒道兼修，为槐轩学派创始人，并创建刘门教，刘沅是刘门教第一代教主，生前亲自主坛做法会，对斋醮之事十分熟悉，积累了大量斋醮法会的实践经验。③ 据欧福克的研究，新津县老君山与刘沅关系很深，该山的宗教神圣特点主要是在刘沅及其门人塑造下形成的。山上的老君庙里存有一块石碑，碑文的内容是追忆18世纪末重修老君庙始末，并附有一首以老君口吻宣教的诗歌。④ 欧福克认为，碑文很可能为刘沅所撰，并且它可能是扶乩所出，

---

① 参见莫尼卡著《"清代道藏"——江南蒋元庭本〈道藏辑要〉之研究》，万钧译，《宗教学研究》2010年第3期。
② 熊铁基、陈红星主编《老子集成》第八卷，第84页。
③ 马西沙、韩秉方：《中国民间宗教史》，中国社会科学出版社，2004，第1007~1030页。
④ 该诗原文为："昔驾青牛过函关，陶蜀新研天社山。石室凿向太乎座，丹灶烟浮透九天。邛水为带岷江襟，控五凤而桥迎仙。海岛蓬莱何似此，玉册经文授喜看。盖新旬中遭燹烬，秋风荒草白云寒。今显道灵重振起，愿将经文再一传。"转引自欧福克、胡锐《老子隐居之所：以〈天社山志〉为中心的历史地理考察》，《宗教学研究》2018年第3期。

但是否为刘沅捉刀则尚存疑问。① 根据欧福克所得出的结论,我们有理由断定,署名纯阳子注的《道德经解》也应是由刘沅主持的扶鸾作品。刘沅序云:"丙辰下第西归,道出留侯庙下,邂逅静一老人,谭次,畀以《道德经解》。予受而读之,如启琅环而遗身世也。"② 又据刘沅自述,他曾遇到一位贩卖草药的野云老人,并拜其为师,跟从他学习道教的修炼方法,体质得以明显改善。这位神秘的野云老人被认为是老君的化身。③ 由此看来,静一老人也可以看作与野云老人类似的形象。对于《道德经解》,刘沅之所以不言自注而称是静一老人所赠,显然是为了增加该注的神圣性与权威性,有利于弘道宣教。刘沅又称:"自来污老子者多矣,得是书,可以稍正其妄愚,故与《感应篇》合而存之。"④ 把《道德经解》与《太上感应篇》合刻刊行,其突出民间教化的意图十分明显。

由此可见,明清时期出现的系列托名神仙所降或者神仙所授的《老子》注,其实际作者大都为文人学者甚至官员,或者与之相关,而以神道设教的方式呈现出来。

## 三 仙解《老子》的特点

仙解《老子》作为明清老学发展的一个突出现象,从内容到形式,都形成了自己的特点,主要表现如下。

**1. 鲜明的道教属性**

明清时期的仙解《老子》大都与扶乩有关。扶乩作为一种古老的民间信仰形式,在中国至少已有两千年以上的历史,到东晋时其术已经相当完备成熟,道教亦与之发生密切的关系,如最初由杨羲、许谧造制的系列上清经书即出自他们在建业和茅山经营的乩坛。⑤ 但到宋代以后,道教界似乎开始与扶乩之类的方术保持距离,或者加以

---

① 参欧福克、胡锐《老子隐居之所:以〈天社山志〉为中心的历史地理考察》,《宗教学研究》2018 年第 3 期。
② 熊铁基、陈红星主编《老子集成》第十卷,第 287 页。
③ 参欧福克、胡锐《老子隐居之所:以〈天社山志〉为中心的历史地理考察》,《宗教学研究》2018 年第 3 期。
④ 熊铁基、陈红星主编《老子集成》第十卷,第 287 页。
⑤ 《真诰叙录·真经始末》云:"伏寻《上清真经》出世之源,始于晋哀帝兴宁二年太岁甲子,紫虚元君上真司命南岳夫人下降,授弟子琅琊王司徒公府舍人杨某,使作隶字写出,以传护军长史句容许某并第三息上计掾某某。二许又更起写,修行得道。凡三君手书,今见在世者,经传大小十余篇,多掾写,真授四十余卷,多杨书。"按:杨某即杨羲,许某即许谧,上计掾某某即许谧子许翙。

反对，如《道法会元》言："师曰：附体、开光、降将、折指、照水、封臂、摄亡坠幡，其鬼不神，其事不应，皆术数也，非道法也。知此者，可明神道设教耳，知道者不为是也。"明代第四十三代天师张宇初在《道门十规》中也说："圆光、附体、降将、附箕、扶鸾、照水诸项邪说，行持正法之士所不宜道，亦不得蔽惑邪言，诱众害道。"张宇初作为当时的道教领袖，视扶乩等民间方术为"邪说"，规定道门中人不得参与并宣传，这是道教界表明的一个态度，但另一个事实是，明清时期扶乩之风盛行，并与道教混合在一起，不但正一道士使用，全真道也参与进来。例如全真道龙门派第五代传人潘静观便在常州组织了一个吕祖乩坛，乩坛的成员包括潘静观（易庵）、刘度庵、许深庵、屠宇庵、周野鹤、庄惺庵以及庄诚庵等七人，潘静观为领袖，这七人每次聚会都要通过扶乩的方式叩请吕祖，三年如一日，内丹学的重要著作《太乙金华宗旨》便是在这个鸾坛中产生出来的。潘静观等七人在康熙七年（1668）得到吕祖所降之《太乙金华宗旨》后"交修共证"、互相切磋、积极修炼。大约二十四年之后的壬申年即康熙三十一年（1692），张爽庵、潘真庵、李时庵、冯返庵、冯近庵、许凝庵、潘卓庵等七人重新组成了一个新的扶乩团体，并且自认为是继承了之前的那个七人团体，重新编辑、校订了《太乙金华宗旨》，并将其公之于世。潘静观及其道团的种种活动，体现出全真道与其他道派以及民间信仰互相融合的特点，是全真道士对当时道教民间化这一道教发展的大趋势的积极回应。① 而蒋元庭经营的觉源鸾坛所造作出来的大批道教经书，其中不少具有较高的理论水平和思想价值。由此看来，道教与扶乩的关系是十分复杂的，需要具体问题具体分析，不能简单地加以否定或肯定。

  明清时期出现的这批托名吕祖或八洞仙祖的老学著作，既称仙解，便与道教有深厚关联，有的直接是与道教混融的鸾坛之作，如八洞仙祖注《太上道德经解》，有的虽称是吕祖注，道人所传，实际上也同样具有鸾笔的性质。如吕真人注、顾锡畴解《道德经解》序言："只以藏诸内府，世人罕睹。成祖文皇帝在潜邸日，雅重三丰张真人，践祚之后，命侍臣遍访不遇，乃建太和宫于楚之武当，极其宏丽，以示崇敬。即将此经解□以制并灵官银像，颁赐为镇宫之宝。羽流珍重，不敢出以示人，犹如在内府也。方友蒋也痴，云游所至，与道士习久而后寻录之。家大人与也痴习久而后得

---

① 刘固盛、王闯：《全真龙门派在清初的另一种生存境遇——对潘静观及其〈道德经妙门约〉的考察》，《华中师范大学学报》2014年第6期。

观之，信有异缘哉。"① 前面明确署名"顾锡畴撰"，但序中又描述了该解的神奇经历，称该书实为吕洞宾所注，藏于朝廷内府，明成祖大兴武当，修建了太和宫，并御赐该注为镇宫之宝。方友蒋也痴云游武当，从武当道士处把该注抄录出来，顾锡畴的父亲顾笋洲跟从蒋也痴学道，遂得到这个抄本，再传给顾锡畴，经友人刊印。显然，这个注本的传承过程很可能为顾锡畴虚构，其目的是把该注纳入道教系统，借助道教的影响力以广其传。类似的例子还有杨宗业校的《道德经注》。杨宗业也称该注为道人所授，并记载了具体的传授场景："山东公务之暇，偶憩闲亭，忽见一道士羽衣蹁跹而来，揖余言曰：将军非所称真心大道者耶？予目注视之，见其星眸鹤发，丹脸童颜，识其人非复人间世者也。起而交掌请曰：真人下询，何以知宗业为慕道之人乎？倘真人不弃凡骨，特以大道一指南乎？道士叹而抚掌曰：善哉尔之心入三千，功陆八百，夙世有缘，今生有遇道人，若深藏天宝不尔指示，岂不虚负世上有心人？此道人所不敢也。"② 这一遇道经历恐怕也是杨宗业所虚构出来的。

可以看出，上述仙解注本，都具有明显的道教属性，故可统归于道教老学的范围。

**2. 文人、学者、官员广泛参与**

明清这批《老子》的仙解著作，虽大都为扶鸾之作，其实际作者则是一个由文人、学者、官员组成的团体，因此，这些注本虽带有民间的特点，水平却不低。杨宗业校的《道德经解》尤可注意。杨宗业为武将，但该注在他周围的官员中流传，如督抚高举，台察郑继芳、张惟任等，这是一个对道教有浓厚兴趣的官员群体，试看他们的道名：杨宗业自称"学道弟子味玄"，高举称"集虚子"，郑继芳称"还虚子"，张惟任称"有方居士"，从中可以看出道教文化对这些官员的影响。郑继芳、张惟任、高举都为《道德经解》作序，对该注评价很高。如高举序云："顷睹杨大将军所刻《道德经解》，乃吕祖所著者。试一披读，灵旨高远，义类渊微。大都皆金简玉字之音，琼函藻笈之语。仰览无射，爱玩弥深。信非尘吻之所能言、寸鬼之所敢拟者也。要以将军明德内朗，灵标外足，故能精诚玄感，妙契高真，顿令青栓紫书，传之人间，昭示来哲。"③ 高举既肯定了该解的神圣来历，同时勉励杨宗业在军事中运用老子之学，"他日功标铜柱，名书绛简，与老氏、吕祖同语玄关，游戏太清之中，不

---

① 熊铁基、陈红星主编《老子集成》第七卷，第735~736页。
② 熊铁基、陈红星主编《老子集成》第八卷，第58页。
③ 熊铁基、陈红星主编《老子集成》第八卷，第57~58页。

佞且愿假羽翰以从矣。"①

主刻《道德经解》的刘沅则是历史上少有的被世人奉为教主的学问大家，著作《槐轩全书》，会通儒道释，体大思精，堪称鸿篇巨制。萧天石《道海玄微》论刘沅之学，谓："其学既直探洙泗心传，复深得玄门秘钥，融道于儒，援儒说道；复会通禅佛，并涉密乘，博学多方。……以其一生行事及其等身著作之内容性质而言，则称之为道化儒家可，称之为儒化道家亦可。其内养及修持方法，则又纯用道家金丹宗手眼。……讲学规模，以儒家为主；功夫修炼，以道家为本。不奉佛氏，亦不诋排，间举扬之以助传心，期融会三家而贯通之。"刘沅借《老子》传教，显示出他作为宗教家的救世用心。

编纂《道藏辑要》的蒋予蒲，是清朝官员。蒋予蒲，字元庭，1755年出生于睢州（河南）的一个官宦世家，有蒋氏父子祖孙"三代翰林"的美称。乾隆四十六年（1781）中进士，1794年擢内阁侍读学士，1802年升太仆寺卿。1806年任工部右侍郎，1808年任户部侍郎。蒋予蒲的很多朋友都是高官，他们的名字在《四库全书总目》（卷首）中被提及。他同清初文人的扶鸾组织一样，和他的同伴对道教的修炼、内丹和教义也深感兴趣。② 他主持的觉源乩坛，不会只有他一个官员，而署名八洞仙祖的《太上道德经解》出自他的乩坛，也不足为怪了。

### 3. 突出修身治国之道

从内容上看，这些仙解注本的特点是浅显实用，注重修身治国之道。修身的内容主要有两个方面：一是普遍意义的修养；一是具体的修炼，即内丹。如署名纯阳帝君、云门鲁史撰的《道德经解》，全书以修身为主旨，每一章解，首先用一句话提示主题，最后用一首七言绝句收尾。如第6章解曰："此章是体道之实，知道之微，用道之妙，登道之岸。"诗云："谷神无始立天根，上圣强名玄牝门。点破世人生死窟，神仙只此定乾坤。"③ 第9章解："此章修身之要，有道而不自满，持真而无骄心，入性之后，任其自然。"诗云："满堂金玉要长存，火候工夫细细论。筌在得鱼蹄在兔，塞其兑则闭其门。"④ 第35章解："此章教人莫执着的意思。"诗云："出口淡于其无

---

① 熊铁基、陈红星主编《老子集成》第八卷，第58页。
② 参莫尼卡著、万钧译《"清代道藏"——江南蒋元庭本〈道藏辑要〉之研究》，《宗教学研究》2010年第3期。
③ 熊铁基、陈红星主编《老子集成》第八卷，第142~143页。
④ 熊铁基、陈红星主编《老子集成》第八卷，第144页。

味，能者用之不可既。逢人好话说三分，过客欣闻乐与饵。"① 可以看出，这些注解既包含修道的方法，也有人生的基本经验。又如第36章言："此章发明圣人制心驭情之法。"② 第60章言："此言治身以虚空为主。"③《老子》此两章一般认为是讲如何治国，但这里仍然以修身解之，体现出该注在注解宗旨上的倾向性。至于以内丹修炼解《老》，杨宗业注本更加明显。如第16章注："此章是内丹的诀。万化之起，皆出于虚静之中。此虚极静笃四字，成丹之大道，无加于此外者矣。你看虚字何义？是太虚不着之微妙也。静之何义？是一私不着之真体也。虚静已妙，而进之极笃。极笃已妙，而加之致守。则静忘其静，虚忘其虚，还归于太极之初。而阴阳五行，自从太极中流出，万物生矣。……比之人身，是虚静之后，阴极阳生，其一团真气，变动于窅冥恍惚之中，而不可御，不可倚。自然三关透彻，遍身周流，以复还于丹田气海之中，而为一个周天，此所为归根之妙奥。"④ 注文将万物生长的虚静阴阳生化之理与真气在人身中的流转变化联系起来，以阐明丹道的内在机制。又如第30章注："此即用兵以明炼己，是微妙之真诀，不可以轻语于人者也。道字即治身之道，人主即天君之称，兵强即阳胜之义也。凡阴阳二字，交相出入，互为消长，极盛难继，故不可以战胜为要诀。若我欲胜人，人反胜我，则得不足偿失矣。则有兵以为国之卫，而有兵之费以为民之扰，其理一也。"⑤ 这是将老子的用兵之道与内丹进行比拟。第46章注："人身之真气，为马。人身之流动，为车。善治其身者，把真气自运丹田要紧之处，而受生成之益。不善治身，把真精真气向外面去浊乱，而不知内养，此何异马之养郊，无所驾驭乎？"⑥ 这是在修丹实践中对老子哲理的具体运用。

当然，除了修身，仙解之作对社会、国家也是关心的。如刘沅在《道德经解》的序中就指出："《道德经》五千言，总贯天人万物之理，直抉于穆清宁之机。秦汉以来，识者甚少，兼忘本逐末之流，偏枯附会之辈，谬解虚无，妄相诟病，讵知言各有当，道无二端，清净自然，乃纯一不已之极致。"⑦ 老子之道贯通天人，以清静自然为宗。但世人对老子误解很多，尤以儒家为甚："太上道祖，缘其先天奉天，不今

---

① 熊铁基、陈红星主编《老子集成》第八卷，第159页。
② 熊铁基、陈红星主编《老子集成》第八卷，第159页。
③ 熊铁基、陈红星主编《老子集成》第八卷，第174页。
④ 熊铁基、陈红星主编《老子集成》第八卷，第65页。
⑤ 熊铁基、陈红星主编《老子集成》第八卷，第70页。
⑥ 熊铁基、陈红星主编《老子集成》第八卷，第74页。
⑦ 熊铁基、陈红星主编《老子集成》第十卷，第286页。

不古,随时变化,更姓易名,以神奇之妙诣,常阐教而分真,住世留踪,隐显莫测,所以历代以来,儒者罕究其故。夫子不云乎:鸟吾知其能飞,兽吾知其能走,至于龙,吾不知其乘云而上青天也。呜呼!尽之矣!"① 刘沅认为,误解老子者实际上是后儒,孔子是真正懂得老子的人。他进一步指出:"夫道者,理之总名。德者,所得于天,能全天理即为有德,岂特行文虚字。老子与孔子问答,无非至理。若至阴肃肃,至阳赫赫,肃肃出乎天,赫赫出乎地,尤直抉造化生成之原,心性分合之义。而君子得时则驾,不得时则蓬累而行,用舍行藏,道亦如斯。"② 老子之道不仅包含造化生成之理,而且具有应世救时之用。司马迁《史记》所载孔子问礼于老子之事是可信的,孔老之间的对话,反映出两位思想家对社会具有同样的关切之情。基于这样的认识,《道德经解》不仅沟通儒道,以儒解《老》,而且注意突出治国救民之道。如第13章注:"以身为天下者,不自私其身,而欲偕天下于大道也。贵以慎重言,爱以关切言,可寄于天下,宠辱不惊也。可以托于天下,不以一身之患为患也,此为徒爱其身而不知以道济天下者发。"③ 该章体现了老子的贵身思想,但注文同时提醒,仅仅爱身是不够的,还要以道济天下。又如第61章注:"此为恃强大以凌弱小者发,而反复推下人之功效,乃太上救时之论也。从来大国以力相服,往往不胜,不知柔可以制刚,理足以夺势。大国权重而势尊,可以容民畜众,而咸欲归焉。如下流然,第天下之所欲附,必天下之至柔者也。"④ 注文点明本章的主旨是老子的救时之论,提醒大国不要恃强欺弱,滥用武力,而应谦虚涵容,以柔克刚,天下才会自然归服。再如第74章注:"民不畏死,衰世之极矣,奈何更以刑罚惧之?若使民常有怀刑之心,则教化明而民已知所趋避。乃有为奇邪以诱民者,从而杀之,民孰敢不畏死乎?太上此言为末世以杀禁乱而不务本者发也。"⑤ 以杀禁乱是末世之法,不是理想的治理之策。治国要务本,所谓本,即老子清静自然、返朴还淳的无为之道。

## 四 结语

美国道教研究专家柏夷教授指出:"道教,自古就存在于华夏文明的髓心与肌腠

---

① 熊铁基、陈红星主编《老子集成》第十卷,第286页。
② 熊铁基、陈红星主编《老子集成》第十卷,第287页。
③ 熊铁基、陈红星主编《老子集成》第十卷,第291页。
④ 熊铁基、陈红星主编《老子集成》第十卷,第303页。
⑤ 熊铁基、陈红星主编《老子集成》第十卷,第306页。

之中。它不仅是中国的本土民族宗教,也是中国文化中人本主义内在动力与道德准则的最佳体现……毫不夸张地说,道教代表了古代中国的精魂与力量。"① 柏夷教授对道教在中国文化中的地位做出了极高的评价。确实,道教以多种方式对中国文化产生深刻影响,通过注解《老子》弘道阐教,即是其中重要的一种。明清时期,随着道教与民间信仰的结合日趋紧密,道教老学出现了仙解《老子》这样独特的形式,虽流行于民间,却得到了文人学者及官员各界人士的支持。也正是因为他们的参与,道教教义包括老子思想在社会上的影响日益扩大且更加深远。而在道教界与社会各界的密切互动中,道教文化自然进入了"华夏文明的髓心与肌腠之中"。

---

① 柏夷:《道教研究论集》,中西书局,2015,第 2 页。

# 诗文证史：试述清代诗文集对道教研究的重要价值*

尹志华

**内容摘要**：我国学术界向有"文史互证"的优良传统。基于"诗文皆史"的理念，现代史家将"诗文证史"的方法广泛运用于历史研究中并取得了显著成就。清代诗文集中蕴含着丰富的道教史料，需要进行专门的辑录工作。本文通过一些例证表明，清代诗文集中的道教史料既可以丰富道教历史叙事，又可以澄清一些道教历史疑点，还能大大拓展道教研究视野，发现很多新的情况。汇辑整理清代诗文集中的道教资料，将为清代道教研究提供一个重要的基本史料库。

**关键词**：清代　诗文集　道教　史料

**作者简介**：尹志华，哲学博士，中央民族大学哲学与宗教学学院教授。

---

清代道教曾经长期是道教历史研究中的薄弱环节。几部道教通史著作，对清代道教的叙述都较为简略，专门研究清代道教的论著也很少。这既有历史研究一般需要从前往后推进的因素，也与学界一度不太重视清代道教有关。但近年来，许多学者意识到，清代道教是道教发展的重要历史阶段。首先，道教在清代进一步民间化，道教信仰、仪式与民俗相融合，吕祖乩坛等由在家信众组成的小型道教团体遍布全国；其次，传统的制度道教在清代进一步定型，张天师制定了新的授箓阶次，全真道确立了开坛传戒制度；再次，道教的地理分布格局在清代有所改变，一些以前全真道影响较小的地区，如东北、浙江地区，成为全真道的重要区域。可以说，今日道教的基本格局是在清代奠定的，教制仪规也是在清代最终定型的。因此，随着道教研究的推进，

---

\* 本文系2018年度国家社科基金一般项目《清代诗文集中的道教资料汇纂与研究》（批准号：18BZJ044）的阶段性成果。

## 诗文证史：试述清代诗文集对道教研究的重要价值

学者们对清代道教的关注度日益提升，乃至在一定程度上形成了研究热点。王卡、莫尼卡（Monica Esposito）、高万桑（Vincent Goossaert）、森由利亚、刘迅、黎志添、汪桂平、付海晏、王见川、梅莉等海内外学者，通过广泛搜寻材料，对清廷与道教、清代全真道的传戒、清代的张天师、清代道教宫观与地方社会、清代的吕祖信仰以及清代地方道教历史等方面做了新的研究，丰富了人们对清代道教的认识。

然而，由于清代道教资料极为分散，目前对清代道教的研究大多是区域性、专题式和个案式的，还不足以建构起清代道教历史的完整图景。要改变这一研究现状，有赖于清代道教历史资料的系统整理出版。

目前清代道教资料的整理出版，已有了巨大的进展，但仍存在薄弱环节。除教内宗谱、仙传外，清代道教历史资料主要有四大块：地方志、道教名山宫观志、宫观碑刻和清人诗文集。前三个方面都受到了重视，如《中国地方志佛教道教文献汇纂》和一些地区的道教碑刻整理已获国家社科基金立项，《中华山水志丛刊》《中国道观志丛刊》则早已出版。但清代诗文集中的道教资料，尚未有人做系统的搜集整理，这便成了学术研究的短板。这个短板在相当程度上制约着清代道教研究的深入。

其实，我国学术界向有"文史互证"的优良传统。近代以来的学者，非常重视"诗文证史"的价值。梁启超先生曾指出："章实斋（即章学诚）说，'六经皆史'，这句话我原不敢赞成；但从历史家的立脚点看，说'六经皆史料'，那便通了。既如此说，则何只六经皆史？也可以说诸子皆史，诗文集皆史，小说皆史。因为里头一字一句都藏有极可宝贵的史料，和史部书同一价值。"① 正是基于"诗文皆史"的理念，现代史家将"诗文证史"的方法广泛运用于历史研究中并取得了显著成就。其典范之作即是陈寅恪先生的《元白诗笺证稿》。20 世纪 50 年代，陈先生又在中山大学开设"元白诗证史"讲座，指出："中国诗虽短，却包括时间、人事、地理三点。""中国诗既有此三特点，故与历史发生关系。"陈先生特别强调要"把所有分散的诗集合在一起"，连贯起来进行研究，这样不仅可以"说明一个时代之关系，纠正一件事之发生及经过"，而且"可以补充和纠正历史记载之不足"。②

前辈学者在研究道教历史时，也非常重视诗文集的史料价值。陈垣先生著《南宋初河北新道教考》，即广泛运用了金元时期的文人文集。任继愈先生和卿希泰先生

---

① 梁启超：《治国学的两条大路》，《饮冰室合集》文集之三十九，中华书局，1936，第 111 页。
② 唐篔笔录：《元白诗证史第一讲听课笔记片段》，《陈寅恪集：讲义及杂稿》，三联书店，1992，第 483 页。

分别主编的《中国道教史》，也大量征引了清代以前的诗文集中的道教史料。

然而，尽管清代诗文集中蕴含着丰富的道教史料，以往的道教研究论著，对清代诗文集的利用却非常少。这主要是由于清代诗文集数量极为庞大，又很分散，道教学者要在其中翻检道教资料，有似大海捞针，茫无头绪，往往费时费力，而所获甚微。要改变这一状况，就必须对清代诗文集中的道教资料做专门的辑录工作。目前开展这一工作，已具备坚实的文献基础。近年来，随着国家清史纂修工程的推进，大量清代诗文集陆续汇辑出版，标志性丛书就是800册《清代诗文集汇编》和600册《清代诗文集珍本丛刊》。以这两套丛书为基本文献，再参考《稀见清代四部辑刊》等丛书，对清代诗文集中的道教资料进行全面系统的辑录、整理，将大大丰富清代道教研究的史料来源。

对清代诗文集中的道教资料进行研究，具有重要的学术价值：既可以丰富道教历史叙事，又可以澄清一些道教历史疑点，还能大大拓展道教研究视野，发现很多新的情况。试举例如下。

### （一）丰富道教历史叙事

#### 1. 道教宫观修建碑记募疏

清代诗文集中收录了文人们为道教宫观修建所作的大量碑记募疏，是反映清代道教历史的重要资料。略举数例，如金之俊《奉敕撰南苑玉皇殿碑文》[①]、朱之俊《西顶新建玄天上帝庙记》[②]、陈弘绪《重修玉隆万寿宫募缘疏》[③]、马世俊《茅山万寿宫重建文昌阁募缘疏》[④]、魏裔介《新修天柱山北武当宫碑记》[⑤]、彭定求《圆妙观修建三清殿弥罗宝阁碑》[⑥]、朱琦《乔溇新建吕祖师庙碑记》[⑦]、吴荣光《重修广州城西真武庙碑记》[⑧]、刘鸿翱《潍县重修玉清宫碑记》[⑨]、俞樾《金盖山重建纯阳宫记》[⑩]等。

---

① 金之俊：《金文通公集》卷十一，《清代诗文集汇编》第8册，上海古籍出版社，2010，第441~443页。
② 朱之俊：《碑版文集》，《清代诗文集汇编》第9册，第311~312页。
③ 陈弘绪：《敦宿堂留书》卷一，《清代诗文集汇编》第11册，第83~84页。
④ 马世俊：《匡庵文集》卷八，《清代诗文集汇编》第28册，第286页。
⑤ 魏裔介：《兼济堂文集》卷十三，《清代诗文集汇编》第57册，第35~36页。
⑥ 彭定求：《南畇文稿》卷五，《清代诗文集汇编》第167册，第344~345页。
⑦ 朱琦：《小万卷斋文稿》卷十七，《清代诗文集汇编》第494册，第319~320页。
⑧ 吴荣光：《石云山人文集》卷二，《清代诗文集汇编》第510册，第513~514页。
⑨ 刘鸿翱：《绿野斋前后合集》卷五，《清代诗文集汇编》第528册，第600页。
⑩ 俞樾：《春在堂杂文》四编一，《清代诗文集汇编》第685册，第541~542页。

### 2. 文人吟咏道教宫观

以南京隐仙庵为例。始建于明嘉靖五年（1526）的南京隐仙庵为清代"龙门中兴之祖"王常月驻鹤之地，故该庵在江南全真道中地位崇高，被称为"祖庭"。但该庵在康熙以降，吸引文人墨客纷至沓来，却是由于庵中有古树名花和道士精于琴棋的缘故。据笔者查阅，留下吟咏、记述隐仙庵诗文的文人有曹溶、法若真、赵吉士、孙惠、孔尚任、顾我锜、钦琏、闵华、夏之蓉、王又曾、袁枚、朱筠、蒋士铨、何士颙、赵翼、袁树、王文治、姚鼐、詹肇堂、郁长裕、王友亮、吴翌凤、洪亮吉、陈廷庆、孙星衍、石韫玉、曾燠、王昙、朱珔、陈文述、包世臣、汤贻汾、屠倬、方熊、杨庆琛、斌良、潘德舆、张祥河、曹宗瀚、陈世熔、夏宝晋、侯家璋、梅植之、李振钧、徐汉苍、叶坤厚、郑由熙等。

从文人诗文集中可知，隐仙庵毁于太平天国占领南京期间。太平天国覆灭后，诗人郑由熙曾到隐仙庵故址寻访六朝古梅，发现古梅也已不存。①

### 3. 著名道士的生平

以施道渊、娄近垣为例。对施道渊的研究，过去多依据《穹窿山志》和一些地方志，以至于对施道渊的生卒年都无法判定，而实际上彭定求《南畇文稿》卷十《穹窿亮生施尊师墓表》明确记载施道渊生于明万历丙辰（1616），卒于康熙十七年（1678）。② 关于娄近垣的生平，以往的研究多依据《龙虎山志》《松江府志》《枫泾小志》等文献，而实际上记载最详细的是陆锡熊《宝奎堂集》卷九《皇清诰授通议大夫妙正真人龙虎山上清宫四品提点娄公墓志铭》。③

### 4. 著名内丹家的交游

以李西月为例。李西月（1806～1856），著名的内丹西派创始人，四川嘉定府乐山县人。初名"元植"，字"平泉"，入道后更名"西月"，改字"涵虚"，又字"团阳"。其名号甚多，如"长乙山人""圆峤外史""紫霞洞主人""卷石山人""树下先生""白白先生"等。著有《太上十三经注解》《大洞老仙经发明》《黄庭经注解》《九层炼心》《后天串述》《圆峤内篇》《三车秘旨》《道窍谈》等书，编辑有《海山

---

① 郑由熙:《过隐仙庵故址访六朝梅不得》,《晚学斋诗初集》卷一,《清代诗文集汇编》第706册,第13页。
② 彭定求:《南畇文稿》卷十,《清代诗文集汇编》第167册,第406~407页。
③ 陆锡熊:《宝奎堂集》卷九,《清代诗文集汇编》第383册,第179~181页。

奇遇》《三丰全集》等书。①

关于李西月的交游,见诸记载者较少。但从成都二仙庵道士张永亮著《来鹤亭诗稿》中,可知张永亮曾向李西月请教内丹修炼之道。

张永亮为清代道光咸丰年间成都二仙庵住持道士,工诗,与绵竹诗人李德扬共结诗社唱和。四川学政支清彦、郑琼诏等分别为其诗集作序跋。

道光二十八年(1848),张永亮撰有《戊申访空青洞天涵虚上人》诗数首:

> 马鞍山下放扁舟,遥指仙峰水上浮。转视美人洲畔石,频年不解济中流。
> 春风雨后谒空青,日暮山斋寺欲冥。鹤守元关云自在,登堂听讲十三经。
> 峨眉西畔仰真风,道阐嘉阳九派通。蓬转大江投岸北,月明三峡宿溪东。登堂究竟还丹旨,入室详参铸剑工。老鹤一声峰顶上,凌云四望海天空。
> 悟得真身觉幻身,空青拜访古仙人。星垂岱岳联虚壁,地接峨眉远市尘。坐石闲观云外岫,弹弦静养谷中神。因愚不达前头路,笑指蓬壶别有春。
> 未访三山弱水深,先从岱岳仰高岑。悠悠古岫云常住,落落空斋鸟自吟。扫石呼童闲对弈,焚香与客坐弹琴。林堂寂灭春宵永,静听松涛涤我心。②

"上人"一般用来称呼佛教僧人,此处称李西月为"上人"是何原因?张永亮的诗集有两个版本,一为上下两卷本,刊于咸丰年间;一为四卷本,刊于同治年间。以上诗题出自两卷本卷下,四卷本诗题改作《嘉阳访空青洞天涵虚先生》,③ 也许后来作者觉得"上人"二字不妥?

张永亮还有《秋日访青衣岛长乙山人》诗:"一叶轻舟泛棹扬,遥天无际白云茫。水声滚滚趋东岳,山色苍苍任北邙。信宿嘉州频住岸,新秋碧岛静焚香。到门我亦参元客,可许林泉学坐忘?"④

张永亮与李西月也有诗歌唱和,如《和题壁原韵上白白先生》《题铁柱宫上紫霞先生》《和长乙山人探梅原韵》《拟入道吟上长乙老人》等。⑤

---

① 卿希泰主编《中国道教史》(修订本)第四册,四川人民出版社,1996,第345~346页。
② 张永亮:《来鹤亭诗稿》卷下,四川大学图书馆藏清咸丰刊本,第267页。
③ 张永亮:《来鹤亭诗稿》卷二,四川大学图书馆藏清同治刊本,第26~27页。
④ 张永亮:《来鹤亭诗稿》卷下,四川大学图书馆藏清咸丰刊本,第43页。
⑤ 前三首诗见两卷本《来鹤亭诗稿》卷下,第26、29、47页,后一首诗见四卷本《来鹤亭诗稿》卷二,第41页。

李西月仙逝，张永亮作有《闻涵虚先生羽化》诗："忆昔逢师面，飘蓬任自然。心澄潭底月，意止性中天。玉果经三载，金丹炼九年。功成超法界，弱水挟飞仙。"①

若干年后，张永亮重过青衣岛，又作有《青衣岛怀长乙山人》诗："一别嘉阳二十秋，青衣古岛尽荒丘。先生跨鹤归何处？想是蓬山海岸头。"②

## （二）澄清道教历史疑点

第一，近年来，国内外有些学者质疑王常月在清初大规模传戒之事的历史真实性，但通过查阅康熙时文人赵士春（1599～1675）、郝浴（1623～1683）、詹贤（1664～？）等人诗文集中的有关记载，能够澄清这个问题。

赵士春《预拟辞家放言》说："不学吕真九（即吕悫），建醮开坛多趑趄；不学王昆阳（即王常月），领徒说戒相征逐。"③

郝浴代人撰写的《鼎新吴山第一峰茅君宫疏引》说，杭州吴山宁寿观"延昆阳律师（即王常月）颁三百大戒，以清全山道人之行。"④

詹贤所撰《募戒衣疏》说，他于康熙五十年（1711）在孔砦（即今湖北黄梅县孔垄镇）的一宿庵中遇到云游僧人慧恺，翻看慧恺带来的经书，"中有一册，为昆阳王道士《初真戒律》，揭而读之，内有信衣、净衣、洞衣等说，图式井然"⑤。从这一记载可以看出，王常月所著《初真戒律》在康熙年间已广为流传，乃至佛门僧人也有人诵读。

第二，全真道龙门派第九代律师詹太林，小柳司气太《白云观志》、李养正《新编北京白云观志》都曾误将其与《金盖心灯》中所说的詹守椿认作同一人，但从彭定求文集中的《詹维阳律师塔铭》可以确证詹太林和詹守椿是两个人。⑥ 二人不仅籍贯不同，在龙门派中的辈分也不同。

第三，闵一得曾说"律祖（即王常月）三传而道遂绝"，其原因何在？阅彭定求《南畇诗稿》，参以《詹维阳律师塔铭》，可以稍知其故。原来当地有人反对詹太林在

---

① 张永亮：《来鹤亭诗稿》卷下，四川大学图书馆藏清咸丰刊本，第29页。
② 张永亮：《来鹤亭诗稿》卷三，四川大学图书馆藏清同治刊本，第34页。
③ 赵士春：《预拟辞家放言》，《保闲堂集》卷十三，《清代诗文集汇编》第13册，第677页。
④ 郝浴：《中山郝中丞全集》卷四，《清代诗文集汇编》第83册，第69～70页。
⑤ 詹贤：《募戒衣疏》，《詹铁牛文集》卷九，《清代诗文集汇编》第213册，第197～198页。
⑥ 彭定求：《南畇文稿》卷十，《清代诗文集汇编》第167册，第417页。

乾元观传戒。"师在乾元观欲整顿法席，为山蠹所阻。"① "卒为山蠹所嫉，结党煽乱。"② 詹太林只好将律坛转至其已逝弟子唐清善曾住持的京口（今江苏镇江市）道院，"宣戒一巡"后，"退居句曲，城中律坛旋散"。③ 不久，詹太林就仙逝了。

詹太林的首座弟子（即法嗣）唐清善已先他而逝，而詹太林本人欲将茅山乾元观开辟为十方丛林的愿望也未实现，这样在他仙逝后，江南全真道可能存在嗣法无人、传戒无所的状况。

公认的传戒系统中断了，全真道又进入了各个系统自行传戒的状态。其中一支的传人张本悟于嘉庆十二年（1807）被迎接到龙门派祖庭北京白云观开坛传戒，于是他那一支就被尊奉为"龙门正宗"。

（三）拓展研究视野，发现新情况

第一，从清代诗文集中可以看出，清朝宗室中的许多人与道教有着密切的联系。裕亲王福全曾拜道士赖猷为师，向其学道。諴亲王允秘和贝勒奕绘正式皈依道教，分别受正一法箓和全真道戒。有的虽未正式皈依道门，但信仰虔诚，以道士自居，如闲散宗室文昭。有的认同道教斋醮科仪，如和亲王弘昼。有的向往道教养生术，如礼亲王永恩、醇亲王奕譞。有的与道士交往密切，如永忠。有的受到道士资助，如宝廷。有的信奉道教劝善书，如恭亲王奕䜣。更多的则是把道教当作丰富自身精神生活的一个重要方面，游览道观，交往道士，诗歌酬唱。④ 这将改变学界以往关于清朝统治者疏离道教的刻板印象。

第二，从清人诗文集中可以发现，清代曾有一些影响较大的道教人物，如吕愻、余体崖、顾阳光等，在以往的道教史著作中未曾提及。

吕愻（1611~1664），字贞九，号桴庵，江苏苏州人。其生平事迹见载于清初吕阳《家贞九道人传》、李果（1679~1751）《吕道人桴庵传》等。

吕愻自幼颖异，读书一目数行，工文词，二十多岁时应试，考取第一名，为娄县秀才。后遭国变，遂入道。李果《吕道人桴庵传》说："崇祯甲申（1644）之变，

---

① 彭定求：《詹维阳律师挽诗四首》自注，《南畇诗稿·壬辰集》，《清代诗文集汇编》第167册，第209页。
② 前引彭定求：《詹维阳律师塔铭》。
③ 彭定求：《季春重忆茅山郁冈之游怀维阳律师三首》自注，《南畇诗稿·戊子集》，《清代诗文集汇编》第167册，第144页。
④ 参见尹志华：《清朝宗室与道教》，《宗教学研究》2017年第4期。

〔吕愨〕悲号不食，弃妻子入道，自号赤隐子。"① 吕阳《家贞九道人传》说："流氛扰扰，中原多故，道人年既壮，不得志，访诸乩仙，判云：'汝祖有梦。'问何梦？则初生时徐文贞也。"据该传记载，吕愨诞生前夕，其祖父梦见嘉靖时首辅徐文贞（即徐阶，1503~1583）来与之饮茶，饮茶后猝变为婴儿，此时吕愨生。史载徐阶事明世宗，善撰斋醮青词。吕阳说，吕愨得乩仙指示祖父之梦后，"蓦然省，遂断五荤，远房闼，号赤隐子。"②

据清彭方周纂《吴郡甫里志》所收许虬《冲白先生传》，吕愨是李朴（字天木，号雪斋，门人私谥冲白先生）的得意门生："先生从游弟子甚众，其最高第者曰吕仙翁愨，世所称贞九先生者也。"③ 著名文学家归庄在记述自己拜访李朴一事时也提到，"贞九之师李天木先生"④。李朴（1610~1670）为明末清初著名道士，善画工诗，精熟全真南宗心法，著有《还丹宗旨》《火候宗源标旨》《丹房法语》等修炼著作。康熙重刻版《性命圭旨》不仅收有他撰写的序，还收有他作的《紫中道人答问》。⑤

吕愨又向正一道士周云岫学正一法术。前引吕阳《家贞九道人传》载吕愨"以为文贞之事三宫，正一法也；贞九之事金丹，大乘法也；正一、大乘同也。迩所见周云岫道家驱巫治癞、鞭龙驾霆之术，颇有异，盍往而学焉？学之熟，可以施矣。"前引李果《吕道人栟庵传》也说吕愨"从周炼师云岫习符箓，鞭龙驾霆，役使鬼神"。

据同治《苏州府志》，周世德，字云岫，长洲维亭儒家子。幼丧父，礼邓寄虚为黄冠。年二十，从龙虎山夏北衢学清微五雷祈祷祛邪治病诸法，精通道典。时遇水旱，祈祷无不感应。又曾应郡绅之请，讲《道德经》《清静经》于福济、三茅诸观，听者动以千计。正一嗣教大真人张洪任赐额"可与宏教"⑥。

前引吕阳《家贞九道人传》说，吕愨"年四十五，建斗母阁于邓尉〔山〕之妙高峰。……越明年，内炼已足，遂辟谷，称辟谷道人。又三年，访道于终南之阿。"归苏州，修葺元时黄孤山曾隐居的清真观。其门人塑吕纯阳祖师、孤山真人和贞九道

---

① 李果：《在亭丛稿》卷六，《四库全书存目丛书补编》第9辑，齐鲁书社，2001，第208页。
② 吕阳：《薪斋三集》卷八，《四库全书存目丛书》集部第200册，齐鲁书社，1997，第517页。
③ 彭方周纂：《吴郡甫里志》卷二十一《艺文》，《中国地方志集成·乡镇志专辑》第6册，江苏古籍出版社，1992，第129页。
④ 归庄：《与集勋书》，《归庄集》，中华书局，1962，第309页。
⑤ 参见《吴郡甫里志》收录的许虬撰《冲白先生传》，黄新华《清初苏州道士李朴其人其事》，载《中国道教》2016年第1期。
⑥ 李铭皖等修，冯桂芬等纂：《〔同治〕苏州府志》卷一百三十五《释道二》，《中国地方志集成·江苏府县志辑》第7册，江苏古籍出版社，1991，第473页。

人像于其中，曰三仙堂。吕阳认为，吕忞为"徐文贞之后身，而纯阳子之现身也"。

前引李果《吕道人桴庵传》载，吕忞"年四十六，辟谷导引。又三年，访道终南山。继又葺〔苏州〕城东清真观居之。最后居木渎小桃源"。

从以上记载可知，吕忞拜李朴为师，尊奉吕纯阳，以金丹术为旨归，应属全真派。但他又曾向周世德学正一符箓法术，以道法高妙著称于时。前引吕阳《家贞九道人传》说："人有疾，金石不能治，公治之；有祟，师巫不能遣，公遣之；有逝魂，缁衣羽流不能忏，公忏之；有大妖，土公社神不能除，公除之。"

余体崖（1621~1670），道名守淳，别号静虚，杭州钱塘人。康熙六年（1667），受邀兴复武康计筹山升元观，不期年而观宇落成。①

余体崖与当时众多文人有交往。徐士俊（1602~1681）有《送余体崖炼师入金筑坪》诗。② 王嗣槐（1620~？）《游洞霄宫记》说他于顺治十五年（1658）三月，"偕友人访道士孙善长于洞霄〔宫〕，登金竹屏最高处，与道士余体崖穷讨其幽趣"③。徐倬（1623~1713）有《赠余体崖炼师》《同体崖游月泉归》《至日写怀适得体崖书》《送体崖还山》诗。毛奇龄（1623~1716）有《送余炼师居升铉观序》。吕留良（1629~1683）有《孤山道士余体崖乞募大涤》《至杨山升元观访余体崖不遇》诗。

雍正时期，在浙江嘉兴地区，有全真道士顾阳光，道行颇高，门徒达数百人。

据王时翔于雍正六年（1728）撰《炼师顾栖霞传》云，炼师姓顾，名阳光，字志恒，浙江当湖（即平湖）人。幼好沉默，终日不发言，闭目辄见"道气常存"四字。年十四，超然怀出世想。时父母双亡，告诸叔父，不可。越五载，其挚友修全真教，具方外服，过其门，乃决然从之。因与栖霞丘处机真人同岁入道，故号栖霞道人。先栖真于嘉兴之冷仙亭，后游湖州升玄观（即升元观），遇真人指授，端坐不食十余日，及出静，朗然开悟，平生所未诵经典，能了其义。信口歌吟，及援笔为文，咸契道妙。南游匡庐、武当，过嵩山，西至华山、终南山、太白山，北陟太行山、恒山，东游齐鲁，登泰山，而后归里，足迹几遍天下。所过灵真栖息之所，必盘桓登眺，遇异人，则讨论道妙，遂益深有所得。夜坐蒲团，

---

① 佚名：《计筹山志略》（浙江省图书馆藏本）所载《重开山静虚真人炼师余体崖行实》《炼师体崖余道人墓志铭》《余炼师图像叙传》。
② 《清代诗文集汇编》第17册，第283页。
③ 王嗣槐：《桂山堂文选》卷六，《四库未收书辑刊》第7辑第27册，第394页。

30 年不寝。弟子日进,多至数百人,作《同真录》,载其姓氏。顾阳光自题《宗派考》一篇,略云:太上玄元老祖,以真常大道传东华帝君,东华传云房翁,云房传纯阳祖,纯阳传重阳祖,重阳传丘刘谭马郝王孙七祖,号七真,于是各立宗派,俾永相续。顾阳光得《南华经》真诠,时号顾南华。又束发作双髻,偶适城市,儿童聚观哗笑,顾徐行自若,故又号双髻子。所著《阅世集》若干卷,秘不示人。

顾阳光与王时翔友善,授王时翔内丹口诀,王时翔序其所著书,并赠以长歌。一日,谓王时翔曰:"吾将游心于淡,合气于无,不轻作人间游矣。子其为我作传。"王时翔乃叙其生平,并撮《同真录序》,以示世之玄修者。①

第三,从诗文集中可以得知,清代著名人物金之俊、魏象枢、施闰章、毛奇龄、朱彝尊、陈廷敬、阎若璩、彭定求、惠栋、彭启丰、钱大昕、陶澍、刘坤一等都曾为道教劝善书作序跋。一代廉吏于成龙自述:"不愿上方剑,但持《感应篇》。"② 康熙十五年状元彭定求谓:"余自髫龄,晨必庄诵是书。"③ 由此可见道教劝善书在清代士大夫阶层的深远影响。

第四,学界目前对康熙年间北京白云观住持的传承缺乏了解。但陆楣文集中的《募修洞虚宫疏》,记载无锡道士王清虚曾受到康熙皇帝的眷顾,担任白云观住持。该文说:"京师白云观主观王君清虚,本吾锡(无锡简称锡)人,尝习静惠山之石门。云游至都,道誉日高,王公以下,翕然敬信。""闻君在京建某院,皇上亲临顾问,应对称旨,上为霁颜。"④

第五,从清人诗文集中可以发现,施道渊开创的穹窿山法派,出了两个著名的道士画家:李体德(字补樵)和徐体微(字浣梧)。李体德所作《溪山无尽图》和《长江万里图》在当时非常有名。著名学者潘奕隽(1740~1830)曾多次为李体德画作题诗。⑤ 徐体微从著名画家张崟(1761~1829)学画,⑥ 颇有所得。著名学者赵怀

---

① 王时翔:《小山文稿》卷五,《四库全书存目丛书》集部第 275 册,第 177~178 页。
② 于成龙:《自叹》,《于清端政书》卷八《吟咏书》,《文渊阁四库全书》第 1318 册,台湾商务印书馆,1986,第 769 页。
③ 彭定求:《感应篇图说序》,《南畇文稿》卷二,《清代诗文集汇编》第 167 册,第 290 页。
④ 陆楣:《铁庄文集》卷二,载《稀见清人别集百种》第 3 册,北京燕山出版社,2007,第 184~186 页。
⑤ 潘奕隽:《题李补樵画卷》,《三松堂集》卷十;《题钟吾山李补樵道士画山水》,《三松堂集》卷十七;《李补樵溪山无尽图》,《三松堂续集》卷二。(《清代诗文集汇编》第 399 册,第 189、263、392 页。)
⑥ 张崟:《徐妙庭道侣,予诗画弟子也,予劝其入都供职天坛,兼可访全真》,《逃禅阁稿》卷四,《清代诗文集汇编》第 467 册,第 62 页。

玉曾为其画作题诗。① 著名学者法式善（1753~1813）曾请徐体微为其诗龛作画，并作诗以记之。②

第六，对于《道家诗纪》的编纂者张谦，以往的研究者苦于找不到他的生平事迹。事实上文人朱葵之（1781~约1845）专门为张谦撰写过传记《斗南子传》。其文曰：

> 斗南子，方外友也，系出横山张氏。父炳如，业儒。师幼得羸疾，用术者言，出家于邑庙桐柏山房。本师陆雨青教以元典，口讷而心慧。师祖严退谷异之，谓是支道林、陶宏景一流人，更以儒书授。及长，娴吟咏，与同里萧雨香明经、李南人征君、郑云帆广文、孙意林茂才辈相切磋，而学业日进。先是，柞溪钱翁工书法，丙斋俞翁工绘事，师游其门，久尽得其传，求者笺素盈几度。师谓道人以住持之庙为所天，邑庙主宰一方，观瞻宜肃，因偕同志于嘉庆壬申重修殿廷，甲戌再建月台，庚辰筑中唐。道光纪元，复创寝宫亭庑，檀施不足，益以己资，虽典质称贷弗顾焉。桐柏山房自吴郭二道侣蹂躏后，斋厨荡然，师承金师坤元属，力任恢复，修丹室，整金容，置常住，庄严法器，并赎旧割田亩，且增置之。以二者故，囊鲜余资，训蒙糊口者，且二十年。性好交游，四方名宿道武原者，如成都熊研青、绍兴卢朗轩、西泠高尔梅、平湖黄金台，皆心折师之高行，缔缟纻焉。戊戌夏，复与黄翁椒升都事创续小瀛洲社，饮酒赋诗，陶然自得。暇则与二三老友讲求元理，凡《灵枢》《素问》《黄庭内景》诸经，皆能一一贯串之。以故灵根内植，华池外滋，年且六十，而精神焕发，凤疾若失焉。所著有《历朝道家诗纪》五十卷、《补梅居士吟稿》十卷、《烟波渔笛词草》一卷。徒三：冯水芗，善音律；朱文江，善诗画；郑素庵，善岐黄、铁笔。徒孙四：汪小江、贺镜湖、孙仲康、冯友柏，焚修之外，俱能以风雅世其学。师名谦，字地山，一字云槎，自号补梅居士，晚号斗南子。予与师交且三世，辱与兹社，喜师之儒其行而仙其心，且能立教以范后也，不揣不文，诠次而为之传。③

---

① 赵怀玉：《题徐道士体微〈一壶一杖行看子〉》，《亦有生斋集·诗》卷三十二，《清代诗文集汇编》第419册，第452页。
② 法式善：《访徐浣梧道人不值留纸乞画诗龛图》，《存素堂诗初集录存》卷二十四；《七家诗龛图歌》，《存素堂诗二集》卷三。（《清代诗文集汇编》第435册，第194、237页。）
③ 朱葵之：《斗南子传》，《妙吉祥室杂存》，《清代诗文集汇编》第537册，第235~236页。

第七，清代诗文集中记录了大量的文人请仙降乩活动，从中可以探讨道教神仙信仰对清代文人的深刻影响。

如毛莹题《吕仙送丹图》说："时乩仙盛行，从乞丹者甚众。"① 方拱乾撰《降乩行》《乩言》②，金圣叹撰《降乩联句》③，黄周星撰《仙乩杂咏》十二首④，尤侗撰《赠瑶宫花史和降乩韵》《赠木渎仙姬十绝句》⑤，彭孙遹撰《咏乩沙》⑥，陈梦雷撰《云栖和乩仙留别诗》四首⑦，纪昀撰《题曹慕堂宗丞所藏乩仙山水》⑧，赵翼撰《和乩仙诗》⑨，毕沅撰《和乩仙诗原韵》⑩，陈文述撰《大罗天仙乩笔划龙歌》⑪。易顺鼎组织易园乩坛，参加者有皮锡瑞、陈衡恪（即陈师曾）、寄禅上人（即八指头陀）等名士。⑫

综上所述，汇辑整理清代诗文集中的道教资料，将为清代道教研究提供一个重要的基本史料库。该课题成果与已整理出版的各种资料结合起来，可以将清代道教研究推向一个新的高度。

---

① 毛莹：《晚宜楼集》，《清代诗文集汇编》第 9 册，第 192 页。
② 方拱乾：《何陋居集》，《清代诗文集汇编》第 10 册，第 437~438、439 页。
③ 金圣叹：《沉吟楼诗选》卷六，陆林辑校整理《金圣叹全集》第 2 册，凤凰出版社，2016，第 1254 页。
④ 黄周星：《夏为堂别集》，《清代诗文集汇编》第 37 册，第 128 页。
⑤ 尤侗：《西堂诗集·西堂剩稿》卷下，《西堂诗集·看云草堂集》卷八，《清代诗文集汇编》第 65 册，第 322、433 页。
⑥ 彭孙遹：《松桂堂全集》卷十八，《清代诗文集汇编》第 125 册，第 151 页。
⑦ 陈梦雷：《松鹤山房诗集》卷四，《清代诗文集汇编》第 179 册，第 82 页。
⑧ 纪昀：《纪文达公遗集》卷十一，《清代诗文集汇编》第 354 册，第 559 页。
⑨ 赵翼：《瓯北集》卷四十六，上海古籍出版社，1997，下册 1182 页。
⑩ 毕沅：《灵岩山人诗集》卷三十九，《清代诗文集汇编》第 369 册，第 722 页。
⑪ 陈文述：《颐道堂诗选》卷三十，《清代诗文集汇编》第 5049 册，第 555 页。
⑫ 易顺鼎编《湘坛集》之《仙名人名表》，收入《琴志楼丛书》，清光绪刻本，第 10~11 页。

# 宋元清微雷法与诸家雷法关系异同析

王 驰

**内容摘要**：宋元时期，雷法成为道教法术之典范，且有诸家蜂起之势。究其基本信仰认同与教义原理，彼此并无根本抵牾处。而所差异者，一在于具体修持功夫、施法科范与家风境界不同，二在于主法、师派、将班等神谱脉络有别。本文以清微雷法为研究本位，通过梳理其与神霄、上清、正一等诸家代表性雷法的渊源关系，并进行概要的异同比较，力图呈现清微雷法之家风特质与境界成就，并对其在道法史上的价值地位进行估衡。

**关键词**：清微派 雷法 神霄 上清 正一

**作者简介**：王驰，南京大学宗教学博士，上海道教学院副院长兼教务长。

---

宋元时期，道教各派纷纷打破门户，彼此交融呼应，出现了"会道归元"的现象。在"会归"之中，亦自然而然地产生出新的判教和新的主流。雷法作为其中的代表性道法，其自身即呈现出诸家蜂起之势；而天师道、上清派、灵宝派等传统符箓道派，对此等新出之法也并无激烈压制，反而在一开始就予以积极哺养，后至于反向汲取。因此，诸家雷法之间分合陆离，乃至于水乳交融，尤为宋元道教史上的精彩篇章。然考其基本原理，则彼此并无根本抵牾之处。尤其是作为道教之本的"大道"，对其信仰认同和理论阐释亦大致相同。所主要差异者，其一在于具体修持功夫、施法科范与家风境界不同，其二在于主法、师派、将班等神谱脉络有别。本文即拟将彼时最具代表性的清微雷法与"神霄""上清""正一"诸家雷法进行一番初步的关系梳理和异同比较，由此拈出过去道教研究中略于关注的若干侧面。

## 一 清微雷法与神霄雷法的互渗：师法异而道心同

在宋元雷法诸派中，神霄派与清微派是最为主要的两大派系，其对雷法发展的贡献也最为巨大。对此，李远国先生认为："唐宋道教雷法是以神霄雷法为其核心，诸家百派雷法或依其演变而来，或大受其理法影响。"① 如以宋代为下限，确实以神霄雷法影响为最大；而进入元代后，却逐渐形成了神霄、清微两家雷法双峰并峙的格局，以至明、清以来亦如此。

张宇初天师在《岘泉集》中曾言及神霄雷法之渊源，并曰："凡行持炼度，告下幽关，莫不开悟，是曰神霄。自清微而下，皆其文也。"② 作为明初的天师，他很清楚神霄道法符文对于清微派的影响。在《清微元降大法》卷四载有："皇元神霄玉清九霄洞章，大事或役雷霆，或修神霄大斋，或兴告兵战，或保安家国。凡有不应，一准此章，用全幅黄素朱书，置于奏书中。上告真王，下及九霄，伫希昭报。"③ 而《道法会元卷四十八》亦有"奏高上神霄玉清府"的奏辞，谓："具位臣姓某，诚惶诚恐，稽首顿首，百拜上奏：臣不避风刀，冒干天鉴，同前，至须至具状奏闻者。右臣谨谨具状，百拜上奏高上神霄玉清真王长生大帝陛下。"④ 而在《清微元降大法》卷二十二中，仍然保存着"神霄玉府外台斩勘五雷大法"。在卷二十三中，有"高上神霄玉府西台斩勘五雷大法"。这似乎说明，至少在清微雷法形成的早期，尚保存着某些神霄雷法的遗泽。

后期清微雷法日益精致成熟，自成一家，但也并非与神霄雷法一刀两断。在《道法会元》的清微道经中，也有不少清微法师祈请神霄雷法主神"高上神霄玉清真王长生大帝"的法事。举一例，《道法会元卷四十四·清微治瘵文检》即有"奏真王上三境伏魔心章"，中谓"臣谨谨端肃，再拜上奏高上神霄玉清真王长生大帝御前。恭望天慈，允今章奏，特赐敕旨，付省府，行下九天三界，星宫斗府，本命玄曹，太岁煞局，三官五帝，九府四司，宪治洞天，罗酆岱岳，城隍里社，合属攸司，咸令照应"⑤。而且，在这套清微雷法中，还动用了神霄雷法所役使的"神霄解冤使者颥恶"，并将"高上神霄玉清真王长生大帝"与清微派的魏华存元君、祖舒元君共同奉为祈请奏告的对象。这就说明，在宋元清微雷法那里，道派所信奉的主神已互有融合的趋势，而淡化了其派系的归属。《道法会元卷五十·清微祈晴文检品》的《笺魏祖》，甚至祈望能由魏华存元君将法事章表转奏于"高上神霄玉清真王长生大帝"。

---

① 李远国：《神霄雷法——道教神霄派沿革与思想》，四川人民出版社，2003，第243页。
② 《道藏》第33册，文物出版社、上海书店、天津古籍出版社，1988，第246页。本文所引《道藏》皆用此版，下不赘述。
③ 《道藏》第4册，第169页。
④ 《道藏》第29册，第79页。
⑤ 《道藏》第29册，第45页。

这种情况在清微雷法的文检之中并非孤见。《道法会元卷五十三·清微驱蝗文检品》《道法会元卷五十五·清微治颠邪文检品》的《笺魏元君》，《道法会元卷五十四·清微禳火文检品》的《笺魏祖》等同类奏告之中，也有类似请魏元君代为转奏"神霄玉清真王"的文辞。从神仙谱系的角度来看，这充分说明了清微派基于道法而对神霄雷法进行的整合。

再如《清微丹诀》中有"我禀阴阳二炁，出则轰天震地。神归山岳崩摧，煞去精邪粉碎。"① 一诗，该首诗也同样出现在《道法会元卷八十五》记载神霄雷法的《先天雷晶隐书》之中。《道法会元卷一百零九》的《混沌玄书》，亦有类似的词句："我炁阴阳之炁，出则轰天震地，怒则山岳崩摧，煞则邪精粉碎。"② 今只凭《道藏》记载，很难判定神霄与清微两派雷法之间互相影响的历史细节。但也正是从这些类似的道经语句中，可推断出二者不断参合的微妙关系。

值得注意的是，在《清微神烈秘法》卷首《雷奥秘论》中，有一句常被道教史家引用的话："清微法者，即神霄异名也。实道中之妙法。"③ 此句被视为"清微雷法乃神霄分支"的主要论据。是否真的如此呢？笔者认为，该句并无道派传承之含义，只是体现了清微派"会道归元"的根本理念。清微雷法的地域观念和派系观念都不是很强烈，它的出现，本身就是宋元道教雷法从法脉林立走向融合归一的产物。如果说，神霄雷法代表了从唐至宋，雷法吸摄道教诸般法术及内丹之学而成其形态的时代，那么，清微雷法则代表了从宋至元，雷法融摄诸家，由繁归简而高度成熟的时代。因此，称清微雷法为神霄雷法之异名，只不过是宋元时期新符箓道派之间，借道法而彼此认同的一个表达方式。

进一步说，清微雷法本身绝非神霄雷法的翻版。考察《道法会元》中神霄与清微两派道经，即可发现：较之于神霄雷法大量的雷篆天书，清微雷法则包含着更多的哲理色彩，且更为重视内丹的修行及与儒、佛的融合。从道脉承续上来看，清微雷法主张"合四归一"，较之神霄雷法具有更广泛的包容性。此外，神霄雷法崛起迅速，甫一出世即借助皇权大行于天下，这就导致其尚保存了"血祭"等带有民间巫风色彩的内容；而清微雷法未有大起大落，其修法之宗师多学养丰厚、气量雅致，故能站在新的高度将诸家雷法梳理清整，去芜存菁。

---

① 《道藏》第 4 册，第 963 页。
② 《道藏》第 29 册，第 485 页。
③ 《清微神烈秘法》卷上，《道藏》第 4 册，第 135 页。

## 二 "上清雷法"辨及其与清微雷法的关系:南岳魏夫人之仙脉

关于上清道派在宋以前道教史上异乎寻常的重要地位,诸多学术论著已多有阐发。在道门中,亦谓"茅山为天下道学之所宗",上清法在唐代尤被尊崇,高道辈出,存思盛行,这本身就蕴含了道教内在化转向的种子。反之,如果上清法不具备这样的内在因素,宋以后的道教究竟在多大程度上会走向内丹学,就是个问题。然而,学界以往的研究多重视上清派之历史、信仰、经典等,而对于上清派之道法却未有全面而深入的探索。这个问题,在此处与清微雷法的比较梳理中,恰恰是需要认真关注的。

世俗民众提起茅山,多知"茅山法术"之大名。不论视其为旧时代的封建迷信,还是将其看作效显功著的正宗道法,其实都证明了茅山上清道法体系在中国社会上的巨大影响力。人们往往也把"茅山道士"看作道教中行持法术、斩妖捉鬼的代表,更加说明了法术本身对茅山道教的重要性。然而,茅山上清法术与民间一般巫术具有根本性差异。以"存思"为核心,并结合历代上清派法师的理论化、精致化改造,上清道法遂与中国传统思想深度结合起来;又在唐宋以后道教内丹学兴起的形势下,融摄了集炼养学之大成的丹道功法①;并在宋元诸派雷法的影响下兼收并蓄,从而最终形成了独具家风的"茅山上清雷法"。该雷法将上清法术提升到前所未有的开放程度与学术高度,以融合其内在修证系统中"道"与"术"的精华。南宋茅山高道萧应叟即非常重视雷法之功能,谓:"布真炁而能动风雷,风雷自震;布真炁而能扶万物,万物自畅;布真炁而能拔幽魂,幽魂自拔。此即无量度人矣。"② 元代虞集在《道园学古录》里也记载其"方外友""浦云吴君"时,谓其"为上清道士,得坐致雷雨,役使鬼神之法",后来得到《景霄雷书》却"未尽通其说",而感应白玉蟾显灵降世,为其详加解说。此故事复见于《道法会元》卷一百零八的《景霄雷书后记》,似乎说明上清吴道士在得到神霄一系雷法传承前,也会自家的雷法功夫。道教学者曾召南先生曾就明清时期"茅山三宫"(即"元符万宁宫""九霄万福宫""崇禧万寿宫")所属道派问题撰文,指出:"元符万宁宫和九霄万福宫所传的是尊祖刘

---

① 这其中的代表人物,就是南宋茅山宗的高道萧应叟(观复子)。他所著《元始无量度人上品妙经内义》,是上清派以内丹观点阐发《度人经》的名作,也表达了茅山道教对宋元道教新发展形势的合理回应。
② 《道藏》第 2 册,第 333 页。

混康的静一派，是茅山宗之嫡传。崇禧万寿宫所传的是清微派，乃宋元时期分衍出来的新符箓派，与老符箓派茅山宗同属一脉。"① 从这一观点出发再结合道教史实，我们就可以清楚地看到：所谓后来的"茅山宗之嫡传"，其实从茅山宗二十五代宗师刘混康开始，就以雷法为主要的修道、弘道方法。《茅山志》载有刘混康的传记，其医治宋哲宗皇后难疾以及为北宋诸帝王所礼遇之事，已在茅山道教中广为流传。应当说，在一个道教宗派中，祖师宗师级人物的思想、道法风格，往往对该派整体道风的形成具有深远的影响。所以，茅山宗"静一派"在刘混康之后多行雷法也就不难理解。至于崇禧万寿宫所传的清微派，自然也少不了雷法的传承。因此，在宋元以后的茅山道教中，雷法道术也就广为传播。参阅《茅山志》等方志及诸道书，不难发现其中对茅山道士使用雷法济世救民的记载与肯定。李远国先生也认为，茅山上清派实际已经"形成了颇具特色的'上清五雷大法'"②。我们对民间广泛流传各种版本的"茅山道士行法驱邪"传说，也只有首先承认茅山道教传习雷法这一基本史实，才能对其进行各角度的解读和分析。

实际上，雷法作为宋元道法的整合体，其最重要的来源之一即是上清修道之术。诸家雷法所采用的理论及内炼诀窍、施法手段，多从上清派道术中吸收过来。刘仲宇先生曾撰文论述了雷法以北帝派的炼将、召将之法为中介，接续上清派"徊风混合之道"的相关史实③。以自身元神来"存神""变神"，是清微等诸家雷法的基本特色，它们来自上清派的存思之法，复将之发扬光大。因此，两宋以来神霄、天心的道经中，冠以"上清"之名的雷法所在多有。比如，《道法会元》中卷五十六的"上清玉府大法"、卷一百二十四的"上清雷霆火车五雷大法"等为神霄雷法。至于清微雷法，则更是通过祖师魏华存元君而与上清道法血脉相连。

比如，《清微元降大法》卷二十三载有"上清西灵宏元大法"和"上清玉元西禁崇明大法"，卷二十四载有"上清神烈五雷法"，其实都是早期的清微雷法。从经卷编纂格式上看，皆为先列本法所祭主帅姓名、冠服及相貌等，次列本法所用符章印咒及其用法。如"上清西灵宏元大法"：该法内容先列赵公明主帅并副帅、佐将、上将等一应俱全，要求行法中要以存神、炼神为本，符咒并用。这种方式完全可以看作对上清派经典《上清大洞真经三十九章》以及《黄庭经》中存思术的继承。特别是该

---

① 曾召南：《明清茅山宗寻踪》，《宗教学研究》1997年第4期，第52~53页。
② 李远国：《神霄雷法——道教神霄派沿革与思想》，第329页。
③ 刘仲宇：《五雷正法渊源考论》，《宗教学研究》2001年第3期，第14~21页。

法所收符 61 道，依次主要有"召符、清微原道玉符、泰灵运度玉符、速降符、上清晖照令符、泰清飞禁完令玉符、上清通殷禀命符、上清西禁泓命玉符、上清西灵景育信符、泰玄昏通玉符、上清和合昭运符、上清亶令符、上清飞横烈令符、上清昭令熏命瑶符、上清育炁符、上清神烈芟邪符、皇元地镇策灵符、三炁信香符、上清冲玄策玄洞章、上清神烈元惠洞章、上清神烈景运妙经、天德月德符"等①。以"上清"命名的道符超过半数，可见上清派法术对清微雷法的重要影响。在《道法会元》中，以"上清"冠名的雷法更是不在少数。可以说，在丹法与雷法之中，本身就有上清法的文化基因。因此，宋元上清派面对当时最为兴盛的内丹学与雷法，会产生天然的认同感。清微派秉承上清法脉，并在"合四归一"的旗帜下，更为宏大地整合了雷法。因此，与清微雷法相比，纯粹的茅山上清雷法内容并不多，有记载的法系和雷法高真也较少。从某种程度上说，上清派的雷法一脉已部分地"附体"在清微雷法之中。共为尊奉的祖师，趋同的内炼方法，使得清微雷法成为上清雷法最亲密的盟友。

## 三 清微雷法与正一雷法的贯通：万法归宗的"会道"

关于"正一道"概念的匡范，学界历来都较为模糊。如果把始自张道陵天师的道派称为狭义的"正一道"，那么其与雷法之关系，确实是个重要的学术问题。李远国先生认为："从神霄派的历史渊源而言，它是来自张陵天师道一脉。"②并且指出："天师世家尤其是张继先天师，在促进神霄派的建立和发展中，确实是颇有功劳的。"③毫无疑问，张天师一系在宋元道教雷法盛行的形势下，并没有固步自封，而是积极参与到对雷法的创造和推动中来。关于正一雷法的问题，笔者曾专门赴龙虎山考察，并发表了《天师张继先与龙虎山正一雷法》。该文从史传考辨和思想解析的双重维度出发，梳理了张继先参同诸家学脉，开创龙虎山正一雷法的事迹，并依其著作，对融摄内丹心性学说的正一雷法思想进行了阐释。④

清微雷法的崛起过程，恰好与龙虎山天师被宋元皇室推崇，进而统领"三山

---

① 《道藏》第 4 册，第 264～265 页。
② 李远国：《神霄雷法——道教神霄派沿革与思想》，第 50 页。
③ 李远国：《神霄雷法——道教神霄派沿革与思想》，第 50 页。
④ 王驰：《天师张继光与龙虎山正一雷法》，《世界宗教研究》2012 年第 4 期。

符箓"的过程前后同步；再加上"会四归一"中本身即有"正一"法脉，故清微雷法对龙虎山祖天师还是相当认同的。据清微道经所载，多有以祖天师为主法神真的清微雷法。如《道法会元卷三十六》中的"神捷勒马玄坛大法"，其所列"宗派"即上承"祖师三天教主正一老祖天师真君"及"宗主元上侍宸保仙通化一辉祖元君"①。且其中有召请雷部神将咒曰"吾奉西灵宗主命，上传正一祖师言。急屯兵卫出神霄，听吾号令疾速至。急急如正一老祖天师律令。"②《道法会元卷五十·清微禳年文检品》所载清微雷法祈禳文告中，更有"臣姓某系天师门下某治炁某州某县，今住某处焚修"③的字样。宋末郑所南在《太极祭炼内法序》中述："正一法外，别有清微法雷，名愈数百。"是彼时道教界对正一和清微雷法对待分判的基本认识。

　　无疑，清微雷法与正一雷法均有强烈的"会道"倾向。三十代天师张继先实乃正一雷法之创始者，其《明真破妄章颂》之"万法归一"一首，言及："道生于一复何疑，可以无为可有为。万法本来归一处，何分正一与清微。"④ 这是对正一、清微两派雷法历史及其关系十分重要的一句诗。张继先天师为两宋交替时人，他的诗最少表明，在北宋末即有这两派雷法的存在，且它们一直在并道而行，有着各自的传授。张继先对这两种雷法没有门派之见，认为都可以归宗在"大道"之中。明初以清微高道为主编纂大型道法丛书《道法会元》二百六十八卷，所收雷法以清微、神霄为主，兼及彼时各家宗脉，其意旨更是"会万法以归元"。可见，元末以来道法融合的趋向较之于道派融合更为强烈。以至于，道门中人越来越难以区分其中的"道法边界"。从这个意义上来说，新旧符箓诸派皆归于龙虎山天师府的"万法宗坛"，归于"正一道"的旗帜之下，与其说是一种兼并，不如说是一种汇聚。明以后的野史及各类小说，涉及道教各派雷法，即多以"龙虎山天师府五雷正法"云云名目概括之。笔者2010年赴江西龙虎山天师府考察，问及A道长"神霄、清微各类雷法在当今的流传情况如何？"A道长的回答是："我们天师府是万法宗坛，你说的这些法术都汇合在里面了。"这种当代表达恰恰反映了，明清以来天师府对各家雷法在官方意义上的统率意识。

---

① 《道藏》第29册，第2页。
② 《道藏》第29册，第3页。
③ 《道藏》第29册，第99页。
④ 《道藏》第19册，第850页。

## 四　诸法比较中所见宋元清微雷法的特质与成就

### 1. 会归圆融

清微派在一开始就有"会道"的宗旨，这也是其道派的基本家风。因此，它对于地域化和门户对立的倾向，是非常排斥的。在清微雷法流行的广大区域内，很难说哪座道教名山或宫观就是整个清微派的"本山"和"祖庭"，从而取得茅山之于上清派那样的地位。清微法师对于雷法的施行，具有不随地缘和派系而转易的普遍适应性①。此现象的根源在于：宋元道教雷法的体系，从理论到实践都有了一定的发展，甚至是具有了自家的特色风范。在这个基础上，诸多清微高道能够会归诸家雷法的相通、相合之处，复参合内丹心性宗旨，方得以集雷法之大成。可以说，清微雷法的"会道"，绝非仅仅是口号的宣称，而是真正学理技艺上的圆融贯通。宋元以来，修炼清微法之道士不断呈现出来的开放性特征，即是其成功"会道"的结果。也唯有如此，清微雷法才能向更为高妙的境界进军。

### 2. 自然简易

源起于黄帝、老子的道家学术，其本色即在于自然而然、简朴无华。道教承续了道家的这一本色，在理论和实践中不断地将"自然"与"简易"的精神融合为一。《黄庭内景经》云："至道不繁诀存真。"《老君音诵戒经》认为"烦道不至，至道不烦。"司马承祯《天隐子》也认为"凡学神仙，先知易简"。"简者清，神仙之德也。"宋元雷法兴起后，本是主张内炼外用，但其符文经章也是愈演愈多，甚至走向了繁琐的反面。与此对应，清微雷法则"与诸法不同"，具有自身的鲜明特色。

除了所用符箓、咒语、法印等法术元素的不同外，清微雷法最突出的本怀在于"道法自然"和"大道至简"。《道法会元卷四·清微宗旨》即认为："大抵清微道法出乎自然而然，所以神妙。故祖师云：莫问灵不灵，莫问验不验，信笔扫将去，莫起一切念，是也。"②《道法会元卷十一·都督神符》则有"内诀"谓："一炁周流，会自妙门。出入行炁，存用自然。"③ 以自然之心而自然行道，这是清微派一切雷法确立的总原则。在此基础上，清微宗师们特别强调，清微雷法是简易之雷法。其理论总

---

① 当然，明清以后的清微派，确实面临着与具体的地域文化相碰撞而"被改造"的问题。
② 《道藏》第 28 册，第 691 页。
③ 《道藏》第 28 册，第 726 页。

纲《清微道法枢纽》，开始一句即言："雷法其来尚矣，未有如是至简至易至验者也。"① 即是对此特色最为精练的揭示。赵宜真则特别发扬了清微派注重简易心法的本怀，在《道法会元卷七·祈祷说》里，他明言："清微祈祷，本无登坛……所谓天地大天地，人身小天地，我之心正则天地之心亦正，我之气顺则天地之气亦顺矣。故清微祈祷之妙，造化在吾身中，而不在登坛作用之繁琐也。"② 这些话，就是针对那些将雷法演变成繁琐表演的仪式行为。赵宜真在《玉宸登斋内旨》中复认为，当时的"诸派奏章法中，有用一符，出一官，仍呼某官某服饰，存自某处某窍而出，前后礼念存思咒诀，不胜其繁。"③ 这样的道法繁琐化，恰恰走向了清微雷法本旨的反面。因为清微雷法"其立法初意，只为下学道眼未明，放心不检，故设此以拘其形骸，系其念想，或可感格。奈何后学不究感通之理，竟尔自划，但以宣科念咒、掐诀烧符、令色华音、驰心外想为务，徒以乱其神思，困其肢体。"④ 这样错谬的做法，其结果是"至朝奏之际，精神已昏散矣，尚何望其有所感格哉？岂知朝奏之法，其文在是，其实不在是也。"⑤ 很明显，赵宜真所谓雷法之"实"，乃是天人之间真实的感通，其妙在于人身小天地"元神真性"的开发，从而与大天地沟通起来。故宋元清微雷法的流衍，虽不可避免会出现从简约到繁芜的过程，但断不能因"繁"而失去"简"之真谛。赵宜真并非要彻底否定科仪规程，而是要强调雷法施行的最根本究竟所在。

因此，清微道经反复强调法师要体味"无"的妙用。《清微道法枢纽》谓真正的雷法是"无存想""无造作""无叱喝""无祝赞"。⑥ 这是一种典型的"去巫术化"倾向。所以，有道之士在行法时，往往是"撒手行持、不拘符篆"⑦，此方能展现出清微雷法的真髓。《清微道法枢纽》也认为"雷神往来，倏如飞电……毋事虚文。"⑧《清微神烈秘法·雷奥秘旨》更是指出："不若有为，不落无作，不贵存想，无泥虚文，无祭祀无祷祝。"⑨ 可见，行清微雷法者，以信手凌空画符为高超。此即有不落

---

① 《道藏》第 28 册，第 673 页。
② 《道藏》第 28 册，第 715 页。
③ 《道藏》第 28 册，第 745 页。
④ 《道藏》第 28 册，第 745 页。
⑤ 《道藏》第 28 册，第 745 页。
⑥ 《道藏》第 28 册，第 674 页。
⑦ 《道藏》第 28 册，第 674 页。
⑧ 《道藏》第 28 册，第 675 页。
⑨ 《道藏》第 4 册，第 135 页。

形下束缚的空灵之味道，更重要的是对施法者心性功夫、内丹修为的高深要求。到了这里，雷法似乎走到了一个"否定之否定"的境地：它似乎是摒弃了符箓，但其实是把符箓提升到了无形无为、自然简易的更高境界。在这个背景下来看所谓的"不拘符箓"，才不至于误解为"不要符箓"。清微雷法当然还有相当多的符箓咒诀等内容，"不拘符箓"是方便说法，它需要雷法内炼至一定层次，才能破开有形符箓的束缚，达至无可无不可的境地。

总之，从早期天师道符咒一直到宋元清微雷法，道教法术经历了"由简衍繁，自繁归简"的逻辑发展过程。这其中的思想文化背景，是逐步凸显了作为施"法"主体的"人"的内在修为。而这与宋元以来理学、禅宗的流行，也取得了高度的呼应。一种精神理论或技艺体系的奥秘，须直至层层剥尽，才能见其质朴无华的本来面目。天人间的自然冥合，使得清微雷法能够随时抖落附着在身上的有为增饰与机巧，而直露大道本来的简易妙处。

### 3．心包万法

唐宋的"内在化转向"尽管是有节制的，但其力量之强大，已无孔不入地渗透在道教雷法中。因此，不断脱离外在物质因素的束缚而归于本心，已经成为雷法发展的内在逻辑之路。这一路向，在清微派中体现得最为淋漓尽致。清微宗师们普遍注重"万法由心生"，推崇心性体用的功夫，故对于符箓、咒语、罡诀等法术元素依赖较少。《雷奥秘论》就认为，清微雷法是"明达上人，一闻顿悟"的法门，推崇"五气以一为祖，万法以心为正"[①]，需由慧根明达之士顿超直悟，这与唐宋禅师的思维、体验路数尤其相近。有学者认为："内丹之道与禅宗之禅本有相通之处，在禅宗风行的时代，融摄禅宗、向禅靠拢，成为兼容并蓄传统的道教内丹学发展的必然趋势。"[②]实际上，我们也几乎可以把清微雷法看作宋元道教雷法中的"禅宗"。当然，即如禅宗修行不可能真正地"不立文字"，清微雷法也不可能真正地"不用符箓"。言清微雷法近于禅宗，并非仅是因为其较之其他道教雷法更注重心性的修养和锤炼；进一步看，清微雷法实际上是一种道教式"顿悟文化"的集中代表和体现。因此，清微雷法绝非仅是一套道教法术技艺体系。它在融摄宋元诸雷法的基础上，完成了道教法术从符箓技术到身心性命之学的最终转化，从而成为道教中一门修行证道的生命实践学

---

① 《清微神烈秘法》卷上，《道藏》第4册，第135页。
② 任继愈主编《中国道教史（增订本）》下册，中国社会科学出版社，2001，第620页。

问。清微雷法的境界，实际上也就是道教学问之功夫境界。此境界并非单纯的精神道德修养，而是以从心理到生理的一系列变化为基础，从而生发出来的生命境界。这与内丹学的修道境界，其原理是相通的。

总之，清微雷法将宋元诸家雷法之长处汲取于一身，提炼升华，故具有"圆融自然、以简驭繁"的开放性特色，这在其教义思想与功夫修持中表现无遗。举凡一门学问、一种技艺，只有在真正发达和成熟之后，才能进入"返朴归真"的高妙境界。最简单的心法，正可以包含最繁奥的内容；最圆融的道法，也必呈现为最简易的形式——清微雷法无疑就是这样一种道法系统。西汉司马谈在《论六家要旨》中，对道家的推崇之辞是"旨约而易操，事少而功多"，这是对上古以来道学精神的高度提炼。清微雷法正是契应了道学的这个根本精神，故能由至平易而臻于至神妙。

# 道教法箓的神学基础及其传授史论略

张兴发

---

**内容摘要**：法箓是道士入道、修道，乃至实现修道成仙的凭证。自张道陵建立道教教团，以授受法箓为吸纳信徒、传授道法的方法起，道教逐渐形成了龙虎山、阁皂山和茅山三山符箓和授箓的四大宗坛，各大宗坛联系各门教派，借鉴张道陵的授箓方法，建立了各具特色的自身法箓授受体系，使道教法箓具有了丰富的宗教文化内涵和宗教神学意义。

**关键词**：法箓 法箓神学 法箓传授 三山符箓

**作者简介**：张兴发，中国人民大学哲学院宗教学2017级在读博士研究生。

---

法箓在道教中又有符箓、宝箓、秘箓等称呼，是道教正一派赖以存在的法宝和传承的媒介。揭开法箓神秘的面纱，对于研究道教授箓（即传授法箓或授受法箓）有着十分重要的意义，它一方面可以弄清法箓的由来，一方面又可以看清法箓的文化价值，还可以发现法箓的神学理论基础。目前对于道教法箓的研究比较贴切本论题的大致可分为：综合性研究、专题性研究和仪式性研究。

综合性研究即对授箓制度的研究。如张继禹著《天师道史略》，在第四章"明清天师道兴盛和式微"第五节"天师道的斋醮与符箓"[①]和附录二"天师正一道经箓义理略论"[②]中对授箓的目的、意义和历史进行了阐释。赵亮、负信常、张凤林著《苏州道教史略》，论述了清代授箓与江南道教史中的著名人物施道渊对授箓的重要贡献。[③] 兴发的《正一授箓常识》[④]，文章从道教授箓历史出发，对授箓源流、箓品、

---

① 张继禹：《天师道史略》，华文出版社，1990，第150~160页。
② 张继禹：《天师道史略》，第216~234页。
③ 赵亮、负信常、张凤林：《苏州道教史略》，华文出版社，1994，第94~100页。
④ 兴发：《正一授箓常识》，《中国道教》1996年第1期，第35~37页。

箓阶、择日、箓坛、箓义、字辈等进行了介绍，可谓中国大陆恢复授箓活动以来首次介绍授箓的文章。张金涛主编《中国龙虎山天师道》，在第六章"天师道的符箓与斋醮"第二节"箓"①和第九章"天师道的传承与授箓"第三节"天师道的授箓与传度"②中，对箓的本义、种类、内容、制箓、填箓、授箓等进行了大致的介绍。刘仲宇教授著《道教授箓制度研究》，以历史为线索，厘清了授箓的渊源、演变和融合，对授箓的仪式按照当前龙虎山授箓的事实进行了叙述，并从道教修炼和方术的角度出发，对授箓的内涵和外延加以讨论，不失为当前道教授箓研究的一部力作。中国道教协会副会长袁志鸿道长的《道教正一派授箓与全真派传戒之比较研究》③，论证了道教徒要求授箓的深层意识和授箓制度的形成以及与全真派传戒之比较。钟国发著《陶弘景评传》，在"附编"之《寇谦之评传》和《陆修静评传》④中，详细考证了寇谦之和陆修静改革道教授箓仪的相关规定，如取消不经过正规公开的仪式授箓于子女，要求简贤授明；取消符信，即授箓时奉献给箓坛和箓师的财物；要求授箓时要给箓生受戒，并要求设立箓位职级制，严格要求从低到高进行授受。丁常云的《授箓的启示与思考》⑤，对箓的目的和意义提出了进一步的认识，对授箓后的努力方向提出了进一步的思考。张泽洪的《道教灵宝派授箓论略》⑥，认为道教三山符箓中的灵宝授箓，充分体现了灵宝派的教义思想，灵宝经戒法箓具有济世度人的功能，历史上道士有参受正一、灵宝、上清法箓的传统，阁皂山灵宝派的元始宗坛授箓，是灵宝派道法传授系统的象征。

专题性研究即对授箓文献的研究。如陈国符的《道藏源流考》，在附录四"南北朝天师道考长编"列"授箓第六"⑦。尽管此项研究在这本书中不是重点，但是这是首次对授箓研究专门列名，并且对于授箓仪轨考证得非常细致，如他已经注意到了《道藏》中收录的《太上正一盟威妙箓》和《太上三五正一盟威箓》是同一法箓，只是笔画和箓中吏兵稍有不同而已。⑧日本学者大渊忍尔在研究敦煌道经时，考证了

---

① 张金涛主编《中国龙虎山天师道》，江西人民出版社，2000，第105~108页。
② 张金涛主编《中国龙虎山天师道》，第167~174页。
③ 袁志鸿：《道教正一派授箓与全真派传戒之比较研究》，《世界宗教研究》2003年第4期，第79~92页。
④ 钟国发：《陶弘景评传》，南京大学出版社，2005，第439~638页。
⑤ 丁常云：《授箓的启示与思考》，《中国道教》2007年第1期，第45~46页。
⑥ 张泽洪：《道教灵宝派授箓论略》，《世界宗教研究》2010年第4期，第85~92页。
⑦ 陈国符：《道藏源流考》，中华书局，2012，第351~360页。
⑧ 陈国符：《道藏源流考》，第348页。

《太上正一度仙灵箓仪》《陶公传授仪》《三洞奉道科戒仪范》等授箓仪轨，收录于《敦煌道经——目录篇》。台湾成功大学丁煌的《〈正一大黄预修延寿经箓〉初研》①，文中首次披露了道教法箓原件，虽然只有文字，没有图形，但是对于研究法箓具有很好的启迪意义。杨世华的《茅山上清派授箓程序初探》②对茅山上清派的授箓内容和程序进行了探讨。吕鹏志的《天师道授箓科仪——敦煌写本S203考论》③对"太上正一度仙灵箓仪"进行了深入的研究。易宏的《六朝隋唐道教科仪研究——以敦煌文献为中心》④，文中论述了敦煌道经中所见到的授箓仪。谢聪辉的《正一经箓初探——以台湾与福建南安所见为主》⑤，论文以目前台湾道教传度奏职仪式调查与道坛保存的老抄本所见，道士们虽仍运用内部传承的《天坛玉格》一类资料授予太上三五都功（或进职正一盟威、三洞五雷）道职，诸多正一经箓名称也仍然被保存于相关抄本中，但在仪式中并没有实质相应的整宗正一经箓传授这一现象为基础，考证了目前掌握的台湾正一经箓史料，检讨了相关研究的同时，重构了白玉荷、曾演教、吴玉典的传授谱系，接着借由江西、湖南、南安与天府的正一经箓资料与相关科仪抄本，将其中的太上三五都功与正一盟威经箓重新辨识、分类与比较，并析论其中所呈现的物质与意义，最后讨论了正一经箓传授中的请箓、填箓、封箓、授箓、安箓与缴箓等重要词汇及其仪礼内涵。梅盛的《正一道授箓的新发现》⑥，依据从江西修水县收集到的有关授箓的绝密手稿，对从五十九代天师至六十三代天师时期所授箓的结构、箓的填写做出较全面的介绍与分析，通过对恩师口传的修水本境民间授箓仪式的记述，以及该仪式与龙虎山授箓仪式的比对，将增进人们对正一道授箓制度的认识。陈雅岚的《正一派道士授箓仪式的程式与术语》⑦，基于中国道教协会第九次全国代表会议通过修订的《关于正一派道士授箓的规定》和民间道坛保存的《天坛玉格》老抄本，阐述了正一派道士授箓仪式的程序：请箓、制箓、填箓、封箓、安箓和缴

---

① 丁煌：《〈正一大黄预修延寿经箓〉初研》，《道教学探索》1994年第8号，第373~430页，1995年第9号，第199~380页，1997年第10号，第342~362页。
② 杨世华：《茅山上清派授箓程序初探》，《宗教学研究》2002年第1期，第19~23页。
③ 吕鹏志：《天师道授箓科仪——敦煌写本S203考论》，《中央研究院语言研究所集刊》第77本第1分册，2004年3月，第79~166页。
④ 易宏：《六朝隋唐道教科仪研究——以敦煌文献为中心》，中国社会科学院研究生院博士论文，中国社会科学院，2009。
⑤ 谢聪辉：《正一经箓初探——以台湾与福建南安所见为主》，《道教研究学报》第5期，第168页。
⑥ 梅盛：《正一道授箓的新发现》，作者提供，未刊稿。
⑦ 陈雅岚：《正一派道士授箓仪式的程式与术语》，《中国道教》2015年第5期，第41~42页。

箓。吕鹏志的《赣西北发现的天师经箓》①，在调查赣西北现存道教仪式的过程中，意外地发现修水县正一派伙居道士戴祥柳道长不仅收藏大批称为"天师经箓"的正一箓，而且这些箓在实际传行，于是结合田野调查和文献记载，全面介绍和论述了这批罕见的天师经箓，主要内容包括发现经过、戴祥柳生平履历和与天师经箓的来源、天师经箓的名称与种类、天师经箓的内容和形式、戴祥柳主持的授箓法事、天师经箓的研究价值等。

仪式性研究即对授箓科仪的研究。如卢国龙、汪桂平著《道教科仪研究》，从斋醮科仪的角度考察了道教的授箓仪，如箓坛的设立规制、箓师的法服与箓生的坛服以及授箓仪轨书籍的介绍。②张泽洪教授著《道教礼仪学》，在第十章"道教传度的授箓传戒仪式"③中，对授箓的仪格和仪式进行了大致的研究，内容较为丰富。吕鹏志著《唐前道教仪式史纲》，在第二章"教团道教仪式的滥觞——东汉天师道仪式"④、第六章"东晋南朝时期天师道对南方方士仪式的影响"⑤、第七章"东晋末刘宋初融摄天师、佛教和方士传统的灵宝科仪"⑥、第十章"东晋南朝时期南方天师道及期仪式"⑦中，对道教在不同历史时期的仪式运用和转化情况进行了论证，尤其是第十章中详细阐释了《授箓仪》和《登坛告盟仪》。蓝松炎、吕鹏志编著的"道教仪式丛书"中的《江西省铜鼓县棋坪镇显应雷坛道教科仪》⑧，以江西铜鼓显应雷坛授箓科仪本为基础，还原了整个授箓仪式的过程，对主持授箓的法师来讲，具有很强的操作性。

以上是教界和学界与本研究论题较为相近的研究资料，早期的文章大多从历史的角度，本着介绍授箓常识的目的，说明授箓的目的和意义；近期的文章开始涉及授箓的仪式，但是仍停留在知识性介绍表层，要么只有名词符号，要么就是道场科仪经本，要么就是当前使用的授箓道场法事流程，而对法箓的神学意义和传承这一具体问

---

① 吕鹏志：《赣西北发现的天师经箓》，《世界宗教研究》2015年第3期，第89~103页。
② 卢国龙、汪桂平：《道教科仪研究》，方志出版社，2009，第3~141页。
③ 张泽洪：《道教礼仪学》，厦门朝天宫"道学教材丛书"之二，詹石窗、郭汉文主编，宗教文化出版社，2012，第212~236页。
④ 吕鹏志：《唐前道教仪式史纲》，中华书局，2012，第11~31页。
⑤ 吕鹏志：《唐前道教仪式史纲》，第99~212页。
⑥ 吕鹏志：《唐前道教仪式史纲》，第122~173页。
⑦ 吕鹏志：《唐前道教仪式史纲》，第193~232页。
⑧ 戴礼辉口述，蓝松炎、吕鹏志编著《江西省铜鼓县棋坪镇显应雷坛道教科仪》，新文丰出版公司、香港黄大仙啬色园，2015，第53~462页。

题没有进行深入系统的研究并提出学术思考，因而显示了本论文将要研究的论题的重要性和必要性，这有助于教界真正理解授箓的目标和过程，也有助于学界了解道教授箓这一神圣又神秘的仪式的内涵和学术意义，进而为当代道教界举行授箓这一重大教务活动提供内容参考。

因此，本论文除了要借鉴上述研究成果外，还要利用《道藏》中关于法箓传授的记载，比如《正一法文法箓部仪》《正一法文太上外箓部仪》《陆先生道门科略》《灵宝洞玄奉道科诫营始》《正一修真略仪》《三洞修道仪》《传授三洞经戒法箓略说》《正乙天坛玉格》等，这是对于原始资料的考察。同时还要做一些实际的田野调查，收集利用当前龙虎山天师府整理出来的《正一天师科书》《正一授箓经教集》《太一三五都功经箓》《太上三五正一盟威箓》及江西修水戴祥柳、戴礼辉等传承的授箓科仪。在此基础上结合中国道教协会关于授箓的会议内容，提出一些建设性的建议。

## 一 总论法箓

道经《正一修真略仪》曰："箓者，太上神真之灵文，九天众圣之秘言，将以检劾三界官属，御运元元，统握群品。鉴鹭罪福，考明功过，善恶轻重，纪于简籍，校诚宣示之文。"① 凡正一门中学道之士，莫不须依师参受法箓，以为进道之梯航，全其功行，诚如《正一修真略仪》所曰："巍巍功德，莫不由修奉三洞真经、金书宝箓，为之津要也。"② 这是说明法箓是道教神灵秘密传授的语言和被写下的带有灵气的文字，可以用来检验神仙的灵性和人的善恶功过，以此来断明人是否获罪或是得福，凡是正一门下的道士均要从神明处获得法箓来作为成仙得道的门径。

（一）法箓本体

既然法箓由天授神降，那么法箓究竟是何等神物呢？《洞玄灵宝玄门大义》说：箓是按照条例说明神明的位次、名讳、八景及内音，然后将受箓者的名号与之对应，以求护佑的凭证。③ 正如刘仲宇教授所言，箓是受箓入道者（下言箓生）"获得道教

---

① 《道藏》第32册，文物出版社、上海书店、天津古籍出版社联合出版，1988，第175页。
② 《道藏》第32册，第175页。
③ 《道藏》第24册，第738页。

教团成员身份的凭证，箓上的吏兵，主要在于归其调动或护身护法，既授之后乃终生奉佩。"① 箓生"一旦受了箓，便在神仙世界占定了一个位置，天神授予了他指挥部分天兵天将的权利，也有了保护自己并经过修行进入仙界的证明"②。

《正一修真略仪》曰："神符宝箓，其出自然，故于元始赤明浩劫之初、浑茫之际，空中自结飞玄妙气，成龙篆之章，乃元始神尊化灵应气然也。是以生天立地，万化明分，皆因道气与灵文也。"③ 真文、灵符亦是箓的另一种核心内容，刘仲宇教授考其本源："起于汉代谶纬之风，本为帝王奉天承命之象征。"④ 道教法箓的概念与此相似，箓生受得法箓之后，也便拥有了正式的神职，以及代天宣化的"天命"。

由此所见，法箓大抵分为两种：刊载天神官君将吏之名的"名册"；写有真文灵符的"符图"。不论是官君将吏还是真文灵符，他们的本质都是一样的，即由道炁所化成，在授箓的过程中，祂们以道炁之形式注入箓生身中，平日则翊卫身形，举行法事则由身中召出或写出，依法施用。即所谓："太上十方正真生炁下降流入身中，令人灵台莹彻，惠日通明，心华开悟，与道合真。"⑤ 总而言之，法箓之本体即为"道炁"，法箓之授受便是道炁之授受。

## （二）文化综述

至于法箓的来源，刘仲宇教授认为，一是受到了汉代谶纬神学的启示，二是对古代军队编制结构的模仿。⑥ 然而从道教本身而言，与自身发展需要有着很大的关系。据《三天内解经》记载说："太上谓世人不畏真正而畏邪鬼，因自号为新出老君。即拜张为太玄都正一平气三天之师，付张正一盟威之道，新出老君之制，罢废六天三道时事，平正三天，洗除浮华，纳朴还真，承受太上真经。制科律积一十六年，到永寿三年岁在丁酉，与汉帝朝臣以白马血为盟，丹书铁券为信，与天地水三官、太岁将军共约：永用三天正法，不得禁固天民。民不妄淫祀他鬼神，使鬼不饮食，师不受钱，不得淫盗，治病疗疾，不得饮酒食肉。民人唯听五腊吉日祠家亲宗祖父母，二月八月祠祀社灶。"⑦

---

① 刘仲宇：《道教授箓制度研究》，中国社会科学出版社，2014，第12页。
② 刘仲宇：《符箓平话》，宗教文化出版社，2013，第44页。
③ 《道藏》第32册，第175页。
④ 刘仲宇：《道教授箓制度研究》，第33页。
⑤ 上海正一派道教《发符科仪》之《默启师文》。
⑥ 刘仲宇：《道教授箓制度研究》，第33~36页。
⑦ 《道藏》第28册，第414页。

另《太上正一盟威法箓》所收《太上一官童子箓》中亦有此类的文字记载，内容基本与上文重叠，可以说是天师道（至迟到六朝）的根本教条：老君废弃了以往六天之道，将三天正法传授与天师，即不妄淫祀他鬼神、以五腊日祭祀祖宗、二月八月祭祀土地灶神。天师以立盟的方式与三官、太岁等神共同约定，永远尊奉。在道民初入道的《童子箓》的授受中，这一段重要的盟约内容被重提，作为加入天师道的誓词，誓词说："一旦违犯，坐见中伤，不得怨道咎师，一如律令。"① 又《祭酒张普碑》曰："定召祭酒张普，萌（盟）生赵广、王盛、黄长、杨宗等，谕授微经十二卷。祭酒约：施天师道法无极耳。"② 可知东汉末年，天师道的确已经以盟、约作为授受仪式的核心了。

据《礼记·曲礼下》说："约信曰誓，莅牲曰盟。"③《周礼·春官·诅祝》曰："作盟诅之载辞，以叙国之信用，以质邦国之剂信。"④ 郑玄注曰："盟诅主于要誓。大事曰盟，小事曰诅。"⑤《说文解字》说："盟，《周礼》曰：'国有疑则盟，诸侯再相与会，十二岁一盟。北面诏天之司慎司命，歃血，朱盘玉敦，以立牛耳，从囧，皿声。"⑥ 盟誓是古时人与人之间为立契约而在神前所立之誓言，誓言中包含了如果违背誓言愿遭神谴的内容，以此作为具有力量的约束。据《周礼·春官·典命》说："凡诸侯之适子，誓于天子，摄其君，则下其君之礼一等，未誓，则以皮帛继子男。"⑦ 此即天子以盟的形式对诸侯世子进行册命，这是天子正式册封诸侯前的一种仪式；由此推测：只有曾经与天子盟誓过的世子，才有可能正式册命为诸侯。再据《周礼·秋官·司盟》记载曰："掌盟载之法。凡邦国有疑会同，则掌其盟约之载及其礼仪，北面诏明神，既盟，则贰之。……凡盟诅，各以其地域之众庶，共其牲而致焉；既盟，则为司盟共祈酒脯。"⑧ 郑玄注曰："载，盟辞也，盟者书其辞于策，杀牲取血，坎其牲，加书于上而埋之，谓之载书。"⑨ 也就是说，凡是立盟誓，要将盟誓

---

① 《道藏》第 28 册，第 466 页。
② 陈垣编纂，陈智超、曾庆瑛校补《道家金石略》，文物出版社，1988，第 4 页。
③ 杨天宇译注《礼记译注》，上海古籍出版社，1997，第 58 页。
④ 吕友仁译注《周礼译注》，中州古籍出版社，2004，第 331 页。
⑤ （汉）郑玄注，（唐）贾公彦疏，十三经注疏整理委员会整理：《周礼注疏（十三经注疏）》，北京大学出版社，2000，第 807 页。
⑥ （汉）许慎撰，（清）段玉裁注《说文解字注》，上海古籍出版社，1981，第 569 页。
⑦ 吕友仁译注《周礼译注》，第 274 页。
⑧ 吕友仁译注《周礼译注》，第 480 页。
⑨ （汉）郑玄注，（唐）贾公彦疏，十三经注疏整理委员会整理：《周礼注疏（十三经注疏）》，第 1114 页。

的内容写于"策"(册)上,位置"载书"亦称"盟书",载书需要抄写多份,凡参与者各执一份藏于盟府,其中一份在宰牲歃血之后,连通牺牲一起埋入预先挖好的土坑中。1965年山西侯马发掘出了大量春秋末期晋国的盟书,从考古实物上证明了文献对于古代盟誓的记载。

山西侯马出土的晋国盟书

陈梦家先生总结:"载书是天子与诸侯、诸侯之间、诸侯与大夫之间的约束文书,亦即条约。天子与诸侯的命书与载书是构成古代公文档案的两大组成部分。"[①] 祖天师在巴蜀创教伊始,便继承了这一种盟誓的传统,以与神建立盟约的方式确立了天师道最根本的信仰教条及科律,凡是入道的道民,也必然需要遵守盟约及科律,盟誓也因此成了授箓的必要前行条件,这也就是为什么在《童子箓》中会出现相应的盟誓内容。

因为天师与三官等神的盟誓已经建立,后继箓生在仪式中只需要重申遵守老君所授的盟约科律,而不需要再次举行建立盟誓的仪式,故正一一系的法箓授受仪式中,并没有再次建立盟誓的仪式成分。但以真文符图为箓授受的江南灵宝一系,为了防止

---

① 陈梦家:《东周盟世与出土载书》,《考古》1996年第5期,第278~279页。

轻泄天机，箓生则需要通过师与神进行盟誓。写有盟辞的文书称为盟文，后来演化为授箓文书中的请法词。对此唐张万福解释说："义曰：盟，明也。彼此未信，对神以相明也。神者无形，官冥不测，莫睹其端。若违盟约，必致殃考，是其验耳。……义曰：誓，制也。以言契心，告神盟也。而自制其情，欲不使放逸，期于会道耳。"① 由此可见，道教之盟誓是对夏、商、周盟誓的继承。对于"盟"，张万福还说："盟即灵宝初、中、大等是也。"② 总的看来，正一一系法箓授受，不须单独立盟，但沿袭灵宝传统的上清一系仍存有立盟之传统。

箓的授予即是神权的授予，在正一一系的法箓授受中，箓生获得祭酒的称号、自己所属的官君将吏并在名义上获得封地——天师二十四治炁，这充分体现了天师道早期政教合一的特征，并从另一角度说明了授箓的另一个源头"册命"。如上文所引《周礼》，诸侯世子需要与天子盟誓，之后才被命为诸侯。同盟书一样，天子对于诸侯的"王命"被写于"策"（册）上，并被复制两份，天子与诸侯各执一份，成为契约，这种合同的形式为后来的授箓系统所继承。另外，从字面含义来看，"策"寓意一束竹简，而"箓"则寓意在竹简上记录文字，根本性质非常接近。《说文解字》说："册，符命也。诸侯进受于王者也。象其札一长一短，中有两篇之形。凡册之属皆从册，（竹册）古文册，从竹。"③ 可见，授箓是对周礼中"册封"概念的转换。天子以"册"来分封贵族，册中记录贵族的属地、官职、权利等。"箓"是记录天师道祭酒权属"兵将"、权限的名册。天师道以"箓"来任命祭酒，箓中言明祭酒所管理之治、炁、官将。盟誓是授箓的先决条件，自愿遵守祖天师盟誓，甘受天律刑宪者，堪为祭酒，由此获得老君所赋予的神权。综上所论，作为道教神职给予的法箓传授在本质上分别秉承了华夏文明自三代以来的"盟誓"与"册命"两个重要的宗教仪式概念。

## 二　道教法箓的神学基础及其意义

### （一）法箓的神学基础

法箓的神学基础主要表现在天降和神授两个方面。

---

① （唐）张万福：《传授三洞经戒法箓略说》，《道藏》第32册，第196页。
② （唐）张万福：《传授三洞经戒法箓略说》，《道藏》第32册，第196页。
③ （汉）许慎撰，（清）段玉裁注《说文解字注》，上海古籍出版社，1981，第173页。

至于天降，《周礼·天官·职币》曰："皆辨其物而奠其录。"① 唐贾公彦疏曰："谓定其所录簿书。"② 说明录本指记录鬼神的册子。到了战国末期，录开始以图的形式出现，被认为是神灵降录给人类的图谶符命。据《淮南子·人间训》称："秦皇挟录图，见其传曰：亡秦者胡也。"③ 说秦始皇得到了天降的录图，表示将来致使秦朝灭亡的是胡，不过秦始皇最终还是没有看明白，错把胡当成了胡人匈奴，不知道是二世胡亥。汉代张衡《东京赋》曰："高祖应箓受图，顺天行诛。"④ 这里录图演变成了箓图，说明箓与录是同一个意思，是说汉高祖刘邦接受了天命，顺从天命消灭了秦兵，同时灭亡了项羽等军阀部队。南朝齐文学家王融《永明十一年策秀才文五首》曰："朕秉箓御天，握枢临极。"⑤ 唐代知名学者李善注曰："《尚书旋玑钤》曰：河图命纪。图，天地帝王终始存亡之期，录代之矩。箓与录同也。"⑥ 这里明确了箓与录是同一个意思，都是天降的预言天地存亡、帝王兴衰、记录在册的图文。汉代纬书《春秋元命苞》亦曰："五德之运，各象其类，兴亡之名，应箓以次相代。宋均曰：运，箓运也。"⑦

至于神授，道教早期经典《太平经·分别四治法第七十九》说："神仙之录在北极，相连昆仑。昆仑之墟有真人，上下有常。真人主有录籍之人，姓名相次，高明得高，中得中，下得下，殊无搏颊乞丐者。"⑧ 这里十分明确地说明了神仙之处有录，专门记录人类的姓名。到了张道陵建立道教教团——正一盟威之道时，即宣称法箓由"太上"所传授。唐代道士编集《赤松子章历》卷一曰："谨按《太真科》及《赤松子历》，汉代人鬼交杂，精邪遍行，太上垂慈，下降鹤鸣山，授张天师正一盟威符箓一百二十阶，及千二百仪，三百大章，法文秘要，救治人物。天师遂迁二十四治，敷行正一章符，领户化民，广行阴德。"⑨《留侯天师世家宗谱》："汉安元年，正月十五日，感太上驾五白龙，降鹤鸣山，授以三五都功诸品经箓，阳平治都功印一，立二

---

① 吕友仁译注《周礼译注》，第91页。
② （汉）郑玄注，（唐）贾公彦疏，十三经注疏整理委员会整理：《周礼注疏（十三经注疏）》，第200页。
③ （西汉）刘安等著，许匡一译注《淮南子全译》，贵州人民出版社，1993，第1105页。
④ 高步瀛著，曹道衡、沈玉成点校《文选李注义疏》，中华书局，1985，第509页。
⑤ （南朝梁）萧统编，（唐）李善注《文选》，中华书局，1977，第510页。
⑥ （南朝梁）萧统编，（唐）李善注《文选》，中华书局，1977，第510页。
⑦ 安居香山、中村璋八辑《纬书集成》（中），河北人民出版，1994，第623页。
⑧ 王明：《太平经合校》，中华书局，1960，第583页。
⑨ 《道藏》第11册，第173页。

十四治以象二十四炁,后增四治,以应二十八宿。"① 从道教的角度上看,法箓是先天存在的,由神仙所拥有并由神仙传授给道教道行高深的祖师。

### (二)法箓的神学意义

法箓产生以后,首先将神、仙、人紧密地联系到一起,稳固了道教信仰的基础。人要致道成仙,必须要从神仙处得到法箓,在法箓的庇护之下,名录仙籍,身登仙界,这使得法箓成了沟通仙、凡二界的媒介。

其次,法箓维系了教团的存在与发展。道教教团通过法箓的传授树立了教团的威信,稳定了教团的发展。教团有了法箓就有了神圣性,就像现在某些佛教寺庙中有了佛指舍利一样光荣;教团有了法箓就了经济基础,因为得授法箓的弟子要缴纳一定的法信(财物);教团有了法箓就了传承,传授法箓的同时传度了弟子。

最后,法箓加强了道教的凝聚力。通过法箓的授受活动,拥有共同信仰的人聚集在一起,接受神的洗礼,共同净化心灵,不仅可以端正道风,促进信仰,还可以充分地凝聚力量。

## 三 道教法箓传授史综论

道教完整的授箓系统见于南北朝《无上秘要》中,刘宋陆修静、李唐张万福有完善之。现存最完整的授箓科仪为唐末杜光庭所编订的《太上三洞传授道德经紫虚箓拜表仪》,然而最早的授箓活动则是从道教张道陵天师开始的。

### (一)正一派授箓史论略

东汉顺帝时,约在公元126~144年间,张道陵在今天的四川大邑县鹤鸣山得太上老君降授正一盟威符箓,创立道教教团,名称"正一盟威之道"。上文已提到《太真科》《赤松子章历》《留侯天师世家宗谱》等书中记载,汉代由于信仰成分复杂,各种邪伪学说盛行,所以太上老君怜悯天下大众苦难,在汉安元年(142)正月十五日,骑着白龙飞降到鹤鸣山,传给张道陵天师三五都功诸品经箓、正一盟威符箓一百

---

① 《龙虎山志》编纂委员会、龙虎山风景旅游区管理委员会、鹰潭市炎黄文化研究会合编《龙虎山志》,江西出版集团、江西科学技术出版社,2007,第161页。

二十阶、千二百官仪、三百大章、法文秘要、阳平治都功印一枚，张道陵于是在四川设立二十四治以象二十四炁，传布正一章符，领户化民，广行阴德，后来又增加四治成为二十八治，以应二十八宿。① 陈国符先生认为："此箓盖出自张陵，依托太上。"② 陈国符先生的观点不是没有依据。道教法箓授受之起源，公认始自祖天师张道陵，由于早期文献存世较少，故祖天师授箓之风貌已难以描摹。刘仲宇教授根据《正一法文法箓部仪》《正一法文太上外箓部仪》等经文认为，法箓授受的制度明确定型于正一第三代系师张镇南之时。如《正一法文经章官品》卷一《录·祭酒求录》载："毕女君一人，官将一百二十人，治仙室，主祭酒犯录上禁忌，饮酒食肉，行轻重于民间，奸淫通之罪，皆使无它。"③ 箓可用移徙，吏主营某家男女釜灶六畜移徙出宅，开通无它，却十二辰禁忌。此后三皇、灵宝诸系法箓，皆以正一法箓为基础，次第降授。

天师一系的法箓传至张鲁时，随着张鲁降曹南迁，天师门下的法箓传授出现了混乱的局面，于是北朝的寇谦之对道教授箓仪轨进行了有效的改革。

据《魏书·释老志》记载：寇谦之早年好仙道，有绝俗之心，少修张鲁之术，服食饵药。后遇仙人成公兴，带领谦之先后到华山、嵩山修道，隐居石室，采药服食。公元415年，即神瑞二年，太上老君亲降嵩山，授与天师之位，赐与《云中音诵新科之诫》20卷，令寇谦之"宣吾新科，清整道教，除去三张伪法，租米钱税及男女合气之术，大道清虚，岂有斯事！专以礼度为首，而加以服食闭炼"④。公元423年，即泰常八年，又有牧土上师李谱文来临嵩山，自称老君玄孙，赐与《天中三真太文录》，使其能够劾召百神，以教授弟子。又授《录图真经》60余卷，讲述坛位礼拜、衣冠仪式。并命其转佐"北方太平真君"⑤。公元424年，寇谦之将上述经书献给魏太武帝，得到了太武帝的欣赏，全力支持他对道教授箓仪轨进行改革。

第一，要求治箓按照一定的规矩来，切不可贪高喜多。《老君音诵诫经》说："男女官受治箓，天官叩章，顺诫之人，万邪不惑，当喻如生官臣使。夫有职之人，

---

① 《龙虎山志》编纂委员会、龙虎山风景旅游区管理委员会、鹰潭市炎黄文化研究会合编《龙虎山志》，第161页。
② 陈国符：《道藏源流考》，第348页。
③ 《道藏》第28册，第540页。
④ 《魏书》卷一百一十四《释老志》，中国道教协会研究室编《道教史资料》，上海古籍出版社，1991，第140页。
⑤ 《魏书》卷一百一十四《释老志》，第140页。

道民岂能欺犯者乎？道官祭酒愚暗相传，自署治箓，为请佩千部将军吏兵相惑乱。请之伪吏兵卫护，尽皆无有。正可常佩受署某官而已。通神得道之人，遇值仙官。诸受职箓者，不得五人三人吏兵给吏。然地上遇人自署相仿，何可能有此百千万重将军吏兵管护哉？从今以去，故时为事，未复承用。明慎奉行如律令！"① 就是男女道士授受法箓，应该像朝廷当官任职一样循规蹈矩，不能贪图位高权重。对于私自立坛制箓授受，随意加大箓上吏兵将军，扰乱治箓，迷惑受箓者的行为"从今以去……未复承用"②。

第二，要求取消自署治箓符契进行授受的行为。寇谦之借太上老君的口吻说："从系天师升仙以来，旷官置职，道荒人浊，后人诸官愚暗相传，自署治箓符契，气候倒错，不可承推。吾本授二十四治，上应二十八宿，下应阴阳二十四气，授精进祭酒，化领民户。道陵演出道法，初在蜀土一州之教。板署男女道官，因山川土地郡县，按吾治官靖庐亭宅，与吾共同领化民户，劝恶为善。阳平山名上配角宿，余山等同，而后人道官不达幽冥情状，故用蜀土盟法板署治职，敕令文曰：'今补某乙鹤鸣山云台治权时箓署治气职，领化民户，质对治官文书，须世太平，遣还本治。'而九州土地之神，章表文书，皆由土地治官真神而得上达。有今闻道官章表时请召蜀土治宅君吏他方土地之神，此则天永地福，人鬼胡越。吾本下宿舍治号令之名，领化民户，道陵立山川土地宅治之名耳，岂有须太平遣还本治者乎？从今以后，诸州县男女有佩职箓者，尽各诣师改宅治气，按今新科，但还宿官称治为职号，受二十四治中化契令者，发号言'补甲乙正中官气角宿治'，以亢宿、氐宿、房宿，二十八宿法。上章时直言'臣'而不得称真人。若灵箓外官不得称治号，其蜀土宅治之号勿复承用。若系天师遗胤子孙在世，精循治教领民化者，不得信用诸官祭酒，为法律。上章时不得单称系天师位号，当号名，与诸官同等。明慎奉行如律令。"③ 对于个人立署授受符箓，或某个教团独专治箓符契的行为，应该革除，不可承推。

第三，要求清纯法箓内容，剔除某些不该要的箓契，如黄赤经契。《老君音诵诫经》说："吾诵诫断改黄赤，更修清异之法，与道同功。其男女官箓生佩契黄赤者，从今诫之后，佩者不吉。"④ 这说明寇谦之已经认识到传男女合气之术对道教发展不

---

① 《道藏》第18册，第213页。
② 《道藏》第18册，第213页。
③ 《道藏》第18册，第216页。
④ 《道藏》第18册，第216页。

利,所以主张革去黄赤之道,以求道团健康发展。

除却上述三种传授法箓的弊端后,寇谦之认为:"《文录》有五等,一曰阴阳太官,二曰正府真官,三曰正房真官,四曰宿宫散官,五曰并进录生。坛位、礼拜、衣冠仪式各有差品。……出天宫静轮之法,则起真仙矣。又地上生民,末劫垂至,其中行教甚难。但令男女立坛宇,朝夕礼拜,若家有严君,功及上世。其中能修身炼药,学长生之术,即为真君种民。"① 这里寇谦之将箓分成太官、府真官、房真官、散官、录生五等,必须按照相应的坛、礼、冠仪进行迁授。

对寇谦之道教授箓仪轨的改革,太武帝十分满意,遂起天师道场于京城之东南,重坛五层,遵其所献《录图真经》之制。并遵寇谦之奏请,于公元440年改为太平真君元年。公元442年,即太平真君三年,魏太武帝更亲至道坛,受道教符录,备法驾旗帜皆青,以从道家之色。自后诸帝即位,皆如此,使道教变成朝廷的御用宗教。从此,北方道教摆脱了民间的阴影,上升到官方正统道教的地位,显盛于北朝。

## (二)灵宝派授箓史论略

灵宝派的法箓传授肇始于三国著名高道葛仙公葛玄,对此四川大学张泽洪教授有着详细研究,② 大致情况是,金元道士赵道一《历世真仙体道通鉴》卷二十三《葛仙公》载葛玄在阁皂山告诫弟子:"其于诸品符箓、洞真、洞玄、洞神真经等,是太极真人徐来勒于会稽授我。我已流传于大江之西,阁皂福地。此乃上方禁文,自有飞仙守卫,今付汝等,宗奉大法。"③ 葛仙公葛玄告诉弟子法箓的来历,要求弟子们授得法箓后要奉持如法。在成仙之前,葛仙公还在天台山告诫郑思远说:"我所授上清三洞灵宝中盟诸品经录,吾升举之日,一通付阁皂山,一通付吾家门弟子,世世录传。"④ 道史称葛玄以祭炼经法、宝箓、符文、诀目等传付阁皂宗坛。

灵宝一系的法箓传至南北朝时,同样出现了混乱相传的局面。《陆先生道门科略》说:"若学不由师,成非根生,不承本名,为无根之草(受道越次第谓之非根生,不缘本师起谓之不承本也)。今人受箓,无此德,受治无此才(此德谓三德,此才,宣化之才也)。或都无师籍(人先虽奉道,失师来久,不复更属,或先是凡俗之

---

① 《魏书》卷一百一十四《释老志》,第140页。
② 张泽洪:《道教灵宝派授箓论略》,《世界宗教研究》2010年第4期,第85~92页。
③ 《道藏》第5册,第223页。
④ 《道藏》第5册,第223页。

民，一身流寓，浮好假信，道士不先依法化受，而便授箓治，如此之人皆是虚妄，徒为道士。纵复修勤服善，三天无名，故不免于枉横矣，况其放慢违逆者乎）。或有师无籍（谓虽有师主，三会不到治，命信不上，天曹削籍，所以无为）。或虽有师籍，而无德于时，受箓之日，越诣他官，既不归本，又不缘阶，妄本置署，不择其人。佩箓惟多，受治惟多，受治惟大，争先竞胜，更相高上，遂乃身受下治，署人上品（谓自受白板治，既不诣天师除正，遂以终身常后白板于人）。纵横颠倒，乱杂互起，以积衅之身，佩虚伪之箓（绝无户籍，有逋信宿债，或先是俗身负鬼祭馔，越入道法，不收结赃，直立身以来罪恶狼藉而抱衅带咎，永不肯改，而诣狂伪之师，受不真之法也）。"①

陆修静指出当时有许多无德无才的人通过受箓，创建道场，主要表现为：第一，虽然入道，不拜师父，没有师承关系，没有道场关系，便去受箓；第二，虽然有师承关系，但没有道场关系，而去受箓；第三，虽然有师承和道场关系，但是受箓的时候不守规矩，不择箓生，越级受箓，贪高贪多，相互竞争，相互攀比；第四，授受虚假的法箓。

针对上述情况，陆修静提出了具体的整改措施。《陆先生道门科略》说："民有三勤为一功，三功为一德，民有三德，则与凡异，听得署箓。受箓之后，须有功更迁，从十将军箓阶至百五十。若箓吏中有忠良质朴，小心畏慎，好道翘勤，温故知新，堪任宣化，可署散气道士。若散气道士中能清修者，可迁别治职任。若别治中复有精笃者，可迁署游治职任，若游治职任中复有合法者，可署下治职任，本治道士皆当保举，表天师子孙，迁除三八之品。先署下八之职，若有伏勤于道，劝化有功，进中八之职。若救治天下万姓，扶危济弱，能度三命，进上八之职。能明炼道气，救济一切，消灭鬼气，使万姓归伏，便拜阳平、鹿堂、鹤鸣三气治职。当精察施行功德，采求职署，勿以人负官，勿以官负人。"② 陆修静要求授受法箓需选择有功德的人授予，授得法箓后，升授也要按照功德大小进行授受，并且要求按照规矩逐级传授。总之一切均要按照功德标准来进行传授，求职治署，均不得看人来授吏官，也不得看吏官来授人。

（三）上清派授箓史论略

上清派的法箓传授开创于晋代道士魏华存。据"上清经箓圣师七传真系之谱"

---

① 《道藏》第 24 册，第 781 页。
② 《道藏》第 24 册，第 781 页。

称：元始虚皇天尊，太上玉晨大道君，太微天帝大道君，金阙后圣玄元上道君，上相青童道君，宰总真西城王君，小有清虚王君，王君传南岳上真紫虚魏夫人，即嗣上清第一代太师。上清派追宗箓法从元始天尊所传出，实际承继者为茅山上清派第一代祖师魏华存。又据明《道法会元》中《上清五元玉册九灵飞步章奏秘法》按《南岳司命上真紫虚元君魏夫人传》说："（魏夫人）晋代前作女官祭酒，师正一真人张君，受太清诸官君及入靖法。"① 南朝梁陶弘景《真诰·翼真检》称：晋哀帝兴宁二年甲子岁，夫人下降于今之茅山玉晨观，授经诀于羲和杨君，是为嗣上清第二代玄师；杨君授思玄许君，是为嗣上清第三代真师，历代上清宗师自是次第传衍而下，至贞白陶宗师为第九代，静一刘宗师为第二十五代，静一之后迄今又传八十代（持字辈）。② 千余年来传承不辍。据王卡教授考察敦煌经卷《陶公传授仪》称：上清第九代宗师陶贞白先生为弟子传法授符所亲纂科仪，此可视为茅山上清宗师授箓之发轫。从《真诰》卷二十中亦可看出端倪，文曰："伏寻《上清经》出世之源，始于晋哀帝兴宁二年，太岁甲子，紫虚元君上真司命南岳魏夫人下降，授弟子琅琊王司徒公府舍人杨某，使作隶书写出。"③

南宋道士金允中《上清灵宝大法》："古者传箓，则有以有箓者为师，中古以来，建立宗坛，不个容私度，故传经受箓，合以宗坛为师。"④ 可见，在魏晋法箓传授混乱的情况下，上清派对法箓授受亦有严格的规定。

## （四）三派（山）合流

从唐末到宋初，天师道以龙虎山为活动中心授受正一法箓，上清以茅山为中心授受上清法箓，灵宝派以阁皂山为活动中心授受灵宝法箓，称为"三山符箓"，后来衍生的天心派、神霄派、清微派、东华派全部是这三山的支派。

宋哲宗绍圣四年（1097），朝廷下令，封以龙虎山、茅山、阁皂山为本山的正一、上清、灵宝三大派为"经箓三山"。当时是三山鼎立，领导了整个江南地区的道教。但到了南宋气息奄奄的理宗时期，情况发生了微妙的变化。皇帝因为张天师禳灾有功，封张可大先生为提举三山符箓兼御前诸宫观教门公事"。也就是说，早在宋理

---

① 见《上清五元玉册九灵飞步章奏秘法》，载于《道法会元》卷一八四，《道藏》第30册，第145页。
② 《道藏》第20册，第603页。
③ 《道藏》第20册，第603页。
④ 《道藏》第31册，第369页。

宗的时候，龙虎山的高度，就已经被人为地提到了茅山和阁皂山之上。

到了第三十八代天师张与材时，直接主领三山符箓，并得"金紫光禄大夫"封号，晋封留国公，赐金印。从元代开始，因为历代天师均拥有"正一教主"称号，又统领三山符箓，三山道派合归为正一道，从此天师道改称正一道，统领天下符箓的传授。

清乾隆皇帝开始崇信密教，贬斥释道二教，于乾隆五年（1740）禁止天师上京朝谒，乾隆十七年（1752）将天师由正一品降至五品，并禁止龙虎山派遣法员外出传度，废除了龙虎山作为统领三山传度授箓的宗主身份。禁止传度意即禁断新道士的生成，可见乾隆企图以此方式消亡道教。在这一系列的窘况下，天师只能授意或默许上清宫法官、法员改头换面，易以箓客的名义辗转民间外出各地卖箓、授箓以延续道脉。虽乾隆三十一年（1766）的时候，第五十七代天师张存义因为祈雨有功请复故封，但朝廷对龙虎山传度授箓的限制似无大规模的解禁，相信卖箓亦在该历史环境下成为常态。箓客这种合理而不合法、既特殊又尴尬的角色，自此在民间延续了两百余年。

考虑到交通、经济、政治等各种因素，历史上能够亲临龙虎山受箓的道士应该很少，因此"卖箓""买箓"应是各地因应变通而采用的方法，此法在湖南、江西、福建、浙江、江苏、上海等地从清末一直零散地延续下来，在对各地老道长的访问中仍一部分人对这种买箓的行为存有记忆。

"卖箓"原指的是龙虎山上清镇制箓作坊印户印制箓券，或直接贩售或经由箓客对箓生贩售。箓生在买得箓券后，至上清宫延请法箓局法官填箓并延请天师押印，再另外延请法官及道士进行授箓。将这套模式可以归纳为：箓客卖箓→箓生买箓→法官填箓→天师押印→道士授箓→箓生受职。据修水道士口传，以前每逢上元节，上清镇所有制箓作坊都会将本坊刻制的所有箓券一捆一捆在门前摆开，天师骑马在上清宫法官簇拥下至每坊前对箓券洒净，并收取功德，自此贩售的箓券才获得天师的认可，具备效力。

近年湖南、江西、福建等地，被学界陆续发现零碎的清代箓券或其附件，这些箓券除了刻版工艺的精粗有差别外，内容大同小异。这些证据皆可以证实这些箓券都应出自同源——清代龙虎山法箓局及其制箓作坊。根据龙虎山对上清镇制箓人李水太的采访，龙虎山天师府在民国以前一直垄断着经箓的生产和销售。但从民国以后，由于战乱的影响，龙虎山无暇顾及授箓活动的举办，导致私自出版出售经箓的现象。

1991年10月3日,江西龙虎山嗣汉天师府在新中国成立后首次举行"授箓传度科仪",但这次活动仅限于我国台湾地区及新加坡等国的海外道教信徒。此后为了准备1995年底在嗣汉天师府举行的面向国内箓生的第一次授箓活动,中国道教协会于1994年4月26日在上海举行了"道教正一派道士授箓座谈会";1995年3月10日又在茅山举行了第二次座谈会,本次会议中,茅山道院的杨世华道长与龙虎山天师府的张金涛道长被增补为"授箓工作领导小组"成员。时任中国道教协会副会长的陈莲笙大师十分郑重地提出建议:江西龙虎山天师府、江苏茅山道院和湖北武当山作为正一派有道士授箓资格和授箓条件。陈莲笙大师对龙虎山和茅山恢复授箓一直十分关心,2007年病榻上的他念念不忘此事,叮嘱张金涛和杨世华道长要将茅山恢复授箓的工作做好。2009年,按照陈莲笙大师的遗愿,他的衣冠入葬茅山,以此护佑提携茅山后继玄门弟子,发扬祖师真风,弘扬三洞经教,重开箓坛,普度后学。

2001年12月28日,中国道教协会六届二次理事会,及2005年6月24日中国道教协会第七次全国代表大会两次分别针对《关于正一派道士授箓的规定》及《关于对国外正一派道士授箓试行办法》的部分内容做出了修订。

## 四 结语

法箓自从孕育至诞生,即被道教赋予了神圣的使命,因而在历史发展过程中逐渐形成了其独特的体系。这种体系建成后,在传授过程中不断完善和革新,使法箓神学在历史发展过程中更具特色。如果说,东汉张道陵的法箓传授拥有盟誓的特色,那么,魏晋寇谦之、陆修静的法箓传授表现出革新的特征,而唐代张万福、杜光庭等整理的法箓传授则有以"正一"总括"三洞"的特色,宋元明清的道教法箓传授,更是有以宗坛为中心合流的特色。这些特色表明:夯实信仰是授箓赖以形成和传承的重要基础,坚守授箓中传授戒律是加强道教神圣性的根本保障,建立宗坛授箓是道教凝聚力量的重要手段,加强授箓仪轨的建设是纯正道风的关键途径;授箓不传戒会导致道风不振,越级传授会导致信仰淡薄,宗坛不振会导致私传密授,仪式不张会导致纪律涣散。这些经验和教训对当代法箓传授的建立有着十分重要的借鉴意义。

当代法箓传授是以《太上三五都功经箓》为基础,升授《太上正一盟威经箓》,加授《上清三洞五雷经箓》,加升《上清三洞经箓》,晋升《上清大洞经箓》,这是因为以《太上三五都功经箓》建立当代法箓传授可以奠定授箓仪轨的基础,援引信徒奉道修真，让信奉者明证道位，使信道者明确得道阶次和接受法箓的要求，促使信道者守戒修真、扬善抑恶，促使信徒们建立良好的学习机制，提高宗教素养。当代在法箓传授体系的建构过程中也存在着道士证与授箓的矛盾，这涉及道士身份认同的问题。尽管有这些矛盾，还是产生了归于真正、精进修行、明证道位、整肃箓坛等积极的意义，使整个法箓传授的开展过程及其原因都有着十分丰富的价值。

总之，道教法箓传授是道教正一派一项重大的教务活动，对其神学基础、传授历史和仪轨开展研究，有利于加强道教组织建设、信仰建设和教制建设，从而为进一步做好道教授箓工作提供活水之源。

# 历史钩沉

# 陈抟师承、著述考辨

张广保

**内容摘要**：本文以《正统道藏》所收陈抟传记材料及《道枢》摘录的陈抟文献为基础，结合《宋史·陈抟传》及宋代小说笔记中有关陈抟的记载，采用藏内外史料互证的方法，对陈抟的生平交游、师承传授及内丹道特点等问题予以详细探讨。

**关键词**：陈抟学派　生平行事　著述　内丹道

**作者简介**：张广保，北京大学哲学系教授、博士生导师，北京大学儒学研究院学术委员会副主任。

在历代高道中，也许只有少数几位诸如陆修静、陶弘景、司马承祯等人能与陈抟相比，他们在当世就得到社会各界尤其是官方的普遍认可，因而在正史中占有一席之地。因此也使后人谈及他们时，免却考证之劳。陈抟在历史上留下了足够的痕迹，这使我们今天在述及他的生平身世时，能够少用许多恍惚之词。有关陈抟的行状，除《宋史·隐逸传》的记载外，道教典籍自身也有专门的传记文献。此即收录于《正统道藏》洞真部记传类的《太华希夷志》。另外元赵道一的《历世真仙体道通鉴》及外典中宋人所撰的各种小说笔记也都记录了陈抟的生活及与北宋士大夫的交往。在此，我们拟依据这些载述来复现陈抟的整体形象。

## 一　陈抟生平、行事考辨

陈抟字图南，号扶摇子，亳州真源人，生年不详。据《宋史·隐逸传》述，他于后唐长兴年间（930～933）参加进士会试失败后，放弃禄仕之业，退隐林泉，以山水为乐。这一记述并不十分准确，因为陈抟青壮年时自视颇高，亦曾留意五代的政局。《太华希夷志》称："先生负经济才，初五代间，自晋汉之际，每闻一朝革命，辄频戚数日，人有问者，瞪目不答。先生揽镜自照曰：'非仙而即帝。'其自任如此。"从《太华希夷志》的载述来看，陈抟似曾有过一次夺权的举动，其云："后先生引恶少数百入汴州，中路闻太祖登极，惊喜大笑，问其故，又大笑，曰：'自此定矣。'"此载未免有为北宋开国者粉饰之嫌。然而，陈抟自此以后即放弃政治尝试而退隐修道。陈抟修道的初隐之地为武当山九室岩。《太华希夷志》称其："隐居武当山九室岩，辟谷炼气二十余年。"这是他早期的修道生涯，主要习行炼气、辟谷等道教传统的内修方术。

**1. 陈抟与三朝皇帝**

陈抟的一生虽然没有直接涉历官场，干预政事，但他始终与朝廷有着密切的来往。自后唐开始，后周、宋的最高统治者都曾屡次将他召至内庭，并赐号褒奖。像他这样一生先后受到三朝的赐号，在整个道教史上恐怕也不多见。据赵道一《历世真仙体道通鉴》卷四七"陈抟"条载述，陈抟首次与宫廷接触是在后唐时期。后唐明宗亲赐手诏召其入宫："后唐明宗闻先生名，亲为手诏召先生。至，长揖人主。明宗待之愈谨，赐先生号清虚处士，仍以宫女三人赐先生。"按赵道一这里的记载不见于《太华希夷志》及《宋史·隐逸传》、新旧《五代史》之明宗本纪。不知其依据何种史料？然而从陈抟的年龄、阅历来推测，诸史均载其于后唐长兴中试进士，则似乎此时尚年轻，依理推测，似不大可能有手诏之事。此事尚待进一步考证。

有关周世宗召见陈抟之事，见于诸史同载，应确然无疑。《宋史》本传述其事云："周世宗好黄白术，有以抟名闻者。显德三年，命华州送至阙下。留止禁中月余，从容问其术。抟对曰：'陛下为四海之主，当以致治为念，奈何留意黄白之事乎？'世宗不之责，命为谏议大夫，固辞不受。既知其无他术，放还所止。"《宋史·隐逸传》此事亦见于《太华希夷志》的记载，其所述大体相同，然较《隐逸传》为详。其云："周世宗召至阙下，令于禁中扃户以试之，月余始开，熟寝如故，始异之。因问以黄白之术，抟曰：'陛下为天下君，当以苍生为念，岂宜留意于此乎？'世宗不悦。放还山，赐号白云先生，令长史岁时存问。"此提到周世宗将陈抟扃户关于禁中月余，以试其道术。又《册府元龟》"帝王部·尚黄老"亦述此事。按陈抟兼修辟谷之术，则扃户月余，当无大碍。至于世宗询问的黄白之术，乃系外丹修炼之道，其非陈抟之所长，因此陈抟无法应对。

陈抟第三次与宫廷接触时，中国历史已行入北宋时期。宋太宗早闻陈抟之名，下诏召其入宫。对此事，《宋史》陈抟本传称："太平兴国中来朝，太宗待之甚厚。九年,复来朝,上益加礼重,谓宰相宋琪曰:'抟独善其身,不干势利,所谓方外之士也。抟居华山已四十余年,度其年近百岁。自言经承五代离乱,幸天下太平,故来朝觐。与之语,甚可听。"又云:"上(太宗)益重之,下诏赐号希夷先生,令有司增葺所止云台观。"根据此处的记载,陈抟于宋太宗太平兴国年间曾两次入宫朝觐,此时陈抟已年近百岁。他深受太宗尊宠,赐号希夷先生。

有关陈抟朝宋之事,《宋史·隐逸传》的上述记载过于简略,且与事实有出入。实际上,陈抟朝宋乃是应太宗的礼请。《太华希夷志》述此事的源委甚详,有助于我们了解整个事情的来龙去脉。据此书所载,宋太宗诏见陈抟之事发生于至道元年而非太平兴国年间。至道元年(995)四月十日,宋太宗委派殿东头供奉官陈宗颜为使者,携诏书、御诗前往华山云台观宣诏陈抟。使者由华阴县宰著作郎丁寿明迎接入县,并通过云台观道士钟希晦的引导,与陈抟相见。《太华希夷志》并录诏书及御诗。诏书云:"诏曰:朕自即位以来,克服八方,威临万国;遐迩悉归于皇化,华夷亦致于隆平。知卿抱道山中,洗心物外,养太素浩然之气,应上界少微之星;节配巢由,道遵黄老。怀经纶之长策,不屈于万乘;身夐隐于三峰,乘风犹来,举朝称贺。"其御诗云:"华岳多闻说,知卿是姓陈,云间三岛客,物外一高人。丹鼎为活计,青山作近邻,朕思亲欲往,社稷去无因。"观太宗的诏书及御诗,对陈抟褒奖有加,思慕之情溢于字里行间。而陈抟的答表及和诗则将自己不干荣禄、与白云为伴的心志表露无遗。其"衔来一片闲心,已被白云留住"之语,真可算是千古佳句。陈抟没有应诏前往,只是作答表一封交使者带回,其表云:

"伏念山野,生居吴地,长自汉南。成童以习业儒,壮岁而遍游洞府。性同猿鸟,心若土灰,不晓仁义之浅深,安识行藏之去就?败荷作服,脱箨为冠。体有青毛,足无革履;有意慕羲、黄之道,无心诵管、乐之篇。《南华》《道德》频看,黄阁、玉堂绝念。数行紫诏,徒炒彩凤;衔来一片闲心,已被白云留住。苟临轩陛,贻笑圣明。"陈抟并作和诗云:"九重特降紫泥宣,才拙深居乐静缘,山色满庭供画障,松声万壑即琴弦。无心享禄登台鼎,有意求仙到洞天。轩冕浮荣绝念虑,三峰只乞睡千年。"

据《太华希夷志》载述,太宗并没有放弃召见陈抟的意图。同年六月三日,又差派另一位殿东头供奉官张素真持诏书前往。第二封诏书亦载录于《太华希夷志》。

观其所云，与第一封相比，已不限泛泛地表述仰慕之情，而将诏见的动机说得明明白白。其云："朕伏惟先生，白云隐士，碧洞高人；悟大道之玄门，达希夷之奥理。朕叹韶光之甚速，迅景难留；忽暑往以寒催，渐颜衰而宾改。虽达治世之略，未谙炼性之机。废寝忘餐，思贤若渴；暂离洞府，跨鸾鹤以飞来；伫立宫闱，列簪缨以敬待。"由此看来，太宗召见陈抟并不是为了征询治世方略，因为他对自己这方面的能力，颇有信心；而是要访求修身养生之道。然而，这次征召的结果与第一次一样，也未能如愿。

紧接着，太宗又于六月二十九日，特宣内藏库副使葛守中任使者，三诏陈抟。这次陈抟已经无法推辞，只能随同使者来到京师，安歇于京城建隆观。此即陈抟朝宋的真正事实。

### 2. 内外典中关于陈抟与宋太祖、太宗的交往

有关陈抟与赵氏兄弟之交往，诸史及宋人笔记多有载述，《续湘山野录》载一事："祖宗居潜日，与赵韩王游长安市。时陈抟乘一驴，遇之，下驴大笑，巾簪几坠。左手握太祖，右手挽太宗，曰：'可相从市饮乎？'祖宗曰：'与赵学究三人并游，可当同之。'陈睥睨韩王久之，徐曰：'也得，也得，非渠不得预此席。'既入酒舍，韩王足疾，偶至席左，陈怒曰：'紫微帝垣一小星，辄据上次，不可。'斥之使居席右。"此事亦见于赵道一《历世真仙体道通鉴》《太华希夷志》的载录。据此所述，则陈抟与赵氏兄弟早在其发迹之前就已有来往。此事是否属实，依愚见，似有附会之嫌。

宋太宗将陈抟宣至京城之后，即刻在延英殿召见了他。陈抟身着羽衣，头戴华阳巾，草履垂绦，一副山野隐士的装束。史称二人系以宾客之礼相见。在这次召见活动中，值得一提的是陈抟应对太宗之语充满了机智和幽默。《太华希夷志》卷上载云："太宗问：'先兄太祖，功高德厚，宣先生弗至，寡人功卑德薄，烦先生降临丹陛。'陈抟答曰：'先帝不须贫道来，陛下不免臣一遭耳。'又太宗向陈抟访求济世安民之术，陈抟书'远近轻重'四字以对，并解释说：远者，远招贤士；近者，近去佞臣；轻者，轻赋万民；重者，重赏三军。"又陈葆光《三洞群仙录》卷七征引《神仙传》亦载陈抟答对太宗之语，其云："太宗召见，问曰：'朕欲以尧舜之道治天下，可乎？'对曰：'臣闻尧舜土阶三尺，茆茨不剪。陛下若能如此，正所谓今之尧舜也。'"至于陈抟到底向宋太宗传授了何种养生秘诀，诸书均无载述。

然而，从他回答宰相宋琪的有关提问中，似乎并无实质性的授受："琪等问曰：

'先生得玄默修养之道，可以授人乎？'曰：'抟遁迹山野，无用于世，修炼之事不知，无所传授。然设使白日飞升，何益于治？圣上龙颜秀异，有天人之表，洞达古今治乱之旨，真有道仁圣之君。正是君臣合德，以治天下。勤行修炼，无以加此。"①陈抟于此勉励宋琪以治天下为务，认为对于士大夫来说，治国平天下就是最好的修炼之道。这种将出世、入世打成一片的大修炼之道，深得道教修炼之道之三昧。其实，从内丹之道的终极一着来看，人之生存本身就是一场修炼，我们日常生活中所行的每一桩事，既是我们内在生命的展现，同时又关乎生命本身之纯化与其终极的归宿。

### 3. 陈抟独特的内丹睡功

不过，我们从陈抟后来所作《退官歌》《进睡歌》来看，他还是有自己独特的内修之道，只不过他认为这种修炼之道不宜于居朝之士。其《退官歌》云：

> 道能清，道能静，清静水中求正定。不贪不爱任浮生，不学愚迷多悭悋。时人笑臣不求官，官是人间一大病，官卑又被人管辖，官高又有人趋侫。或经秦，或经郑，东来西去似绳纷，直至百年不曾歇。算来争似臣清静，月为灯，水为镜，长柄葫芦作气命。出入虽无从者扶，左有金龟右鹤引。朝日醉，长不醒，每每又被天书请，时人见臣笑呵呵，臣自心中别有景。②

此将居官之弊与修道之乐相映衬，崇尚的乃是生命的清静洒脱，人生的逍遥自得。这种人生价值观体现了道者的风范，对此士大夫阶层是很难认同的。又陈抟之内丹功夫与钟吕派有所不同，特别注重在睡眠中进行修炼。内丹道教中向有陈抟修睡功之说，可见他的修道之举主要是在睡眠中完成的。然而，陈抟是如何将睡眠这种每个人都拥有的日常生理现象与修道联系起来的呢？他是如何在睡眠中求得道之入处呢？对此，很少有人能参破其中的奥秘。观其《进睡歌》，便可窥其一斑：

> 臣爱睡，臣爱睡，不卧毡不盖被，片石枕头蓑衣覆地，南北任眠东西随睡。轰雷掣电泰山摧，万丈海水空里坠，骊龙叫喊鬼神惊，臣当恁时正鼾睡。闲想张良，闷思范蠡，说甚曹操，休言刘备，两三个君子，只争些小闲气。争似臣向清

---
① 《太华希夷志》卷上。
② 《太华希夷志》卷上。

风岭头，白云堆里，展放眉头，解开肚皮，打一觉睡，更管甚红轮西坠。①

又其论世俗之睡与道者之睡不同云：

> 今饱食逸居，汲汲惟患衣食之不丰，饥而食，倦而卧，一夕辄数觉者，名利声色汩其神识，酒醴膏膻昏其心志，此世俗之睡也。若至人之睡，留藏金息，饮纳玉液，金门牢而不可开，土户闭而不可启，苍龙守乎青宫，素虎伏于西室，真气运转于丹池，神水循环乎五内；呼甲丁以直其时，召百灵以卫其室。然后吾神出于九宫，恣游青碧，履虚如履实，升上若就下，冉冉与祥风遂游，飘飘共闲云出没，坐至昆仑紫府，遍游福地洞天。咀日月之精华，玩烟霞之绝景；访真人论方外之理，期仙子为异域之游；看沧海以成尘，指阴阳而舒啸。兴欲返则足蹑清风，身浮落景。故其睡也，不知岁月之迁移，安愁陵谷之改变。诗云：至人本无梦，其梦乃游仙；真人亦无睡，睡则浮云烟。炉里长存药，壶中别有天，欲知睡梦里，人间第一玄。②

这里提到的道者之睡实际上是暗喻内丹之修行。按道教内修术的所谓睡功当亦远有所本，《太平广记》"夏侯隐者"条述唐人夏侯氏修睡功云："夏侯隐者，不知何许人也。大中末，游茅山天台间，常携布囊竹杖而已。饮食同常人，而独居一室，不杂于众。或露宿坛中，草间树下。人窥觇之，但见云气蓊郁，不见其身。每游三十、五十里，登山渡水，而闭目善睡。同行者闻其鼻鼾之声，而步不差跌，足无蹶碍。至所止即觉，时号作睡仙，后不知所终。"③ 据此所载，则唐代已有人修炼睡功。

从上述陈抟论睡之语来看，他的所谓睡确与常人不同，乃是于内丹修炼过程中进入一种深度静定的状态。因此，他的所谓睡并非真睡，而是一种内丹修行的状态。庄子曾将人生喻为大梦，按照这一比喻演绎，我们每日之睡与梦，实际上是睡中之睡，梦中之梦。从哲学本体论意义上来解释睡与梦，所谓修道、证道，只不过是将修炼者从梦中唤醒，此即"觉悟"一词的本意。然而，按照道教环环相合的圈层宇宙结构

---

① 《太华希夷志》卷上。
② 《太华希夷志》卷上。
③ 《太平广记》卷四二。

模式来看，我们势必经过无限次的醒悟才能切入终极本体。正如我们的日常生活中，每夜从睡梦中觉醒乃是映衬白日的生活一样，人生之梦的最终觉醒，不过只是映衬另一更接近终极本体即唯一至上之道体，因而相对于人世生命来说是更为真实的存在状态，此亦即仙的存在状态。然而，我们又如何知道神仙之生存不过只是个体坠入更大的醉梦呢？因为神仙世界也是有不同等级的。思及于此，我们不禁要问：人生到底要经过多少次觉醒，才能一劳永逸地摆脱梦境的缠绕呢？庄子曾说：大梦之后方有大觉，我们此处不过是梦中谈梦而已。不过，陈抟实在是中国内丹道教史上，第一个将注意力集中于睡梦的人，他的所谓睡功可以理解为将庄子等先秦道家哲学家阐扬的梦的哲学予以方术化、实践化，力图通过这一办法开出一条坦荡的证道之途。

### 4. 北宋士大夫眼中的陈抟

陈抟之所以在宋代享有盛名，除了他的精湛修持之外，还与他与当时文人频繁交往有关。我们今天考察陈抟的行状，许多重要的材料都出自这些文人的载记。不过，宋代笔记小说中展现的陈抟之形象与真实相去甚远，只能反映陈抟某一方面的面貌，这是因为士大夫在与陈抟的交往中，并不是想全面了解他，更不是为了探求他的内心世界，而是要向他讨教仕途得失、科举的成败。因此，在宋人笔记中，陈抟往往作为一名技艺高超的相士面貌出现。

北宋释文莹《湘山野录》载宋初名臣张泳与陈抟之来往云："乖崖公太平兴国三年，科场试'不阵成功赋'，盖太宗明年将有河东之幸。公赋有'戢卧鼓，岂烦师旅之威；雷动风行，举顺乾坤之德。'自谓擅场，欲夺大魁。无何，有司以对偶显失，因黜之，选胡旦为状元。公愤怒毁裂儒服，欲学道于陈希夷抟。趋豹林谷以弟子事之，决无仕志。希夷有风鉴，一见之，谓曰：'子当为贵公卿，一生辛苦。譬犹人家张筵，方笙歌鼎沸，忽中庖火起，座客无奈，惟赖子灭之。然禄在后年，此地非栖憩之所。'乖崖坚乞入道，陈曰：'子性度明燥，安可学道？'果后二年及第于苏易简榜中。希夷以诗遗之曰：'征吴入蜀是寻常，鼎沸笙歌救火忙，乞得江南佳丽地，却应多谢脑后疮。'初不甚晓，后果两入蜀，定王均、李顺之乱。又急移余杭，翦左道僧绍伦奴蛊之叛。至则平定。此征吴入蜀之验也。累乞闲地，朝廷终不允，因脑后疮乞金陵养疾，方许之。"① 释文莹此处提到陈抟的人伦风鉴之才，这正是北宋士大夫有关陈抟常谈不衰的话题。《青箱杂记》亦载张泳与陈抟之间的逸事，其云："公（张

---

① 《湘山野录》卷上。

泳）布衣时，素善陈抟。尝因夜话，谓抟曰：'某欲分先生华山一半，住得无？'抟曰：'余人则不可，先辈则可。'及旦取别，抟以宣毫十枝，白云台墨一剂，蜀笺一角为赠。公谓抟曰：'会得先生意，取某入闹处去。'曰：'珍重。'抟送公回，谓弟子曰：'斯人无情于物，达则为公卿，不达为王者师。'公常感之，后尹蜀，乘传到华阴，寄抟诗曰：'性愚不肯林泉住，强要清流拟致君，今日星驰剑南去，回头惭愧华山云。'"①

又据宋韩淲《涧泉日记》的记述，除张泳之外，北宋重臣王曾、钱若水在未发迹之前都曾向陈抟询问前程，并得到他的指点。其文云："王公曾、张公泳、钱若水微时，谒华山陈希夷先生求相，欲以学仙者。希夷谓王、张：'尔辈非仙才，王当为宰辅。'顾张取纸笔遗之，张曰：'悟矣！推吾入闹中耶？'又谓钱曰：'余不足以知子，当见白阁道者。'钱遂造之。道者曰：'君急流中勇退人也。'其后王果拜相，张位至八座，历试中外以才显，钱为枢臣。"观此所述，则陈抟似确有前识之智。韩淲还提到宋初诗人潘阆吟诗寄陈希夷之事："潘阆累试不捷，太宗登极，以龙蛇皆变，惟己感轲，乃兴归隐之志，高放之情。吟诗寄陈希夷先生，曰：'不信先生语，刚来帝里游，清霄无好梦，白日有闲愁。世态既如此，壮心应已休，求归归未得，吟上水边楼。'既达宸聪，惧其言如讪上，乃逃于江表，数载后，入灵隐山。"以上所述陈抟之形象颇类相士唐举、许负等人。然而，陈抟在民间的声誉很大一部分建立在这些传闻的基础上。

又南宋洪迈《夷坚志》卷七之"焦老墓田"还载述一件事，据此陈抟亦精于地理之术。其云："房州西门外三十里，有石崖极高峻，其下为石室，道观在其侧，曰九室宫。土人相传云：'陈希夷隐于华山时，亦尝居此地。'石室乃卧阁也。民焦老者，居山下，陈每日必一访之，且至，则二鹤翔空飞舞而下，焦氏以此候之，倾家出迎，具茶果延伫，经岁常然。一日告去，焦曰：'先生将何之？'曰：'吾欲归三峰耳。'焦父子强挽留之，不可。而问曰：'汝家何所欲？欲官耶？欲富耶？'焦曰：'穷山愚民，不愿仕，倘得牛千头，志愿足矣！'陈笑曰：'易事也。'携与俱行一山后，指一穴，言异日葬于此，当如汝志。遂别去。及焦老死，其子奉柩窆于所指穴。数年间，赀产丰盛，耕牛累及千头。迨今二百年，子孙尚守其旧业。"宋人的这些载述展露了两宋时期陈抟在世俗社会中的形象。实际上这也

---

① 《青箱杂记》卷一〇。

是中国民众对修道者的心理期待。宋人笔记中屡见不鲜的这类关于陈抟的载述，说明世俗社会对陈抟的精神世界缺乏深入的了解。

顺便提一下，据宋人所撰《道山清话》所载，北宋神宗熙宁年间，在陈抟宗族中又有陈戩，亦居于华山修道。其云："熙宁中有荐华山陈戩者，博学知治乱大体。三十年不出户庭，邻人有不识者，云是希夷宗人。既对便坐，上先览其所进时议，甚嘉之。至时命坐赐茶，戩乃趑趄皇恐，谢不敢者再三。云上有邸尾，乞陛下暂令除去。上使之退，左右皆掩笑，上亦不怒，对辅臣亦未尝言及。一日，忽有旨，赐束帛令还山。"观此所述，则陈戩缺乏乃祖之机智与幽默，纯系一迂腐之人。

## 二　陈抟的师承与著述

### 1. 陈抟的师承

有关陈抟的师承，现存各种有关文献都没有确切而可靠的载述，这是有关陈抟生平中唯一不明之处。因此，我们在此有必要予以考证清楚。根据各种文献的记载，类似陈抟之师的人有数位，此即孙君仿、鹿皮处士、麻衣道者及何昌一。

关于孙君仿、鹿皮处士与陈抟的关系，《宋史·隐逸传》陈抟本传及《历世真仙体道通鉴》都有载述。《宋史》本传说："自言尝遇孙君仿、獐皮处士二人者，高尚之人也，语抟曰：'武当山九室岩可以隐居。'抟往栖焉。因服气辟谷历二十余年，但日饮酒数杯。"这一记载亦见于《仙鉴》卷四七，文句类似，唯獐皮处士作鹿皮处士。从《宋史》《仙鉴》的记载来看，孙君仿、獐皮处士系陈抟的师辈，陈抟对他们颇为尊重，因此才听从他们的指引，隐居武当山九室岩。然而文中并未明确指出陈抟与他们有师承关系。考孙君仿与獐皮处士二人，系五代、宋初时期活跃于北方一带的高道。据北宋释文莹《玉壶清话》所述，宋初另一位高道苏澄隐亦曾遇到过他们，并从其受长啸之术。其云：

> 太祖征太原还，至真定，幸龙兴观。道士苏澄隐迎銮驾，霜简星冠，年九十许，气貌翘竦。上因延问甚久，自言顷与亳州道士丁少微、华山陈抟，结游于关洛。尝遇孙君仿、獐皮处士。上问曰："得何术？"对曰："臣得长啸引和之法。"遂令长啸，其声清入杳冥，移时不绝。上嘿久，低迷假寐，殆食顷，方欠伸，其声略不中断。上大奇之，因问引导之法，养生之要。隐对曰："王者养生异于

是。老子曰：我无为而民自化，我无欲而民自正，无为无欲，凝神太和，黄帝唐尧，所以享国永图，得此道也。"遂赐颐素先生。①

此处提到的长啸术系道教的一种传统修炼法，早在魏晋时期就极为流行。魏晋的道士、隐士及玄学家都精于此道。如《历世真仙体道通鉴》引《晋书·阮籍传》载阮籍与道士孙登之长啸较量就可以证明。其云："孙登字公和，汲郡人，无家属，于郡北山为土窟居之，善长啸。……晋文帝闻之，使阮籍往观，与语，亦不应。《晋书·阮籍传》云：'籍尝于苏门山遇孙登，与商略终古及栖神导气之术，登皆不应。籍因长啸而退。至半岭间，闻有声若鸾凤之音响乎岩谷，乃登之啸也。'"② 又关于长啸发声之方法，唐人撰有《啸旨》一书，可供参考。

麻衣道者与陈抟的关系也很密切。根据各种有关文献的记载，麻衣道者为陈抟之师友应确定无疑。然而陈抟究竟从其受何种道法，则无从考定。释文莹《湘山野录》卷下载麻衣道者与陈抟的交往云："钱文僖公若水，少时谒陈抟求相骨法。陈戒曰：'过半月，请子却来。'钱如期而往，至则邀入山斋，地炉中，一老僧拥坏衲瞑目，附火于炉旁。钱揖之，其僧开目微应，无遇待之礼，钱颇慊之。三人者嘿坐持久，陈发语问曰：'如何？'僧摆头曰：'无此等骨。'既而，钱先起，陈戒之曰：'子三两日却来。'钱曰：'唯。'后如期谒之，抟曰：'吾始见子神观清粹，谓子可学神仙，有升举之分，然见之未精，不决奉许，特诏此僧决之，渠言子无仙骨，但可作贵公卿尔。'钱问曰：'其僧者何人？'曰：'麻衣道者。'"此事见于宋代多种典籍的载述，如《闻见录》《太华希夷志》等。从这里的叙述来看，麻衣道者乃系一位僧人，以相术见长，其人伦风鉴之艺当在陈抟之上。或许陈抟仅从麻衣受相术，亦未可知。另据《太华希夷志》所载，陈抟在宋太宗三次礼请之后，准备随使赴京，临行前曾留诗向麻衣请教应答之策。其诗云："华岳峰前两路分，数间茅屋一溪云，师言耳聩持知久，人是人非闻未闻。"麻衣答诗云："独坐茅庵迥出尘，亦无衣钵日随身，逢人不话人间事，便是人间无事人。"观此则麻衣深得老子和光同尘之旨，或其系释老双修，亦未可知。

麻衣道者在中国古代民间尤其是术数行业中极负盛名，托于其名下的《麻衣相

---

① 《玉壶清话》卷一。
② 《历代真仙体道通鉴》卷三四。

法》为古今相士奉为圭臬。然而这位麻衣道者留给世人的真实形象却如梦如幻，对于他的生平身世，我们所知甚少。据史籍的记载，历史上的麻衣道者应有两位。除上述麻衣道者之外，另还有一位麻衣道者生活于东晋时期。南宋陈葆光《三洞群仙录》卷六引《冷斋夜话》称东晋有麻衣道者名史宗，并录其诗一首。其云："有史宗者，号麻衣道者，坐广陵白土埭，江都檀祇与语，多无畔岸。索纸赋诗曰：'有欲苦不足，无欲即无忧，未若清虚者，带索被玄裘。浮游一州间，泛若不系舟，要当灭尘虑，栖息老山丘。'檀祇异之。"至于这位与陈抟有交往的麻衣道者，元苗善时认为就是吕洞宾。其《纯阳帝君神化妙通纪》称吕洞宾"五代时，又隐华山，号无家宫，至衣麻布袍，人呼为麻衣道者。以易理、《参同》点化陈希夷先生与燕国相刘玄英，即海蟾君也。"据此，吕洞宾与麻衣道者系同一人。同书又说："后纯阳帝君作《心易》授希夷先生，即今传于世《麻衣心易》是也。"按照苗善时的看法，陈抟的易学应得自吕洞宾。苗氏这一说法在其他文献中找不到证据，我们只能姑妄听之，然亦非绝无可能。有关吕洞宾与陈抟的来往，宋元的不少文献中都有载述。按吕洞宾生活于晚唐、五代时期，先后集中于华山、庐山两地修道，他与陈抟有交往，从时间、地域的角度来看，并非毫无可能。事实上，对于二人的交往，《宋史·隐逸传》陈抟本传就有载述，其云："关西逸人吕洞宾，有剑术，百余岁而童颜，步履轻疾，顷刻数百里，世以为神仙。皆数来抟斋中，人咸异之。"另外，《太华希夷志》亦载北宋陈尧佐谒希夷先生，偶遇洞宾之事："陈尧佐知华州，一日谒希夷先生，坐定与语。少顷，有一道士，风姿英爽，目如点漆，真神仙中人也。径入坐次，希夷急避尊位，略话数语，皆方外之事。须臾，豹囊中取枣一粒与尧佐，却而不受。希夷起接啖之，不久辞去。送于观外，复会坐。尧佐曰：'此何人？'希夷曰：'即洞宾也。'尧佐悔愕不已。"从文中希夷见洞宾避尊位之举来看，陈抟对洞宾是很尊敬的。不过，从文中的叙述我们尚看不出二人有师徒关系。有关陈抟师洞宾的说法在南宋时颇为流行，南宋内丹道名家李简易作《混元仙派之图》就将陈抟列入吕洞宾门下。可见，这是内丹道里面的一种常见的主张。

另据陈葆光《三洞群仙录》的载述，仙人李八百也曾造访陈抟。《三洞群仙录》卷一〇述此事系引《神仙传》所说，其云："《神仙传》：陈希夷先生一日谓门人贾升曰：'今日有佳客至，速报。少顷，一人衣褐青巾，扣门。贾走报，其人已行。贾逐之，见一老人衣鹿皮，贾问：'前老人去远否？'老人曰：'此是神仙李八百，动则八百里。'而鹿皮老人亦不见。先生曰：'老人者，乃太清得道白鹿先生也。今既不见，鹿皮者又去，吾不可久留。'乃返真。"陈葆光这里征引的《神仙传》，不知出于何代？作者为谁？按据《历世真仙体道通鉴》序文引南宋白玉蟾之语来看，元以前历代的神仙传记，除刘向的《列仙传》，葛洪的《神仙传》之外，唐人刘纲又有《续仙传》，宋王太初有《集仙传》，徽宗宣和年间又编有大型的《仙史》。另外，历代仙传还有陈马枢《道学传》，杜光庭《王氏神仙传》《墉城集仙录》，南唐沈汾有《续仙传》，《云笈七签》收《洞仙传》，宋贾善翔撰有《高道传》，曾慥撰有《集仙传》。其他诸如陈葆光的《三洞群仙录》及其中征引的《小仙传》《疑仙传》《仙传拾遗》等历代仙传种类繁多，不下数十种。至于小说笔记中与仙传体裁相似的撰述诸如《搜神记》《搜神后记》《幽怪录》《玄怪录》《真怪录》之类，更是不胜枚举。实际上，中国古代的神仙传记本身就是一种值得人们重视的文化现象。我们实在应创立一种"仙传学"来专门研究它。

陈抟之师还有何昌一，据南宋陆游《老学庵笔记》载述，陈抟曾从邛州天庆观道士何昌一学"锁鼻术"。

**2. 陈抟著述考**

陈抟是一位擅长为文的道者，他的诗文境界高迈，迥脱尘寰，绝少烟火浊气。他一生中著述颇丰，可惜这些著作留传下来的极少。关于陈抟的著述，《太华希夷志》提到三种，此即《指玄篇》八十一章，《入室还丹诗》五十首，《钓潭集》万余字。其云："先生著《指玄篇》八十一章，入室还丹诗五十首，又作《钓潭集》万余字。皆缕道妙，包括至真。其言简而理深，使观者有所自得。"对于此《指玄篇》八十一章之旨意，北宋初王溥曾撰解文八十一章予以诠释，《宋史·隐逸传》云："抟好读《易》，手不释卷。常自号扶摇子，著《指玄篇》八十一章，言导养及还丹之事。宰相王溥亦著八十一章以笺其指。抟又有《三峰寓言》及《高阳集》《钓潭集》。诗文百余首。"在此前著述之外，又提到《三峰寓言》《高阳集》二书。

陈抟的上述著述，在他去世后不久，曾由其弟子曾孙武编成全集。《太华希夷志》载其事云："先生没后，有弟子曾孙武尊师，因范文正公指教，得入室还丹诗于京师凝真院，得《三峰寓言》于太华李宁处士，得《指玄篇》于赤城张无梦，得《钓潭集》于张中庸进士。共三百篇余，乃纂先生传集，并《养生要旨》及《李真人服饵法》。"这里提到陈抟的弟子曾孙武在范仲淹的指点下编辑整理其师的著述。这一记载是可靠的。在陈抟的这些著述中，集中体现其丹道思想者应为《指玄篇》八十一章。又关于陈抟《三峰寓言》一书之宗旨，后人多以为演述阴丹修炼术。按陈抟传承之内丹道是否涵括阴丹修炼，对此，后世道者聚讼纷纭，然考之于释文莹《湘山野录》卷上述种放向希夷乞"素履之术"一事，当非妄传。其云："种（种放）又乞素履之术，陈曰：'子若寡欲，可满其数。'种因而不娶不媵，寿六十一。"

在考查陈抟的著述时，有一个现象使作者感到十分不解，此即陈抟的道家类著述均不见于宋代各种目录书的著录。笔者曾查考英国学者龙彼得的《宋代馆阁及家藏道书综录》，竟然没有发现任何一种陈抟著述的痕迹！其中虽有《崇文目》《宋史·艺文志》著录《指玄篇》一卷，但是又题捷神子唐元著，可见显系另一书。又曾慥《道枢》卷一三亦录《指玄篇》，然观其文，多为吕纯阳、刘海蟾等人之议论，亦与陈抟毫无关系。然而，根据宋代各种道书的征引，陈抟的确曾撰有《指玄篇》。例如题名林屋山人全阳子注解的《吕纯阳真人〈沁园春〉注解》即引陈希夷《指玄篇》"有个乌飞入桂宫"之句。又俞琰《周易参同契发挥》卷二亦引《指玄篇》"磹光中扶赤子，鼓鼙声里用将军"，卷五则引"一马自随天变化，六龙长驾日循环"，卷七又引"必知会合东西路，切在冲和上下田"，卷八引"但能息息皆相顾，挽尽形骸玉液流"，卷九引"多少经文句句真，流传只是接高人"。此外，《紫阳真人〈悟真篇〉注疏》亦有征引。这些引文均源于宋人之文，由此看来，陈抟撰作《指玄篇》八十一章之事，当确凿无疑。又此书系专论内丹修炼之事，亦无可疑。然而，笔者的疑问始终没有消除：像陈抟这样在宋代享有盛名的高道，为什么他的道家类著述在宋代未终之前就散佚难觅？

《正统道藏》录有数种题名陈抟撰述的著述。其一为《阴真君还丹歌注》，题希夷陈抟撰。此书重点讨论内丹修炼之事，其所述丹法极为独特，与钟吕内丹道差别极大。又此书涉有阴丹之事。《阴真君还丹歌注》虽不见于《太华希夷志》及《宋史·艺文志》的著录，然观其所述丹道，应视为陈抟的作品。其二为《观空篇》。此文载于宋曾慥《道枢》卷一〇。该文亦不见于上述二书的著录，然曾氏生活于两宋之交，又博览群书，于道教内丹学有深入了解，因此他的著录应当是有根据的。除此之外，《道家金石略》收有陈抟所撰碑文两篇：一为《广慈禅院修瑞像记》，二为《太一宫记》。又陈抟的易学类著述有两种，其一为《龙图序》载于《宋文鉴》，另一为《龙图易》，《宋史·艺文志》著录。

# 明初武当道士内丹修炼考略

杨立志

**内容摘要：** 武当道教有重视内丹修炼的传统。明代初年武当道士修炼内丹者甚众，洪武年间张三丰在武当山修道授徒20余年，其徒弟如丘玄清、卢秋云等多擅长内丹修炼；永乐年间朝廷敕建武当山宫观，任命任自垣、李素希、孙碧云等17人为各宫提点，并钦选各地道士400名到武当山焚修办道，这些道士多是至诚敬谨、修炼内丹的高道。本文主要根据《敕建大岳太和山志》《张三丰全集合校》和武当山现存明代碑刻等文献，对张三丰师徒在武当山的内丹修炼、永乐年间钦选提点的内丹修为、朝廷对武当道士内丹修炼的支持保护等略做考证。

**关键词：** 武当山　张三丰　内丹修炼　任自垣

**作者简介：** 杨立志，湖北汽车工业学院人文学院教授，湖北省高校人文社会科学重点研究基地武当文化研究与传播中心主任，湖北省武当文化研究会会长。

---

明代初年武当道士修炼内丹者甚众。洪武年间，张三丰祖师修道授徒二十余年，其选择的徒弟如丘玄清、卢秋云、刘古泉、杨善澄等多为修炼丹道者。永乐十年（1412）朝廷大建武当山宫观，命正一嗣教真人张宇清举保道士任自垣、邵庆芳、李时中、李素希、孙碧云等17人任各宫提点，另在全国选择400名道士到武当焚修办道，这些道士都是至诚敬谨、精进修行的高道。本文主要根据明宣德六年（1431）太常寺丞任自垣编纂的《敕建大岳太和山志》（以下简称《敕建山志》）《张三丰全集合校》《天顺襄阳府志》和现存明代碑刻等文献，对张三丰师徒在武当山的丹道修炼、永乐年间钦选提点的丹道修为及朝廷对武当道士丹道修炼的支持和保护等略做考证。

## 一　张三丰师徒在武当山的丹道修炼

明洪武年间，张三丰祖师修道授徒二十余年。《敕建山志》对他修炼丹道的情况有明确记载，明清地方志和目录学文献中也有不少内容涉及他的丹道修为和丹道著述。

张三丰到武当山修道的时间约在明洪武二年（1369）前后，离开武当山的时间约在明洪武二十三年（1390）。他在武当山的主要活动有：1. 敬谒玄天上帝；2. 复兴武当三宫；3. 任五龙宫住持；4. 搭建草庐修道；5. 选择徒弟传道；6. 预言武当山将大兴等。《敕建山志》卷六《张全一传》是现存最早的张三丰传记，内容丰富，语言生动，是我们研究张三丰生平事迹的重要文献。其全文如下。

> 张全一，字玄玄，号三丰。相传留侯之裔，不知何许人。丰姿魁伟，龟形鹤骨，大耳圆目，须髯如戟。顶中作一髻，手中执方尺。身披一衲，自无寒暑。或处穷山，或游闹市，嘻嘻自如，傍若无人。有请益者，终日不答一语。及至议论三教经书，则络绎不绝。但凡吐词发语，专以道德、仁义、忠孝为本，并无虚诞祸福，欺诳于人。所以心与神通，神与道一，事事皆有先见之理。或三五日一餐，或两三月一食。兴来穿山走石，倦时铺云卧雪，行无常行，住无常住。人皆异之，咸以为神仙中人也。洪武初，来入武当，拜玄帝于天柱峰。遍历诸山，搜奇览胜。尝与耆旧语云："吾山异日与今日，大有不同矣。我且将五龙、南岩、紫霄，去荆榛，拾瓦砾，但粗创焉。"命丘玄清住五龙，卢秋云住南岩，刘古泉、杨善澄住紫霄。又寻展旗峰北陲，卜地结草庐，奉高真香火，曰"遇真宫"。黄土城卜地立草庵，曰"会仙馆"。语及弟子周真德："尔可善守香火，成立自有时来，非在子也。至嘱，至嘱。"洪武二十三年，拂袖长往，不知所止。二十四年，太祖皇帝遣三山高道，使于四方，清理道教："有张玄玄可请来。"永乐初，太宗文皇帝慕其至道，致香书，累遣使臣请之，不获。后十年，敕大臣创建宫观一新，玄风大振。自高真升仙之后，未有盛于今日者。师之所言，信不虚矣。①

这篇传记对张三丰的相貌特征、穿着打扮及行为习惯有清晰的描述。其中有些内容就是对他修炼丹道情况的直接记述。如"身披一衲，自无寒暑。或处穷山，或游

---

① 任自垣：《敕建大岳太和山志·集仙记》第五篇卷之第六，杨立志点校《明代武当山志二种》，湖北人民出版社，1999，第128页。

闹市，嬉嬉自如，傍若无人。有请益者，终日不答一语。……所以心与神通，神与道一，事事皆有先见之理。或三五日一餐，或两三月一食。兴来穿山走石，倦时铺云卧雪，行无常行，住无常住。人皆异之，咸以为神仙中人也。"从一般常识角度看，没有丹道修为的人，不可能从冬天到夏天都只穿一件道衲；没有丹道修为的人，也不可能两三月只吃一餐饭。只有丹道修为很高的人，才能不畏寒暑，冬夏只披一衲，铺云卧雪也不会生病；只有丹道修为很高的人，才能长期辟谷，即使两三月一食也不会感觉饥饿。正因为他有很高的丹道修为，所以人们才会感到惊异，都认为他是修炼成仙的高人。

明代人心目中的神仙一定是长期修炼丹道、道德崇高、超凡脱俗的高人。湘王朱柏（1371~1399）一生笃信道教，自取道号曰"紫虚子"，并四处寻访道教名士。他的封地在湖广荆州，离武当山最近，与武当道士多有交往，对张三丰的各种神异传说颇为熟稔。因此，洪武二十四年（1391），湘王朱柏亲自到武当山天柱峰朝谒玄帝，并寻访张三丰。但此前一年，张三丰已经"拂袖长往，不知所止"。寻访张三丰而不得，朱柏颇为惆怅，写有《赞张真仙诗》以抒感怀，诗云："张玄玄，爱神仙。朝饮九渡之清流，暮宿南岩之紫烟。好山劫来知几载，不与景物同推迁。我向空山寻不见，徒凄然！孤庐空寂大松里，独有老弥松下眠。张玄玄，爱神仙。匪抑乘飙游极表，茅龙想驭游青天。"① 从这首诗可知张三丰在武当山修炼的是金丹大道，是神仙之道，所以，笃信道教丹道修炼的湘王朱柏对其极为仰慕。

关于张三丰丹道修炼的著述，蜀人李迦秀曾言"刊于前明永乐时"。《三丰祖师全集》初辑者汪锡龄亦称："《云水前集》者，三丰先生在元明间所作者也。永乐时胡广等收入《大典》之内，世间少得其本。嘉靖中诏求方书，仍从《大典》中翻出梓行。"② 此说可证张三丰著作早在明代前期即有刻本传世。在明清两朝的目录文献中也不乏记载，如明代无名氏撰《天水冰山录》："张三丰《金丹节》一部，手抄。"③ 清初黄虞稷（1629~1691）撰《千顷堂书目》卷十六："《张三丰真仙遗事》一卷（万历丙申平越守王恩民偕都匀司理李珏同辑）。""张三丰《金丹还液捷径口

---

① 任自垣：《敕建大岳太和山志·诰副墨》第一篇卷之第二《大明诏告》，杨立志点校《明代武当山志二种》，湖北人民出版社，1999，第36页。
② 李西月重编、郭旭阳校订《张三丰全集合校》卷五，长江出版社，2011，第201页。
③ 《天水冰山录》（撰者不详）卷六，王云五主编《丛书集成初编》，商务印书馆，1937。

诀》、又《金丹直指》一卷、又《金丹秘旨》一卷。"① 明代朱睦㮮（1518～1587）撰《万卷堂书目》卷三"道家"类录有"《金丹秘旨》一卷""《金丹直指》一卷"等当亦为张三丰所著。②《明史·艺文志》："张三丰《金丹直指》一卷、《金丹秘旨》一卷。"③ 李西月重编《张三丰全集合校·凡例》云："《明史·文翰类》所载道书目，其中有先生《金丹直指》一卷、又《金丹秘诀》一卷，即今《大道论》《玄机直讲》与《玄要篇》也。又名《节要》，又名《捷要》，俱见《神仙通鉴》。兹照汪仙所藏、先生自订者名之，不复更易。"④ 今见于版刻者，仍有《大道论》《玄机直讲》《玄要篇》《三丰丹诀》等。

张三丰祖师是全真派高道，非常重视修炼内丹。《敕建山志》称："我祖张真仙道著太微，功参玄造。"志中所载三丰弟子皆修炼内丹。《天顺襄阳郡志》卷三《仙释》云："张三丰，未详何许人。洪武初，云游主于均州，附芝河里道籍。以全真修于大岳太和山，道德隆盛，众皆化之。遂礼请为兴圣五龙宫住持，大阐宗风。"⑤《大道论·上篇》："……学长生者只要以阴功为体，金丹为用，则天数亦可逃也。伏维我太上道祖、列圣高真，施好生之心，广度人之愿，宏开玄教，秘授仙方，名曰'金丹'。原始要终，因此尽露天机，大泄玄奥，其中行持妙用三候三关、九琴九剑、药材法器、火候符章，悉已敷衍全备，各宜详究诸经，以还其性命之本。"⑥《大道论·中篇》："天地之间，至灵至贵者，人也；最忙最速者，时也；可大可久者，金丹也。惜人多溺于功名富贵场中，爱欲恩情之内，狼贪不已，蛾扑何休？一朝大限临身，斯时悔之何及！惟其甘分待终，就死而已。谁知有长生不老之方？谁悟有金丹灵药之妙？诚可惜哉！此金丹灵药，非世间之所无，非天上之不可得者，只在于同类中求之，乃生身固有之物也。简而且易，至近非遥。余尝有《金丹赋》记之，词极朗畅，今追忆其中段云：'夫造金丹者，始则借乾坤为玄牝，学造化于阴阳。识二八之相当，知坎离之互藏。候金气之满足，听水潮之汪洋。继则看铅花于癸后，玩月夕于庚方。制刀圭于片晌，罢龙虎之战场。唤金公而归舍，配玉女而入房。'果能此道

---

① 黄虞稷：《千顷堂书目》卷十六，上海古籍出版社，1990，第437页。
② 朱睦㮮撰《万卷堂书目》卷三，叶德辉《观古堂书目丛刻·万卷堂书目》，光绪二十八年（1902）湘潭叶氏刊本，第5页。
③ 张廷玉等撰《明史》卷九八，《艺文志》卷三，中华书局，1974，第2451页。
④ 李西月重编、郭旭阳校订《张三丰全集合校·凡例》，长江出版社，2011，第4页。
⑤ 张恒编纂、高新伟点校《天顺襄阳郡志》卷三，《陕西省图书馆藏稀见方志丛刊》第1册，北京图书馆出版社，2006，第355～356页。
⑥ 李西月重编、郭旭阳校订《张三丰全集合校》卷三，第93页。

矣，虽愚必明，虽柔必强。"① 张三丰祖师的内丹学从宇宙生成探索人生命之源，《大道论》以无极—太极—阴阳五行的宇宙生成论比附于人之生育，称"浑浑沦沦，孩子之体，正所谓天性也。人能率此天性以复其天命，此即可谓之道"。

张三丰祖师的内丹学非常重视心性修炼。《道言浅近说》："大道以修心炼性为首。性在心内，心包性外。是性为定理之主人，心为栖性之庐舍。修心者，存心也；炼性者，养性也。存心者，坚固城郭，不使房屋倒坍，即筑基也；养性者，浇培鄞鄂，务使内药成全，即炼己也。心朗朗，性安安，情欲不干，无思无虑，心与性内外坦然，不烦不恼，此修心炼性之效，即内丹也。"②《道情歌》说："道情非是等闲情，既识天机不可轻。先把世情齐放下，次将道理细研精。未炼还丹先炼性，未修大药且修心，心定自然丹信至，性情然后药材生。"③ 至心空性观，"一阳初动"，即须及时采药封固，炼化精气，称"金液还丹"。

张三丰在武当山选中的徒弟主要有丘玄清、卢秋云、周真德、杨善澄、刘古泉等五人。上引《张全一传》云："命丘玄清住五龙，卢秋云住南岩，刘古泉、杨善澄住紫霄。"

丘玄清（1327～1393），号云谷，西安富平（今陕西富平县）人。《敕建山志》云："自幼从黄冠师黄德祯出家，读书造理。"④ 洪武四年（1371）来游武当，见张三丰真仙，举为五龙宫住持，率徒重建五龙宫。洪武十四年（1381）官府以其贤才行能荐于朝廷，除授监察御史。次年破格提拔为太常寺卿，诰封二代，宗祖蒙麻。十八年（1385）敕授"嘉议大夫太常寺卿"。⑤ "平昔公余，《黄庭》《道德》不辍于口，闲则凝神坐忘。一夕，谓门徒曰：'我当谢天恩弃尘世去也。'翌日，沐浴更衣，端坐瞑目，翛然长逝。寿年六十七岁。"⑥ 明代刘三吾所撰《武当五龙灵应宫碑》云："会陕西咸宁丘公玄清，偕其徒蒲善渊，道汉中，抵四川，至金川、商山求胜地栖息，不可得。洪武四年，复自襄阳历均之武当，顾瞻徘徊，闵兹福地，瞿尔厄会，首

---

① 李西月重编、郭旭阳校订《张三丰全集合校》卷三，第93~94页。
② 李西月重编、郭旭阳校订《张三丰全集合校》卷三，第112页。
③ 李西月重编、郭旭阳校订《张三丰全集合校》卷四，第122页。
④ 任自垣：《敕建大岳太和山志·采真游》第六篇卷之第七，杨立志点校《明代武当山志二种》，湖北人民出版社，1999，第131页。
⑤ 任自垣：《敕建大岳太和山志·诰副墨》第一篇卷之第二《大明诏告》，杨立志点校《明代武当山志二种》，第16页。
⑥ 任自垣：《敕建大岳太和山志·采真游》第六篇卷之第七，1999，第131页。

筑拾瓦砾，理其故墟。积精存神，修真导和，服行清净，承学大来"①。丘玄清是全真派道士，经常"凝神坐忘"，"积精存神，修真导和，服行清净"，其修炼丹道的功夫为世人称道。

张三丰在武当山选中的徒弟卢秋云、周真德、杨善澄、刘古泉等也都有修炼丹道的经历。卢秋云（？～1410），光化（今湖北省老河口市）人。早从终南山大重阳万寿宫高士游，悟全真之理。复归武当山五龙宫，住持有年。"后退隐于南岩紫霄之巅，杜门不出，以道自任，若将终身焉"②。刘古泉，河南人，生卒年月不详。"早脱樊笼，有蹑景凌虚之志，九还七返之妙，调铅炼汞之功，并无虚日。石火电光，知其自警。既后精神全就，与道惟一，乃入宝珠岩下蒲团。春风之乐，自谓足矣。一旦告道友杨公曰：'吾今解带，正在此时'。语毕，撒手而去"③。杨善澄，太行西山人。"夙有道契，清源中来，默守珠辉，根深蒂固，志在太和紫霄之上。后果如其意。同刘古泉结岁寒之盟，偕入宝珠岩下。闲谈太极，至乎无极之妙。一点头来，与（刘）古泉各自珍重。翌日，溘然而去"④。周真德，上引《张全一传》云：张三丰在武当山卜地建遇真宫、会仙馆后，对其弟子周真德说："尔可善守香火，成立自有时来，非在子也。至嘱至嘱。"以上四人合称"太和四仙"，也以修炼丹道著称于世。

《敕建山志》还记载了丘玄清的两名徒弟燕善名、蒲善渊，亦为修炼丹道者。"燕善名。……丰姿绰约，貌相朴实，爱慕清虚，不仕不娶。从丘公玄清，入武当，勤事香火，朝夕弗替。其气宇冲冲，若与神明交。凡语默之间，与众又同，道俗无有不敬慕焉。永乐十八年，无疾而化。"⑤ "蒲善渊。关西人。从丘公玄清，学庄、列之道。洪武十五年，钦除均州道正。……一日，于章贡玄妙观无疾而化。葬于黑虎涧之上。"⑥

与张三丰师徒同时在武当山修炼丹道的道士还有数人。黎一泉"自幼出家于紫霄宫。元末游江左诸名山大岳，访道寻师，杖履瓢笠，放浪形骸之外。再谒毛公坛张公洞，得林屋洞天王无伪授以太极上道、清微底奥。仍归紫霄岩，习静萧间，炼神养气，不知所为也。年八十余，翛然脱去。"⑦ 李德困"自幼入陕西重阳万寿宫出家，

---

① 任自垣：《敕建大岳太和山志·录金石》第十篇卷之十三，杨立志点校《明代武当山志二种》，湖北人民出版社，1999，第191页。
② 任自垣：《敕建大岳太和山志·采真游》第六篇卷之第七，1999，第131～132页。
③ 任自垣：《敕建大岳太和山志·采真游》第六篇卷之第七，1999，第130页。
④ 任自垣：《敕建大岳太和山志·采真游》第六篇卷之第七，1999，第130页。
⑤ 任自垣：《敕建大岳太和山志·采真游》第六篇卷之第七，1999，第132页。
⑥ 任自垣：《敕建大岳太和山志·采真游》第六篇卷之第七，1999，第133页。
⑦ 任自垣：《敕建大岳太和山志·采真游》第六篇卷之第七，1999，第132页。

《道德》、《南华》、三教经书，得其要旨。壮年游武当，于紫霄宫礼高士曾仁智为师，授以清微雷法。明先天之理，知体用之源，行之有年。徙居元和观。洪武二十三年，湘王殿下来谒武当天柱峰，见师有修炼之功，益嘉之，赐住荆州府长春观。一日，谓门人曰：'吾将返矣。'以颂示之：'八十余年光阴，不染不着毫分。大笑呵呵归去，一轮明月当天。'王闻之，嗟悼不已。赠曰：'尔本无生，何期云殁。拂袖三山，金宫银阙。咦！今日大地光明，万里秋天明月。'于是，遣官还葬于元和观之东。"① 周自然"自幼入全真教。及长游于四方，一以道化俗，次以药济人。洪武初，来住武当五龙行宫，居民见其道明药效，无不敬慕之。年将耄耋，貌若童颜，行止自若，心性怡然。一日，以所藏道书、医术付与门弟子：'吾当委顺而去。'翌日，更衣沐浴，遽然长逝。葬于桃源洞。"②

## 二 永乐年间钦选各宫提点的丹道修为

永乐十年朝廷大建武当山宫观。次年，明成祖命正一嗣教真人张宇清举保道士任自垣、邵庆芳、李时中、李素希、孙碧云等17人任各宫提点，另在全国选择400名道士到武当焚修办道，这些道士都是至诚敬谨、精进修行的高道。《敕建山志》录有永乐十一年（1413）九月十一日明成祖敕谕："敕隆平侯张信、驸马都尉沐昕：今正一嗣教真人张宇清举保道士，分派各宫。道录司右玄义任自垣、道士邵庆芳为玄天玉虚宫提点，高道周惟中兼提点，林子良为副宫。兴圣五龙宫以李时中为住持，道士吴继祖为提点。太玄紫霄宫以李幽岩、胡古崖为提点。大圣南岩宫已命右正一孙碧云为住持，以王一中为提点副之。各处宫名，只依此敕为定。用报汝知之。故敕。"③ 兹选录《敕建山志》中钦选各宫提点小传，参考相关诗文，以见其丹道修为情况。

孙碧云（1345~1417），陕西冯翊（今陕西省大荔县）人。幼年颖悟，愿欲学仙，年十三入华山为道士，"寻钱刀之踪，追希夷之际，岩栖屋树，服气养神，探黄老经旨、周易参同与夫儒释，诸子史书，罔不熟读，研精覃思，固有年矣。继后，道价日溢，玄风大振。洪武年间，太祖皇帝征至京师，上见其仙风道骨，真玉清客也。

---

① 任自垣：《敕建大岳太和山志·采真游》第六篇卷之第七，1999，第132页。
② 任自垣：《敕建大岳太和山志·采真游》第六篇卷之第七，1999，第132页。
③ 任自垣：《敕建大岳太和山志·诰副墨》第一篇卷之第二《大明诏告》，1999，第21页。

故誉之，赐衲衣斋供，馆于朝天宫阛堵。"①《华州志》载："半截山……有孙碧云道庵，庵下溪中，在巨石大窝，世传孙碧云受张三丰仙人之道术，驭鹤引凤。"② 半截山是少华山主峰之一，又名石皂山，位于陕西华县寺南。孙碧云出家于太华山，后移居于少华山。洪武二十七年（1394），明太祖因梦遣奉御张武等人请孙碧云至京，命住朝天宫，遣官赐衣。十二月十一日第二次诏见碧云，朱元璋问："三教之说，其优劣如何？"孙碧云回答说："于道言之，则无优劣之辨。教虽分三，道乃一也。……若此三教之说，途虽殊而归乃同矣也，虑虽百而致乃一也，本无优劣之辨。"朱元璋听完他的这番议论，龙颜大悦，对孙碧云说："朕便是轩辕，尔便是广成子。"③ 次年正月，朱元璋赐给孙碧云御膳珍果，允许他回少华山修真养性。永乐四年（1406），肃庄王朱瑛建兰州金天观成，迎孙碧云前往传道。永乐六年（1408），孙碧云返回少华山修道。永乐十年明成祖诏其至阙下，敕授道录司右正一职事，赐御诗一章，并对礼部尚书吕震下圣旨说：让孙碧云到武当南岩办道修行，并准许他自由往来天下福地，修行云游。同年三月，明成祖又命他到遇真、五龙、紫霄、南岩四处勘查测量，定其规制，为营建工程做规划设计。永乐十五年（1417）孙碧云对门人说："教门已兴，吾将往也。""翌日，更衣沐浴，焚香遥空礼谢，端坐而逝。驸马都尉沐昕、礼部尚书金纯、侍郎郭琎闻讣，嗟悼不已。孙碧云故后葬于桧林庵。太易子作《碧云集》行之于世。"④ 他是武当山榔梅派的开山祖师，该派又称"武当本山派"，主要在南岩宫等处传承。永乐十年三月初六日，明成祖以诗赐虚玄子孙碧云："太华山高九千仞，幽人学道巢其巅。……若遇真仙张有道，为言伫俟长相思。"诗中特别提到孙碧云的丹道功夫："炼就还丹握化权，三关透彻玄中玄。高奔日月呼紫烟，绛宫瑶阙长周旋。五华灵芽植丹田，明珠一点方寸圆。"⑤ 由此可以看出，皇帝对他的丹道修为是非常欣赏的。

李素希（1328~1421），字幽岩，号明始韬光大师，河南洛阳人。生于元末，自幼业儒，不喜荣达。弃家入武当山五龙顶，粗衣粝食，枕石漱流。好读《周易》《道德经》，明其理。洪武初年，度为道士，住持五龙宫。后又退隐于自然庵，不与人交

---

① 任自垣：《敕建大岳太和山志·采真游》第六篇卷之第七，1999，第133页。
② 李可久修、张光孝纂《华州志》，何建明主编《中国地方志佛道教文献汇纂·人物卷》第128册，国家图书馆出版社，2013，第230页。
③ 任自垣：《敕建大岳太和山志·诰副墨》第一篇卷之第二《大明诏告》，1999，第16~17页。
④ 任自垣：《敕建大岳太和山志·采真游》第六篇卷之第七，1999，第133页。
⑤ 任自垣：《敕建大岳太和山志·诰副墨》第一篇卷之第二《大明诏告》，1999，第19页。

往，含光守默。永乐三年（1405），他忽见古榔梅树开花结果，知道这是丰年之瑞兆，故遣道士易本中等贡献给朝廷。明成祖很重视这件事，认为这是高真效详，降灵祝福。令道士万道远捧敕谕赍香至武当山，焚香祭祀，以答神贶，并赐给李素希彩缎一表里，丝衣一袭，钞四十锭。次年，榔梅又实，再遣道士吕正中进献，成祖赐赏如前。同年，李素希赴京城皇宫谢恩，成祖赐他在便殿就座。问以"理国治身之道"，他以"道德"奏对，成祖很高兴，礼待甚厚，赐还本山。永乐十一年，朝廷任命他为五龙宫提点。永乐十九年（1421）六月初五日，嘱徒众"各宜精修香火，学道专勤，令教门大兴，吾去无憾也"。① 语毕，端坐而逝，终年九十三岁。羽化时，户部主事王和亲在其侧。翌日焚化，骨齿皆青，人皆以其为仙。明成祖及太子朱高炽闻讯，称他为"忠君爱国""修行得道的好人"。并命礼部左侍郎胡濙于永乐二十二年在五龙宫榔梅台为其立碑，将成祖赐给他的二道敕书刻石，记其事。② 明代诗人王绂（1362~1416）有《逢武当道士李幽岩用王修撰韵》："暂携笙鹤远朝天，尽道丹成骨已仙。岩构往来驯虎豹，荷衣著破带云烟。岁周甲子何曾记，夜遇庚申便不眠。回首故山归兴好，啸歌风月浩无边。"③ 李素希是全真派道士，"读书明理，炼性修真，志节孤高，廉静寡欲，薄于自奉，矜恤贫难，粝食粗衣，心常自足。"④ 他长期隐修于五龙宫自然庵，含光守默，精勤至道，故羽化后人们多认为他已丹成道备，翛然为仙。

武当山玉虚宫提点、太常寺寺丞任自垣也擅长丹道修炼。明代提调太和山参议方升编纂的《大岳志略》卷二《人物略》撰有其传记："任自垣，字某。幼颖悟，读书便知句读，晓大义，出家三茅山元符万宁宫道士，遂知名。永乐九年，授道录司右玄仪。永乐十一年选授太和山玉虚宫提点。宣德三年，升太常寺寺丞，提调本山。所著辑有《太和山志》行于世。宣德五年，以寿终。还葬句容"⑤。根据史料考证，任自垣（？~1431年），字一愚，号蟾宇。江苏京口（今江苏省镇江市）云阳人。自幼好学，天资颖悟，精通儒典，辞章雅尚。初入句容茅山元符万宁宫学道，精修苦行，名声渐著。永乐四年（1406）选赴文渊阁，参与编修《永乐大典》。永乐九年被荐入

---

① 任自垣：《敕建大岳太和山志·采真游》第六篇卷之第七，1999，第130~131页。
② 任自垣：《敕建大岳太和山志·诰副墨》第一篇卷之第二《大明诏告》，1999，第28~29页。
③ 王绂：《王舍人诗集》卷四，《四库全书·集部·别集类》第1237册，上海古籍出版社，1987，第27页。
④ 任自垣：《敕建大岳太和山志·诰副墨》第一篇卷之第二《大明诏告》，杨立志点校《明代武当山志二种》。
⑤ 方升：《大岳志略》卷二《人物略》，陶真典、范学锋点注《武当山明代志书集注》，中国地图出版社，2006，第200页。

朝，授道录司右玄义。永乐十一年因武当山诸宫观提点缺员，经第四十四代天师张宇清推荐，敕授玄天玉虚宫提点。永乐十七年，以武当宫观主体工程完工，入朝谢恩，并在奉天门早朝时口奏数事获准。同年，诏购天下名山所藏道书。集学道之修法博习者，校正、类聚，会合而编修为《道藏》，"遂以先生总之"。永乐二十年，"经成进之于朝，俱获赏赐"①。宣德三年（1428）升为太常寺丞、上清五十六代宗师，提调大岳太和山。宣德六年表进《敕建大岳太和山志》十五卷（按：方升《大岳志略》说他宣德五年寿终，不确。终年当为宣德六年）。羽化后还葬句容。明仁宗为任自垣撰有《御制蟾宇歌》："……潇然物外离尘缨，若人禀赋淑且清。早岁学道栖岩洞，葆和修真久乃成。虚室生白斯其征，皓如蟾魄涵晶明。放之六合弥光莹，敛之方寸何亏盈。抗志云霞岂慕名，和光时俗匪耽荣。道积厥躬声乃宏，奉祠大岳昭虔诚。祝禧祚国召嘉祯，景星煌煌泰阶平……"② 国子监祭酒胡偐（1360～1443）《蟾宇歌有序》对其丹道修为有较多描述："大岳玄天玉虚宫提点任一愚，自少修真于茅山，以蟾宇自号，岂况然者。盖昔学仙之徒，若刘、葛二师，一号海蟾，一号玉蟾，其有由来矣。然尝闻内景之说，有日魂月魄之喻，不可以偏废也。苟滞于一，则所谓蓬莱又隔几尘矣。然刘、葛二师必有其旨。盖蟾食气之物也，气固则形全，形全则精复。庄生曰：'形全精复，与天为一。'二师之意，或者在此乎？一愚亦慕二师而名者耶。既述其所以，复为之歌：'八荒荡荡天宇清，银汉星稀孤月明。茶烟消尽鹤初睡，云窗洞达虚白生。道人宴坐妆金经，鼻端有白心无营。招摇此指红日升，绛宫月魄蟾光凝。回风混合归黄庭，天门夜开飞爽灵。广寒宫阙当晴昊，霓裳曲度春光早。嫦娥有药不须尝，桂树青青后天老。阴火流金出太渊，莫笑五行颠倒颠。玄谷虚明神不死，夜夜蟾光清彻天。'"③ 安王《赐任蟾宇诗》也表达了对其丹道修为的称颂："上无复色下无渊，个粒光明已洞宣。火候更周超大冶，混融太极一轮圆。"④

李时中（？～1418），江都（今江苏江都县）人，早年入三茅山，从高士学。《周易》《文（子）》《庚（桑）子》《庄子》《列子》诸子书，无不涉览。洪武初年，奉合差往北京崇真万寿宫住持，后任道纪之职。永乐元年（1403），成祖重其道法灵

---

① 任自垣：《敕建大岳太和山志·金薤编》第十一篇卷之第十五，杨立志点校《明代武当山志二种》，第230~231页。
② 任自垣：《敕建大岳太和山志·诰副墨》第一卷之第二《大明诏告》，1999，第30页。
③ 任自垣：《敕建大岳太和山志·金薤编》第十一篇卷之第十五，第230~231页。
④ 任自垣：《敕建大岳太和山志·诰副墨》第一卷之第二《大明诏告》，1999，第37页。

涉，有济人利物之功，授道录司右正一。四十四代天师张宇清举荐，奉敕赐兴圣五龙宫提点。永乐十六年解化，葬于桧林庵。①

邵庆芳（？~1425），番阳（今江西番阳县）人，幼从龙虎山上清宫学道。洪武二十四年（1391），以道行高著，被荐于朝廷，奉命差往广东清理道教。永乐十一年钦除玄天玉虚宫提点，洪熙元年（1425）解去，葬还龙虎山中。②

张古山（？~1418），颍上（今安徽颍上县）人。任志垣《敕建大岳太和山志》卷七云："张古山……居太行五屋山天坛，养素葆和，勤修至道。永乐十五年，朝廷闻基道行，赐大岳太和宫提点。永乐十六年秋，于清微宫解化。葬于桧林庵。"清代乾隆间编修的《江南通志》卷一七五云："张古山，颍州人。生而端重，父母欲为娶妻，不从，入迎祥观为道士。久之，台为武当山提点，能言未形事，后入山采药，不知所终。相传，张三丰游颍，古山师事之，遂得其术。今迎祥观有混元衣，体制特异，或云张三丰所留也。"③

王一中（？~1416），湖广人，从龙虎山上清宫高士游，得清微至道。符水济人，御灾捍患，事多灵验。永乐初，奉命游四方名山大洞。永乐十一年，张宇清荐举他为大圣南岩宫提点。十四年，无疾蜕去。④

钱若无（？~1420），京口（今江苏丹徒县）云阳人。少从清微法师度为道士，正一斋醮之法，罔不研究。永乐十三年钦选静乐宫焚修。十六年张宇清将他保奏于朝廷，钦除本宫提点。十八年羽化。⑤

林子良（？~1421），三山人。幼从龙虎山上清宫出家，历事教门亦有年矣。永乐十一年为四十四代天师举荐，敕赐玄天玉虚宫副宫之职。永乐十七年升大圣南岩宫提点。永乐十九年解化。葬还龙虎山中。⑥

张道贤（？~1425），荆南人。幼从玄妙观出家。洪武二十八年，举为神乐观乐舞生，后奉命采药于名山大川。永乐十五年，钦除玄天玉虚宫提点。洪熙元年十二月三十日羽化，葬于西道院之西南隅。⑦

---

① 任自垣：《敕建大岳太和山志·采真游》第六篇卷之第七，第133页。
② 任自垣：《敕建大岳太和山志·采真游》第六篇卷之第七，第33页。
③ 任自垣：《敕建大岳太和山志·采真游》第六篇卷之第七，第134页。
④ 任自垣：《敕建大岳太和山志·采真游》第六篇卷之第七，第134页。
⑤ 任自垣：《敕建大岳太和山志·采真游》第六篇卷之第七，第134页。
⑥ 任自垣：《敕建大岳太和山志·采真游》第六篇卷之第七，第134页。
⑦ 任自垣：《敕建大岳太和山志·采真游》第六篇卷之第七，第134页。

徐复高（？～1426），南昌奉新人。诗词藻丽，道德微妙。永乐十四年，四十四代天师张真人荐之于朝，任紫霄宫住持。宣德元年，于匡庐峰下无疾而化。①

胡古崖，江西新城人。永乐初，任江西建昌府道纪。十一年，经张宇清举荐，明太宗任命他为太玄紫霄宫提点。②《江西通志》云："胡古崖，新城人。仁宗镇南畿时，征至，命祷旱，应时而雷雨作。尝建醮，群鹤绕坛，上异之，欲受其术，乃以清虚非王者事对。后北迎嗣统，欲与俱行，恳乞归。命主武当山，赐袍笏，兼赐诗曰：'三岛千年客，四海一闲人。残药活鸡犬，灵香出凤麟。饥餐石中髓，困卧天边云。逍遥玉清境，荣迁金简文。月白风清夜，相期泛蓬瀛。'"③

一时间各地擅长丹道修为的高道大德荟萃于武当山。

## 三　朝廷对武当道士丹道修炼的保护和支持

永乐十一年，明成祖在任命任自垣、李时中等高道为武当山各宫提点的同时，命道录司"行文书去浙江、湖广、山西、河南、陕西这几处取有道行至诚的来用。"后来又在江西和应天府增选了一些，前后共选拔高道400名由朝廷授以度牒、禀食、布匹，遣往武当山各大宫观焚修香火，虔心办道。洪熙以后这成了定制，历朝承袭。明成祖为了让这些道士虔诚为朝廷修建国醮，希望他们能专心习静，精进修行，专门下圣旨保护其修炼丹道；在大修宫观的同时，又在玉虚、紫霄、南岩、五龙等宫修建钵堂、圜室，支持道士修炼丹道；明代礼部左侍郎胡濙（1375～1463）有诗文专门描述任自垣坐圜室的情况。

武当山玉虚、静乐、紫霄、南岩、五龙五大宫均有永乐圣旨碑亭，内竖穹碑，碑上用正楷大字镌刻明成祖颁发的《圣旨》："大岳太和山各宫观有修炼之士，怡神葆真，抱一守素，外远身形，屏绝人事，习静之功，顷刻无间。一应往来浮浪之人，并不许生事喧聒，扰其静功，妨其办道。违者，治以重罪。有志诚之士，慕蹑玄关，思超凡质，实心参真问道者，不在禁例。若道士有不务本教，生事害群，伤坏祖风者，

---

① 任自垣：《敕建大岳太和山志·采真游》第六篇卷之第七，第134页。
② 任自垣：《敕建大岳太和山志·楼观都》第七篇卷之第八，杨立志点校《明代武当山志二种》，第138页。
③ 谢旻等纂修《江西通志》卷一百四，《四库全书·史部·地理类》第516册，上海古籍出版社，1987，第30页。

轻则即时谴责，逐出下山；重则具奏来闻，治以重罪。永乐十一年十月十八日。"①《敕建山志》卷二也录有该《圣旨》。② 这道《圣旨》是明成祖保护武当道士丹道修炼的最好证据。首先，该《圣旨》强调太和山各宫观都有修炼内丹的道士，这些道士"外远身形，屏绝人事"。他们每时每刻都要"怡神葆真"，即怡养心神，保持纯真的本性；他们每时每刻都要"抱一守素"，即专精固守不失其道，保持本有的纯真，不为外物所诱惑。其次，该《圣旨》强调要保护太和山道士修炼丹道的静功，不允许任何到处游荡、不务正业的人到宫观中制造事端、大声喧哗，干扰道士们修炼静功，妨碍道士们举办斋醮科仪等法事。如果谁违反了这些规定，朝廷要对他治以重罪。从这道《圣旨》可以看出，明成祖为了让这些道士虔诚为朝廷修建国醮，希望他们能专心习静，精进修行，专门下圣旨保护其抱一守素，修炼丹道。

明成祖为了支持武当道士的丹道修炼，还专门在玉虚、紫霄、南岩、五龙、清微等宫修建钵堂、圜堂（室）等设施，为道士们修炼丹道，闭关守静创造条件。《敕建山志》卷八记载：玄天玉虚宫"永乐十年特敕隆平侯张信、驸马都尉沐昕、礼部尚书金纯、工部侍郎郭进等，率领官员军夫人匠二十余万，创建玄帝大殿、山门、廊庑、东西圣旨碑亭、神厨、神库、方丈、斋堂、厨堂、仓库、道众寮室、浴堂、井亭、云堂、钵堂、圜室、客堂。……钦选道士一百二十人焚修香火"③。兴圣五龙宫"永乐十年，敕建玄帝大殿……方丈、斋堂、云堂、钵堂、圜堂、客堂、道众寮室、仓库，计二百一十五间"④。太玄紫霄宫"永乐十年国朝大兴敕建玄帝大殿……方丈、斋堂、钵堂、云堂、圜堂、厨室、仓库、池亭，一百六十间"⑤。大圣南岩宫"永乐十年敕建玄帝大殿……方丈、斋堂、厨堂、云堂、钵堂、圜堂、客堂；复有南天门、北天门，道众寮室、仓库，计一百五十五间。"⑥ 清微宫"永乐十年敕建玄帝大殿……斋堂、圜堂、厨室、仓库、计三十一间"⑦。

钵堂、圜堂是道士闭关守静、修炼丹道的重要设施。

钵堂，又称钵室，是道观中修习丹道真功的重要场所。《全真清规·坐钵规式》

---

① 武当山玉虚、静乐、紫霄、南岩、五龙五大宫均有永乐时期所建御碑亭，其中龙虎殿外右侧御碑亭存放《圣旨》碑。
② 任自垣：《敕建大岳太和山志·诰副墨》第一篇卷之第二《大明诏告》，1999，第22页。
③ 任自垣：《敕建大岳太和山志·楼观部》第七篇卷之第八，1999，第136页。
④ 任自垣：《敕建大岳太和山志·楼观部》第七篇卷之第八，1999，第137页。
⑤ 任自垣：《敕建大岳太和山志·楼观部》第七篇卷之第八，1999，第138页。
⑥ 任自垣：《敕建大岳太和山志·楼观部》第七篇卷之第八，1999，第138页。
⑦ 任自垣：《敕建大岳太和山志·楼观部》第七篇卷之第八，1999，第139页。

称：“夫坐钵者，自十月初一日为始，集众过冬至新年正月中旬满散，百日为则。如入堂者，各请情愿，本来各各专为自己，生死事大，无常迅速，递相究竟琢磨，参问师德，听从规矩。钵有动有静，动则许容徐徐运动，静则不然。如有神昏点头，摇撼身躯，主钵先行巡牌，以牌挂在昏者身上，三击而退。昏者然后轻轻取牌，徐徐起身，巡究他人后犯者替。或钵末终钟未鸣静牌未换，无故出入语话动摇不依规矩者，并行责罚。如有犯前项事者，副钵本举行，主钵责罚，初犯白堂，再犯罚茶，三犯出堂，重者并行清规。”① 《天皇至道太清玉册》卷五称：“其堂乃四方鸾俦鹤侣栖真之所，自古名山仙迹之所有之。”②

任自垣撰有《钵堂疏》：“敕建大岳太和山大丛林道场，谨循道规，开堂展钵，必得云朋霞友见性明心者。暂梁拘单瓢之只笠，可以过三月之一冬。随分随缘，毋恪毋却，坐进此道，同诣仙阶。幸幸。右伏以混元降世，历游三千诸国，无非将此道包括虚空；重阳出家，坐断万里终南，因会这些儿播扬海宇。一缕清风，尚留玉尘尾；大哉玄妙，不在肉舌尖。脱弃尘缘，名为法器。不凭刚煅，安敢永当。太和山皇恩至渥，玄天帝道力弘深。金楼玉殿霄汉间，紫雾红光星斗外。到此岂容空蹉过，切须莫作等闲看。如今开广大之法门，见在做无边之功德。静一钵，会金水之机，明返还之要，用铅如不用，须向铅中求。勤一钵，论先圣之言，讲全真之道，咏歌而诵词，蹈舞而舒畅。都来要见混元珠，必竟打翻生死岸。铁草鞋踏破参同，七廿师岂由自会；芰荷衲穿来明得，五千字须是我为。木钻岩盘，工夫不易。泉飞土井，岁月而成。人天供养也难消，驹隙光阴休放过。道也德也，念兹在兹。终日香火前，左龙右虎，端拜而祝延圣寿；一朝功行满，笞凤鞭鸾，逍遥而平步太清。谨疏。”③

圜堂，也称圜室、环堵，是道士闭关修炼丹道的重要场所。始于汉代祖天师张道陵。《天皇至道太清玉册》卷五载曰：“以砖砌为室，方圆一丈。无门，只留一窍，以通饮食；后留一穴，以便出秽。全真入圜砌其门，谓之闭关；坐百日乃开，谓之开关。此圜室之制也。始于祖天师张道陵。道陵学长生之道，得黄帝九鼎丹法，入蜀鹤鸣山坐圜，精思炼志，着道书二十四篇。……三年丹成，于永寿元年九月九日与夫人雍氏白日升天。其圜堂自此始也。”④ 学道志士以坐圜守静为入道之本。

---

① 陆道和：《全真清规》，《正统道藏》第 54 册，新文丰出版公司，1995，第 245 页。
② 朱权：《天皇至道太清玉册》，《正统道藏》第 60 册，新文丰出版公司，1995，第 445 页。
③ 任自垣：《敕建大岳太和山志·金薤编》第十一篇卷之十五，第 235 页。
④ 朱权：《天皇至道太清玉册》，《正统道藏》第 60 册，第 446 页。

永乐二十二年（1424）正月，礼部左侍郎胡濙奉命到武当山"告天祝寿"，刚好遇到任自垣坐圜闭关。胡濙对道教丹道修炼颇有研究，非常羡慕任自垣坐圜闭关、精进修行的行为，于是专门写诗描述丹道修炼的体验。《次韵并引》："永乐甲辰正旦，余与户部主事王公，同登大顶，恭拜祖师，告天祝寿。于初五日，至玄天玉虚宫，蟾宇道兄居圜堵，使人欣羡不胜。及闻迩者收奄朽骨三百六十余具，复为炼度，阴功厚德，孰有加焉？上不负朝廷超擢之恩，下克济幽冥，内功外行，表里兼全，仙道可期，玄风大振。吾济亦与有光。今蒙寄诗一章，足见静中清趣，敬赓严韵二首，投进圜中，以俟动时笑览。"次韵一："圣朝文物盛虞唐，制作规模事事强。兴建太和稀世绩，功垂万古永难忘。"次韵二："钟吕超凡显汉唐，后贤追躅奋坚强。坎离交垢真消息，一得原来永不忘。"①

胡濙又撰写五绝《次蟾宇圜中一十六首》，专门描述丹道修炼的体验。

"日逐尘劳辊，区区夜气滋。十寒才一曝，宁得似初时。"

"独羡金门客，归山道愈滋。闭关忘世虑，玄得动当时。"

"功成名赫奕，行满道凝滋。众妙能兼美，飞腾谅有时。"

"堪怜原野草，春至自潜滋。造化真元妙，循还靡息时。"

"一声雷雨作，万物悉荣滋。动植飞潜性，生生各有时。"

"人身小天地，血脉贯通滋。会得归根窍，须臾一复时。"

"酝酿醍醐倏，黄芽日渐滋。这股清意味，不比等闲时。"

"坎作阳初复，离宫汲水滋。虎龙交会处，片晌结丹时。"

"还丹汲玉液，灌溉道芽滋。姹女婴儿会，阳来坤复时。"

"阴阳颠倒术，修炼曰滋滋。恍惚无中有，黄庭交媾时。"

"五行俱籍土，亦赖水源滋。金木相交并，无违进火时。"

"河车运真水，三十六宫滋。顷刻周流遍，从头达足时。"

"十二重楼上，甘泉滴滴滋。五行攒簇处，四相合和时。"

"火枣交梨美，金浆玉醴滋。满腔春意足，便是泰来时。"

"神凝万虑泯，气聚百骸滋。胎息如龟伏，潜心正道时。"

"道备心安泰，丹成体润滋。碧潭秋月皎，浑似未生时。"②

---

① 任自垣：《敕建大岳太和山志·金薤编》第十一篇卷之第十五，第210～211页。
② 任自垣：《敕建大岳太和山志·金薤编》第十一篇卷之第十五，第211～212页。

# 全真道社会角色的变迁*
## ——以青州驼山昊天宫为例的考察

赵卫东

**内容摘要**：据现存碑刻与方志资料记载，元、明、清三代青州驼山昊天宫在地方社会中扮演了不同的角色。元代昊天宫地位显赫，不仅当地官员经常参与宫观活动，而且大德二年（1298）还获赐御香，至治元年（1321）与二年（1322），时任益都路总管的范完泽又两次至昊天宫祈雨。明代中期以后，昊天宫在地方上层社会中的影响力不断下降，但地方官吏和藩王有时仍参与昊天宫的活动。自明万历年间开始，昊天宫的主要服务对象，已由地方社会上层转变为下层普通信众。清代昊天宫的影响力在明代的基础上继续下移，完全变成了以服务下层普通信众为主的宫观。昊天宫在元、明、清三代社会角色的变迁，既与三代的宗教政策有关，也与全真道整体发展趋势一致。

**关键词**：全真道　昊天宫　社会角色　服务对象

**作者简介**：赵卫东，山东大学儒学高等研究院教授，主要从事儒家与道家道教哲学研究。

昊天宫位于今山东省青州市市区西南4公里的驼山之巅，元代全真道士安然子李守正始创，至元二十七年（1290）李守正弟子翟志中，徒孙孟道和、赵志和、马道宽、宋志道等重建，元、明、清三代为青州重要宫观。宫中现存元至民国道教碑刻120余块，详细记载了昊天宫的历史兴衰、历次重修与宗派传承，对此笔者曾专门撰文加以探讨。[①] 因自元代创建以来，昊天宫在青州便具有举足轻重的社会地位，是当地最著名的道教宫观，与青州地方社会关系极为密切。今拟根据昊天宫现存碑刻与方

---

\* 本文为国家社科基金一般项目"全真道学术史"的阶段性成果（项目编号：19BZJ046）。
① 赵卫东：《昊天宫的创立及其宗派传承》，《宗教学研究》2014年第4期。

志资料，对其所承担的社会角色加以考察，通过这个个案的研究，以揭示元、明、清三代全真道社会角色的变迁及其原因。

## 一 服务于地方上层社会的元代昊天宫

昊天宫现存两块元代碑刻，即《元至元二十七年重建昊天宫碑》《元大德六年降御香之记碑》，这两块碑的碑文又著录于清光绪《益都县图志》卷二十八《金石》。《益都县图志》卷二十八《金石》还著录了另外两块昊天宫元代碑刻，即立于元至治二年（1322）的《范完泽祷雨碑并阴》与立碑时间不明的《天泉碑并阴》。除以上4块昊天宫元代碑刻外，《益都县图志》还著录了青州其他地方的元代道教碑刻，主要有《修东岳行宫碑》《田珍立天齐行宫幢》《尼李妙清坟前记》《崇真大师灵祠碑》《修真观碑》《□寿宫重署经幢记》《龙山观碑》《吴道明墓志》《重新圣水神祠碑》《葆真观残碑》等。以上碑刻，详细记载了元代昊天宫以及当时青州其他地方道教的状况，为我们了解元代青州道教的基本情况提供了第一手的资料。下面以昊天宫4块元代碑刻为主，以其他元代碑刻为辅，对元代昊天宫所扮演的社会角色加以详细考察。

金元之际，因丘处机西行觐见，得到成吉思汗信重，获赐诸多特权，使全真道得以迅猛发展，并很快达到鼎盛状态。正是在这样的历史背景下，全真道士安然子李守正，由山东济南来到青州驼山。《元至元二十七年重建昊天宫碑》云："昔安然子李公先生主之，公讳守正，兖州人也。二十七岁，礼济南阳丘紫微宫弘阳郭真人，数载方传印可，直寻于此，居一纪不下山。"[①] 初至青州驼山，李守正"任自然，无乞化"[②]，勤于修持，立志弘道。经过十多年的不懈努力，其在当地逐渐产生影响，局面日益打开，求师问道者纷至沓来，其弟子中优秀者主要有翟志中等。正是在翟志中以及徒孙孟道和等的帮助下，元至元二十七年（1290）昊天宫终于初具规模。《元至元二十七年重建昊天宫碑》云：

> 度门弟翟志中，积行累功，与天坛张二三子，叠石墙，兴殿象，众皆仰奉，

---

① 赵卫东、庄明军编《山东道教碑刻集·青州、昌乐卷》，齐鲁书社，2010，第3页。
② 赵卫东、庄明军编《山东道教碑刻集·青州、昌乐卷》，第3页。

春秋还愿，杂沓岑攀。翟度孟道和、赵志和、马道宽、宋志道，同修共果。孟等翻庀正殿，左龙王堂象，右真官之祠，外护山神，宫门牌额，圣水池亭，宾位斋厨，轮乎次第。……李创于前，孟收于后也。①

正如以上所说，"李创于前，孟收于后"，昊天宫的修建并非一蹴而就，而是前后历时十多年，经过李守正、翟志中、孟道和等师徒三代全真道士的努力，最终于元至元二十七年完成，并立《重建昊天宫碑》以纪其事。

元至元二十七年（1290）昊天宫重建之时，距离第三次佛道论辩已过去十年，因在"佛道之争"中惨败，全真道深受重挫，鼎盛时期已经过去，但即使如此，从《元至元二十七年重建昊天宫碑》碑阴《助缘功德宗派之图》中仍然可以看出，昊天宫的这次重建得到了青州当地官员的一致支持。《助缘功德宗派之图》中所著录参与这次昊天宫重建的主要官员有：益都路人匠打捕鹰房总管姜焕；进义副尉益都县达鲁花赤兼本县劝农事；承事郎益都县尹兼本县诸军奥鲁劝农事杨；进义副尉益都县主簿曲，司吏刘温、吴珪、彭羽；益都县尉丁，司吏常惠、于琛；忠显校尉慈恕；从仕郎府判间丘璧，益昌库副使张惟昌；承务郎尚书户部主事卢瑞；江南浙西道提刑按察司书吏徐天麟；管领益都般阳等路秃鲁花户总管羊裕；管益都七司县宁海州户千户冯益；管益都平滦等路秃鲁花户总管刘；管益都平滦秃鲁花七司县提领王镐；管宁海州弯户崔千户，管宁海州户千户填志；前益都路奥鲁总管知房赵惟顺、赵惟庆，知事董柔，浙西杭州三务提举孟忠；管捕鹰房总管郭郁，副使高世英，管人匠提领马琮，淘金总管府知房刘源；管捕鹰房经历张正，知事宋彬，提领董政、王仲，益都等路医兽都提领王守正；户部胡外郎，经历百□，知事马天骥，外郎刘焕，外郎李英，院长杨德，提领刘成。② 以上不仅几乎囊括了当时益都路各级各类官员，还有承务郎尚书户部主事卢瑞、江南浙西道提刑按察司书吏徐天麟等来自京城以及其他地方的官员。这说明至元二十七年昊天宫的重建，不仅得到了益都路各级官吏的支持，还引起了京城以及其他地方官员的关注。从某种意义上讲，这既可以体现出翟志中、孟道和等全真道士在当地所具有的广泛影响力，而且可以证明昊天宫在当地具有重要地位。

除此之外，《助缘功德宗派之图》还著录了以下参与重建昊天宫的道士题名：在

---

① 赵卫东、庄明军编《山东道教碑刻集·青州、昌乐卷》，第3页。
② 赵卫东、庄明军编《山东道教碑刻集·青州、昌乐卷》，第4~5页。

城上清宫和光大师益都路前道判袁道珪、丁道阳、袁道方、马道静、杨道宁、东岳提点魏道明、魏道寂、范道丰、马道宽、王道用、安然子李守正、孟道和、林道实、方道元；弘阳明真玄德真人翟志中、冲和大师孙道元、赵志和、臧金童、顺真大师王志坚、□□道、马道清；在城会真庵阴守元、刘慧方、卢妙元；□都玉真宫清虚明玄寂照真人陈德平、知宫王道昭、明真达□大师益都路都道□成志希、真静大师益都路道判梅道隐、益都等县威仪韩道茂。① 以上说明，参与至元二十七年这次昊天宫重修的道士，除了昊天宫的道士外，还有上清宫、东岳庙、会真庵、玉真宫等道观的道士，其中还包括了益都路都道录成志希，前道判袁道珪，现道判梅道隐，益都等县威仪韩道茂等道官，说明当时的昊天宫，不仅在当地官员中有重要影响，而且在当地道教内部也有极高的地位。

假如说通过《元至元二十七年重建昊天宫碑》可以看出昊天宫在地方社会中的影响力的话，那么，《元大德六年降御香之记碑》则表明了其地位的进一步提升。《元大德六年降御香之记碑》云：

> 府城西南七里许，峰峦尤美，望之若驼形然，土人相传，谓之驼山。山之巅有宫曰昊天，中有玉皇殿，傍有龙神祠在焉。岁时祷禳，辄获灵贶，兴云致雨，润泽一方者多矣。道人赵志和、□□□、张志恒辈，结庐以住持之。大德二年岁戊戌，天使苟宗礼祗奉德音，分降御香于此。将事之旦，诚意交孚，神人胥悦，林壑辉映。……钦惟圣天子龙飞九五，薄海内外，罔不臣服，万民被其泽，百神享其祀，至于五岳四渎，名山大川，咸加敬礼，靡有遐遗。②

据以上记载，元大德二年（1298），元成宗曾遣使致祭于五岳四渎、名山大川，驼山昊天宫得以分降御香。虽然碑文中说"咸加敬礼，靡有遐遗"，但天下那么多名山大川，肯定不可能全部获赐御香，昊天宫能获此殊荣，说明它的影响力已经不仅仅限于益都路，而是成为全国知名的全真道宫观。

除此之外，《元大德六年降御香之记碑》碑阴还著录大量参与此事的当地官员、道官、道士和普通信众题名，从这些题名中，也可以看出昊天宫当时的影响力所在。

---

① 赵卫东、庄明军编《山东道教碑刻集·青州、昌乐卷》，第5页。
② 赵卫东、庄明军编《山东道教碑刻集·青州、昌乐卷》，第7~8页。

其中官员题名有：管领尧□诸色民匠打捕鹰房等户达鲁花赤朵难；管领尧□诸色民匠打捕鹰房等户总管陈珪，知事杜□，提控案牍张贵，司吏李德；管尧□织锦局提领张复祐，宣慰司夏典；奉直郎益都路总管府判官兼本路诸军奥鲁常恒；益都等路管本□下□□打捕副总管翟聚，男翟秀；前益都行省□公宅总领贾□，大都兵马司□司吏郭彬。① 道官题名有：圆明真□纪德大师益都路都道录梅道隐；通真致微大师益都路都道判王道悟；真素大师益都路道判翟道□；端静真一安然大师前益都临朐等县威仪金道坚；□德通和大师益都临朐等县威仪张惠通；通德大师益都路道录司知书王道真；栖远大师道录司知书宋道坚；希妙大师道录司知书王道扩；道录司知书孙恪庆、威仪司知书盛□；圆明崇教大师前益都路道录司知书姜道真；益都府上清宫纯□资德大师益都路经学提举兼知本宫事丁道阳；和光大师前益都路通判袁道珪，知宫袁道方；通真大师本宫提举马道静，洞真子张道明。② 此外，还有来自昊天宫、上清宫、东岳庙、八仙洞、洞玄观、会真庵、洞真庵等道观的30多位道士，与来自东南隅、西南隅、西北隅、东北隅、驼山东、驼山西等地的普通官员和信众100余位。

元至治元年（1321），范完泽出任益都路总管，清光绪《益都县图志》卷十七《官师志》云："范完泽，字谦之，东平人，益都路总管兼府尹，管本路诸军奥鲁总管，管内劝农事。"③ 范完泽上任之后，分别于至治元年（1321）和至治二年（1322）两次亲至驼山昊天宫祈雨。《范完泽祷雨碑》云：

> 至治改元春，青齐之分，天灾流行，愆期不雨，溪谷断流，井不充汲，山川涤涤，忧深云汉。适遇朝议□命秘书卿范公来□□□，莅政之始，膏润沾濡，欢溢随车之贺，二麦登秋，倍于曩岁。既而夏旱愈甚，公特悯然，以为己责，抚躬顾天齐，勤熏沐，卜吉辰，备祝币，谢僚属，简车从，步登驼山之椒，祷于昊天玉皇上帝孚泽广灵侯祠下。越三日乃雨，不涉旬而大沛者三。于是，屈者信，枯者荣，断者流，涸者盈，行者乐于途，耕者歌于野，江山草木顿还旧观。民□□□□□公心，又曰：渥哉，其泽！搢绅之士，咸咏诗以彰其美，公直以为偶然，略不介意。壬戌之夏，时又亢阳，云霓躲望，公□祠载祷，复应之，捷殆如

---

① 赵卫东、庄明军编《山东道教碑刻集·青州、昌乐卷》，第351页。
② 赵卫东、庄明军编《山东道教碑刻集·青州、昌乐卷》，第350~351页。
③ （清）张承燮修、法伟堂纂《益都县图志》，清光绪三十三年（1907）刻本。

> 影响。谷不疵疹，岁臻丰稔，仍视庙貌之颓圮者，□□□以新之。①

至治元年（1321）夏，益都大旱，上任不久的范完泽为解百姓之忧，"勤熏沐，卜吉辰，备祝币，谢僚属，简车从，步登驼山之椒，祷于昊天玉皇上帝孚泽广灵侯祠下"，这次祈雨非常灵验，三日即雨，而且十天之内连下三场大雨，彻底解决了当时的旱情，使当年农作物喜得丰收。第二年夏，再次天旱少雨，范完泽又至驼山祈雨，再获灵应。因此之故，其倡议重修驼山昊天宫，获得益都路官民的积极响应，至元二年（1322）冬，重修完成，立碑以记其事。

或许是因为两次祈雨获得成功，感动了益都路官民，也或许是因为这次重修活动是由益都路总管范完泽倡议，最终获得了当地官民的大力支持。从《范完泽祷雨碑》碑阴所著录的题名来看，参与这次重修的有官员、道士和普通百姓。其中官员主要有：时阶□议大夫、益都路总管兼府尹、管本路诸军奥鲁总管、内劝农事范完泽；益都路儒学正、里人陶惟明；将仕郎泰安州长清县税务提领王赟；益都路石匠都提领卢铸、男卢德胜；益都录事司达鲁花赤也失花赤；将仕佐郎益都录判王从政，□史修颛；将仕佐郎益都县达鲁花赤忽都帖木儿，承务郎益都路益都县尹乔汝楫；□义校尉益都县主簿周元庆；益都路益都县尉马安善，典史张礼；总府都左衙王用、马义、成玉、李成。② 参与此事的道士主要来自昊天宫，有赵志和、张志山、翟志中、提点高道清、□德明、冯春童等，其他道观道士题名不多。普通信众的题名更少，只有二十多位，而且还有的冠以司史、司吏、管勾、社长、孝义等名，可见多为有一定职务和德高望重的地方耆老。

通过以上考察可以看出，元代昊天宫在当地具有举足轻重的地位。据方志与碑刻资料记载，元代青州并非只有昊天宫一处道观，至少还有上清宫、东岳庙、龙山观、修真观、太虚宫、圣水祠、葆真观、八仙洞、洞玄观、会真庵、洞真庵、明真观等，而在所有这些道观中，无疑昊天宫是最具有影响力的。这不仅可以从《元至元二十七年重建昊天宫碑》《元大德六年降御香之记碑》《范完泽祷雨碑》三块碑刻碑阴题名中看出，而且从大德二年获赐御香和至治元年、二年官方主持的两次祷雨活动也可以充分说明这一点。而且，以上三块元代碑刻著录了当时益都路几乎各级各类官员的

---

① 赵卫东、庄明军编《山东道教碑刻集·青州、昌乐卷》，第352页。
② 赵卫东、庄明军编《山东道教碑刻集·青州、昌乐卷》，第351页。

姓名，这说明他们都参与了与昊天宫有关的活动。虽然《元至元二十七年重建昊天宫碑》《元大德六年降御香之记碑》著录了一些普通信众的题名，但却仅限于很小的区域范围。《元至元二十七年重建昊天宫碑》中的普通信众题名来自"本府城内外""驼山东李保峪"和"驼山西"，《元大德六年降御香之记碑》的普通信众题名，来自东南隅、西南隅、西北隅、东北隅、驼山东、驼山西等，而且在这些普通信众的题名中还夹杂着一些地方官员。这说明，元代青州驼山昊天宫的服务对象，主要是地方官员和附近普通百姓，其在下层民众中的影响力只限于驼山周围地区。

## 二 社会影响力不断下移的明代昊天宫

昊天宫明代碑刻现存8块，即《明成化元年重建昊天宫记碑》《明正德九年樊靖等登驼山诗碑》《明嘉靖二十一年重修驼山昊天宫记碑》《明嘉靖四十三年杜思"天泉"题字碑》《明万历二十一年新建驼峰修路记碑》《明万历四十八年修建钟楼信士题名碑》《明崇祯十四年玉皇上帝圣诞建醮三载记碑》。[①] 或许是由于受到了明初不准私自立碑政策的影响，昊天宫现存明代碑刻最早的是成化元年（1465），成化以前的碑刻一块也没有，这与全国其他宫观的情况基本一致。因此之故，对于明成化元年以前昊天宫的情况，我们已无法了解，只能根据现存的这8块碑刻，结合方志资料，考察一下明朝中后期昊天宫的基本状况。

据《明成化元年重建昊天宫记碑》记载，明天顺八年（1464）八月至成化元年（1465）七月间，在青州知府赵伟的倡议下，昊天宫曾得以重修。《明成化元年重建昊天宫记碑》云：

> 太守上党赵公伟只奉德意于文庙坛场，既以修举，独念兹宫，自昔迄今，保镇一方，屡著灵贶，废而弗举，岂为国安民之心乎？且以旧规卑隘，貌像弗庄，欲因是广而新之。乃先出公帑以为之倡，命耆士李弘、张从等董其事，以劝募乡民之乐助者，民皆悦从。于是，富者舍财，巧者献能，壮者效力，经始于天顺八年八月，落成于成化元年七月。[②]

---

[①] 赵卫东、庄明军编《山东道教碑刻集·青州、昌乐卷》，第9~22页。
[②] 赵卫东、庄明军编《山东道教碑刻集·青州、昌乐卷》，第9页。

按照清光绪《益都县图志》卷十八《官师志》四的记载，赵伟于明天顺二年（1458）任青州知府，其云："赵伟，山西潞州人，举人。初判莱州，卓有声望。天顺二年迁知青州，修衙署，饰学宫，传舍、堂阶、亭馆，咸重新之，民不知疲。未三年，百废俱兴。"① 正如碑文中所说，赵伟在修完文庙坛场之后，便倡议重修昊天宫，命李弘、张从负责其事，历时一年完成。修复衙署、学宫等乃知府分内之事，而赵伟在修复完它们之后，即倡议重修昊天宫，这说明昊天宫在当地仍具有较大的影响力。昊天宫的这次重修，主要是修复了主殿玉皇殿，《明成化元年重建昊天宫记碑》云："凡建殿堂五间，为梁者六，为楹者一十有二，横广五寻有奇，三分其广，而从深居其半，□称之。殿之中塑玉皇暨诸从神像凡九尊，丹垩鲜洁，金碧辉映，不啻玉京贝阙之下临人间也。"②

因明成化元年（1465）的重建是由时任青州知府赵伟倡导，所以青州府和益都县各级各类官吏几乎都在碑阴中有著录，其主要有：守备青州府指挥佥事高源；青州府知府上党赵伟，同知扶风王佐，通判临淮周佐、罗山胡清，推官双江萧让；青州左卫指挥使张广、王耀、周瑛、储亮、孙贤，指挥同知高兴、王琇、刘聚，指挥佥事刘安、查雄、王鉴、张杰、黄忠、李永、罗忠，军政千户朱雄、马乘、程通、田琮、陈政；致仕参议徐弼；经历司知事杜敏、黎胜；照磨所照磨李鼐、检校赵进、司狱司司狱吴玘；府儒学教授魏得福、训导宋锦、戴诚、汪澄；益都县知县董渊、县丞廉林，主簿杨显、典史赵珽；县儒学教谕杨昱，训导黄煜、罗能；永阜仓大使张凤、王鉴、刘巽、张辉，副使汤灌、王玹、李显、刘瑾；税课司大使郭忠；青社马驿驿丞张十；青社□运所大使赵得；阴阳学正术张杰；僧纲司都纲文安，副都纲至进；道纪司副都纪商京童，道士杜一昌；百户温礼。③ 除此之外，为该碑篆额者为昭勇将军守备青州都指挥佥事高源，书丹者为赵伟，撰文者为乡贡进士青州府临淄县儒学教谕包瑜。以上几乎囊括了青州府与益都县的大小官员，还有当地的僧官和道官，以及左卫舍人、府吏、县吏等若干。这种情况与元代昊天宫的情况相当，说明昊天宫当时在青州府仍具有非常大的影响力，是当地一座重要的道教宫观。然而，与元代情况不同的是，《明成化元年重建昊天宫记碑》还著录了大量的普通信众题名，而且他们的来源不再仅限于驼山周围，而是来自临朐、临淄、沾化、乐安、昌乐等周围各县。这说明当时

---

① （清）张承燮修、法伟堂纂《益都县图志》，清光绪三十三年（1907）刻本。
② 赵卫东、庄明军编《山东道教碑刻集·青州、昌乐卷》，第9页。
③ 赵卫东、庄明军编《山东道教碑刻集·青州、昌乐卷》，第10~11页。

昊天宫在仍然受到当地上层社会重视的同时，其在下层民众中的影响力逐步增强，影响力所及范围也已经开始由益都县向周围各县扩展。

到了明嘉靖年间，昊天宫与青州地方社会上层仍然保持着密切的往来和良好的关系，这从《明嘉靖二十一年重修驼山昊天宫记碑》《明嘉靖四十三年杜思"天泉"题字碑》中可以看出。据《明嘉靖二十一年重修驼山昊天宫记碑》记载，明嘉靖年间，昊天宫再次年久失修，出现了"风雨震凌，日就颓圮，丛榛蔓草，埋户塞途，鼪鼯鹇鹊，夜寝处其中，樵夫牧竖，日游吟往返于其上下。山栖谷隐，方外之流，无所依薄"① 的惨状，衡王府礼官李大纶目击心伤，倡议重修。碑云：

> 李子大纶，衡国礼官也。休暇登谒，惕然于里，率道士杨永钦日夜经营。伐木于阿，采石于巘，辟径咏茅，扶倾补弊，葺其殿宇，饬以藻绘，缭以周垣，益之重门，居室廪厨，损益得宜，百年庙貌，一旦焕然。凡一登览，无问大小贤不肖，皆肃然敬惮之。嘉靖己亥春正月，功告成，李子来属余文且告之。②

对于这次重修何时开始，碑中没有提到，只是提到嘉靖十八年（1539）春大功告成。因为这次重修的发起者为衡王府礼官李大纶，所以其仍然得到了地方官员们的支持。碑后题名中提到的官员有：钦差整饬青州兵备山东按察司佥事沈澧；中宪大夫知青州府事任原边沆；奉议大夫同知青州府事朱福；承德郎判青州府事崔子才、唐尧臣、罗贤；承事郎推青州府事李一元，文林郎知益都县事胡宗宪。③ 为该碑篆额者为"赐进士中宪大夫贵州等处提刑按察司副使致仕郡人闾山冯裕"，书丹者为"赐进士中宪大夫河南南阳府知府致仕郡人渑谷杨应奎"，撰文者为"赐进士资善大夫钦差总提督仓场督理西苑农事户部尚书前礼部左侍郎侍经筵郡人东渚陈经"。④

明嘉靖四十三年（1564），时任青州知府的杜思与僚属齐仲贤、薛晨等登临驼山，游览昊天宫，杜思为昊天宫题"天泉"二字，并刻石留存。目前，昊天宫"天泉碑"尚存，但因为漫漶严重，落款已无法辨认。但明嘉靖《青州府志》卷六《地理志》一的《山川》对此有记载，其云："嘉靖四十三年，知府四明杜思暨僚推官平

---

① 赵卫东、庄明军编《山东道教碑刻集·青州、昌乐卷》，第15页。
② 赵卫东、庄明军编《山东道教碑刻集·青州、昌乐卷》，第15页。
③ 赵卫东、庄明军编《山东道教碑刻集·青州、昌乐卷》，第15页。
④ 赵卫东、庄明军编《山东道教碑刻集·青州、昌乐卷》，第14页。

山齐仲贤、文学四明薛晨登览，大书'天泉'二字立石于上，登州府通判东吴钱有威题其后。"① 清光绪《益都县图志》卷二十八《金石下》曾著录了一块《天泉碑》，刻碑时间不可考，但碑文题名中出现了"翟志中、宋志道，住持王德和"等姓名，证明这块"天泉碑"刻于元至元年间，应该与《元至元二十七年重建昊天宫碑》立碑时间接近。② 这说明昊天宫原有一块元代所立的"天泉碑"，至明嘉靖年间时，因该碑遗失或漫漶，青州知府杜思再次重立"天泉碑"。

昊天宫嘉靖以后的明代碑刻共有三块，即《明万历二十一年新建驼峰修路记碑》《明万历四十八年修建钟楼信士题名碑》《明崇祯十四年玉皇上帝圣诞建醮三载记碑》。《明万历二十一年新建驼峰修路记碑》主要记载了明万历二十一年（1593）重修驼山庙前石路之事，发起者为江西南昌县信士万开儒、万弼春、熊廷玉、万有恒、谭体圣等，丰城县、益都县等信众参与了这次修路活动。③《明万历四十八年修建钟楼信士题名碑》主要著录了修建钟楼诸信士题名，其中提到："宁阳王府、玉田王府、平度王府、衡王府、新乐王府、□乐王府、□官高进忠、□洪□、吴三□、吴三介。"④ 这说明以衡王府为首的当地藩王曾对这次修建钟楼之事予以支持。《明崇祯十四年玉皇上帝圣诞建醮三载记碑》是一块建醮碑，其云：

> 青郡西南古有驼峰，乃昊天金□玉皇上帝之行宫也。所求皆应，如谷传声。惟兹正月之九日，而为圣诞之□辰，众等每岁建醮三日，上报洪庥，其□力无边，恩沾庶类。三涂五苦，闻经声俱获解脱；四生六道，听灵音同证生方。今已三载，其功圆满，共立此石，以垂不朽矣。⑤

除该碑撰文者为"赐进士出身上林苑监蕃育署署丞前吏部文选清吏司员外郎高有闻"外，其后主要为若干普通信众题名。

通过对昊天宫现存8块明代碑刻的考察可以看出，虽然明代昊天宫在地方社会上的地位和影响力已无法与元代相比，但明万历以前，因为历任官员的支持和藩王的参

---

① 赵卫东、庄明军编《山东道教碑刻集·青州、昌乐卷》，第314页。
② 赵卫东、庄明军编《山东道教碑刻集·青州、昌乐卷》，第356页。
③ 赵卫东、庄明军编《山东道教碑刻集·青州、昌乐卷》，第17页。
④ 赵卫东、庄明军编《山东道教碑刻集·青州、昌乐卷》，第18页。
⑤ 赵卫东、庄明军编《山东道教碑刻集·青州、昌乐卷》，第21页。

与，其仍然在地方社会中具有比较大的影响力。自明万历年间开始，地方官员已经很少出现在昊天宫的碑刻上，只有少数的官员或文人作为撰文者被提及。这说明，明代昊天宫的发展可以分为两个时期，即万历前和万历后，万历前昊天宫仍然受到地方官员的关注，但自万历年间开始，昊天宫在地方上层社会的影响力迅速下降。同时，与此相应，随着昊天宫在地方上层社会影响力下降所带来的，则是其在下层社会影响力的不断提升，由成化至嘉靖，再到万历与崇祯，碑刻著录的普通信众题名越来越多，昊天宫的社会服务对象也不再主要是地方官员，而是变为了普通信众，道士们的职责是维护宫观与配合普通民众建醮进香。值得注意的是，明代衡王府的出现影响了昊天宫地位的变化，虽然我们目前并不能确定衡王府有道教信仰，但就现存资料来看，除昊天宫外，其还曾支持过真武庙、铁鹤观和老君堂等青州道观的创建与修复工作。①而与衡王府关系最密切的当地名山，并不是驼山，而是距离城区更近的云门山，云门山上至今还有大"寿"字、太山行宫、陈抟洞、马钰像等与衡王府有关的道教遗存。云门山本来是一座以佛教著称的当地名山，但自明代开始，一系列道观与仙迹开始出现，这或许正是昊天宫在当地上层社会影响力衰退的原因。

## 三 以普通信众为服务对象的清代昊天宫

昊天宫现存清代的碑刻最多，总共有90多块，占昊天宫现存全部碑刻的80%，而其中最多的是进香碑和题名碑。在这些进香碑和题名碑中，几乎看不到地方官员的影子。即使在《清顺治十四年驼山建会记碑》《清康熙年间修醮题名残碑》《清康熙十五年修醮题名记碑》《清康熙二十二年重修昊天宫碑》《清康熙四十七年重修山门记略碑》《清康熙四十八年驼山玉皇阁修醮圆满题名记碑》《清乾隆三十八年重修驼山昊天上帝庙记碑》等修醮碑或重修碑中，也只有撰文者为地方官员，而其活动的发起者仍然是普通信众。

据《清顺治十四年驼山建会记碑》记载，清顺治十四年（1657），为了报答昊天玉帝的庇护之功，青州阖城父老相约建会，以时祭祀，祈祷永久之太平。《清顺治十四年驼山建会记碑》云：

---

① 赵卫东、庄明军编《山东道教碑刻集·青州、昌乐卷》，第326页。

第念清朝鼎新以来，我辈之父子、兄弟、夫妇聚首无恙，且阖城士庶若不知有兵戈者。然彼时□□芸不变，虽新天子圣明之至德，而室家相庆，实昊天玉帝之庇荫。知其福者，莫不捐玉帛牲牷以兴醮祀。此一醮也，顾一则曰报神恩之罔极，必再则曰祈太平之永日。①

碑文中没有提到官员的名字，说明这是由普通信众自发组织的活动，地方官员没有参与，只是该碑的撰文者为"赐进士第中顺大夫通政□司□通政使高有闻"。前面提到，高有闻曾经为《明崇祯十四年玉皇上帝圣诞建醮三载记碑》撰文，后面的《清康熙年间修醮题名残碑》的撰文者也是高有闻。然而，高有闻并非当地官员。清光绪《益都县图志》卷四十四《续传》云："高有闻，字非耳，一字谷虚，青州左卫人。父吉，赠礼部主事。有闻，明万历四十四年进士，授鄢陵县知县。"② 其后，又先后任户部主事、文选司员外郎等职。高有闻一生并未在家乡为官，他应该是应家乡父老之请，而为昊天宫撰写碑文。又如，《清康熙十五年修醮题名记碑》云：

近山居民乡耆等，率诸村子弟，每岁春王正月圣诞之辰，共处祀事，无小无大，拜舞趋跄。涧沚溪芹，昭芜乡之明信；吹豳击鼓，迓神听之和平。大约三岁礼成，则勒诸石以志永久，所以仰答神贶，俯惬舆情，□往绪于靡愆，引来者之勿替，此记之所以不容已也。③

这次修醮活动由近山居民乡耆发起，诸村子弟积极参与，同样没有在题名中发现地方官员的名字，完全是由普通信众与昊天宫道士一起组织的一次醮事。为该碑撰文者为"赐进士奉政大夫整饬分□□等处管理河道粮饷屯田马政盐法驿传兼辖邻近州县河南按察司佥事前户部广东清吏司郎中钟谔"，与高有闻一样，钟谔亦非当地官员。清光绪《益都县图志》卷三十九《儒学传》云：

钟谔，字一士，羽教子也。进士。顺治三年授新蔡知县，招集流亡，不一载，民皆复业。五年，充同考官取士，称得人。……任满，两台交荐，升同知，

---

① 赵卫东、庄明军编《山东道教碑刻集·青州、昌乐卷》，第23页。
② （清）张承燮修、法伟堂等纂《益都县图志》，清光绪三十三年（1907）刻本。
③ 赵卫东、庄明军编《山东道教碑刻集·青州、昌乐卷》，第24页。

以艰归。服阕，升户部员外郎，监两淮税。寻擢大名兵备道，以不肯迁就狱。忤总督某，降秩归。①

高有闻、钟谔可能并没有参与以上两次活动，他们完全是受乡里之委托来撰写碑文，他们的出现，并不能代表地方官员对昊天宫的态度。

其余的4块碑刻，即《清康熙二十二年重修昊天宫碑》《清康熙四十七年重修山门记略碑》《清康熙四十八年驼山玉皇阁修醮圆满题名记碑》《清乾隆三十八年重修驼山昊天上帝庙记碑》，发起重修或建醮的同样是普通信众，未见地方官员参与的痕迹。比如，《清康熙二十二年重修昊天宫碑》云："诸善信之同志，修醮以重新栋宇，三载圆满，芗沐清斋，虔答昊天，遂重□□□丹壁金墙，斯真阆苑瑶圃，为□灵之所，□□□欲勒之贞珉以为记。"② 这次的发起者为"诸善信同志"，题名中也没有出现官员姓名，只有撰文、修饰、书丹者略有功名，即"斟鄩拔□□□远熏沐谨撰""庚戌科□□□□龙顿首修饰""邑增广生员杨旭书丹"。又如，据《清康熙四十八年驼山玉皇阁修醮圆满题名记碑》记载，这次修醮活动的发起者为韩雯斗、温凤登等，他们虽然多次出现在这一时期的题名碑中，但未见有功名或官位的记载。同样，除了道士题名外，该碑的撰文者为"益都县儒学廪生杨超梁"，书丹者为"后学布衣愚怯魏之镡"，前者略有功名，后者只为一介布衣。③ 另外，《清康熙四十七年重修山门记略碑》的书丹者为"县□韩玥"，《清康熙年间温凤登等信士题名碑》书丹者为"候选经历司经历郑吉"。清乾隆年间，情况与康熙年间基本差不多，只有《清乾隆三十八年重修驼山昊天上帝庙记碑》情况略有不同。碑云：

> 山之巅为昊天上帝庙，元大德中建，明衡藩重修，本朝夏太守一凤益加完葺。每岁正月九日，修醮演剧，邑之人竞奔走焉。日久渐圮，黄冠张永珣谋于乡耆，募赀鸠工，撤而新之，重门遂宫，既齐既敕。事竣，将琢石为碑，而请予为之记。④

---

① （清）张承燮修、法伟堂等纂《益都县图志》，清光绪三十三年（1907）刻本。
② 赵卫东、庄明军编《山东道教碑刻集·青州、昌乐卷》，第28页。
③ 赵卫东、庄明军编《山东道教碑刻集·青州、昌乐卷》，第30页。
④ 赵卫东、庄明军编《山东道教碑刻集·青州、昌乐卷》，第77页。

这次重修的发起者为昊天宫道士张永珣，撰文者为"分镇青州等处参府加一级胡士伟"，属于地方官员，书丹者为"郡庠廪生张士僕"。但题名中出现了冯府冯时坑、冯庄，山西总领张茂文，山东总领马润公等，还有若干冯府女眷。临朐冯氏家族为当地文化世家，又世代官宦，这次重修活动有了冯府的参与，情况略有不同。

除了以上碑刻外，其他现存碑刻同样皆无地方官员的名字出现，只是有的碑刻的撰文或书丹者为庠生、廪生、生员等略有功名的儒生。现将其余提到撰文或书丹者的碑刻情况胪列如下：《清康熙五十七年赵尔巽等诸善士修醮记碑》：庠生刘缉撰文，庠生刘锡爵书丹。《清乾隆十九年修醮题名记碑》：益都县儒学秀士蒋希仪撰文并书丹。《清乾隆二十年姜宗富等信众修醮题名记碑》：青州府学生员钟学海撰文，邑儒生李□书丹。《清乾隆五十二年重修三官庙记碑》：青郡庠生钟学海撰文，邑人杜士隆书丹。《清嘉庆十七年修醮题名记碑》：邑人杨绍基撰文，王来东书丹。《清道光四年重修圣母殿记碑》：邑人郏士升撰文并书丹。《清道光十一年重修泰山殿、圣母殿、大门、二门、戏楼记碑》：邑庠生宋万程撰文，邑人李元琦书丹。《清道光十二年重修泰山殿、圣母殿、大门、二门、戏楼记碑》：王端、郏士升书。《清道光二十九年重修驼山乾元殿、三清阁记碑》：郑民庶撰文，陈殿邻书丹。《清咸丰十年重修三官殿记碑》：郡人李恕撰文并书丹。《清同治六年重修钟楼记碑》：邑人李永兴、张作栋书丹。《清光绪元年众善题名碑》：邑人李永兴撰文，陈淘书丹。《清光绪五年山东青州府寿邑信女同安会进香碑》：邑庠生张克昌撰文，张履乾书丹。《清光绪八年重修驼山昊天宫王母殿记碑》：邑人李文书。《清光绪十四年重修驼山昊天宫记碑》：邑廪生杜浚源撰文，邑人陈淘书丹。《清光绪十六年兹因益邑务本乡信女纠合善社记碑》：庠生崔名斋撰文，贾云亭书丹。《清光绪三十二年四季社碑》：鸿胪寺序班邑庠生顾世昌书。①

与以上情况不同的是，清代有大量的普通信众题名在修醮、进香、重修、题名等碑中出现。通过这些碑刻的题名可以看出：清代昊天宫的信众，主要来自寿光、益都、乐安、潍县以及青州城区等地，最远的来自莱州、平度，其中以来自寿光的进香者最多，有30多块进香碑是寿光信众所立，它们记载了寿光丰城、南皮、秦城、稻田、青龙、道口等乡信众至驼山昊天宫进香的情况；其次是益都和青州城区，有11块碑是益都信众的进香碑，8块碑是青州城区信众的进香碑。它们大多以结社的形式

---

① 以上参见赵卫东、庄明军编《山东道教碑刻集·青州、昌乐卷》一书。

进香，其中主要的会社有诸神会、保安会、正辰会、同安会、四季社、泰安社、平安会等，这说明清代昊天宫信众的进香活动是有组织并依时进行的。他们进香的原因不一，主要有报恩、祈福、消灾、求安、修醮、赦罪、祈求风调雨顺等，多与昊天宫所供奉的主神玉皇大帝的神职有关。清代碑刻中不断出现道士题名，这说明当时昊天宫的道士参与了这些重修、修醮、进香等活动，但因昊天宫在当地上层社会的影响力不复存在，道士们除发起过几次重修活动外，基本上是被动地为信众服务。清代昊天宫在地方官员中的影响力虽然消退，但其在社会下层百姓中的影响力却日益增长，这一时期的昊天宫主要成为下层百姓求雨、祈福、修醮、进香的场所。因昊天宫地位下降，失去了当地政府和官吏的支持，主要信众下移为普通百姓，而普通百姓的财力无法与政府和官吏相比拟，致使整个清代驼山昊天宫没有进行大规模的重修，宫观不仅基本上没有大的扩展，而且在日益破败，所以清代李焕然在《驼山遇雪记》中这样描述昊天宫："院宇荒寂，室无几榻，道人扫神祠迎客，香楮残灰，气息秽杂。"[1]

总之，通过对青州驼山昊天宫在元、明、清三代所扮演的社会角色的考察可以看出，元代昊天宫在地方社会中扮演了重要的角色，其主要服务对象是当地官员和地方上层社会，曾获赐御香，并经常承担由官方发起的祈雨活动。自明代中期开始，其在当地官员和地方上层社会中的影响力开始下降，明嘉靖年间因藩王的支持，其还与地方上层社会保持了一定的联系，但到了万历年间，其主要服务对象已经成为普通信众。清代延续明末的传统，昊天宫与上层地方官员的联系更少，只是偶尔会请一些较低级别的官吏或略有功名的庠生、廪生、生员等撰写碑文，其服务对象基本上变为普通信众。昊天宫社会角色的以上变迁，既与元、明、清三代的宗教政策有关，又与全真道整体的发展趋势相一致。

---

[1] 赵卫东、庄明军编《山东道教碑刻集·青州、昌乐卷》，第336页。

# 全真南北两宗之外、与钟离权相关的道教人物、道派承传之探讨

章伟文

**内容摘要**：宋元时期，除北方全真道和南方所流行的金丹派南宗之外，其他与钟离权相关的道教人物与道派承传，相关仙传、史料颇有记载。本文结合《历世真仙体道通鉴》，考察了南宋李简易撰《玉溪子丹经指要》卷首所绘《混元仙派之图》的相关讨论，以及《凝阳董真人遇仙记》《逍遥墟经》等记载，提出钟离权不仅影响金、元时期北方王重阳所创全真道派以及南方以张伯端、白玉蟾为代表的金丹派南宗，对宋元时期道教界的其他道派、道教人物亦有相当广泛之影响，由此亦可见钟吕金丹派取代道教重玄之学、流行于宋元时期的一个盛况。

**关键词**：全真南北两宗　钟离权　道教人物　道派承传

**作者简介**：章伟文，北京师范大学价值与文化研究中心、哲学学院教授。

---

宋元时期，除北方全真道和南方所流行的金丹派南宗之外，其他与钟离权相关的道教人物与道派承传，相关仙传、史料颇有记载。

南宋李简易撰《玉溪子丹经指要》，此书卷首绘有《混元仙派之图》，此《图》以"混元教主、万代宗师太上老君"为首，其次则为"东华木公上相青童帝君"与"西灵金真万炁祖母元君"。据其说，此后为华阳真人（疑即东华帝君）传正阳真人（疑即钟离权）；正阳真人下传有：王鼎真人、成都真人、纯阳真人、王老真人、陈朴真人、耳珠真人等。①

李简易《混元仙派之图》未明言华阳真人、正阳真人究为何人。元赵道一《历世真仙体道通鉴》则在此基础上有明确说明，其以华阳真人为钟离权之师王玄甫：

---

① 《道藏》第4册，文物出版社、上海书店、天津古籍出版社，1988，第404页。

> 上仙姓王名玄甫,汉代东海人也。师白云上真得道,一号华阳真人。六月十五日降世,十月十六日上升,不记是何朝代。后传道与钟离觉,即正阳子钟离权也。所著文辞,隐而不传世。有诗一章,载《混成集》,其诗曰:华阳山里多芝田,华阳山史复延年。青松岩畔高柯下,白云堆里饮飞泉。不寒不热神荡荡,东来西往气绵绵。三千功行好归去,休向人间说洞天。大元至元六年正月,褒赠东华紫府少阳帝君。①

《仙鉴》以钟离权之师王玄甫为华阳真人。若与《混元仙派之图》中华阳真人传正阳真人之说相对照,则华阳真人为王玄甫,正阳真人为钟离权,《混元仙派之图》所说华阳真人传正阳真人,可能即指王玄甫传钟离权。

关于正阳真人钟离权传纯阳真人吕洞宾,《历世真仙体道通鉴》卷四十五之《吕岩》谓:

> 先生吕岩,字洞宾,号纯阳子。世传以为东平人,一云西京河南府蒲坂县永乐镇人,即今河东河中府也……后因游庐山,遇异人,得长生诀。一云武宗会昌中,两举进士不第,因于长安道中,拟游华山。酒肆憩息,俄有一人,长髯碧眼,自西而来,亦憩此肆,遂与共炊。髯者亲爨,先生因就日负暄,不觉睡着,梦举进士,登科第,历任显官。奏对称旨,遂除翰苑,入台阁,擢侍从。俄拜执政,居朝三十余年。偶上殿应对差误,被罪谪官,南迁江表。路值风雪,仆马俱瘁。一身无聊,方自叹息。忽然梦觉,髯者饭犹未熟。倏然笑曰:黄粱犹未熟,一梦到华胥。先生惊曰:公安知我有梦耶?髯者曰:公适来之梦,富贵不足喜,贫贱不足忧,大抵穷通荣辱,寿夭得丧,往古来今,皆如一梦。富贵则为好梦,贫贱则为恶梦。寿长则为好梦,夭折则为恶梦。如公适来之梦,诚好梦也。一失到底,转为恶梦,公备知之矣。贵即虚名,富犹孽火,金珠外物,子孙他人,一息不来,四大不顾,把甚物为坚固。即复题诗壁间,先生大悟,因拜曰:公真异人也,敢问贵姓,居何乡邦?髯者曰:吾乃天下都散汉钟离权也,居终南山,公若省悟,可从吾去。先生于是弃儒业而从游,师事之而得道。②

---

① 《道藏》第5册,第215页。
② 《道藏》第5册,第358页。

此谓吕洞宾之师为"天下都散汉钟离权"。又,《历世真仙体道通鉴》卷四十九之《刘玄英》,谓:

> 刘玄英字宗成,号海蟾子。初名操,字昭远,后得道改称焉。燕地广陵人也(一云大辽人)。以明经擢第,仕燕主刘守光为相,素喜性命之说,钦崇黄老之教。一日忽有道人来诲,海蟾乃邀坐堂上,待以宾礼。问其氏族名字,俱不对,但自称正阳子。海蟾顺风请益,道人为演清静无为之宗、金夜还丹之要……一旦遽辞燕地,远泛秦川,陶真于泰华之前,遁迹于终南之下,韬光隐晦,人莫测其所以然。一云为燕丞相,一旦遽悟,弃官学道。后遇吕洞宾,得金丹之秘旨。自此往来终南、泰华间。复结张无梦、种放,访陈希夷先生,为方外友。①

此自称"正阳子"的道人,一般将其解读为钟离权。因此,钟离权与刘海蟾之间,似亦有师承授受关系。当然,《通鉴》又说刘海蟾后遇吕洞宾,得金丹秘旨;访陈抟,与张无梦、种放相交结,共为方外之友。因张平叔在成都遇真人得授丹诀,刘海蟾既然为张平叔之师,故《混元仙派之图》所说正阳真人所传之"成都真人",可能即指刘海蟾。

《混元仙派之图》中有钟离先生传王鼎真人。《历世真仙体道通鉴》卷五十之《王鼎》谓:

> 王鼎,襄阳人也。其初盖寄迹医卜中,以养妻子。尝有诗云:也有山妻也有儿,也为卜筮也为医。后遇钟离先生,得道,作《诗》云:假里淘真十八年,今朝始遇汉朝贤。遂自号王同子,人不见其饮食也。一日行江干,或见二影在水中,怪而问其故。曰:若欲更见之乎?斯须十余,久乃没。宋真宗祥符中,召至禁中,麻衣草履,长揖而已。后去,不知所之。著《修真书》行于世。②

此王鼎与《混元仙派之图》所说的王鼎真人,俱受教于正阳真人钟离权也即钟离先生,有可能为同一人。

---

① 《道藏》第4册,第382页。
② 《道藏》第5册,第389页。

《混元仙派之图》中有钟离先生传王老真人。关于钟离先生传王老真人，《历世真仙体道通鉴》卷五十二之《王老志》谓：

> 先生姓王，名老志，濮州之临泉人也。尝遇钟离真人授内丹要诀，以道术知名。沂州有公吏，欲求事左右，寄所亲致意，先生答之诗曰：多年退罢老公人，手种桑麻数百根。尽是笔头挨撼得，一枝枝上有冤魂。竟拒不见。濮有士人饶口，欲以语穷之，往造焉。其居四面环以高墉，但开狗窦出入。士人匍匐就之，方谈辞如云。忽见地有旋涡处，俄已盈数尺，中有鳞甲如斗大。先生谓士人曰：子亟归，稍缓必致奇祸。士人遽出，行未五里，雷电雨雹倏起，马踬局不行，乃入土室避之。望先生庵庐百拜乞命，仅得免。宋徽宗政和三年九月，诏州县敦遣至京师，赐号洞微先生。四年正月，加号观妙明真洞微先生。先生虽掉头禄紊，然时出危言讽天子。一日，徽宗召之入禁御，显肃皇后在坐，先生卒然出幅纸曰：陛下他日与中宫皆有难，臣行死，不及见矣。臣有乾坤鉴法，可以厌攘。然尤当修德，始可回天意。请如臣法，铸乾坤鉴，各以五色流苏垂寘于寝殿。臣死后，当时坐鉴下，记忆臣语。日儆一日，思所以消变于未形者。上竦受其说。有诏庀工，鉴成进御，而先生归模解化（《皇朝通鉴纪事》云：宣和四年十月辛未，观妙明真洞微先生王老志卒，赐金以葬，赠正议大夫。《宣和录》云：先生所居地必生花，谓之地锦）。靖康陟方之祸，二宫每宝持之。且叹其先识，纳君于正道也。

所谓王老真人，即王老志，据《历世真仙体道通鉴》，其师为钟离真人，可能即为钟离权。

又，《历世真仙体道通鉴》卷四十五之《施肩吾》谓：

> 琼山白玉蟾跋《施华阳文集》云：李真多以太乙刀圭火符之诀传之钟离权，钟离权传之吕洞宾。吕即施之师也，施有上足李文英。昔施君授李一十六字，世罕知者：一灵妙有，法界圆通，离种种边，允执厥中。予偶得之，故并以告胡栖真，使补其遗云。

据此，白玉蟾曾为施肩吾所著《施华阳文集》作跋。于其中，白玉蟾提出关于钟离权道法授受的一个传承谱系，即：

李真多—钟离权—吕洞宾—施肩吾—李文英

据《历世真仙体道通鉴》，钟离权还与吕洞宾、刘海蟾、陈七子一道点拨过马自然。《历世真仙体道通鉴》卷四十九之《马自然》谓：

马自然，不知何许人也。少习修真炼气之方，年六十有四，至建昌酒炉，见四道人，衣百结，而仪观甚伟。有童在傍，自然问其氏名，答曰：钟离先生、吕先生、刘海蟾、陈七子也。自然大惊，仆仆往拜之。钟离真人曰：汝骨气异凡曹，吾数十年求可教者，莫尔及也。俄与吕、陈二公偕去，曰：尔有师矣。独海蟾留，乃为自然演金丹之秘，曰：杳杳冥冥，其中有精；恍恍惚惚，其中有物。物非常物也，精非常精也。天得之以清，地得之以宁，人得之以灵。夫能抱元守一、回天关、转地轴，则阴阳会而乾坤合矣。于是，开坎离之户，使龙虎交噬，入戊己之变化，此上天之灵宝，妙中妙者也。是法者。人皆有分焉，惟其识昧神昏，沉湎爱欲。或知之而未达，闭息孤坐，存神入妄，漱津则咽唾，导引则劳形，辟谷则中馁，吐纳则召风邪，外荒则烧铅汞，内荒则淫阴丹，如是，中不炼而神不存矣。自壮而趋老，自老而趋死，如六骥抉隙，亦可哀哉。尔当求精于杳冥，求物于恍惚，形神洞达，与道合真。自然闻其言而师之，遂得道。后游庐山，酣寝石上，逾六旬。茇者过，始惊寤之。俄去，入阁皂山，登紫房，访清虚。时复往来市道上，著蓑裳，冠箬笠，持大铁杓化钱。市酒，醉则徜徉山泽间。其后不知所终。①

马自然所撰《马自然金丹口诀》中亦有：

三十年来海上游，直至如今无地头；访师求道寻妙诀，也只一个真气修。又忧生、又忧死，我共他人都如此，六十四年都大休。吾遇海蟾为弟子，向我耳边说一句，似饮菩提与甘露。玄微妙诀无多言，只在眼前人不顾。内有金丹十六

---

① 《道藏》第5册，第384页。

两,送在西南坤地上。谁知此物是还丹,只在泥丸宫里养。还丹还丹从此识,本在人身休外觅。①

马自然自谓其师为刘海蟾,故《仙鉴》所说,非无所据。又,李简易《混元仙派之图》谓马自然"六十四岁遇道,有丹诀于世"②,与《仙鉴》所说亦同。《混元仙派之图》以马自然与张平叔、蓝养素等并列,这可能表明,他们皆曾受教于刘海蟾,有着共同的师承。现试举蓝养素为例,《玉溪子丹经指要序》谓:

> 仆家宜春郡城之东,远祖朝议观休官学道,自号玉溪叟(今大族不称郡望,皆止称玉溪),两遇纯阳真人而不悟(一于岳山松树下;再于岳阳楼,月夜闻笛声)。后再游南岳,欲见蓝养素。道中逢一人荷钉铰之具者,谓公曰:公非李某乎?往岳山见养素乎?公曰:然。如此则烦公寄一信于蓝,云刘处士奉问先生,十月怀胎,如何出得?遂长揖而去。
> 
> 公行数里,怏怏不快。因思此人既知余姓名,又知余心事,且言不类俗,因询求之,不复得矣!暨见蓝,具述所言。蓝曰:眉间得无白痣乎?曰:有。蓝曰:此刘海蟾也。吾养成圣胎,若非此人,不能证果,公更为我言之。公曰:刘处士奉问先生,十月怀胎,如何出得?蓝抚掌大笑。惟闻顶雷隐然,见一人如雪月之辉,与蓝无异,直上冲霄,而蓝已逝矣!公焚香叹息而退。今岳山长笑先生是也(见《本家奇遇传》及《宜春志》)。公归,取神仙传记道书诸子,闭门不通宾客,尽日披玩。未几,亦无疾而逝。有《显亲集》行于世)……时景定五年岁次甲子(1264)四月圆望,宜春玉溪子李简易自序。③

李简易之《序》,以蓝养素得刘海蟾"十月怀胎,如何出得"之开示,遂出阳神、获大成就。如此,则蓝养素与刘海蟾之间似亦有授受关系,当然与钟、吕也就存在关联。

《历世真仙体道通鉴》卷之四十七《陈抟》,记载有钟离权、吕洞宾与陈抟的交往,其谓:

---

① 《道藏》第25册,第806页。
② 《道藏》第4册,第404页。
③ 《道藏》第4册,第405、406页。

先生姓陈，名抟，字图南，号扶摇子，亳州真源人也，与老子同乡里（一云普州崇龛人，恐是后来隐居之所）……陈康肃公尧咨既登第，过谒先生，坐中有道人，鬖髺，意象轩傲。目康肃公，连言曰：南庵。语已，径去。康肃公深异之，问曰：向来何人？先生曰：钟离子也。康肃公惘然，欲去追之，先生笑曰：已在数千里……关中逸人吕洞宾有道术，虽数百里，顷刻辄到，世以为神仙。常数至先生斋，酬倡如交友。"①

《历世真仙体道通鉴》卷五十一《刘卞功》，记载钟离先生与刘卞功的交往，其谓：

先生刘卞功，滨州人也，自少好道。家居，有老父过其门曰：善补铁。先生曰：我鬲败，能补否？老父曰：人破尚能补，况鬲乎？先生知其非常人，遽再拜，老父因以丹饵之。自是尽弃世事，穿窟室以居……钦宗靖康初，先生始去其乡，游巴蜀，浮江湖，窥衡湘，盖有意于接物矣。在蜀得二士，曰郜、曰柴，自是常从之。先生至果，又得桐庐李季次仲，授以方书。次仲行之甚笃，道亦成。先生尝以告钟离先生求援度次仲，云：鼻通三剑，脑炼九丹。②

《历世真仙体道通鉴续编》卷四之《崔羽》，记载钟、吕与崔羽的交往，其谓：

先生姓崔名羽，唐州人。少隶京师班宜，休官乐道，自号紫霞。宋高宗绍兴间，游罗浮，已老矣。初不自言其年，朱颜方瞳，举心林野。性喜酒，人具馔邀之，饮则醉，醉则歌。然歌中所言休咎，皆验。后居东莞数年。一夕，命道流设醮于上清观。礼毕。命酌，西室酬醉，笑语若对客者。人问之，曰钟、吕、陈三先生会于此。既彻爵，奋然端坐而逝。县人共迎置于紫霞亭焚之，有蝴蝶径尺，自烈焰中腾空而去。是日，乡人有识之者于榴花渡见其东归，盖归罗浮也。③

前文述及董凝阳为钟离权之徒，见于《凝阳董真人遇仙记》中。其关于钟离权

---

① 《道藏》第 5 册，第 367、369、371 页。
② 《道藏》第 5 册，第 395 页。
③ 《道藏》第 5 册，第 437 页。

的道法传授体系，提出钟离权传凝阳董守志；钟离权在付董守志道号、法名后，亦付董之道伴陈知和道号、法名，若如此，则不仅董守志为钟离权之徒，陈知和亦为钟之弟子。关于董守志的法脉传承。文中提及，董守志传卢自然、马善能：

> 我昔遇正阳上仙时，赐我印、马，令我修行，今将铁马付卢自然，七星宝印付马善能，二人与我立教，可为师牧，与我当日传法一同，不得轻泄懈怠。……真人呼众门人，即令拜灵阳子、谷神子……言讫，正未刻俨然而化矣。时丁亥（公元1227年）十月二十五。①

《凝阳董真人遇仙记》关于钟离权道法传授体系如下：

> 钟离权、吕洞宾、刘海蟾人—凝阳子董守志—灵阳子卢自然、谷神子马善能—通玄子陈通道（冰阳子陈知和）

又，《逍遥墟经》卷二，以韩湘子为纯阳先生弟子，曹国舅为钟离、纯阳弟子。其《韩湘子》谓："韩湘子，字清夫，韩文公犹子也。落魄不羁，遇纯阳先生，因从游。"②《曹国舅》中云："曹国舅，宋太后弟也。因其弟每不法杀人，深以为耻，遂隐迹山岩，精思玄理，野服葛巾，经旬不食。一日遇钟离、纯阳二仙，问曰：问子修养，所养何物。对曰：养道。曰：道何在。舅指天。曰：天何在。舅指心。二仙笑谓曰：心即天，天即道，子亲见本来面目矣。遂授以还真秘衡，引入仙班。"③

南宋李简易《混元仙派之图》所列与钟离权有授受关系的修道、得道之人，虽无详细内容可供考证，然似乎皆可从《历世真仙体道通鉴》中查到其人、其事，且《仙鉴》对此神仙人物之记载，一般皆言其与钟离权有关，故二书可以对照参看。因此，《混元仙派之图》关于钟离权仙道授受的说法，得《仙鉴》充实之；《仙鉴》之说，部分有承于《混元仙派之图》，故非为无据。

综上所述，我们可以得出结论，钟离权不仅影响金元北方王重阳所创全真道派，与南方以张伯端、白玉蟾为代表的金丹派南宗亦有渊源关系。除这两个大的道派之

---

① 《道藏》第5册，第757页。
② 《道藏》第35册，第379页。
③ 《道藏》第35册，第379页。

外，钟离权在宋代还有广泛影响，如《仙鉴》所说襄阳的"王鼎真人"，于宋真宗时曾入朝，王老志也即"王老真人"于宋徽宗时曾入朝，还有与张平叔同时代的马自然，宋早期的陈抟，南宋高宗时的崔羽等，这些神仙、修道人物皆与钟离权有关联，或以其为师，或以其为友，或介于师友之间，也可能还有私淑之者；其所处年代基本为宋、金时期，这一时期正是钟吕金丹道兴盛、异军突起之时。于其中，有建立教团、影响后世深远者，如王重阳、张伯端，陈抟亦可充于其中；也有当时名重一时者，如董凝阳等；当然，也有散仙之类如王老志、马自然等。钟离权所授予人者，一般皆为性命双修之术，即所谓"清静无为之宗、金液还丹之要"，其中，清静无为侧重修心性，使心性如皓月般无尘、无碍；金液还丹属命功，侧重实腹、强骨，二者合于《道德经》"虚其心，实其腹；弱其志，强其骨"之旨。由此亦可得见，钟吕金丹道能够超越唐代兴盛的重玄之学、后来居上的原因所在。

# "道观"名义初考

蔡林波

**内容摘要**："道观"作为道教庙宇统一的名称与基本形态，蕴含有复杂的历史文化内涵。从历史来看，"道观"名称的正式定制，主要源于唐朝推行"尊崇道教"政策使然；与此同时，当时道门亦积极加以响应配合，从而使"道观"一名得以正式确立。尽管受到佛教反对，唐朝政府仍坚持选择以"观"来统称道教庙宇，实旨在体现其政治神圣性和权威性。

**关键词**：道观 名义 唐朝 道教

**作者简介**：蔡林波，华东师范大学哲学系、一带一路与全球发展研究院历史学博士、副教授。

---

"道观"（全称为"道教宫观"），系"道士修道、祀神和举行宗教仪节的处所"[①]。然而，研究表明，历史上，"道观"作为道教庙宇的正式统一名称，并非自始即存，而是在历史上逐渐演流而成；那么，"道观"作为道教坛宇之统称，究竟是如何形成的？其背后潜含着什么样的复杂历史缘由？对这个问题的解答，将有助于我们更深入地了解道教宫观的演变及其历史内蕴。

关于"道观"称名的起始时间，学界多有讨论，但一直未获确定结论。当代学者一般确认为唐代或北朝。如，刘仲宇认为，"道教的宗教建筑泛称为宫观，是比较晚的事情，至早也早不过唐"[②]。姜生亦认为，唐以后不复称"馆"，皆称"观"。唐宋以后，规模较大的道教建筑称"宫"或"观"[③]。然而，陈国符《道馆考源》提

---

① 《中国大百科全书选编》，中国大百科全书出版社，1990，第89页。
② 刘仲宇：《宫观和道教文化的发展》，《中国道教》2000年第3期。
③ 姜生：《论道教的洞穴信仰》，《文史哲》2003年第5期。

出,"是南朝仍称馆。而道观之称,初用于北朝"①。都筑晶子则把道馆与道观几乎等同,认为二者皆为《上清道类事相》所言的北朝"仙观"②。

不过,孙齐对"北朝说"做了否定论证,他提出,古代文献中记载的北朝时期的"道观",如"楼观""清通观""玄都观""通道观"等,似皆不见诸唐前的文献,且有馆、观混淆记载的现象;③ 另,南朝梁沈约《东阳金华栖志》的"寺东南有道观",则当系沈约基于考证而得出的个人说法(因沈约《宋书》考订曰:"阴馆,前汉作观,后汉、晋作馆")。而唐释玄嶷《甄正论》指陶弘景"重制冠服、改馆为观",亦为后人纂言,而系无凭之说。因此,笔者倾向于认为,"道观"名称之出现,当为隋唐之际或唐代初期。

其实,古代方家对"道观"一名出现的时间,有过反复讨论。如,明顾起元《说略》论:"观、馆古多相通,唐以前六朝时,凡今道观,皆谓之某馆,至唐始定谓之观也。"又,清段玉裁《说文解字注》释"馆"曰:"按,馆,古假观为之",然"自唐以前六朝时,凡今道观皆谓之某馆,至唐始定谓之观"。顾、段二氏皆认为"至唐始定谓之观",即"道观"一词,当系唐代才定制下来。又,北宋高承《事物纪原·道观》载,隋炀帝改为玄(元)坛,后复曰观。清陈元龙《格致镜原》等亦袭此说。此一句其实透露出:隋炀帝时,道教坛宇或仍未被官方正式称作"观",而隋代之前,"道馆"仍是最标准和流行的称呼;因此,事实可能是,隋炀帝把"道馆"改为"坛";然"后复曰观",是指隋炀帝后来又把"坛"改为"观",还是隋代之后即唐代才"复曰观"的?这很难确定。不过,据宋马端临《文献通考》卷五五载:

> 隋初置崇元署令、丞,至炀帝改郡县佛寺为道场,置道场监一人;改观为元坛,监一人。唐复置崇元署,初又每寺观各置监一人,属鸿胪,贞观中省。开元中,以崇元署隶宗正寺。掌观及道士女冠簿籍、斋醮之事。令一人,正八品下;丞一人,正九品下,有府二人,史三人,典事六人,掌固二人,崇元学博士一人,学生百人。隋以署隶鸿胪,又有道场、元坛。唐置诸寺观监,隶鸿胪寺,每

---

① 陈国符:《道藏源流考》,中华书局,1963,第292页。
② 都筑晶子:《六朝后期道馆的形成》,载《魏晋南北朝隋唐史资料》第25辑,上海古籍出版社,2009,第231页。
③ 孙齐:《唐前道观研究》,山东大学博士学位论文,2014,第26~27页。

寺观有监一人。贞观中,废寺观监。

这里指隋炀帝"改观为元坛",亦为后人习惯称道馆为"道观"之故;不过,其谓"唐复置崇元署","初又每寺观各置监一人"等,则可证宋高承《事物纪原·道观》所谓"后复曰观",当指唐代设置"崇元署"时,乃把"元坛"改为"道观"。因此,隋炀帝时,佛教庙宇称"道场",道教坛宇称"元坛"或"玄坛";至于唐时,佛教"道场"被改为"寺",道教"元坛"则被改为"观"。这一点,我们亦可从魏征《道观内柏树赋》一文看出,其赋题名为"道观",然其文中亦称"元坛"(《全唐文》卷一三九)。在此,魏征视"元坛"与"道观"无别,可见唐初实为变"元坛"为"道观"的史迹。因此,道教之"观"或"道观"的称名,确实是到了唐代的时候才被正式确定并流行起来的。

由上,我们概可得出这样的结论:道观之名虽或为"道家者流拟之"(《事物纪原·道观》),但很可能是唐朝政府主导了对"道观"名称的官方确定权和制式规范。前述唐置崇元署寺观监,即当为规定道教坛宇称名为"观"或"道观"。而唐置设崇元署,很大程度就是为了"崇道"以及规范"道教"。对此,马端临指出,"按崇元署一官,唐创之。以司道教而必属之宗正司者,盖唐以老氏为始祖,则崇其教者,亦以为尊祖宗之事也"(《文献通考》卷五五)。因此,我们发现,唐之前的官方文件,从未出现把道教坛宇称为"观"或"道观"的记载,而唐朝甫一开始,其官方文件即以"观"作为道教处所的正式称名,并与佛教庙宇一道,并称为"寺观"。如,李渊颁《沙汰佛道诏》载,"有精勤练行守戒律者,并令就大寺观居住,官给衣食","京城留寺三所,观二所";又,唐太宗《令诸州寺观辅经行道诏》载,"可于京城及天下诸州寺观,僧尼道士等七日七夜转经行道。"可见,唐初,官方已正式把道教宫宇称为"观"或"道观"。

与此同时,唐代的道士对朝廷改"坛"为"观"或"道观"的政策,自然也有相当积极的响应。约出于唐初的道书《洞玄灵宝三洞奉道科戒营始》[①],颇反映了当时道教对唐朝廷崇道政策的回应。《三洞奉道科戒》实质上是唐初道教整饬道门内部制度、规范科律的一部经典,其所透露的内容,颇有适应新建立之李唐王朝的意味。

---

① 关于《洞玄灵宝三洞奉道科戒营始》的成书年代,部分学者认为是梁代,但大多学者认为是隋唐初。笔者以为,该书当成于唐初。相关分析,可参见孙齐《唐前道观研究》,山东大学博士学位论文,2014,第18~20页。

经文特别突出"立观""置观"意向，反复强调"立观度人""置观度人"，认为"成就观宇玄坛者，生大富贵身"，并特设"置观品"，以"法彼上天，置兹灵观"为宗旨，确立了道教以"观"或"道观"为统一名称的坛宇建筑制度。又，约出于唐高宗或武则天时期的《黄帝内传》①，更对"道观"名称之来历及神学含义，做了说明和表达：

> 王母饮帝以碧霞之浆、赤精之果，因授帝白玉像五躯，曰：此则元始天尊之真容也。又授帝二仪本形图、还丹十九首，帝乃作礼置于高观之上，亲自供养，后妃臣妾莫得衬之。其观上常有异色云气，奇香闻数百步，时人谓之道观。道观之号，自此始也。②

这一关于"道观"来历的说法，流传于世，颇为蔓衍。宋贾善翔、谢守灏、陈葆光、高承，以及清陈元龙等，皆沿袭此说，以为"名观之义，疑取诸此"（《事物纪原·道观》）。很明显，此一托黄帝创设"道观"之说法，自然不是客观事实，然而却应该是唐代道门对"道观"来历的神学构设，其内容实质上反映出唐代道教对于"道观"名称，极为关注和重视，并隐约透露出，正是在唐代初期，"道观"一词对于道教而言，似乎变得非常重要，因此才需要赋予其一种神学化的立论和解释。换言之，黄帝创"道观"之说，实乃一方面是唐代道门为契合朝廷"改坛为观"政策而做出的回应，另一方面，也是道门自身为规范坛宇轨制和名号而做出的神学建构。

尤值得注意的是，李唐朝廷对道教坛宇赐予"观"和"道观"的定名，似乎招致了当时佛教僧侣的攻讦和反对。唐初被称为"唐护法沙门"的佛教僧人法琳，其作《辨正论·历代相承篇第十一》之"玄都东华非观"载曰：

> 太玄是都，东华是宫（四见论云：三界之外，次四民天，所谓东华、南离、西灵、北真。行仁者生东华宫，行礼者生南离宫，行义者生西灵宫，行信者生北真宫，言三界之内大劫交时，有四行者，堪为种民，王母迎之登上四天，为下民种也）。

---

① 参见张固也《唐人黄帝传记三种叙录》，《宗教学研究》2010年第1期。
② 参见宋陈葆光《三洞群仙录》卷七，《道藏》第32册，第278页。

> 释名云：都者，睹也，言华夏之地，帝王所居，万邦归凑，处华物丽谓之陆海；有所睹观，故云都也。纂文云：京都，皆大也；大谓之都，小谓之邑。天尊所治，故称玄都。释名云：天子所居，曰都曰宫；诸侯所居，曰第曰宅；止客曰馆；集贤曰观，如今鸿胪及弘文也。是以张衡两京左思三都，不言观也。今以都宫而为观者，非其义也。释名云：观者，于上观望也。汉宫殿名长安，有五十七观。尔雅"释宫"了无观字，若改都为观，便是降尊就卑。以观代宫，复是退大作小；且四民天宫，非是天尊所坐之处，今为道观，理不可也。名既不正，法亦是邪，何得以卑观之名，废仙宫之号？

法琳在此，一是反对把天界的"天宫"视作为"道观"，二是反对把人间皇家的"都宫"也称作"观"。表面看来，法琳似乎颇有理据地证明："观"既非天尊所坐之处，亦非天子所居之名号，故指摘唐朝廷"以观代宫"乃"退大作小""理不可也"，且"名既不正，法亦是邪"。

然而，法琳此论实际上透露出：李唐朝廷存在着把道教"天宫"与地上"皇宫"进行比拟和对应的事实。换言之，唐朝皇室宫廷建筑的神学基础，其实就是道教的宫观说。此可见当时唐朝廷对于"观"和"道观"一词实际上赋予了相当浓厚的政治和神学伦理色彩。李唐皇室不仅用"观"或"道观"来统称道教坛宇，而且同时也按道教"观"的理念来设计和赋型皇家宫殿。例如，唐大明宫以"高台"为基，内设三清殿、大角观、玄元皇帝庙、太液池（蓬莱池）等，实足可称为一个皇家"道观"；而唐初道门提出黄帝创设"高观"之说，实质上暗含着以"观"或"道观"为帝王观天、礼天之设施的意味。如此，在唐代，"观"或"道观"实质上就具有"皇家"宫殿性质和意味，从而在建筑礼仪上确认了道教作为国家政治伦理基石的地位。

因此，唐初，佛教徒纷纷起来激烈攻击朝廷对于"道观"的称名定制并不奇怪。他们的动机和目的，实质上是不满和反对朝廷对道教的优宠及其制定的"道教为先"政策，而企图通过打压道教来提升佛教的政治地位。如果说释法琳还试图通过学术理据来达到目的，那么释明概则几乎是用谩骂式的口吻加以指斥：道教"玄坛乃老鬼之庙"，"佛图胡冢，宁同老鬼之庙"？并讥笑，"至于玄坛之内事等荒村，治观之中还同废社，时因祭醮，托酒肉以招人，或赖吉凶，假送饷以来物，微沾识解弗受欺诬，少有信心岂从迎请，愧斯寂寞恒有嫉心。"（唐释明概《决对傅奕废佛法僧事并表》)。在此,释明概仍用"玄坛",而不用"道观"来称呼道教宫宇,可见当时佛教徒很不愿意接受"道观"的名号,亦颇可见其愤懑心态。然而,佛教徒这种非理性的批评,恰恰表明在唐代,"观"和"道观",不单单是道门内部自行拟定的名称,更主要的是基于朝廷制定并体现道教优先政治地位的"名号"。

# 道教礼仪的宗天礼教渊源略探*

易　宏

**内容摘要：** 中国帝王一直垄断着祭天。有垄断，也就有反垄断，亦即存在"通天权"的竞争，垄断本身就是竞争的一种极端状态或阶段性结果。本文以"绝地天通"为线索，梳理了中国传统敬天法祖宗法礼教的形成与发展的宏观脉络及其同儒道佛三教的关系。基于这些认识，提出了中国传统文化主干乃以天为宗的敬天法祖宗法礼教（简称宗天礼教）说①，并认为道教产生于中国历史上存在的"通天权"的垄断和竞争，道教礼仪（科仪）则既是对传统敬天法祖的礼教基本元素的传承，又是奉天法道之道教的基本组成部分，也体现了"通天权"竞争的具体内容。集国人传统信仰与崇拜之大成的道教投龙简仪作为国家祭祀礼仪的形成、天坛神乐观的出现等，正是道教从民间顽强竞争获得辅助或者代理帝王和天神沟通的权利，亦即竞争取胜获得"通天权"的具体事例。

**关键词：** 绝地天通　"通天权"　道教礼仪　宗天礼教

**作者简介：** 易宏，男，哲学博士（宗教学专业）。

## 引　言

维天有汉，监亦有光。跂彼织女，终日七襄。

---

\* 本文在作者博士学位论文《六朝隋唐道教科仪研究——以敦煌文献为中心》（中国社会科学院研究生院博士学位论文，2009）有关内容的基础上重构、增补而成，2019 年 5 月发表于第二届中国本土宗教研究论坛，登封。会后再修订后提交至《中国本土宗教研究》。

① 最初，笔者是在学位论文中提出中国文化的宗法礼教主干说，在同源于作者学位论文但先行刊发的本文前导篇《"生命危，知礼仪"——礼源礼质的人类学与文献学考察》（杜维明主编《从轴心文明到对话文明：嵩山论坛文集·2012》，光明日报出版社，2013，第 153～171 页）已初步提出，本文再做较详细的论证，并在强调以天为宗时称"宗天礼教"，以明确作为中国传统文化主干的宗法礼教乃是以天为祖宗的，是天道信仰的主干。

> 虽则七襄，不成报章。睆彼牵牛，不以服箱。
> 东有启明，西有长庚。有捄天毕，载施之行。
> 维南有箕，不可以簸扬。维北有斗，不可以挹酒浆。
> 维南有箕，载翕其舌。维北有斗，西柄之揭。

大约成文于 2700 年前的《诗经·小雅·大东》的这段诗句，大概是借天象说人事，生动形象。所用文字，虽然不多，但却群星灿烂，有表示银河的"汉"，有星名织女、牵牛（即牛郎星）、金星（启明、长庚），还有二十八宿中的毕、箕、斗三宿。之所以能够援星象说人事，应该是由于那些星斗天象早已为族人所熟知，且在人们心中有着重要的位置。

尤其是这一个"汉"字，不仅特指银河（亦称天河、银汉、天汉、云汉等），而且指被认为从天上降到地上人间的汉水。汉水亦称汉江，原本发源于甘肃天水嶓冢山，后因大地震山崩阻断，至今仍有原为汉水上游的西汉水流入嘉陵江。至于"天水"一词，原本就是古汉水上游的河流名和湖名，汉武帝时又缘古来"天河注水"传说等，将"天水"定作行政区域名。也就是说，在古人的观念里，汉江之水，来自天汉银河。就是这样一个以"水"贯通天地的"汉"字，还特指中国主体民族汉族、男子汉、定型中国文化的汉朝等。姑且不论"汉族""汉人"说由来如何，仅从字面上看，就有来自天上的天族、天人之意，至少说明，中国主体民族汉族的族名本身，就蕴含着源远流长的天道信仰、天人合一等传统。

## 一 "绝地天通"——古代中国敬天法祖之宗天礼教的形成

同其他民族（如图 1）一样，华夏先民也早在远古时代就有了生殖崇拜、图腾崇拜、祖先崇拜、鬼魂崇拜、天神崇拜及/或自然崇拜等原始宗教的形式。在传世文献之外，还有约 6500 年前的河南濮阳西水坡 45 号古墓及相关仰韶文化遗迹（见图 2）[①]，以

---

[①] 冯时:《中国天文考古学》第六章第四节，中国社会科学出版社，2007。在图 2 所示遗迹南侧，每间隔 20~25 米，还有好似四灵、御龙升天、南天接应，生动显示了死后升天之路的两处蚌塑和一处墓葬遗存。

及约 5000 年前的辽宁牛河梁红山文化圜丘与方丘遗址（图 3）①，这些考古发现的天文学与宗教学意义告诉人们，或由于如北斗七星或九星②斗柄指向与季节更替之类天象变化同物候变迁的某些规律性关系的发现，及至给人们带来较稳定生活的农业文明的诞生，中国先人早在远古时期就已把昊昊上天看作难知却又深刻影响地上人们生活的重要因素。于是，有了地上人间的天神或天道信仰③以及相关习俗、仪式乃至理论体系，天地通绝的掌控成为极其重要的宗教问题和政治问题。

图 1 法国影片《苔丝》海报。小说原作者英国著名作家哈代将主人公苔丝安排在被公认为上古天文与宗教遗迹的巨石阵被捕，然后被处决，大概也是希望她死后升天吧。BBC 同名电视剧也表现了该场景

在政教一体的社会中，宗教和政治密不可分。史载"绝地天通"，大概是我国古代从部落原始宗教向国家宗教过渡的重要宗教改革乃至政治改革，同时也说明天神、天道信仰是中国自远古以来的信仰传统。目前所见最早记载这一历史事件的是《尚书·吕刑》中有关周穆王就刑法问题向臣下发布诰辞的记述，作为发布诰令的依据，

---

① 冯时：《中国天文考古学》，图版七。据碳 14 测定，图 3 所示红山文化圜丘与方丘约建于公元前 3000 年前，系目前所见最早的天坛遗址。由此可知，"天圆地方"概念起源甚早，"天圆"似可直观理解，可是"地方"概念由何而来？"地方"之本意是否为"地平"，以至"天圆地方"本意是否当为"天拱地平"？似可再探讨。

② 据考，中国上古以北斗定时节的斗柄指向，有北斗七星和北斗九星两个标准，均作为初昏斗柄下指为冬至、上指为夏至的依据。北斗九星的斗柄指向，由第五、七、八、九诸星的连线，通过招摇、天锋，指向大火星，创建于 4000 年以前的石器时代；北斗七星的斗柄指向，由第六、七两星连线延长线指向摄提和角亢方向，形成于春秋战国时期。之所以有这样的转换，是由于岁差导致可据星象的变化。陈久金：《中国天文学史大系》之《中国少数民族天文学史》，中国科学技术出版社，2013，第 89~94 页。

③ 王卡：《天道信仰是中国传统文化的核心》，https://www.jianshu.com/p/71dab3ebfa15。

以穆王的口吻追述了黄帝-蚩尤大战的起因和事后处理方式。其中提到"绝地天通"，但语焉不详，以致相去不久的楚昭王读此书也茫然不解，而向史官咨询，事如《国语·楚语》载：

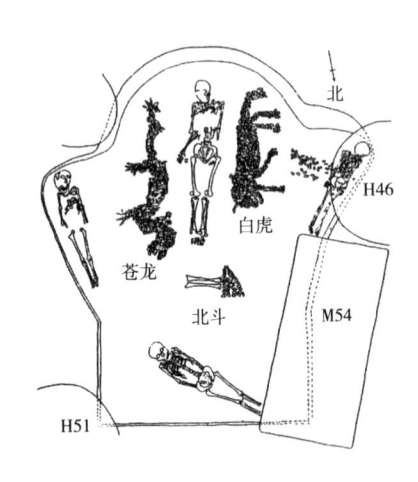

图 2　河南濮阳西水坡 45 号墓平面图

> 昭王问于观射父，曰："《周书》所谓重、黎实使天地不通者，何也？若无然，民将能登天乎？"

> 对曰："非此之谓也。古者民神不杂。民之精爽不携贰者，而又能齐肃衷正，其智能上下比义，其圣能光远宣朗，其明能光照之，其聪能听彻之，如是则明神降之，在男曰觋，在女曰巫。……民是以能有忠信，神是以能有明德，民神异业，敬而不渎，故神降之嘉生，民以物享，祸灾不至，求用不匮。"

> "及少昊之衰也，九黎乱德，民神杂糅，不可方物。夫人作享，家为巫史①，无有要质。……颛顼受之，乃命南正重司天以属神，命火正黎司地以属民，使复旧常，无相侵渎，是谓绝地天通。"

> "其后，三苗复九黎之德，尧复育重、黎之后，不忘旧者，使复典之。以至于夏、商，故重、黎氏世叙天地，而别其分主者也。其在周，程伯休父其后也，当宣王时，失其官守，而为司马氏。……"②

这两处记载，尤其本文所引之后者，由于所述"绝地天通"被视作中国宗教史上的重大事件而常被部分或全文引用，且大多将那次宗教改革运动视作空前绝后。

但是，或由于记载的模糊性，历代注家对实施"绝地天通"的帝王和时代说法不一，郑玄从《楚语》直述，认为是颛顼③；孔颖达认为是尧④；蔡沈则认为是舜⑤。对有关差异，牟钟鉴先生认为："造成古籍这种差错的原因可能是远古传说

---

① 顾炎武所言"三代以上，人人皆知天文"或同"民神杂糅""家为巫史"互为表里。
② 李维琦点校《国语·战国策》，岳麓书社，2006，第 136～137 页。着重号为引者所加，下同。
③ 当代引述者多从此说。
④ 孔安国注，孔颖达疏《尚书正义》，中华书局，1957，第 709～714 页。郑注为孔疏所引述。
⑤ 蔡沈：《新刊四书五经·书经集传》，中国书店，1994，第 202～203 页。

图3 辽宁牛河梁红山文化圜丘（上）和方丘（下）

的讹误，也可能是由于中原广阔地域内，不止发生过一次剥夺民众祭祀天神权力的宗教整顿。"① 笔者学友张连顺博士则注意到了文中的"古者"和"使复旧常"，并认为"古者"当指黄帝，而"旧常"即指黄帝所实行的历史上首次"绝地天通"，并如图4②所示不断反复。这一解读很精彩。典籍记述或注家理解的差异以及后续历史事实本身就说明：在中国历史上，反复多次发生过不同程度或范围的"绝地天通"式的限制或剥夺民众祭祀权利的宗教整肃运动，这些"杂糅"-"绝通"的反复也绝非简单的循环，而是张弛交替的波浪式前进。亦即，存在通天权的竞争。

不论观射父所说"古者"是否确指黄帝，也不论"黄帝"是确有其人还是仅为象征性指称，既然公认黄帝为制礼作乐之人文初祖，那么，认为"黄帝"所指称的那个时代也有过"绝地天通"式的宗教整肃，并以此确立了以天为宗的国家（宗法）

---

① 牟钟鉴、张践：《中国宗教通史》，社会科学文献出版社，2000，第85页。牟先生在这段话前列举诸说时未提及舜，也未注明诸说出处。
② 张连顺：《新道学的生死观》，中国社会科学院研究生院博士学位论文，2008，第141~142页。

```
古者→少昊→颛顼→ 尧 → 尧 →夏商→周 → 周宣王
巫觋→九黎→重黎→三苗→重黎→重黎→程伯→诸侯
不杂→杂糅→绝通→杂糅→绝通→绝通→绝通→杂糅
```

图 4 周宣王之前的"绝地天通"/"民神杂糅"的交替反复示意

宗教或礼教（简称宗天礼教）的雏形，大概是没有问题的。实际上，出自史官世家的司马迁著《史记》以《五帝本纪》开篇，而黄帝为五帝之首，且为其后所有帝王之先祖，这也是认黄帝为宗天礼教之始祖的最好例证。经过多次"绝地天通"/"民神杂糅"的交替反复，礼教不断发展精致，到周初，经过周公进一步整肃而空前完善，同时也形成了礼制。

但是，如何看待中国自古以来的宗教，尚未形成统一说法，尤其是在中国历史上的"儒教"是否就是现代宗教学意义的宗教问题上形成了对立的两派。主张"儒教是教"说的有任继愈先生[①]、李申先生[②]等学者。与之相对，牟钟鉴先生等学者则不同意"儒教是教"说，牟先生将中国自古以来的宗教称作"宗法性传统宗教"，并认为其特点是：

它以天神崇拜、祖先崇拜和社稷崇拜为主体，以日月山川等百神崇拜为翼

---

① 任继愈：《中国儒教史·序》，见于李申著《中国儒教史》上卷，上海人民出版社，1999。任先生认为："远在春秋以前"的"中国早有"的"自己的传统宗教信仰"，原无"固定的名称"，"后起"的名字是"儒教"，且该"儒教""在中国这块土地上生存了几千年"，"历代王朝都以儒教为国教，孔子为教主"。后起名字未尝不可，但若让孔子到春秋之前当教主则难免让人感觉像《封神演义》的思路。
笔者以为，如果说孔子被追封为大主教也许还说得过去，教主之说恐怕难以成立。孔子过世之后的两千多年以来，虽然受到社会普遍尊崇，其封号也被不断加高，但最高还只是元大德十一年（1307）的"大成至圣文宣王"或清顺治二年（1645）的"大成至圣文宣先师"，始终未能超过诸侯王。道教虽然在多数时候处于弱势，但却由于李唐王朝的出现，老子从唐高宗乾封元年（666）被封"太上玄元皇帝"开始，屡次被加封，直至唐玄宗天宝十三载（754）被封"大圣祖高上大广道金阙玄元天皇大帝"。导致这种差异的决定性原因大概正是宗法观念和历史上未出现孔姓王朝，岂非尊崇并极力维护宗法制的孔子及其追念者之悲哀？至于佛教，由于"外来和尚好念经"这一近乎普世性的宗教传播通则，再加上来自印度传统的转世轮回说，辈分等宗法性问题相对好处理。
② 李申：《中国儒教史》上卷，第906页。李申先生认为："以董仲舒所对天人三策和汉武帝决定独尊儒术为""儒教的诞生"的"标志"，是"传统宗教成了儒教"。此说避免了前述任先生那种有些让人感觉似乎认为春秋之前就存在以孔子为教主的儒教的误会。

羽，以其他多种鬼神崇拜为补充，形成相对稳固的郊社制度，宗庙制度，以及其他祭祀制度。它的基本信仰是"敬天法祖"。它没有独立的教团，其宗教组织即是国家政权系统和宗族组织系统，天子主祭天，族长家长主祭祖，祭政合一，祭族合一，既具有国家宗教性质，又带有全民性，故也可以称之为传统的国家民族宗教。……这个国家民族宗教起源于原始宗教，形成于夏商周三代，完善于汉至隋唐，一直延续到清朝末年帝制垮台为止，其间从未中断。①

不难看出，他们都认为中国有一个绵延数千年的以"敬天法祖"为基本信仰的传统宗教，其差异虽然有牟钟鉴先生所说如何看待它与儒学或历史上的"儒教"的关系②、谁或何为教主以及如何指称等方面。但是，还有容易被忽略的一点，那就是，牟先生所说的"宗法性宗教"是经过近现代宗教学的研究之后起的名字，自然是近现代宗教学意义的"教"，而"儒教是教"说中的"教"是在传统中自然形成的名字，实际上是佛教传入后在竞争替帝王教化并维护以天为祖、以帝王为教主或最高主教的宗天礼教的正统或主导地位的结果，显然并不完全一致。不过，中国历史上的那个绵延数千年的以"敬天法祖"为基本信仰的传统的、宗法性的正宗大教——宗天礼教，并非在佛道儒之外。首先，儒家或儒教产生于这个传统的宗法性正宗大教，但又从未脱离它。同样，如后详述，道佛二教同传统的宗法性正宗大教的关系，虽然不及儒家或儒教那么紧密，但也没有置身其外。因此，说那个传统的宗法性正宗大教——宗天礼教在儒道佛之上或许更符合历史事实。

"儒教"是教与否两派之争，笔者并不曾特别关注，但是要说清道教及其礼仪（或科仪）等基本元素的来源与文化内涵，就很难回避儒道以及佛教同中国传统宗天礼教的关系。实际上，在中国被称"教"者，自古以来就未必与其他也被称"教"者是完全相互独立的不同宗教，作为最典型且无争议的近现代实例，莫过于中国的天主教和基督教以及东正教，从名称上看貌似独立的三教，其实不过是基督教整体的三个不同宗派。故，对近现代宗教学意义的儒道佛三教，也可以有两种看法。

一方面，从中国以帝王为总教主或教皇的传统宗天礼教的视角来看，三教都只是不同的宗派。在代替帝王"教化"或维护宗天礼教的意义上，自孔子开始的儒家及

---

① 牟钟鉴：《关于中国宗教史的若干思考》，转引自吕大吉著《宗教学通论新编》，中国社会科学出版社，1998，第564页。
② 牟钟鉴、张践：《中国宗教通史》，社会科学文献出版社，2000，第82页。

至后来的儒道佛三教并称之"儒教"一直拥有正统或主导地位,最有资格被称为教。由被孔子多次问礼的老子所开创之道家,只是倡导顺自然而教,但依然是圣人之"教",自然也没问题;随后的黄老道,依托黄帝①,是为了表明传三皇五帝之教(或为道家向宗天礼教的回归),并在汉初为帝王所重用,更没问题;至于后来的道教,或因独尊儒术等诸多因素,在低沉后,也在儒术不灵时,确有"太平道"或"鬼道"那样试图另起炉灶的行动,但很快又回归大宗法体系并获得了"道教"这一正式称谓,以致被称为"第二礼教"②。至于佛教,它争"教"的称号的过程就是其归顺或融入宗法体系的过程,作为第一个获得"教"称号的外来者,且本土的儒道两大流派也是在其激发下才基本同时期获得"教"的称号,当然也没有问题。

另一方面,若以近现代宗教学的、独立的"教"的意义来看历史上的儒道佛"三教",三者的顺序就该反过来了。佛教,是外来宗教,原本独立,也没有人提出异议,自然不成问题,它归顺宗天礼教礼制或只是入乡随俗之方便,故其发展受王朝兴衰存亡影响较小。关于道教,虽然也基本没有人说其非教,但由于它和儒教的同胞兄弟关系③,论及儒教时也自然少不了涉及它。春秋以来争鸣而出的各家本来都是作为辅王教化的学派登上历史舞台的,从近现代宗教学的视角来看,虽然可以说他们基本都属于以帝王为主教或教主的传统宗天礼教的祭司阶层,但都没有建立自己独立的教团组织,充其量相当于宗天礼教的不同宗派。儒家获得独尊④地位之后,道家及其

---

① 《论语》《孟子》《荀子》均未提及黄帝,显示黄帝可能并不为先秦儒家所尊崇。黄帝被视作正史之首的《史记》首卷《五帝本纪》列作五帝之首,并为此后所有帝王之父系祖先,且得到后世普遍认同,足见尊崇黄帝的黄老道家影响之大。
② 胡孚琛、吕锡琛:《道学通论——道家·道教·丹道》,社会科学文献出版社,2004,第261页。以此类推,笔者以为,从宗天礼教的角度来看,如果说儒教是第一礼教,道教可说是第二礼教,中国佛教则堪称第三礼教。中国历史上对外来宗教的受容与排斥,也主要取决于外来宗教是否包容中国传统的宗天礼教礼仪,佛教经过长期论争已基本全盘接受宗法礼仪而全面融入中国社会,基督教则以"礼仪之争"为标志而难以全面融入。而老庄道论或相对较多地蕴含着对宗天礼教的超越,过去接引了佛教文化的传入与中国化,现在和将来或又将是嫁接西方文明成就接穗的砧木。
③ 难分伯仲,不宜人为定高下。再者,基于兄弟伯仲的高下之别只是血统意义的,而道统并无高下先后之分。
④ 李申先生《中国儒教史》上卷(上海人民出版社,1999)第二章"初兴的西汉儒教",将汉武帝采纳的以董仲舒为代表的儒者们提出的"独尊儒术"政策作为儒教诞生的标志,似给儒教正了名,但却让此前的传统宗教没了名。笔者感觉,将"独尊儒术"理解为帝王在百家中选定最符合帝王核心利益的儒家作为以帝王自己为最高祭司的助祭团队的传统宗教改革更为合理。这,是选择,也是舍弃或切割,被切割舍弃的其他思想与宗教成分也因此不得不独立重组。如果没有"独尊儒术",大概也就不会有后来这个样子的道教,从这个意义上讲,"独尊儒术"也就是道教作为独立教团成立之开端或契机。

他各家只好转入或回归民间，直至东汉中后期，在儒家辅教不灵、社会急剧动荡、生灵涂炭之时，或还因佛教的传入给他们以独立的组织借鉴，才在道的旗号下重组，建立了中国历史上第一个在政权之外长期续存的社团组织——道教①。道教的宗教性，有从传统国家宗教那里继承来的，有民间汇聚而来的，有老庄列文道论进一步宗教化的，也有借鉴佛教的，当然还有新发展的。至于儒教，几无独立性，作为宗教，基本一直保持中国传统宗天礼教的一个宗派——当然是最主要宗派，但也因之基本丧失了独立发展的机会，故，随着古代帝制和祠堂文化的灭亡而消失。所谓儒教，除在传统礼俗与官僚文化中略见其踪影外，几无痕迹，传统文化也因之失去了其主要载体。道教介于儒佛之间，看似左右逢源，其实左右受制，宗法制内受宠不及儒教，宗法制解体后独立发展不如佛教。

实际上，自儒道佛三教确立其"教"的地位之后，这三教以及后来的中土自生或外来的一切"教"，其发展状态或发展空间很大程度上取决于其是否或多大程度上被帝王认可，亦即是否或何种程度上归顺宗法制或宗天礼教——中国自古以来的宗教和文化主干。从这个意义上讲，中国的宗教可总称为"一王教"，这也是中国宗教和西方一神教最显著的区别之一。因此，基督教各派进入中国，在王权强大时不愿归顺宗法制就难有发展。但是，在宗法制随着王权的衰落和解体而松散和崩溃之后，所余巨大的宗教需求真空迅速被新兴宗教或外来宗教占领，这才是儒道佛乃至整个中国必须正视的社会现实。

因此，历史上的儒教，作为代理或辅助帝王"教化"或维护宗天礼教之教，完全没有问题。在近现代宗教学意义上，作为中国传统宗教——宗天礼教的一个教派也没有问题，但若认为历史上的儒教是一个独立的宗教甚至早在春秋之前就已经存在，恐怕难免让人感觉就像《封神演义》说商末已存在佛道教一样，当然那种说法也是国人理解自己文化史的一种常见方式。至于用作为中国传统宗教史上的一段和内涵上的一部分的儒教指称整体的做法，从理论上或人类历史的实例来看，并无不可，但从讲究科学的现代学术角度来看，显然不够科学，而且可能带来不必要的麻烦。一方面，作为同样是中国传统宗天礼教的正统继承和发展的道教依然独立存在，鉴于儒道佛乃至基督教等皆言道之事实，彼此互动中发展出兼容各家各教之道的新道教亦未可

---

① 或由于宗天礼教礼制影响之深刻，国人乃至所有华人都极不善于建立非政府性或非家族性的组织，以致当今国际社会罕见具有世界影响力的华人企业家或由华人创立的世界级现代企业或其他非政府组织。因此，可以说，华为公司的崛起，是中国或华人历史上的重要标志。

知，也许道教更适合代表整个中国（宗教）文化或作为全面继承者？另一方面，或因明末率先到来的基督教加特里教派为中国人接受之方便，用了貌似中国本土宗教的"天主教"这么一个译名①，结果让后来的基督新教获得了"基督教"这一本属全教整体的名号指称局部的机会，以致学术界至今也没在用以指称基督教整体的中文名称上得出公认满意的结论。因此，儒教一词，大概还是作为历史名词用于指称历史上作为王道教化代理的一个派别或传统宗天礼教的一个宗派比较合适。本文若无特别说明，所使用"儒教"一词，就是这个意义的儒教。

"儒教"一词之所指明确了，那么，究竟如何指称中国传统宗法礼教合适呢？大概由于中国自古以来政教一体，帝王同时也是教皇或最高祭司，并认为自己是天下共主，以致没有给以自己为教主或最高祭司的以天为宗的宗法礼教一个名称以示同他者的差异，给当今学者平添了不少烦恼。牟钟鉴先生所提"宗法性传统宗教"，字面意义和所指相符，当然没有问题，但似乎有点过长。如紧扣"敬天法祖"这一核心，是否可称"天祖教"？当然若从宗法之教这个意义上解释"宗教"一词，或许最简又最切者莫过于"宗教"一词本身了。再考虑到"礼"这一中国传统宗教的核心，且在儒家出现之前早已有之，儒家虽然特别推崇但也不能独占，用历史上存在过的"礼教"一词指称中国传统宗教大概也远比"儒教"更合适吧。为此，若无特别说明，本文所用"礼教"一词，即指以帝王为主教或教主或教皇的以天为宗的中国传统宗法礼教，简洁与明确以天为宗兼顾时则称宗天礼教。②

## 三 竞争通天——道教及其礼仪（科仪）的形成

众所周知，中国帝王一直垄断着祭天，即与最高神——天神沟通的权利。有垄

---

① 张仁忠著《中国古代史》（北京大学出版社，2006）第 475~476 页详细描述了明末清初天主教传入中国由标异到顺礼之转变。窃以为用"天主教"一词指称中国传统的"敬天法祖"的宗天礼教倒是很合适。
② 梁溪著《儒教研究》（见卓新平主编《中国宗教学 30 年》第五章，中国社会科学出版社，2008，第 160~212 页），时"儒教"是教与否的论证有更详细的综述，持是非两种不同观点者的观点不尽相同。
　　笔者以为，不论如何看待儒家或儒教，首先最好不要有剥夺道家道教以及其他各家各派乃至民间宗教对传统文化的天然合法继承权与发展权之嫌疑——"本是同根生，相煎何太急？"其次，别再因名称导致识别困难。

断，也就有反垄断，亦即可以说存在着"通天权"的竞争①，其典型表现就是"绝地天通"与"家为巫史"的反复交替。本文因论及儒道佛三教而继前引张连顺博士所作"绝通－杂糅"交替图，续作至盛唐时代（见图5）。②

```
周初 → 穆王 → 东周春 → 秦末 → 汉初 → 刘彻 → 两汉 → 刘秀 → 汉末魏晋 → 隋 → 隋末 → 盛唐……
              秋战国   嬴政                    之交          南北朝        唐初
程伯 → 吕侯 → 诸侯   → 法家 → 群雄 → 儒家 → 谶纬 → 儒家 → 群雄   → 儒道 → 群雄 → 儒道……
              诸子          藩王                          三教     佛和   三教   佛和
绝通 → 绝通 → 杂糅  → 绝通 → 杂糅 → 绝通 → 杂糅 → 绝通 → 杂糅   → 绝通 → 杂糅 → 绝通……
```

**图5 周初至盛唐间的"绝地天通"／"民神杂糅"的交替反复示意图**

各种各样的"神"，或许都是人们不囿于已知事物，而对未知或不确知事物的一种基于已知事物并通过想象展开的象征性指称，其中寄托着人们的期望、担忧或敬畏等情感。把未知想象成什么样，往往就意味着人们期待或试图避免与想象一致或接近

---

① 关于"'通天权'的竞争"这一说法，来自葛兆光先生《屈服史及其他：六朝隋唐道教的思想史研究》（三联书店，2003）用"屈服"二字标定道教的形成过程的启示，初于2007年春的博士学位论文开题报告时提出，并在学位论文中完成相关论证（《六朝隋唐道教科仪研究——以敦煌文献为中心》，中国社会科学院研究生院博士学位论文，2009）。道教从无到有并续存至今的事实，让笔者认为"竞争"一词比"屈服"更准确，并认为中国数千年来的祭祀权限变迁实际上就是通天权的竞争史。道教，作为唯一由中国人自己建立并保存至今的儒帝通天路之外的通天方式认同者的组织，也是儒帝同盟之外的国人原创意识保护区。故，儒帝之路不畅时就会想到并借鉴乃至依仗道家道教。所谓通天权，本质上是直接面对未知的权利，儒帝同盟对通天权的垄断，实为对国人创造力多样性的桎梏或扼杀，或为曾经辉煌的中国衰败之最主要原因。笔者刚想到"竞争"二字的时候也很谨慎，后再联系到师祖王明先生关于道儒两家"作为齐、鲁传统文化的两条干线在其发展过程中，或明或暗、或旗帜鲜明、或隐蔽在曲折迂回的道路上，进行各种不同形式的起伏和斗争"（王明：《道家与传统文化研究》，中国社会科学出版社，1995，自序）的论述；索安（Anna Seidel）的"中国的皇帝不仅是掌权者，而且是其国土内的高等祭司，他的祭天仪式是官方唯一认可的人与最高神祇间的交流"之说（索安著，吕鹏志、陈平等译《西方道教研究编年史》，中华书局，2002）；卢国龙先生的"产生于中国古代社会的各家派学说，不管差别多大，最终都可以归结为探讨天人关系"等观点（《道教哲学》，华夏出版社，1998，导论）；以及刘屹先生在其博士论文中所说的"敬天"与"崇道"之变（《敬天与崇道——中古经教道教形成的思想史背景》，中华书局，2005），实际上可理解为对帝王垄断通天路径的一种突破。他们各自从不同的视角揭示了同一个历史事实。这些，让笔者更坚定了自己的看法。

另外，自明末清初开始直至民国年间（1939）才有定论的中国（朝廷）同西来天主教之间的"礼仪之争"，同样是"通天权"或"通天方式"的竞争。而西方基督新教的诞生更是"通天权"竞争取胜的结果，这也极大地加速了西方现代化的进程。其实，垄断本身就是竞争的一种极端状态或阶段性结果。

② 这里重做了周初部分。实际上，周穆王即位之初因"王道衰微"，而"闵文武之道缺，乃命伯臩申诫太仆国之政，作《臩命》。复宁。"之后又因"诸侯有不睦者"而作《吕刑》并提及"绝地天通"，这就表明周穆王也实行了"绝地天通"式的宗教政策，故在此明示。又因纸幅所限，省略张连顺博士原图（如本文图4）周宣王时代的"民神杂糅"。

的事物从茫茫未知中显露出来。所期待的没有出现，或力图避免的却出现了，都会令人失望。现实是：在人们对自身和周围环境的有限已知之外，存在无限的未知或不确知因素。人生、社会及自然界的画卷并不完全如人们的想象般展开，人们的想象并非一成不变，也就导致人们必然需要不断调整自己对待未知事物的方式，这也就是必然发生"通神权"或"通天权"竞争的客观原因。这样的竞争，在中国历史上就表现为"绝地天通"与"家为巫史"状态的交替呈现。但是，在历史的进程中，这种反复交替并非简单循环，不同时代的"绝地天通"与"家为巫史"都不会也不可能完全一样，实际上是一种类似血压的收缩与舒张交替的脉动或波浪式行进的发展。诸侯分封体制的僵化和调整，以及郡县制的自我僵化是历史的主线，每个时代都力图建立新的体制，但这种体制几乎都是家族更替的宗法翻版，不久之后又走向了僵化反动。

如同秦始皇以为兼并六国实现郡县制后天下就永远太平一样，自古以来，许多国人都以为可以一劳永逸地解决纷争问题。周公大概也曾以为完善敬天法祖宗天礼教并强化为礼制，各诸侯尊王攘夷，周王朝就可永保平安。但是，帝王在变，诸侯在变，周边民族或部落也在变，每家每户人口的数量与质量都在变……一切都在变化，根本就不存在一劳永逸的解决。由于王室的腐化衰退，诸侯的弱肉强食，外族的侵扰，还有自然环境因素等，周朝在周宣王之后，王权衰落，诸侯崛起：（楚武王）芈熊通称王，齐桓公欲封禅泰山，鲁季氏八佾舞于庭，楚庄王问鼎，七雄皆称王，与之相伴，诸子蜂起、游说列国……完全是一幅"民神杂糅"的景象。不过，诸子之游说大多并非维护混乱状态或彻底摒弃宗天礼教礼制，而是为"复旧常"，亦即展示新的"绝地天通"图景并希冀某诸侯能将之实现。在诸子各派中，相继出现的道、儒、墨、法四家最具代表性，墨家因过于理想化而最早被淘汰，法家由于最具现实性而通过秦付诸实践，剿灭其他诸侯以及周王，在中国历史上首次建立了中央集权王朝——秦朝，从"敬天法祖"的礼教这一传统宗教的意义上来讲，或许这才是有史以来最彻底的或第一次真正意义的"绝地天通"。换言之，所谓"焚书坑儒"实乃法家与秦始皇合作版的"罢黜百家"而"独尊法术"。

大概由于秦始皇版"绝地天通"过绝，最强的垄断也导致了最迅速、最猛烈的反抗。如果说东周以来的诸侯纷争[①]、诸子游说主要是贵族之间的竞争，那么，秦始

---

① 诸侯间的战争是宗法战争。在中国，教权从来不曾高过宗法王权，亦即宗天礼教一直在其他宗教之上，宗法血统束缚着道统，如果不把宗天礼教视作宗教，也就无所谓宗教战争。于是，不少人以中国没有宗教战争引以为荣，但中国并不缺少宗法战争，实际上中国所有内战基本都是宗法战争。如果宗法宗教之说成立，那么，宗法战争是否也可说是宗教战争呢？

皇版的"绝地天通"不仅未能一劳永逸、万世相传，反而激发了贫民乃至奴隶奋起竞争并登上历史舞台。①

短期的大纷争之后，又出现新的王朝——汉朝，从社会制度方面讲，汉承秦制，但汉制是在秦朝的纯粹郡县制和周朝的纯粹分封制之间的折中。由于自古以来的政教一体的社会组织模式没有改变，政治革命几乎必然伴随宗教变革。从宗教方面讲，传统的宗天礼教在继承中调整，高度集中、高度紧张的"独尊法术"因过度紧张的社会关系而导致秦王朝迅速土崩瓦解，经过群雄角逐后由政策相对宽松缓和的刘汉获得王权，在疲惫中继之以黄老之术让天下休养生息，积蓄了力量的各诸侯又显争鸣之势（如汉景帝时代的"七国之乱"），帝王又通过"独尊儒术"再度集中权力。剧烈震荡之后，高度紧张的"独尊法术"式的集权，被代之以相对缓和的"独尊儒术"式集权。此后，虽然独尊者未变，但集中度却在调整中加强，尽管多次瓦解，但政治上的集权和宗教上的"绝地天通"政策没有根本变化。

促成秦始皇"罢黜百家"而"独尊法术"的法家、鼓动汉武帝"罢黜百家"而"独尊儒术"的儒家，或许都以为自己可以包办一切，然而他们却都没能为所遇千载难逢之伟略帝王解决生、爱、老、病、死之类的问题。这，也就必然给其他各家，在这一自天子以至于庶人无不关切的未知领域留下了无限广阔的空间。

"儒术独尊"，从儒家的立场上看，是儒家获得了独家辅助或代理帝王同至上神——"上帝"或"天"——以及所有的神沟通，同时管理民众同与其身份相配的神沟通的特权。但从道家及其他各家的立场上看，要么归顺帝儒同盟，要么在体制之外保持自己特有的"通天""通神"——或广义地看作面对未知或不确知事物的方式，并寻求新的发展。②佛教的传入，对习惯于在体制内部辅助或代理帝王通神、通天但却又被排挤出来的各家来说，是一个极好且及时的独立组织借鉴。东汉末年，篡臣迭出，叛臣蜂起，实为又一次进入"家为巫史"的时代③，就在这个时代涌现出了以"道"为旗号的"太平道""五斗米道"等教团组织。高举"太平道"旗号的黄巾军起义试图改朝换代，"五斗米道"在被曹魏大军征服之前有着自己近乎独立的政教一体组织，这些也正是早期道教教团同传统国家宗教政教一体组织的相似之处。据

---

① 司马迁：《史记·陈涉世家》。
② 最具现实意义的是在野保存了传统文化中因独尊而被舍弃了的部分，功德无量。
③ 任继愈：《中国道教史·序》（中国社会科学出版社，2001）："汉末、魏晋，天下大乱，老百姓走投无路，往往投靠宗教。那时中央政权对全国失去控制，正是宗教发展的好时期。"

传为天师道祖师张天师后裔并延续至今的道教正一派天师世袭制，同样是传统宗法礼制在道教中的体现。

了解中国的传统宗教与政治制度之后，我们可以说汉武帝的"独尊儒术"政策是道教成立的必要外部条件。若无"独尊儒术"之类的学派或教派的切割挤压，大概也就不会形成历史中的道教。从这个意义上讲，以"独尊儒术"为道教独立教团形成之开端也并无不可。但是，对于数千年来形成的习惯于宗法体制内活动的国人来说，建立体制外的教团组织绝非轻而易举，如果没有佛教传入，道教组织的形成可能更晚，且必为另一副样子。但是，即便借鉴佛教，早期的道教组织依然更多显示出中国传统特点，比如太平道喊出的口号是：

> 苍天已死，黄天当立，岁在甲子，天下大吉。（《后汉书·皇甫嵩传》）

显然旨在改朝换代，而五斗米道的早期情况则如《三国志·张鲁传》所载：

> 张鲁字公祺，沛国丰人也。祖父陵，客蜀，学道鹄鸣山中，造作道书以惑百姓，从受道者出五斗米，故世号米贼。陵死，子衡行其道。衡死，鲁复行之。……鲁遂据汉中，以鬼道教民，自号"师君"。其来学道者，初皆名"鬼卒"。受本道已信，号"祭酒"。各领部众，多者为治头大祭酒。……不置长吏，皆以祭酒为治，民夷便乐之。雄据巴、汉垂三十年。汉末，力不能征，遂就宠鲁为镇民中郎将，领汉宁太守，通贡献而已。民有地中得玉印者，群下欲尊鲁为汉宁王。

俨然一独立王国，其政教合一程度比之当时的中央政权，有过之无不及。不对立即独立，这是中国传统非政府组织同政府关系的特点，同时也是政府极力限制非政府组织的重要原因。当然，这些是正史中的记载，难免有在朝者的偏见。

再看现存最早的道书《太平经》①，它称其道为："是正所谓以调定阴阳，安王者之大术也。……故帝王长安而民寿也……""是以圣人欲得天道之心意，以调定阴阳，而安王者，使天下平，群神遍悦喜。""得其意，理其事，以调和阴阳，以安王者，是可以效天常法书也。"（卷五十）"以解天心，以安王者治也。"（卷九十一）

---

① 王明编《太平经合校》，中华书局，1960。若无特别说明，以下所引《太平经》皆自该书。

## 道教礼仪的宗天礼教渊源略探

显然是敬天尊王的,只是以王者师的口吻提出了自己的治世方略。关于这一点,从正史也可得到印证:

> 夫天子事天不孝则日食星斗。比年日食于正朔,三光不明,五纬错度。前者宫崇所献神书,专以奉天地顺五行为本,亦有兴国广嗣之术。其文易晓,参同经典,而顺帝不行,故国胤不兴,孝冲、孝质频世短祚。……
>
> 初,顺帝时,琅邪宫崇诣阙,上其师干吉于曲阳泉水上所得神书百七十卷,皆缥白素朱介青首朱目,号《太平清领书》。(《后汉书·襄楷传》)

其中《太平清领书》即《太平经》。这些记述既表明道教自形成之初就旨在维护宗天礼教和礼制,也包含了比较流行的两种道教起源的说法——张道陵与张角分别于南北方各自独立创教,但张角所创太平道由于遭到镇压未能流传,故道教内部和国内学界较通行的说法是张道陵于东汉顺帝二年(143)在鹤鸣山创立道教,并立二十四治、三十六靖庐。

那么道教究竟成立于何时?近年有张勋燎、白彬在对东汉魏晋南北朝墓葬出土的多种"解注器"的研究之后发表《中国道教考古》,其中提出:

> 道教的形成,主要是方士、巫祝文化交融发展的结果,最初的天师道不大可能是由某一人所创,而是秦及西汉以来(特别是汉武帝以来)的方士、巫祝们(后来有的成"天帝使者")的集体创作。……在西汉时期,刘邦、刘安、汉武帝和成帝、哀帝的宗教政策活动,对后来道教的形成有极大的影响,道教的形成,是在他们的宗教政策影响下逐步发展起来的。[①]

两位作者还认为:"初期天师道最初是东汉明帝时在以长安、洛阳为中心的中原地区形成的,再先后向西面、西南面和南面三个方向发展。"[②] 提出了道教的产生早于张道陵与张角分别于南北方各自独立创教之说的新说。实际上,明代所出《汉天师世

---

[①] 张勋燎、白彬:《中国道教考古》,线装书局,2006,第287~288页。
[②] 张勋燎、白彬:《中国道教考古》,序及书中多处。

家》(46/023)① 卷二所载"祖天师，讳道陵，字辅汉"，不论是否确为事实，其匡扶汉室（或广义的王室）之用意再明显不过，这也正是道教遵奉宗天礼教的表现。

其实，陈寅恪先生早在《天师道与滨海地域之关系》中也提出了关于道教起源的考论，其文曰：

> 自战国邹衍传大九州之说，至秦始皇、汉武帝时方士迂怪之论，据太史公书所载（始皇本纪封禅书孟子荀卿列传等），皆出于燕、齐之域。……神仙学说之起源及其道术之传授，必与此滨海地域有连，则无可疑者。此汉末黄巾之乱亦不能与此区域无关系。……
> 
> （《三国志·孙策传》引江表传略所言于吉之事）与时代不合，虽未可尽信，而天师道起自东方，传于吴会，似为史实，亦不尽诬妄。是于吉、宫崇皆海滨区域之人，而张角之道术亦传自海滨，显与之有关也。
> 
> （又据《三国志·张鲁传》及《后汉书·刘焉传》等）张道陵顺帝时始居蜀，本为沛国丰（今江苏丰县）人。……丰沛又距东海不远，其道术渊源来自东，而不自西，亦可想见。此后汉之黄巾米贼之起原有关于海滨区域者也。……
> 
> 凡信天师道者，其人家世或本身十分之九与滨海地域有关。②

依陈寅恪先生的这些考论，张道陵和张角很可能都不是道教的创立者。

关于道教成立的说法还有多种，比如大陆韩秉方先生、台湾萧登福先生等认为道教成立于春秋时期。③

李申、杨广伟、詹鄞鑫等学者认为道教成立于西汉④，但具体观点不尽相同。这

---

① 这样以"/"分隔的5位数字表示所引道经在《中华道藏》中的册数（前2位）和所在册内的序号（后3位），下同。仅在首次被引时标识。
② 陈寅恪：《天师道与滨海地域之关系》，刘梦溪主编《中国现代学术经典·陈寅恪卷》，河北教育出版社，2002，第430~442页。
③ 萧登福：《周秦两汉早期道教》（文津出版社，1998）认为道教不出自汉末三张，而是出于周秦时代的方士。韩秉方"关于道教创立过程的新探索"（《世界宗教研究》1999年2期，第16~22页）认为道教接续原始宗教而来，其成长历史至少要上溯至东周的春秋时代。
④ 李申先生认为西汉初年的黄老、道家就是道教，并认为道教在西汉初年成立。见于氏著《黄老、道家及道教说论纲》，《道家文化研究》第16辑，三联书店，1999，第50~56页；《道教本论（黄老、道家即道教论)》，上海文化出版社，2001。杨广伟先生认为西汉成帝、哀帝时期道教已经产生，见氏著《"道教产生于东汉顺帝朝"质疑》，《上海大学学报》1995年第1期，第88~92页。詹鄞鑫：《神灵与祭祀——中国传统宗教综论》，江苏古籍出版社，1992，第16~18页。

里仅略引同本文重点关注的道教礼仪（或科仪）关联较多且同笔者对道教及传统宗教的认识有较多相似之处的詹鄞鑫先生的有关论述如下：

> 关于道教的创始时代，旧说不一，比较流行的说法认为，东汉末年的太平道和三国蜀地的五斗米教是最早的道教。……道教的祭祀仪式（斋醮）如斋戒、设坛、供神、陈献、乐舞、焚香、祝诵、上章（书册）等，禳除手段如驱鬼、镇邪、诅咒、符箓等，健身求仙活动如炼丹、导引、推拿、房中术等，凡此均在西汉时代已经盛行。其中除健身求仙术也许是汉代神仙家医方家的创造之外，其他活动都是战国以前传承下来的古俗。……从以上几方面综合地看，道教应该起源于西汉。我们知道，汉初统治者曾一度崇尚黄老思想。那时吸收了阴阳五行星相神仙方士诸家宗教理论的道家一分为二，一部分在朝廷干禄，把这些思想深入正统宗教理论中，另一部分则在民间行道，装神弄鬼，以谋衣食。西汉的民间宗教在本质上与道教是没有多少区别的，只不过还没有"道教"的名称罢了。自汉末魏晋以后，人民不堪深重灾难，为了自我解脱，纷纷加入道教组织，从此道教才成为独立的一门宗教。这样看来道教与正统宗教实在是从战国秦汉之际传统宗教脱胎出来的一对孪生兄弟，一个在朝，一个在野，成为统治中国两千年之久的宗教。

关于道教晚出说，典型的有日本学者小林正美先生详实地考证了"道教"这一名称大致在刘宋时期正式归属于作为儒道佛三教之一的道教，并以此作为道教正式成立的标志。[①] 小林先生还考证了"佛教"一词正式作为儒道佛三教之一的佛教的名称也是大致在四世纪下半叶[②]，但却未见以此作为佛教的成立时期之说。不知小林先生推定道教成立时期的这种逻辑除了适用于道教之外，是否还适用于其他宗教或任意社会组织。比如说，日本的历史起点是否也只能从正式以日本为国名时算起？是否可用"鲁迅"指称用笔名"鲁迅"之前的周樟寿或周树人？

还有刘屹博士则认为道教是在"敬天"的基础上更强调"崇道"，并以这一转变为道教的成立，考察汉魏六朝时期的墓券材料后作结论道："虽然道教的形成不能轻

---

① 〔日〕小林正美：《六朝道教史研究》，李庆译，四川人民出版社，2001，第493页；《唐代の道教と天师道》，知泉书馆，2003；《道教の斋法仪礼の思想史的研究》，知泉书馆，2006。
② 〔日〕小林正美：《六朝道教史研究》，第495页。

易划定某个历史时期或时间来界定，但公元五世纪所发生的一系列变化，对于崇拜'道'的道教，即中古道教来说，应该具有划时代的意义。同时，'道'崇拜的确立意味着对汉魏'天'崇拜传统在一定程度上的背离，也应是汉魏六朝社会所发生的深刻变化在思想领域的一种反映。"委婉地表达了其道教晚出说。刘屹说如果成立，政治主张不同的苏联史是否可算俄罗斯历史？社会主义中华人民共和国是否能将资本主义的中华民国以及历代中国王朝的历史当作自己的历史？

关于上述各种道教成立时期说，笔者认为教内的传统说法和道教早出说更符合道教作为中国传统宗教之流变形成的历史逻辑，晚出说虽然也都有其道理，但是，小林说之"道教"似乎只是名分上的道教，刘屹说则没得出道教成立更晚的结论倒有些让人感觉意外——因为事实上"崇道"始终只是极少数人的事。

实际上，《老子》通过"人法地，地法天，天法道，道法自然"等表述，虽然表明了道对天的先在性或优越性，但民间乃至道家道教始终给天以最近道、同道乃至高于道的地位。最典型的是，以三清为代表的道教最高神都被称作天尊，且被认为他们都常居于天界。"天师"一词，可能源自传统的"天道""天帝"信仰，在《庄子·徐无鬼》（13/001）之中黄帝称为他指路并教以治天下之道的牧马小童为"天师"，而在《黄帝内经·素问》（20/001）中黄帝亦称教他养生治国之道的岐伯为"天师"，被用作道教最高法位，可能既暗示着道教信仰可上溯至黄帝之前的悠久传承，又表明"天师"在以天为宗的宗天礼教的先王崇拜传统中同样具有权威性和神圣性。"替天行道"说的出现与流行，则似更显天的至上性观念在吾族社会的根深蒂固。①

道教成立的时期虽然并非本文的专门考察对象，但关涉如何认识道教礼仪（或科仪）的形成②，需要表明对有关问题的基本认识。笔者认为道教的成立有三个几乎不可或缺的必要条件：第一，数千年以来的传统宗天礼教与各种民间信仰背景，这是道教得以形成的传统宗教基础，道教并非从天而降，而是在继承中发展，正由于这一点，才成为"中国的根柢"③；第二，老子道论的确立与传播及后学发展，这是道教

---

① 在汉语里，常见"哎呀，我的妈呀！""哎呀，我的天哪！"这类感叹语，但却不见"哎呀，我的道呀！"之说，显示着"道"这一概念远不及"天"和"妈（或母）"深入人心。
② 道教礼仪史不可能独立于同时期道教整体的发展而存在，清晰的道教礼仪的形成与发展史只能同清晰的道教形成与发展史同时浮现出来，早期道教发展脉络仍然模糊不清时，早期道教礼仪史也不大可能透彻无疑。当然，也可以道教礼仪的发展为线索，厘清道教整体的发展史。
③ 关于鲁迅先生"中国的根柢全在道教"之说，有人认为是褒义，也有人认为是贬义。笔者以为，既是根柢就无所谓褒贬，即便根在腐烂，不得已放弃旧根用树干或枝杈直接扦插，但重新长出的根基本上还会是原来的样子，这是由DNA决定的。

得以形成的最不可或缺的首要内在条件，缺此，将无道教，仅就这一条（当然第一条自然会有），也是有可能形成道教的，故道教成立的春秋说①或西汉初年说都自有其道理；第三，"独尊儒术"政策的切割与挤压，将道家及其他各家学派与儒家认为非正统的宗教成分以及这些学派与宗教元素天然遗传的正统宗教成分挤压在一起，这一条与其说是道教产生之必要条件，毋宁说是道教必然产生的决定性推动力。有了这三个条件，道教迟早会成立，若无第三个条件，所谓道教即便成立，大概也未必会有独立教团组织，很可能和"儒教"形成汉景帝年间的朝内竞争态势②。至于佛教，是催生道教的添加剂和催化剂，在从未有过长期存在并同政府和谐共存的大规模非政府组织的中国，若无佛教刺激并提供组织借鉴，道教教团组织的形成很可能会更晚，其形式大概也会是另一副模样。

另外，也有学者认为"道"并非专属道家道教之私名，并不能以其名号是否冠之以"道"，其文书是否言"道"，来判定学派是否属于（老庄）道家，该教派是否属于道教，以及该教派同（老庄）道家是否有传承关系，"老君""老聃"未必就是指《老子》作者，等等，不无道理。不过，或可换一个视角，换一个关键词。见存最早讲"真"的文献是《老子》，其后之《文子》《列子》《庄子》以及《鹖冠子》等公认先秦道家著作皆言"真"，乃至称得道之人为"真人"。与之相对的是儒家《十三经》无"真"。东汉末年形成教团组织的道教皆尚"真"③，修道亦称修真，并以"真人"为高道大德之称号，后来还有丹道修炼名著《悟真篇》，以及真大道、全真道等新道派。据此，可以认为，汉字"真"的本土传承主要在道家道教。再据《老子》崇婴儿、尚玄牝，道教内丹学说将内丹比作胎儿，甚至称作"圣胎"，等等，

---

① 不过这里的道教春秋成立说是指道家作为替帝王教化之道教的实际出现。这是以道、儒及百家各自为说，替王说教，自成一家为教之成立，那么可将作为道教理论核心的老子道论形成看作道教的成立，当然也就在春秋时期。同时，这个意义的儒教也该从孔子算起。

② 若将道家及其他非儒学派被朝廷排除在日常治国方略或辅助教化和礼教维护之外而不得已另谋出路并建立以道为号的非政府组织看作道教的成立，则可将"独尊儒术"看作道教的成立，其时当在汉武帝年间。其实，由于秦始皇"独尊法术"的持续时间太短，大概儒、道及其他各家都还没来得及想是否该建立自己的组织。如果秦二世不太昏庸，并继续传至三世、四世……"法术独尊"不致过分死板并得以延续，不仅道教组织的形成可能会提前，而且很可能还会出现有独立教团组织的在野儒教。

③ 《周易参同契》《太平经》《清静经》《黄庭内景经》《黄庭外景经》《抱朴子内篇》《养性延命录》《真诰》《真灵位业图》等早期道书虽然出自不同教团，且不一定尚老庄，但皆言"真"或"真人"。又，通常被认为与道家关系密切并以《上古天真论》开篇的《黄帝内经》，不论是否与黄帝有关，当出自修"真"传承。《吕氏春秋》《淮南子》言"真"和"真人"，亦可见其认"真"传承。《史记·屈原贾生列传》载贾谊辞曰："真人淡漠兮，独与道息"，或可视作汉人对"真"或"真人"同"道"关系的一般认识。至于《荀子》《春秋繁露》亦见"真"，则显示儒家之变化。

笔者大胆提出一个"真"源假说："真"，乃取像于腹中胎儿之状①。据此又可推定，道家道教一脉相承，且由来久远，是否始于黄帝另当别论，但大致可以上推至"真"字出现之前，亦即远在《老子》流传之前已存在修"真"道之传承。于是，还可推定，汉末看似并不一定尊老庄的道派或教团大多尚"真"，恐实为由来已久的修"真"分流团体的重新集结，他们认识到《老庄》实乃修"真"之结晶之后才逐渐尊奉。这样，或可解释看似纷杂的早期道派何以能统合为道教。②

至于"道"字，很可能取象于胎儿生产及其通道。又鉴于"德者，得也"之说，而得之本义，很可能是得象女阴之贝，或从女阴而得（接生），或得由女阴而象之宝贝，或得如女之宝。以此观之，《国语·晋语四》的"同姓同德，异姓异德"之说，或许也隐含了从女阴而得而德的发展关系。类似的，或许也可说：同道同德，异道异德？如此释"真""道""德"，显示出"认真""同道""同德"等词语似乎都有明显的血统意涵，这或许也正是道教依然保持着很强的宗法性的深层原因？③

道教，就这样在继承、竞争、借鉴、分合中形成了，其礼仪（科仪）也随之产生。如詹鄞鑫先生所言："道教的祭祀仪式（斋醮）如斋戒、设坛、供神、陈献、乐舞、焚香、祝诵、上章（书册）等，禳除手段如驱鬼、镇邪、诅咒、符箓等，……凡此均在西汉时代已经盛行。"

道教的形成，自然出现与之相应的礼仪。道教由继承传统宗天礼教并加以变革而来，道教礼仪自然不能例外。再具体说，秦皇汉武求仙封禅都有方士参与，这一方面表明传统礼教包容着各类方士所行法术或礼仪，另一方面也让通常的在野之方士有机会接触皇家主流祭祀礼仪。而这些方士的后继者又大多参与创立道教或为道教所吸收。还有一些参与创立道教或后来加入道教的人物出生于贵族或官宦家庭，自幼熟悉

---

① 易宏：《道脉"真"源略探》，见于中国道教协会编《行道立德济世利人·第三届国际道教论坛论文集》，宗教文化出版社，2014，第654~660页。
② 进一步说，看似多源的道家道教可能实为远古修"真"一源之多流，而老庄道家或许也只是远古流传下来的修"真"支流，但以其理论体系之完备而逐渐获得主导或正统地位。故而，与其说"老子一气化三清"，毋宁说"三清"皆本"真"？"真"或比"道"更适合做道教与其他宗教相区别之 ID？再者，道统非血统，当无先来后到辈分年资之别。至于天师道正一派何以被视作道教正脉，或由于张天师在众多修"真"教派中率先发现老子所创道家理论最为精妙并予以遵奉？全真道之所以能崛起，是否也在相当程度上由于其再次强调修"真"？
③ 易宏：《"真""道""人""身""德（得）""大""天""地"——道家道教几个核心概念的身体渊源略探》，《"第三届昆仑高峰论坛"暨老子道学文化研究会2018年会会议论文集》，昆明，2018年11月，第164~181页。

传统礼教之礼仪。在道教早期，已有据汉代以来流行的天、地、水"三官"崇拜而形成的"三官手书"投放礼仪，《三国志·张鲁传》裴松之注引述《典略》曰：

> 修法略与角同，加施静室，使病者处其中思过。又使人为奸令祭酒，祭酒主以老子五千文，使都习，号为奸令。为鬼吏，主为病者请祷。请祷之法，书病人姓名，说服罪之意。作三通，其一上之天，著山上，其一埋之地，其一沉之水，谓之三官手书。使病者家出米五斗以为常，故号曰五斗米师。

这里的"手书"，大概是道教在偏僻的西南地区对传统的投埋简册礼仪的朴素化应用，而天、地、水"三官"信仰，也就是对传统的天地山川信仰的继承和发展，显示出向后来的道教投龙简仪发展的征兆。

道教科仪的完善和其教团组织与经籍体系相辅相成，三洞四辅经教体系的完善者南朝刘宋道士陆修静，同时也是道教科仪集大成之第一人，他在《陆先生道门科略》（08/058）中阐述了道教科仪的由来及其同传统礼教祭祀礼仪的关系，其文曰：

> 夫大道虚寂，绝乎状貌，至圣体行，寄之言教。太上老君以下古委悉，淳浇朴散，三五失统，人鬼错乱，六天故气称官上号，拘合百精及五伤之鬼、败军死将、乱军死兵，男称将军，女称夫人，导从鬼兵，军行师止，游放天地，擅行威福，责人庙舍，求人飨祠，扰乱人民，宰杀三牲，费用万计，倾财竭产，不蒙其祐，反受其患，枉死横夭，不可称数。太上愍其若此，故授天师正一盟威之道，禁戒律科，检示万民逆顺、祸福、功过，令知好恶。置二十四治、三十六靖庐，内外道士二千四百人，下《千二百官章文》万通，诛符伐庙，杀鬼生人，荡游宇宙，明正一三五，周天匝地，不得复有淫邪之鬼。罢诸禁心，清约治民，神不饮食，师不受钱。使民内修慈孝，外行敬让，佐时理化，助国扶命。唯天子祭天，三公祭五岳，诸侯祭山川，民人五腊吉日祠先人、二月八月祭社灶，自此以外，不得有所祭。若非五腊吉日而祠先人，非春秋社日而祭社灶，皆犯淫祠。

关于道教斋醮礼仪对传统宗天礼教祭祀礼仪的继承，张泽洪先生的《道教斋醮科仪研究》第一章第一节"斋醮的孕育与发生"，通过比对《三礼》《左传》《墨子》

等先秦典籍和科仪道书的有关记述，确认了先秦宗天礼教祭祀活动对道教斋醮礼仪形成的直接影响①，本文不再一一举证，下面仅以堪称"通天权"竞争获胜标志的道教投龙简仪为例说明道教礼仪（科仪）的传统礼仪渊源。

## 四 "金龙驿传、上达九天"——集传统信仰与崇拜大成之道教投龙简仪②

先民以为天神就在头顶上方的昊昊苍穹之上，于是筑坛近天以祭天。或以为高山更接近于天，从而有了登高山祭天的礼仪。被誉作道教十大洞天之首的著名王屋山（洞天），其主峰即因据传轩辕黄帝曾在此筑坛祭天③，也被称作天坛山。包含祭天元素且曾频繁在王屋山及五岳等地区行持的道教投龙简仪，就是在（大型）斋醮科仪的最后阶段进行的将告神文简和龙等礼器同时投放的宗教仪式④，简称"投龙简"、"投龙仪"或"投龙"等，也被认为是告文送达神灵的关键环节。是东晋南北朝以来重要的道教仪式程序之一，也是最具中国传统特色的宗教仪式之一，其形成源远流长。概言之，可以说它源自中国远古时期至秦汉的传统天地山川崇拜和天道信仰及相关祭祀礼仪，经汉末五斗米道的天地水三官信仰和魏晋南北朝时期高道们的整理、改革和发展形成，至迟由唐王室推崇道教而确立为国家祭礼，进而流传至宋元明。及至清代，随着道教乃至国家整体的衰落、帝制的终结，投龙简仪也逐渐被人们淡忘。但随着相关文物的出土和20世纪初法国汉学家沙畹（Edouard Chavannes，1865-1918）《投龙》⑤一文的发表，又重新引起了学界的注意。中国学者对投龙简仪的关注，虽然有些滞后，但近三十年以来也不断有结合最新考古资料的研究成果发表。关于投龙简仪源流的考察和定型于唐代的这一道教仪式的分

---

① 张泽洪：《道教斋醮科仪研究》，巴蜀书社，1999，第1~13页。
② 本节由拙文《金龙驿传，上达九天——道教投龙简仪源流略考》（王卡、汪桂平主编《中国本土宗教研究》第1辑，社科文献出版社，2018，第132~173页）节要并加入新材料和新阐发而成。
③ 杜光庭撰《天坛山圣迹叙》（48/018）载："传曰：黄帝于元年正月甲子，列席于王屋山，清斋三日，登山至顶，于琼林台祷上帝破蚩尤，帝遂敕王母降于天坛，母既降，黄帝亲供侍焉，王母乃召东海青童君，九天玄女，授与破蚩尤之策，黄帝依命杀蚩尤于冀，天下乃无不克，海内安然。"
④ 参见前引拙文《金龙驿传，上达九天——道教投龙简仪源流略考》之"表1 道教投龙简仪宏观仪程与相关科仪道经示例"和"表2 至迟完备于唐代的道教投龙简仪所用礼器及其用法、用意"。
⑤ Edouard Chavannes, "Le jet des Dragons", *Memoires concernant l'Asie Orientale* vol. 3, Paris, 1919, pp. 53-231.

析，详见作者相关专题研究①。这里，仅通过对至迟完备于唐代的最典型道教礼仪的投龙简仪的礼器的简略考察，以阐明道教礼仪的宗天礼教等传统宗教的渊源。

杜光庭编《太上黄箓斋仪》（43/027）卷五十五"投龙璧仪"，系统列示了投龙简仪所用玉、金、璧、钮、青丝、简、龙等礼器及其用法、用意。为了究明投龙简仪作为一种宗教礼仪的内涵，这里对其所用礼器的由来做一简略考察，对其寓意做一粗略阐释。

**投龙简仪用礼器材质之"玉"**

如《太上黄箓斋仪》卷五十五"投龙璧仪"所言："玉有九德，可以为礼天地、神祇之信"，古代祭祀，尤重玉器，广泛分布的出土上古玉器（图6、图7），显示华夏先民有着广泛而源远流长的玉崇拜传统。

图 6　红山玉龙（左），良渚玉璧（中）、玉琮（右）

图 7　见存古代方璧，自左至右依次为史前、商代、西周、明代

玉，作为道教投龙简仪礼器之材质，主要用于玉璧和玉简。已发现的有台州黄岩宋墓南唐投龙玉璧（图9），济渎庙北海池宋熙宁元年玉简残片（图10），武当山明

---
① 易宏：《六朝隋唐道教科仪研究——以敦煌文献为中心》第七章"唐代投龙简仪考论"，中国社会科学院研究生院博士学位论文，2009；《敦煌本〈大唐开元立成投龙章醮威仪法则〉及唐代投龙简仪略析》，敦煌道教文献研讨会，中国社会科学院世界宗教研究所，2018年7月17日。

初投龙玉璧等。这些，形制一如良渚玉璧，清楚地表明了这种玉文化传统一直绵延不断。

**图8　北宋真宗天禧二年金龙、金钮**

**图9　南唐先主烈祖李昪元四年（940）十月投龙玉璧**

再者，道教以"玉清"为三清之最高，道教神"玉皇大帝"远比儒家所崇之"昊天上帝"或"皇天上帝"更能深入大众心灵，再加大量含玉字或同玉相关的道经名称与道教术语的存在，似乎暗示着，道教在中国文化各流派中更饱含着历史悠久的玉崇拜传统。又，据说在目前已发现的上古文化遗迹中特别崇尚玉的红山文化属于黄帝部落，尊黄帝、尚宝玉之道教或正为其传承。这些，或正说明道教确为"中国之根柢"？①

---

① 据叶舒宪先生等学者考证，和田玉至迟在5000年前已传入中原，早在丝绸之路西行前已有玉石之路沟通西域和中原。叶先生甚至将中国人的玉崇拜称作"玉教"。

另外，蒋介石、毛泽东，是近现代中国之两位最著名人物。蒋名含石，毛则因从母拜巨石为干娘而有"石三"之昵称，足显石崇拜对吾族影响之深刻，说蒋毛二位皆传承着中华民族源远流长的石崇拜文化或并不为过。

伊利亚德在《锻冶师与炼金术师》中也有这样一段描述：

许多神话表现了人类起源于岩石这一主题，这在中美的伟大文明（印加、玛雅）之中、在南美一些部族的传承中、在希腊人和塞姆人中间、在高加索山脉地区、从亚洲到大洋洲，均反复出现。（略）在《旧约全书》中还保留着人类起源于岩石这一古塞姆的传承，但令人吃惊的是基督教的宗教民俗却以高尚的方式处理这一现象，并将其用于救世主基督。在罗马尼亚的一支圣诞歌中，就讲述了基督从岩石中诞生的典故。

转引自中野美代子著，王秀文等译《〈西游记〉的秘密》，中华书局，2002，第3页。

道教礼仪的宗天礼教渊源略探

投龙简仪用礼器材质之"金"

金,或广义(贵)金属,包括银、铜等,主要用作龙(图8上)、简、钮(图8下)之材质。

投龙简仪用礼器之"璧"

如前所述,玉璧(参见图6、图7、图9),作为玉礼器之一,上古即有。先秦已有相关制作与用途的规范记述。《尔雅·释器》曰:"肉(周围的边)倍好(中间的孔)谓之璧,好倍肉谓之瑗,肉好若一谓之环。"即,古人据周边(肉)和中孔(好)的比例大小,把这种片状且多呈圆形的玉器分为玉璧、玉瑗、玉环三种。《周礼·春官·大宗伯》曰:"大宗伯之职:掌管建邦之天神、人鬼、地祇之礼,以佐王保建邦国。……以玉作六瑞,以等邦国:子执谷璧,男执蒲璧。……以玉作六器,礼天地四方。以苍璧礼天,以黄琮礼地,以青圭礼东方……"

图10 宋熙宁元年玉简残片

道教成立之后,继承和发展了这些礼器的制作与应用。《太上黄箓斋仪》卷五十五"投龙璧仪"曰:"璧者,礼天地山川之宝也,以玉为之。"这里的礼天地水说,大概是道教对传统礼天地说的继承和发展。苍璧礼天,是传统沿袭,实物可证。六出玄璧礼水,实物证据未见,文献证据不足,或因用者稀少乃至仅仅是广成先生的理论构想。至于方璧,有出土文物证明确实存在(图7),但尚未发现方璧用作道教投龙简仪礼器的实物证据。

投龙简仪用礼器之"简"

传统祭祀中常见的"简"(或版,或由其串联而成之册),其原型为用于书写的竹板或木板。用于传递信息时也就是书信,至今也还有书简之说。"简",作为祭祀礼器,也就是给神灵的书信。其材质,为显恭敬或虔诚,以玉质(图10)为上,也有金、银、铜之类贵金属的[①],还有其他材质的。投埋简册,向神祈福,古已有之,

---

① 其著名者,有1982年发现于嵩山的武则天乞除罪投龙金简,清道光年间发现于衡山的唐玄宗南岳投龙铜简。

封禅①祷病②皆用，道教继承。投龙简仪中的简是给神的书信。给天神送书信，也就是通天。投山简以告天，堪称代祭版或"函祭"版之封禅。道教投龙简仪成为国家礼仪，可以说是道教在"通天权"竞争中获胜的标志。特别是，天坛祭天通常不被认为属于道教，但明代天坛祭天音乐的演奏由道士承担，其乐团所在地被称作神乐观。此亦为道士助帝通天之实例。

### 投龙简仪用礼器之"钮"

关于金钮（图8下），用作道教祭祀礼仪之投龙简仪的礼器之一，并非道教原创，而是承古新用。金钮所代之歃血，其来源当属血崇拜。血崇拜在人类社会中普遍存在，由来更加久远。特别是在汉语中有"血浓于水"这一古谚流传至今，乃至被官方用以强调民族团结，显示着血崇拜深入族人骨髓。据此，道教以象征歃血之钮作为投龙简仪礼器，大致可理解为对以血崇拜为基础的歃血结盟礼仪的承袭和变通性应用，以企同神歃血为盟，同血脉、共命运。中国传统的宗法制，以父系血缘关系为基础，也是血崇拜的一种表现形式。③ 道教投龙简仪只是以金钮象征歃血（可能至迟在秦骃祷病玉版投埋时已经开始），而不实际杀生，或为中国祭祀礼仪的一大进步。

### 投龙简仪用礼器之"青丝"

投龙简仪礼器中的青丝，意代"割发"，应当来自世界上许多民族都有的头发崇拜传统，孕育道教的中国也不例外，且有其独特性。儒家典籍《孝经》云："身体发肤，受之父母，不敢毁伤，孝之始也。"显示了头发在中国传统（并不专属儒家）的孝道中的特别地位。同时，中国古代还有在祷天祈福时削发以代牺牲，表示用心恳切；妇女剪发以表坚决守志；成婚之夕，男左女右共髻束发，故称"结婚""结发"，如汉苏武诗云："结发为夫妇，恩爱两不疑。"显然，投龙简仪中以青丝代割发，同样是基于深厚的发崇拜传统。《尚书大传》卷二载："汤伐桀之后，大旱七年，史卜曰：'当以人为祷。'汤乃翦发断爪，自以为牲，而祷于桑林之社，而雨大至，方数

---

① 已发现的有新莽（制而未用）之封禅玉牒和唐玄宗、宋真宗禅地祇玉册，冯时著《中国古代的天文与人文》，图版一、第185~187页。
② "秦骃祷病玉版"，李零：《中国方术续考》，东方出版社，2001，附录四。
③ 似与全球化时代不相称，中国乃至海外华人无偿献血率相对较低，或为血崇拜及与之相关联的宗法文化传统的负面影响？血缘亲亲，是吾族凝聚力之所存。但是，血统是排他的，是硬实力，而非软实力。中华文化很难超越华人血统传播的主要原因，大概就是由于血统对道统之强力束缚，而很难真正体现出软实力。

千里。"后遂以"蕲爪"为祈雨之典实。《三国演义》第十七回中则有一个曹操因战马踩坏麦田而"割发权代首"以自罚,以至"三军悚然,无不懔遵军令"的故事。足见头发对国人或族人之神圣。

用"青丝"代"割发",虽然暂未查到其作为祭祀礼器的前道教文献记载,但相关崇拜与信仰早已深入族人内心,道教用之,更显示其作为中国本土宗教的源远流长和广泛而深厚的传统基础。

投龙简仪用礼器之"龙"

由考古发现(图2、图6、图8)可知,国人对龙的崇拜可能有六千年以上[1]绵延不断的历史。又,《史记·封禅书》载:"……黄帝且战且学仙。……百余岁然后得与神通。黄帝郊雍上帝,宿三月。……黄帝采首山铜,铸鼎于荆山下。鼎既成,有龙垂胡髯下迎黄帝。黄帝上骑,群臣后宫从上者七十余人,龙乃上去。……"[2]据传人文初祖黄帝为得道成仙升天第一人,且驭龙升天。

另一方面,从信众意识的视角来看,埋简投书、歃血割发,古已有之,道教承继,不乏信者,但或因缺少灵验事例,或因其投埋方式之简略而缺少神秘或神圣感,所愿能否确达神处,定有疑者。故,若简单沿用,难以显示道教与传统宗教之区别,难以让道教作为一个独立宗教吸引信众以显示其存在价值。

驿传制度的成熟完备,大概也是投龙简仪形成并盛行的重要现实社会基础。大概就在这样一种社会背景之中,某个或某些道士受到官方驿马传书的启发,联想到了传说中可上天钻地入水、神通广大且在数千年前就已被认为可作通天通神之全能的交通工具、并传曾迎黄帝成仙升天的龙,或可充当信使,承担向神灵传递祈愿书简之使命。于是,如同世俗地方官员通过驿站系统向皇帝呈报奏章一样,有了道士"以龙负简"(图8)、"传书神灵"之创意,并行之于宗教实践,形成了道教的投龙简仪。广见于道书所载或考古发现的投龙简仪告文例行用语"金龙驿传",或同其他词组合使用之"驿传"足为其证。

如上所述,道教投龙简仪,可以说是道教领袖们折中天地山川祭祀的就祭与望祭

---

[1] 毕玉才、刘勇:《8000岁"中华龙":何时掀起"盖头"来》,《光明日报》2016年01月19日05版。
[2] 再注意到《史记·老子韩非列传》所载孔子喻老子之言:"吾今日见老子,其犹龙邪!"以及"黄""老"并称之说,等等,莫不都暗示道家乃至道教比儒家更传承着由来久远的龙文化?还有,在后出之《西游记》中,负载唐僧完成取经之旅的并成佛的交通工具,不是普通马,而是白色神龙所变之白龙马,大概也基于同样的文化意涵,既是御龙升天母题之佛教版表达,又是佛教中国化之体现。

并借鉴巡狩礼仪以及代祭①的方式，在古代投埋简册和早期道教"三官手书"礼仪的基础上，"创造性地"加入起着信使作用的"龙"，从而实现"以龙负简""金龙驿传""通达神前"的"实用性"发展。投龙仪之所以能够迅速得到帝王认同并成为国家祭祀礼仪，可能在很大程度上是由于该仪式"有创意地"集中体现了中国传统的宗天礼教原本就有的天地山川信仰、龙崇拜、玉崇拜、金崇拜、文字崇拜、血崇拜、发崇拜以及权威崇拜等主要传统信仰与崇拜。

**图 11　新石器时代女巫禳星岩画**

又，很可能早在大约一万年前的新石器时代已有雏形的踏罡步斗（参见图11②），以及礼拜五斗、五星、二十八宿等星（神），以星斗（神）崇拜为具体形式的道教礼仪，或多或少，几乎遍在于各种道教科仪，这正是道教对以天道崇拜与信仰为核心的宗天礼教等华夏传统文化的继承和发展。

综观之，笔者认为，不论宏观还是细节，不论形式还是内涵，道教礼仪（或科仪），多由对传统宗天礼教礼仪或其他传统礼仪的继承、损益和发展而来，充分体现着道教作为中国本土宗教信仰的根源性。而鲁迅先生"中国的根柢全在道教"之说所指"道教"，大概也须从来源久远的天道信仰传统上理解，才合"根柢"之本义。不忘仰望星空之初心，大概是道教和相关研究应当保持的基本姿态吧。

---

① 据《岱岳观碑》（三）："大周天授二年（691）岁次辛卯二月癸卯朔十日壬子、金台观主中岳先生马元贞，将弟子杨景初……奉圣神皇帝敕，缘大周革命，令元贞往五岳四渎投龙，作功德。元贞于此东岳行道，章醮投龙，作功德一十二日夜。又奉敕敬造石元始天尊像一铺，并二真人夹侍，永此岱岳观中供养……"《马元贞孔庙题记》："天授二年（691）二月廿三日，金台观主马元贞，弟子杨景□、郭希玄，奉敕于东岳作功德，便谒孔夫子之庙，题石记之……"道士也奉帝王之命代祭儒家先师孔子。可见，道士对帝王来说也只是祭祀代理。
② 山西省吉县柿子滩朱绘岩画，据碳14测定，其绘制年代为距今约一万来年之前，图和基本信息引自冯时著《中国天文考古学》第137页。冯先生认为，该画面上部七星点和下部六星点可能分别象征北斗七星和南斗六星，这一画面所描绘的，或许正是原始女巫禳星祈福的祭祀场面。但是，笔者认为，疑似女巫礼拜对象的那七个点，与其说是北斗七星，毋宁说是当时最近北极的七公星座。至于女巫脚下的那六个星点，则可能就是天纪星座诸星（和附近星）的一种组合。不论女巫脚下部星点表示哪个星座，似乎都在暗示，脚踏拱极星，接近北天极，以亲近上帝或道，后世道教科仪的踏罡步斗，可能在那时已有雏形，岩画中那个女巫的原型，可能就是后世道士的老老前辈。参见拙文《华夏天道信仰与道家思想萌芽与初成的几个节点略探——以岁差圈附近星名星象为线索》，收录于《第四届昆仑高峰论坛会议论文集》，2019年9月21日，第43~55页。

# 内丹术与明代士人社会

张 方

**内容摘要**：明中期的思想文化变革冲破了理学的"天理"禁锢，为士人阶层习炼内丹扫除了思想障碍。士人中习炼内丹者众多，成为内丹学说发展的重要力量。内丹术在士人社会流传的过程中，与医学养生紧密结合，在推动社会养生发展的同时，对中医也产生了积极的影响。但是，随着肯定私欲与追求自由的人文思潮过度发展，狂禅之风盛行，整个社会因失去了必要的约束而极度地放纵个体欲望。许多士人放弃了传统价值，放情恣意，导致内丹术在传播过程中出现了种种乱象，这是文化从专制高压下解放出来，但没有找到正常发展渠道而产生的结果。

**关键词**：明代　内丹　士人社会　王阳明

**作者简介**：张方，陕西省社会科学院宗教研究所副研究员。

---

内丹术自隋唐创立之后，经历宋、元时期几百年的完善与发展，到明代时已走出道门，在世俗社会中广为传播。在明代习炼内丹的风潮中，士人阶层表现尤为积极，成为内丹学说发展的重要力量。对于明代士人修习内丹的现象，柳存仁先生较早注意到了明儒尤其阳明学者对内丹学的融摄与吸收。[①] 汪茂和提出内丹术对明代社会的影响是多方面的，首先就是明代名儒文士习谈内丹成风。[②] 张广保指出明代社会各阶层，上至皇帝、藩王，中至知识精英，下达底层民众都通过不同方式参与内丹术的修炼与传播。内丹修炼术在向明代世俗社会传播时，由道教的根本证道之术变形为以养

---

[①] 柳存仁：《明儒与道教》，《和风堂文集》中，上海古籍出版社，1991，第 809~846 页。
[②] 汪茂和：《明代的内丹学》，南京大学历史系、北京大学历史系编《郑天挺先生百年诞辰纪念文集》，中华书局，2000，第 154 页。

生延年为目的的养生术。① 但对于明代士人习炼内丹的整体状况，以及其与社会思想文化之间有何关涉，学界尚缺乏专门论述。本文对此做一粗略钩稽，并进一步探讨士人习炼内丹风潮形成的原因以及所产生的影响。

## 一 明代士人习炼内丹风气的形成

宋元以来，理学思想在社会中占据统治地位。明初，思想学术上仍承袭元代。朱元璋立教著政，尊崇程朱理学，"令学者非五经四书不读，非濂洛关闽之学不讲，而天下翕然向风矣"②。因此，朱元璋在对待内丹修炼的态度上也深受理学思想的影响。他在《御制玄教立成斋醮仪文序》中云："禅与全真务以修身养性，独为自己而已；教与正一专以超脱。特为孝子慈亲之设，益人伦，厚风俗，其功大矣"③。他认为禅与全真的修炼独为自己，而正一道的斋醮科仪益人伦、厚风俗，对于国家的作用更大，这就是从伦理道德层面来说的。理学重视伦理道德，对个体生命并不太关注。南宋理学家真德秀在给道士夏元鼎的《悟真篇讲义》作序时，曾言："予顷闻道家言，学仙至难，唯大忠大孝，不俟修炼而得。其说渺茫荒恍，未易测知，然使天上真有仙人，必忠臣孝子为之，非可幸而致也。"④ 元代诗人方回亦云："其内丹之法本是所禀父精母血升之降之，炼其气以夺造化，于仁义道德蔑一毫之修，有以凡化仙之术，而无以贤希圣之心，可乎？"⑤ 刘履在注解朱熹诗时曾言："《参同》本言内丹，特借服食之事为喻耳，此言仙家长生之术，学之甚易。但恐不合吾圣门原始反终之道，虽得偷生，岂能无愧于心乎"⑥。在此氛围的影响下，明前期的士大夫普遍认为生死由天，并不关注个体生命。如永乐时期吏部侍郎魏骥，为人至孝，因其母不食酒肉，他便也终身不食酒肉。有人见其所嗜淡泊，欲以金丹延年之术授之，其曰："贫贱寿夭出于天，非人力所能为"，却之不受。⑦ 还有力抗瓦剌的名臣于谦亦有诗云："玉检谩藏灵宝法，紫阳空著悟真篇，死生昼夜皆常理，饥则加餐困则眠。"⑧

---

① 张广保：《明代初期（1368～1434）全真教南北宗风研究》，青松出版社，2010，第4页。
② 高攀龙：《高子遗书》卷七，《四库全书》第1292册，上海古籍出版社，1987，第441页。
③ 朱元璋：《御制玄教斋醮仪文序》，《中华道藏》第44册，华夏出版社，2004，第616页。
④ 真德秀：《悟真篇讲义序》，《中华道藏》第19册，第455页。
⑤ 方回：《桐江续集》卷三十一，《四库全书》第1193册，第645页。
⑥ 刘履：《风雅翼》卷十四，《四库全书》第1370册，第225页。
⑦ 李祯：《古廉文集》卷八，《四库全书》第1242册，第790页。
⑧ 于谦：《于忠肃集》卷十一，《四库全书》第1244册，第365页。

明中期，内丹术开始在士大夫中流行。怀远将军凌锦"以老疾辞官，与方外者游。自以为得异人授金丹至诀，恒自闭不以告人，又时操觚著书以仙自命。"① 镇远知府周瑛为《悟真篇》作注，贵州左布政使张吉观后赞叹不已，二人遂同去镇远参访道士。② 但是，此时反对内丹修习的士大夫仍占主流。邱浚曾言："后汉魏伯阳作《参同契》，宋张平叔作《悟真篇》，二人著书教人，炼金丹以求长生，必其人真得其传，果长生不死，至今犹在天地间也。二人者今果安在哉，求其人不复见，则是其人亦死，其术不验也。"③ 王鏊历事三朝，入阁拜相，对抗权宦刘瑾，在士人中很有影响力。他在《与人论摄生书》中道：

> 方士之术，愚不能知，而所知者，古今之常道。夫人之有生必有死，犹日之有昼必有夜，事之固然者也。……神仙之说始于谁乎？自老子有谷神不死之说，屈子有一气孔神之说，燕昭、汉武始崇虚尚，而海上迂怪之士争扼腕而言神仙，日思脱屣以事飞升，飞升之说卒无验也，则变为服食之说，服食之说卒无验也，则变为金丹之说，至于服金丹死者往往而是也，则又变为今说。今之说以为不假金石草木，皆反于身而得之，则其说益玄，而其效益茫且远矣。又有所谓房中补益，则其说益下。夫人之死出于衽席者八九，而术者乃欲以此薪不死，乃得速死。於戏！吾见多矣。往予居京师，见荐绅往往有谈此术者，未始不窃叹人心之无厌也。……或曰彼亦未敢自谓能仙，但以延年损疾耳，若是，则有之。然人之疾多起于风寒、暑湿、喜怒、劳佚之际，能于是谨之，则疾安从生？且摄生之法吾儒自有之。《中庸》之慎独，则坐忘之法也，轲书之夜气，则伏气之法也，《论语》之失饪、不时、不食，则服食之法也，何待于彼耶。④

王鏊认为内丹术不足为信，摄生之法儒家自有。但他又提及"居京师见荐绅往往有谈此术者"，可见，许多士人已开始习炼内丹，并且还有人修习双修功法。内丹术此时能够在士大夫中广为流传，与当时皇室的推崇有很大关系。明宪宗追求长生，对内丹修炼饶有兴致，他十分推崇南宗的内丹著作《全真群仙集》，不但亲自作序编订此

---

① 程敏政：《篁墩文集》卷四十六，《四库全书》第1253册，第120页。
② 张吉：《古城集》卷五，《四库全书》第1257册，第695页。
③ 邱浚：《重编琼台稿》卷七，《四库全书》第1248册，第137页。
④ 王鏊著，吴建华点校《王鏊集》卷三十六，上海古籍出版社，2013，第507～508页。

书，还根据该书的内丹功法，命宫廷画师增绘了大量彩色插图。他在书序中写道："朕常留意于斯久矣，故于万机之暇，来辑群仙之秘枢，披阅前人之奥旨，而有飘然出尘之想，冰壶秋月之怀，乐然忘倦，深味于斯言，信有关于世也。"① 同时，宪宗还喜欢房中术，因贪赃而逃匿的官员李孜省因向其献淫邪方术而得到重用。一些方士"或假金丹为射利之策，或作淫巧为进身之媒"②，一些士大夫也开始向他进献房中秘术作为加官晋爵的资本。③

另外，从当时的社会思想文化来看，作为儒家伦理纲常理论基础的程朱理学，已经僵化到"病革临绝"的地步。理学的知识和思想边界被官方限制得越来越窄，沦为空洞的教条，"学者幼而读之，老而不知一言可用者"④。一些对理学僵化教条感到失望的士人，开始将目光重新归于个体生命，钻研内丹服食、摄形调气等道教的养生功法，开创明中期思想文化大变革的王阳明便是其中之一。王阳明从青年时代即对道教神仙方术产生了浓厚的兴趣，习炼内丹长达三十余年。后来渐悟仙、释二氏之非，改究圣贤之道，开创了"良知"说。他的学说突出个人在道德实践中的主体能动性，打破了理学的禁锢，影响极大，受启发者众多。而且，其"良知说"对道德自体的追求与内丹理论对存在自性的追求本就有融汇之处。因此，王门后学受其影响，大都对内丹有所关涉。对此孙绪评价道：

> 王伯安、何粹夫俱尝为老氏学，谓神仙可立致。恐为名教所訾议，粹夫沉默镇静，不谓学仙为是，亦不谓为非，然吐纳嘘嗒自若也。伯安慧机黠巧，博学多识，自谓无一事不可名世。既欲享长生之乐，又欲擅道学之名，又欲得文章政事诗赋词藻之名。充其志分席周孔，抗颜孟韩，并驾伊傅，奴仆萧曹。而孙吴董贾李杜陶韦而下无论也，其实则钟吕之徒而已。天下之事岂有事事曲全，而节节兼备者乎。近于左右望而登垄断矣，晚年深欲掩其初迹，其徒或叩其术，辄藉存养、省察、尊德、性收、放心之说，以饰其专气致柔、存想摄调之功，见于其集中者可考也。其徒退而点检，与圣门之学多所同异，皆不信，曰："吾师欺我"。

---

① 王育成：《明代彩绘全真宗祖图研究》，中国社会科学出版社，2003，第39页。
② 《明孝宗实录》卷二，成化二十三年九月丁未，台北"中央研究院"历史语言所校印本，1964，第26页。
③ 内阁大学士万安"以媚药进御"宪宗，"御史倪进贤又以药酒进万，至都御史李实、给事中张善，俱献房中秘方，得从废籍复官"。沈德符：《万历野获编》卷二十一，中华书局，1959，第541页。
④ 高攀龙：《高子遗书》，《景印文渊阁四库全书》第1292册，台湾商务印书馆，1972，第441页。

乃自信其学，而模仿尤甚，闭目塞耳，连旬累月，休粮绝粒，死灰槁木。……伯安既死，其徒犹谓其仙去。①

孙绪对王阳明的评价虽然有失偏颇，但他注意到了王阳明的内丹炼养术对王门后学所产生的深刻影响——王门弟子大多热衷于内丹炼养。王龙溪因久婚不育曾习炼内丹的双修功法；② 罗念庵与王龙溪一起向黄陂山人方与时学习静坐工夫，而方与时正是一位擅长内丹修炼的道士，权臣严世蕃闻其炉火而艳之；③ 朱得之写了一本名为《宵练匣》的书，书中大谈道教内丹理论；④ 罗汝芳"师事胡清虚，谈烧炼，采取飞升；……其子从丹师，死于广，乃言日在左右"⑤；等等。

王阳明的"致良知"学说打破了迷古的魔障，给人以直抒己见的勇气，很快就成为当时思想界的时尚，在士人社会中风靡开来。在王学发酵膨胀的过程中，其内在的自然主义和追求自由的精神，渐渐越出了王阳明设定的极限。他们肯定日常生活与世俗情欲的合理性，鼓吹"率性所行，纯任自然，便谓之道"。因此，中晚明士人开始关注现实物质享受，肯定个人私欲，内丹养生与双修之术也就越发流行起来。特别是在嘉靖时期，明世宗的崇道活动更是推动了内丹在士人社会的传播。明世宗对道教方术的痴迷程度远远超过了宪宗。邵元节、陶仲文等皆以方士得一品之恩。晚年，世宗求仙方灵露益急，遣官四处招方士，广搜方书。⑥ 一些道士通过士大夫进献内丹术而得到封赏。⑦ 因此，收集、研习内丹书籍成为当时士大夫的一大业余爱好。据《天水冰山录》记载，严嵩被抄家时，所抄八十八部书籍中，内丹书有八部。⑧ 御史刘伟"住庆寿寺，闭门谢客，积书至数柜，每出必自封，时人莫窥之。一旦，以侍班早出不及封，康太史对山密往闯之，其床帐朴陋殊类庄家，柜中所贮皆丹书也。"⑨ 状元杨慎常读《悟真篇》，得知张伯端曾见古本《参同契》，访求多年而未得。后来听闻

---

① 孙绪：《沙溪集》卷十五，《四库全书》第1264册，第658页。
② 王畿：《龙溪王先生全集》卷二十，《四库全书存目丛书》集部第98册，齐鲁书社，1996，第713页。
③ 耿定向：《耿天台先生文集》卷十六，《四库全书存目丛书》集部第131册，第407页。
④ 卿希泰、詹石窗主编《中国道教思想史》第3册，人民出版社，2009，第510~513页。
⑤ 黄宗羲：《明儒学案》卷三十四，中华书局，2008，第763页。
⑥ 张廷玉等撰《明史》卷三七〇，中华书局，1974，第5292页。
⑦ 如崂山道士孙玄清将《灵宝秘诀》《金液大还丹集》等通过太常卿龚中佩进献明世宗，获宠褒。参见郭清礼《金山派始祖孙玄清生平考述》，《中国道教》2011年第4期。
⑧ 《天水冰山录》，中华书局，1985，第213~214页。
⑨ 宋淳：《刘仙传》，《明文海》卷四二〇，中华书局，1987，第4390页。

云南地下发现石函，中有古本《参同契》，马上借来抄录，并为之作序。① 此本在士大夫中流传甚广，颇有争论。彭好古从蜀中得杨慎所叙古书读之，"辄不自揣，僭为注说，命之曰《玄解》"，他还将平生所收集的几十种内丹书辑录为《道言内外秘诀全书》②。

除收藏丹书之外，明代后期士人还非常热衷于对丹书进行注解。万历进士朱长春因事罢官后，隐居闭户，潜心修炼，自谓无师而得神授，集其心得，笺注《参同契》；③ 吏部尚书张位言"（悟真篇）自叶文叔著外传，紊乱真经，使学者愈增惑误，故分此书为三，而又撰《直指》《详说》《三乘秘要》诸论"④；天津卫教授高举自髫时即好批《参同》《悟真》《云笈》《宝箓》诸书，往往有真契独会者，其为诸生膺贡再更儒官，还往数千里间，不以须臾易其功力；⑤ 四会知县周杜林晚岁嗜养生家言，读《黄庭》《参同》《悟真》《感应》诸篇，咸有注释；⑥ 大司寇甄淑恻然恫悯，取《参同》《悟真》两编，译之翼之，译以辨殊言，翼以辅三注，理抽秘密，妙解真诠；⑦ 云南巡抚陈毓台因武定府失事被捕，狱中取《参同》《金丹正理》诸书玩味演绎，若有所悟，所注《悟真篇疏》《还真大指》《大道指南》《道德经契心录》《还初笔记》《三大难说方》，藏之名山以俟知者；等等。⑧ 由此可见，当时士人在修习内丹时，很少再向道士请教，而是通过阅读丹书，研习体悟，并且还喜欢注疏丹书，来抒发自己的见解。明后期，由士大夫注解的丹书极多，新说层出不穷，成为内丹学说发展的重要力量。

## 二 证道与养生：明代士人习炼内丹的不同境界

明代后期，随着追求个性自由的人文主义思潮的兴起，士大夫很少再说修炼内丹

---

① 杨慎：《古文参同契序》，《升庵集》卷二，上海古籍出版社，1993，第13页。
② 彭好古编《道言内外秘诀全书》，台北真善美出版社影印本，1979。彭好古的内丹在士大夫中颇有名气，黄克缵曾言"有以养生书见遗者，睹老丈著论凿凿，皆参同悟真中语，夫能立言而教人而不能炼性以成仙者，世未有之"。黄克缵：《数马集》卷三十七，《四库禁毁丛刊》集部第180册，北京出版社，1997，第452页。
③ 朱长春：《周易参同契解笺后序》，《续修四库全书》第1292册，上海古籍出版社，1996，第83页。
④ 永瑢：《四库全书总目》，中华书局，1965，第1701页。
⑤ 王世贞：《弇州续稿》卷七十，《四库全书》第1283册，第44页。
⑥ 黄凤翔：《田亭草》卷十三，《四库禁毁书刊》集部第44册，第560页。
⑦ 范景文：《文忠集》卷五，《四库全书》第1295册，第517页。
⑧ 黄克缵：《数马集》卷四十七，第569页。

与儒家伦理之间有什么冲突。甚至有人提出"御气养性，强已益身，秘采灵文，咸著丹诀，其原本于羲易，其言不诡于圣人，乌有旁门异术哉。"① 那些反对内丹的士大夫也多是认为内丹异说太多，容易走火入魔。如王世懋在给陈燕野的信中说"参同悟真之旨，……不得真传，恐反误大道，弟所不敢闻"②；笃信佛教的虞淳熙云："非遇异人传授方可下手，上阳子意在彼家，非悟真正派"③；费元禄《训子计八十三条》中说："劝吾烧丹者，力拒之。铅汞故是了世间事，那得易了。读参同悟真，正须藉其玄远，洗泼人尘土之气耳。乃房中采取之术以枯止之药遏方生之气，杜以漏之精壮元阳之本，尤伤生伐命之甚者，切勿为其所诳"④，他们将矛头直指内丹修炼中的彼家功法与采战术。

而对于那些热衷于内丹术的士大夫来说，他们对内丹术的需求层次也是有区别的。首先就是那些认为神仙可致、希望通过内丹修炼来证仙了道的士大夫。他们对道教的成仙之说深信不疑，已超越了自身的儒家信仰。嘉靖年间江西布政使宋淳曾说："神仙之说，吾儒尝诋之谓不足信，然葛洪、子晋、洞宾、希夷载在子史，岂皆欺世之言哉。"⑤ 力抗严嵩而被杀害的官员沈炼亦云："余束发好神仙，获鸿宝祕书之流，往往藏枕中窃读之。世之人不能深思博见，以为六籍有所不载，列圣有所不为闻，羽化升举、呼吸云霞、服食金丹之事，辄抚掌诋诃，见谓迂诞，此殆不然矣。"⑥ 明代中后期，政治黑暗，一些士人被排挤，政治上失意与无奈，他们内心深处那种对超越性的追求只有在内丹修炼生活中得到释放和升华。如明代文坛后七子之一的王世贞，其为人恃才傲物，先是公开反对严嵩，后又开罪于张居正，两次被罢官，在他身边聚集了一批不得意的江南士人。他的好友王锡爵有一个女儿叫王焘贞，未嫁而夫死，遂号昙阳子，自称得到神仙传授，通晓修炼之术。王世贞慕昙阳子仙道事，拜其为师，并与王锡爵于太仓建昙阳恬淡观。一批江南士人拜入昙阳子门下。昙阳子于万历八年羽化，王世贞认为她已飞升成仙，与王锡爵搬入恬淡观过起了出家修炼生活，亦希望能够证道成仙。以他为首的一批江南士人与茅山乾元观的全真道士阎希言、李彻度等人交游甚密，许多人开始跟随道士学习内丹术。这些士人虽然在政治上失意，但他们

---

① 范景文：《文忠集》卷五，第517页。
② 王世懋：《王奉常集》卷四十六，《四库全书存目丛书》集部第133册，第673页。
③ 虞淳熙：《虞德园先生集》卷二十五，《四部禁毁书丛刊》集部第43册，第543页。
④ 费元禄：《甲秀园集》卷四十五，《四部禁毁书丛刊》集部第62册，第643页。
⑤ 宋淳：《刘仙传》，《明文海》卷四二○，第4390页。
⑥ 沈炼：《青霞集》卷三，《四库全书》第1278册，第42页。

认为精神层面上，由于其文化修养的境界高于其他人，在宗教修行上，他们自认为也应该更顺理成章地成为"种民"，也较他人更易超越而证仙了道。[1] 因此，他们对内丹修炼的态度最为虔诚，所下功夫也极深。前文提到的朱长春，他在被罢官后，闭关青山十五年，谢浮荣而捐杂艺，于性命双修、易符老三宗，从杳冥恍惚中昏默悟透，对于内丹所下功夫极深。[2] 钱谦益《列朝诗小传》载其"修真炼形，以为登真度世，可立致也。累几案数十重，梯而登其上，反手跋足，如鸟之学飞，以翀举，堕地重伤，懂而不死。苕上人争挪揄之"[3]。

明代沉迷于证道成仙的士人毕竟还是少数，大部分士人习炼内丹还是出于养生延年、去疾疗病的目的，他们大都是在身体衰老或疾病缠身的情况才开始内丹修炼的。如：王阳明年轻时身体较弱，一直受肺病的困扰，他曾说"闻以多病之故，将从事于养生，区区往年盖尝弊力于此矣"[4]。傅山因身体疾患而拜师全真道士郭静中，寻求养生之法，戴廷栻《石道人别传》记载："道人善病，受道还阳真人"[5]。东林党领袖赵南星则是因年老体衰而托人访求郭静中，希望学习内丹，他在《与郭道人》中写道："星虽不肖，然自幼而有廉耻，性颇慈良，自誓居官必救万民，居家遇一虫一草必加仁心。今年六十，渐有衰相，然鼎器未坏，尚堪修习。谨托友人李按察访求仙翁，颛俟过我，斋心请教。"[6] 还有袁中道，他在《寄吴扬州》中说："愚兄弟少与闻禅家悟性之旨，而不留心养生之术。至今睹瓶雀之难遮，始觉延年益寿，不为无方。从兹当性命双修，但明师难遇耳。仁台即得玄门秘密，应世皆其余事，邺侯、留侯即其榜样，使生得为方外弟子，何幸如之。"[7] 可见，其也是老衰之后才寻求内丹术，目的是延年益寿而已。

在这种风气的影响下，内丹术在士人中传播时，开始与医学养生紧密结合，出现了专门治疗某种疾病的修炼功法。如：傅山手录的明代卢丹亭真人内丹功法中出现了"却病部"，其中有治疗多种疾病的内丹修炼功法，简单易学。[8] 泰州学派何心隐与道士阮中和多有往来，据他记载"此人年近九十，得纯阳之道法，善治火疾，当时名

---

[1] 王岗：《明代江南士绅精英与茅山全真道的兴起》，《全真道研究》第2辑，齐鲁书社，2011。
[2] 张维枢：《周易参同契解序》，《明文海》卷二一八，第2200页。
[3] 钱谦益：《列朝诗集小传》丁集下，上海古籍出版社，1959，第621页。
[4] 王守仁著，吴光等编校《王阳明全集》卷五，上海古籍出版社，1992，第187页。
[5] 傅山：《傅山全书》第7册，山西人民出版社，1991，第5025页附录四。
[6] 赵南星：《赵忠毅公诗文集》，《四库禁毁书丛刊》集部第68册，第718页。
[7] 袁中道：《珂雪斋集前集》卷二十四，《四库禁毁丛刊》集部第181册，第716页。
[8] 傅山：《丹亭真人玄谈集》，《道藏精华》第十三集之五，自由出版社，1989。

流罗念庵得此法，极口扬之。"① 方外人士叶松崖曾口授丹法为曾朝节治病，按曾朝节所言，叶松崖原本因"两目病几瞽，乃从修炼之士游，欲以治目。修炼之士亦往往喜其为人，以其所传授之。所得于运气之术，功已积久，不运而能通三关以下丹田。其发如鹤，其目如电，其面莹然如玉，见莫不知其为修仙者流。"② 除疾病治疗之外，一些内丹功法还有繁衍子嗣的功效。王龙溪久婚不育，偶受异人口诀，得其氤氲生化之机。由妻妾配合，练习双修功法，十余年间，连举八九子；③ 朱长春练习内丹术"八年而举二子"；④ 丹亭真人内丹法中亦有针对无嗣人家修炼的种子法；⑤ 等等。

我国从宋代起，朝廷兴建医学，教养士类，使习儒者通黄素，明诊疗，而施与疾病，谓之儒医。自此以后，文人习医风气蔚然盛行。明代文人涉猎医学领域，通晓医学、养生学者甚多。一些科举失利、仕途不畅的文人索性步入岐黄之路。这些人亦医亦儒，平日维系着和文人士大夫圈子的交往，且又掌握着先进的卫生、养生知识，自然成为研习内丹养生的先驱。如御医吴杰，退居故里后，与里中故人雅歌弹棋，饮酒为乐。其于"风角、云气占经，李虚中、子平之术，金丹内外秘诀无所不通，医特其一技耳。闲诵老庄氏书，益究金丹内外秘诀，以冀所谓长生者。"⑥ 还有江南名医祝茹穹，其与文坛大儒钱谦益交从甚密。钱谦益《祝茹穹丹药记》云：

> 余向辱先生执贽，师资之敬甚严。今效阳明还拜董萝石故事，以寿衣一袭为贽，反执弟子礼。先生不欲当，乃以还丹真诀见授，许以舐丹鼎上升，作淮南鸡犬也。昔汉淳于斟隐居吴乌目山中，遇慧车子授以虹景丹诀，遂得度世。乌目山即虞山之别名，陶隐居不知，以为吴地无乌目山，误也。先生坐余小阁上，指点檐外峰岫，乾元宫、招真治，丹井鸽飞，恍然在眼。先生此来，得非慧车子飙轮神车，再降于此山耶？⑦

儒医祝茹穹对钱谦益非常崇敬，执弟子礼甚严。钱谦益为了向他学习内丹养生之法，

---

① 何心隐：《何心隐先生爨桐集》卷四，《续修四库全书》第1355册，第693页。
② 曾朝节：《二客传》，《明文海》卷四一八，第4367页。
③ 王畿：《龙溪王先生全集》卷二十，第713页。
④ 张维枢：《澹然斋小草》卷四，《故宫珍本丛刊》第541册，海南出版社，2000，第261页。
⑤ 傅山：《丹亭真人玄谈集》，第56~57页。
⑥ 唐顺之：《荆川集》卷十六，《四库全书》第1276册，第460页。
⑦ 钱谦益：《钱牧斋全集》卷八，上海古籍出版社，2003，第569页。

效仿王阳明还拜董萝石之故事,反拜他为师,祝茹穹以还丹真诀见授。明代儒医重视内丹的养生健体作用,他们将内丹与医学养生相结合,在推动内丹术传播的同时,对中医也产生了积极的影响。著名医药学家李时珍,屡试不第后弃儒从医,他所著的《奇经八脉考》披露了教内丹学对人体经脉的见解。他说:"医不如此,罔探病机;仙不如此,难安炉鼎"①,强调奇经八脉对于内丹功和诊病的重要性。明代内丹家王文禄②,嘉靖年间举人,对医学养生很有研究,撰《医先》,取"上医治未病"意,主张养生贵养气,养气贵养心,养心贵寡欲,调神固精摄养法。明代医家孙一奎专研内丹,自称"余游方外五十有年,所矣至人难遇,大药难练"。其援仙入医,将内丹术对命门的认识引入中医学,系统阐述了命门-肾间动气论,为中医理论的发展做出了贡献。③

另外,明代"三教合一"思潮蔚然成风。一些习炼内丹的士人除了祛病延年的目的之外,还援道入儒,通过内丹修炼来体悟人生,从内丹心性学中汲取思想养分。如:赵祐"自罢别驾还里中,遂殚精性命,筑礼斗台,键关据悟,取《参同》《悟真》读之,行其术有奇验。既益读《楞严》《圆觉》《金刚》诸书乃大悟,儒家淑世,仙以度世,梵以出世,函三者一之,大丈夫事尽,因著书曰三逃记。"④ 还有明代兴起的阳明学派,其创始人王阳明不但践行道教内丹的修养方法,而且援道入儒,在"致良知"学说中用道教金丹导引之术加以比附,其心学修持工夫也与道教内丹修持极为接近。⑤ 王门后学中耽心内丹理论者甚多。罗念庵在家乡开辟的石莲洞中有着长达十八年的静修生涯,晚年又闭关三年,他以道教内丹修炼之法来证成儒家心性之学,以道教内丹功法而体悟良知的工夫。⑥ 王龙溪与道教人物多有交游,对道教法门有亲身修炼,并在自己的理论话语中大量使用了道教内丹学的用语,用道教的内丹理论解释"致良知",其站在阳明学的基本立场上,力图将道教的一些基本观念与命

---

① 李时珍:《奇经八脉考》,《四库全书本草纲目》下,江苏科学技术出版社,2008,第1994页。明清医家对内丹学中奇经八脉理论的应用,参见盖建民、何振中《道教内丹学视野下的"奇经八脉"初探》,《厦门大学学报》2009年第3期。
② 王文禄著有《胎息经疏略》《参同契疏证》等内丹书。主张"长生在全精气神",又在于"抱神以静,静则神存,神存则精气逆夹脊双关,入泥丸补脑,复归气穴"。见王文禄《参同契正文序》,周全彬、盛克琦编校《参同集注》第2册,宗教文化出版社,2013,第704页。
③ 盖建民:《道教医学》,宗教文化出版社,2001,第186~191页。
④ 胡应麟:《少室山房文集》卷八十八,《四库全书》1290册,第646页。
⑤ 柳存仁:《王阳明与道教》,《和风堂文集》中,第864~865页。
⑥ 张卫红:《罗念庵与道家道教之关系》,《中国哲学史》2008年第2期。

题融摄到其良知教的系统内部。① 颜山农以生命为宇宙本体,将个体的生命存在视为理想,并以此来重新解释孔子的"从心所欲不逾矩"的道德境界,然后用道教内丹修炼法取代躬身反省的德性修养,试图使道德修养变得可操作。②

## 三 骗财与渔色:明代士人社会中的内丹术乱象

明代后期,士人社会活跃着一个非主流的文人群体——"山人",他们或因挫折,或因厌倦而脱离了科举仕途,转以文人才艺游食仕宦权贵富室之间。晚明山人中,就其学问、人品、谋生手段、艺术造诣等而言,可以分成若干品类,其中就有一部分人受道教影响,好神仙,习内丹养生术。方志远指出明代山人标准形象要"游踪遍天下、见多识广;善饮高歌,极尽其趣;于养生术、阴阳术,也颇有讲究。这是山人能够博得权宦豪富的欢心并得到资金支持的主要原因。"③ 晚明士人阶层对内丹术的狂热,恰恰为这些人提供了市场。他们与士大夫们谈玄论道,讲授内丹养生,所到之处,士人趋之若鹜。据《客座赘语》记载"洛阳有野毛头张姓者,售伪诳世,而以闻见该洽,论说雄俊,引重荐绅间。客抵南都,士人慕而争趋,轩车满户外"。"又有所谓彭仙翁者,何参岳公露极言其非恒人,面语余曰:'据其词翰,非科甲者不能为'。其术大端在积气,而挟有黄白男女诸奇幻术。一时师之者,多以灵异自诧。"④

山人虽然以清雅出尘相标榜,但在经济上属于寄生阶层,其风致就不免为谋食所污,流于做作,其中更不乏有一些招摇撞骗之人。万历年间,有醒神子者,因白化病而须发皆白,其诡称为故威宁伯王越,遍游东南,至湖州而茅鹿门坤酷信爱之,求其长生之术。⑤ 屠隆在《与汪伯玉司马》中讲述的一件事情更具有代表性,其云:

> 衡岳遇王、薛二真师,授玄闼一籁大道者,豫章人金虚中。先生讳守道,以姑布子卿衍流衡州,事母至孝,为衡士大夫所敬信。为母岁朝衡岳神,至甲申岁,遇二真得道。其事甚奇,详楚周孝廉光岳传中。后于虎林遇喻隐云、李海鸥

---

① 彭国翔:《王畿与道教——阳明学者对道教内丹学的融摄》,《中国文哲研究集刊》第21期。
② 傅小凡:《论颜山农用道教内丹方法取代儒家道德修养》,《道韵》1999年第六辑。
③ 方志远:《山人与晚明政局》,《中国社会科学》2010年第1期。
④ 顾起元:《客座赘语》卷八,中华书局,1997,第262页。
⑤ 沈德符:《万历野获编》卷二十一,第706页。《客座赘语》卷八亦载其"须发如雪,卿大夫多从之游。大司徒莱阳王公独信以为真,意颇崇奉之。人言社日生。"第262页。

二子，知金先生固道，苦求之，稍傅初横。李犹敦实，喻江湖佻薄无行人也。一闻金先生袂，急走娄东，见王凤老，尽匿金先生，而言身自遇仙。王凤老得而行之，气机辄动。遂以为奇劾也，厚为解装，而竭力饰誉，荐之诸公间，得白金数百，遂买美妓，置娈童，为淫侈。①

豫章人金虚中自称在衡山遇王、薛二仙而得丹诀，他将丹诀传于喻隐云、李海鸥二人，喻隐云得丹诀后，急走娄东，拜见王世贞，声称是自己遇仙所得丹诀，只字未提金虚中。当时在吴中地区，以王世贞为首，有一批江南士人热衷于内丹炼养，王世贞试炼丹诀之后，觉有效果，又将喻隐云推荐给诸位好友。喻隐云所得资助甚多，大肆挥霍。屠隆与王世贞私交甚厚，其原为吏部主事，后被罢官，遂邀游吴越间，寻山访道，说空谈玄，以卖文为生，实际上亦沦为"山人"之流。他在跟随金虚中学习内丹时，得知了喻隐云所为，并且，金虚中还告诉他，在传喻隐云功法时有所保留，即"所指玄关一窍，其处所亦未的"。屠隆为此与王世贞书信一封，写道：

去岁得先生手书，且贷金为寄，以养小人之母，陈意甚高矣。喻隐云授道金元生实有未尽，信而行之，恐难了手，愿先生再加参访。某于九月业遇金先生于虎林，尽传衡岳真师道诀，始知喻君所闻一班耳。盖金先生实遇王薛二真衡山中，授玄关一窍。喻君从金先生转授，乃遂匿金先生，乃身当奇遇此中，先已坏已。先生欲闻之乎，愿身为介绍，乃金先生亦雅念先生，欲相互印证。②

此时，屠隆正受到王世贞的资助，他告诉王世贞先前从喻隐云处所得功法有缺陷，极力向王世贞再推荐金虚中。明代像王世贞这样，因慕仙道事而被内丹方士骗取钱财的士人不在少数，甚至有人直接被骗得倾家荡产。据李梦阳记载，其妻母之父镇国将军，因溺佛烧丹，四方诸以佛烧丹来率，辄骗其金资。居无何，将军贫，积负以万数，无能偿。而众债家辄又日其门，将军泣，欲寻死。幸亏仪宾左梦麟机智，力解其困。③ 因此，何良俊在评价士人与内丹方士交往时，感叹道："今世方士，大率创为

---

① 屠隆著、汪超宏主编《屠隆集》第5册，浙江古籍出版社，2012，第258页。
② 屠隆著、汪超宏主编《屠隆集》第5册，264页。
③ 李梦阳：《空同集》卷四十五，《四库全书》第1262册，第408页。

性命双修之说以哄人,而士大夫往往信之"①。

除骗财之外,内丹术被明人诟病最多的就是双修彼家功法与采战术。这些功法源于古代房中术,由于违背儒家伦理道德,一直在社会中隐蔽传播,难登大雅之堂。明代中期以后,程朱理学那种极端化的"天理"禁锢被打破,肯定个人私欲和追求个性自由的思潮一发而不可收,在士大夫中形成了一种"狂禅"习气。他们逾越礼教的规范,率性而为,在性生活上崇尚不严肃的纵欲观念。加之皇室对房中术的偏好,朝野竞相谈论房中采战之术,毫无避讳。如嘉靖朝时流传的一本《房术玄机中萃纂要》,假托为陈抟所作,讲人元丹法,闭精不泄、炼精化气,接命延年。此书"缙绅取录者不胜,有以服其药,登堂而称其玄妙者,有登余门告其深验者"②。另据顾起元《客座赘语》载:"廖副宪好道术,有方士孔复者以烧炼进,廖馆于家。久之,语副宪曰:'吾欲一行接补法,公曷资我。'与兼金,至猪市倡家宿"。还有彭仙翁,士人师之者众多,"其人携数妾而行,上河钮氏尝迎而馆于家,钮氏妇问其妾:'仙翁亦交会否?'答以'月必接,接而女即病'。"这些既能享乐又可长生的传闻对于生活奢靡的士大夫有着很大的吸引力。此类功法宣称采取女子阴精后,上升泥丸,下入丹田,可接命延年。但讲求"御多女",尤喜以少女为鼎器,在损害女性身体、名节的同时,对社会伦理道德也造成了不良影响,深遭世人反感。顾起元即云:"所谓采战逆流,邪僻不经之术也,而人多惑之,学其术,求翀举","士大夫好与方士游,多冀其传此法,不自知损德败名者众矣"③。余绍祉讽刺道:"色欲难降,欲采阴阳之鼎;利心不死,希求黄白之丹。天上岂有好色神仙,世间半是贪财道士。"④ 黄淳耀亦言:"世之言养生者多矣,其高者诞谩穿凿率如系风捕影,而其卑者至以衽席交接为神仙之捷径,此无疑狂惑丧心者,身入厕指为丹楼玉堂。"⑤ 就连对内丹修炼颇为痴迷的王世贞也对此颇有微词,他在《书陈上阳金丹大要后》写道:

> 陈上阳者,名致虚,元人也。道家书几无所不读,于文虽不能雅驯,而亦闳肆辨博,成一家语。其论精炁神,援据法语,警策动人,金丹药物妙用亦自可

---

① 何良俊:《四友斋丛说》卷二十二,中华书局,1959,第201页。
② 洪基:《摄生总要·房中奇书》,《中国古代房事养生集要》,中国医药科技出版社,1991,第434页。
③ 顾起元:《客座赘语》卷八,第262页。
④ 余绍祉:《晚闻堂集》卷十五,《四库未收书辑刊》第6辑第28册,北京出版社,1997,第543页。
⑤ 黄淳耀:《陶庵全集》卷二,《四库全书》第1297册,第634页。

采。而至鼎器一章，所谓偃月炉者，必取之女子之身中，则谬矣。吾独怪其妄引儒释，狎侮圣言，以为其罪不减，调达善星于悟真篇后，已详言之。迩来江陵、宜黄尚遭毒手，不知二大夫下泥犁阿鼻时，亦与此老革相见否。①

王世贞所言"江陵、宜黄二大夫"乃是指张居正与谭纶。《万历野获编》记载："大司马谭二华受其术于仲文，时尚为庶僚，行之而验，又以授张江陵相，驯致通显以至今官。谭行之二十年，一夕御妓女而败，自揣不起，遗嘱江陵慎之。张临吊痛哭，为荣饰其身后者大备，时谭年甫逾六十也。张用谭术不已，后日以枯瘠，亦不及下寿而殁"②。张居正、谭纶皆为万历时期声名显赫之臣，尚且如此，那些受狂禅习气影响的士人，则更是毫无遮拦，最终反道乱德，败俗伤化。如董其昌老而渔色，招致方士，专讲方术，他"谋胡宪副之孙女为妾，因其姊而奸其妹，淫童女而采阴，造唱院以觅利"，甚至强抢民女，导致民怨沸腾，万人聚而不散，将其宅付之一炬。③ 从如此行事看来，这些士人不过是借助双修之法，来满足自己的淫邪欲望而已。亦如王世贞所云："采取之说亦是汉武时始盛，其所谓彭祖经云素论者，皆后人附会，以迎合人主之淫心而已。"④

总的来说，明中期的思想文化变革冲破了程朱理学"天理"的禁锢，为儒家士大夫习炼内丹扫除了思想障碍。晚明士人中习炼内丹者众多，成为内丹学说发展的重要力量。这一时期，内丹术与医学养生相结合，在推动社会养生健身的同时，对中医学也产生了积极的影响。但是，随着肯定私欲与追求自由的人文思潮的过度发展，狂禅之风盛行，整个社会因失去必要的约束而极度地放纵个体欲望。加之政局动荡不定，前途莫测，许多士人放弃了传统价值，放情恣意，从而导致内丹术在士人社会的传播过程中出现种种乱象，使内丹术与道教声誉均受到了不良影响。这是文化从专制高压下解放出来但没有找到正常发展渠道而产生的结果。

---

① 王世贞：《读书后》，《四库全书》第1285册，第96页。
② 沈德符：《万历野获编》卷二十一，第546页。
③ 《民抄董宦事实》，《明武宗外纪》，上海书店出版社，1982，第249页。
④ 王世贞：《弇州续稿》卷一八三，第620页。

# 田野调查

# 长春派道士墓群、墓塔遗迹的守护与弘传*

萧霁虹　兰胜波

**内容摘要**：长春派是明代高道刘渊然在云南创立的道派，从明代至今长春派在云南一直有道脉传承，对云南地方道教及中国道教有着深远影响。长春派历史传承脉络得以考证明晰，可信的材料就是道教长春派道士守护和弘传的先辈墓塔、墓群碑刻题记，主要是昆明龙泉观后山道士墓群、龙泉观长春兴教塔林、南京市雨花台区栖真观刘渊然祖师藏蜕墓、保山市隆阳区象头山刘渊然墓等相关遗迹，碑文资料弥足珍贵。

**关键词**：道士墓群墓塔　刘渊然　南京栖真观　昆明龙泉观　保山长春真人祠

**作者简介**：萧霁虹，云南省社会科学院宗教研究所所长、研究员；兰胜波，云南省道教协会，长春派道士。

---

道教是具有悠久历史的宗教，也是中国的本土宗教，其历史文化及遗产源远流长。道教文物、遗迹分布广泛，种类繁多，包括古建筑、古文化遗址、古墓葬、雕塑、石刻、历代艺术品、古籍等具有历史、艺术和科学价值的有代表性的实物，均为道教发展历史的印证。随着城市、风景名胜区的不断改造开发，道教文化遗产的抢救、保护、传承的任务日益紧迫，特别是历史上著名宫观附近的道士墓群甚至是高道墓遗迹被移出，使道教宫观及其相关历史文化的整体性遭到破坏，道教文物资源的安全、保护受到威胁。本文以道教长春派道士墓塔，包含昆明黑龙潭龙泉观长春兴教塔林、南京市雨花台区栖真观刘渊然祖师藏蜕墓、保山市隆阳区象头山长春真人祠、刘渊然墓的相关遗迹的守护与弘传进行记录、考辨，以资存史。

---

\* 本文为萧霁虹主持的2018年度中国（昆明）南亚东南亚研究院、云南省社会科学院"云南与南亚东南亚宗教文化交流研究创新团队"、2018年度云南省社科院重点学科建设项目"当代宗教：云南宗教中国化研究"的阶段性成果。

# 一 道教长春派的创立与繁衍

## （一）长春真人刘渊然与长春派的创立

长春派是明代高道刘渊然在云南创立的道派。刘渊然（1351～1432），号体玄子，江西赣县人，祖籍萧县，幼为赣州祥符宫道士，后师从元末明初的著名高道赵原阳，在于都紫阳观、宁都金精山修道，兼道教净明、清微、内炼南北宗诸派之传，被净明派尊为第六代嗣师。为明太祖、建文帝、成祖、仁宗、宣宗四朝五位皇帝侍驾的高道，不断被重用和晋封，位极人臣、尊荣显贵，并被尊为国师，封"大真人"号，赐"冲虚至道玄妙无为光范演教庄静普济长春真人"，受皇封领天下道教事。永乐年间刘渊然曾被"贬谪"至云南，居昆明龙泉道院，他精通道经典籍，道行高妙，在云南影响很大，"凡滇民有大灾患者，咸往求济"。① 他在云南传道弘教，创立长春派，兴建宫观，收徒众多，其中以邵以正、蒋日和、芮道材、喻道纯最为著名。长春派为云南所独有，融合正一、全真、清微、净明诸派，独树一帜，覆盖云南全省及邻省，辐射东南亚地区，统称"长春派"。

## （二）长春派史略及当代弘传

长春派，分为滇中的长春正派（也称南滇金丹符箓派）和滇西的长春灵宝派。长春正派是明清时期在云南特别是昆明影响较大的派别，其特点是：注重符箓，尚劾治鬼邪，精于医术。长春灵宝派，据传为明洪武乙丑（1385）刘渊然至保山传教②，授徒潘真人、柴真人、沈真人、霍真人等，传承正一、全真两派。"永昌府保山县刘渊然，封长春真人。洪武间祷雨救荒，自以偷泄天河水，请远戍。及抵金齿，神术屡显，凡水旱有祷必应。卒葬于城西北象头山，郡人立庙祀之。"③ 刘渊然及潘真人、柴真人的墓至今保存。

---

① （明）陈循：《龙泉观长春真人祠记》，萧霁虹：《云南道教碑刻辑录》，中国社会科学出版社，2013，第37页。
② 《故彭城刘公墓碑》，同上，第586页。
③ （清）刘毓珂等纂修：光绪《永昌府志·人物志仙释》卷四十八，清光绪十一年（1885）刻本。立庙祀之庙即刘祖祠，20世纪80年代被毁。

长春派自创立以后，与龙门派并行，经历了六百多个春秋，2010 年 1 月在昆明蒜村万寿宫举行长春派传度法会。这是长春派停滞传派 60 多年后，在云南举行的第一次公开传度法会，使刘渊然创建的、唯云南独有的长春派得以道脉相传。随后于 2011 年、2014 年、2015 年、2017 年、2018 年先后举办过五届传度法会，受度弟子千余人，遍及全省及江苏、江西等地。

长春正派字辈谱系传承共 32 字："日道大宏、玄宗显妙、真崇元和、永传正教，云清守静、法嗣延浩、宣瑞常兴、福德普兆"。长春灵宝派谱系传承 24 字："启法先天、弘教万年、师传上代、道继混元、恪崇祖德、永世绵延"。自 2010 年以后，长春正派传度的弟子从"宏"字辈开始续传，现在已经传了"宏、玄、宗、显、妙"五代。长春灵宝派弟子从"上"字辈开始，目前传承"上、代、道、继"四代。此为云南所特有，中国道教协会尊重历史，结合现实，广扬道化，将道教长春正派及长春灵宝派谱系作为正一派支派列入《道教诸真宗派总薄》，以彰祖师开派之德。

### （三）龙泉观重修与纪念刘渊然诞辰活动

龙泉观，传为汉代黑水祠，被称为滇中第一古祠，观内有唐梅、宋柏、元杉、明茶，有灵泉两潭，一清一浊，如太极图的两仪，道教界视为表其万古长春之象，滇之灵源福地，是刘渊然在昆明的栖居及弘教之所。明永乐年间，刘渊然在云南兴建宫观，重建长春观、龙泉道院、真武祠等，并奏请仁宗皇帝始更名"旧所龙泉道院为龙泉观"、昆明真武祠为"真庆观"。

据《龙泉观长春真人祠记》记载："龙泉观在滇南商山之东北，长春真人刘渊然谪滇南时栖息处也。其徒姑苏邵以正于此得传其道，迄今四十有五年矣，方真人被召还京师，得封长春真人。"此碑是明景泰七年（1456）岁次丙子春三月立，"四十五"年前就是永乐九年（1411）。又如，明正统癸亥（1443）秋邵以正在《长春刘真人语录序》中说："以正自幼获侍先师长春真人于滇南龙泉山，服勤历十四载，朝夕无移。荷师怜悯，砭愚订顽，耳提面命，开发道心。"① 可知刘渊然于永乐九年之前就已经在龙泉观传道。

因历史原因，龙泉观屡废屡兴。自 2007 年龙泉观回归道教界，于 2009 年开始重修，历时七载，2016 年 12 月 16 日举行隆重开光典礼，同时启建"敬天护国息灾佑民酬恩集福清吉保泰平安普福大斋"一供，三天大法会，共分 11 坛，来自湖北武当

---

① （明）邵以正《长春刘真人语录》书尾，上海图书馆藏清顺治十八年（1661）彭定求钞本。

山和香港、台湾,以及云南各州市道教人士在 11 个殿堂同时演法行道。

2017 年 3 月 1~7 日,云南省道教协会以纪念刘渊然祖师诞辰 666 周年为主题,以廖东明会长为团长的 66 人①朝圣团从昆明出发,沿着刘渊然祖师传道的足迹,赴南昌西山万寿宫、赣州市文庙②和万松山玉虚观、于都紫阳观、宁都金精山、南京朝天宫和西善桥街道栖真观旧址等地,行香礼祖,朝圣参访,进行云南、江西、江苏三省联动,开展道教文化交流,举行刘渊然祖师诞辰 666 周年纪念系列活动。

图 1　南京朝天宫

## 二　长春派道士墓塔的遗存与修建

### (一)昆明黑龙潭道士墓群

**1. 龙泉观后山道士墓群与墓塔遗迹**

黑龙潭公园位于昆明北郊的五老山,是云南道教历史的缩影,文化积淀深厚。从

---

① 云南省内已认定备案道教教职人员及部分代表及居士。
② (清)黄德溥等修、褚景昕等纂:(同治)《赣县志》卷十三《建置志·寺观》载:"紫极宫在府城隍庙右,唐时建,宋改大中祥符宫,又改元妙观。明代高道刘渊然真人受法于此,后改祝圣道场,地踞高阜,殿宇宏敞,像设三清。康熙六年丁未赣镇姚自强倡城中文武绅士重修,乾隆元年丙辰知县张照乘迁建于此,永乐四年丙戌刘渊然所捐铸钟,今犹存殿下左侧。"《中国方志丛书·华中地方》第 282 号,成文出版社有限公司,1975,第 359 页。

汉代黑水祠到明代的龙泉观，从张三丰的传说到刘渊然的传道史迹，以及阮元、林则徐等历史名人的诗文、匾额和大量碑刻得到保护、传承。2007年归还道教的是龙泉观道观主体建筑，后山墓地并未归还道教界。2011年底昆明市园林绿化局和市民政局发布《昆明市公园名胜区散葬坟墓整治搬迁通告》，为了"进行植树绿化，恢复生态"，凡位于金殿名胜区、黑龙潭公园等地的散葬坟墓，准备在2012年底迁出，黑龙潭公园后山上将要被迁的坟中有30多冢是明清、民国时期龙门派、长春派道士的墓，经过云南省宗教局、云南省道教协会和学界的共同努力，与相关部门多次论证，使道士墓群得以原址保护。云南省道教协会对此进行修缮，让这笔道教历史文化财富得以相对完整地受到保护。

龙泉观后山上的道士墓群承载着大量的历史信息，其中明墓有《明致和景玄法师李真人鹤台》碑、《明弘妙法师提点蒋真人鹤台》碑，清墓有《清化羽士嗣长春正宗第九世恩师体乾徐公上真下元鹤台》碑、《嗣长春正派第十二世道纪司都纪羽化师祖李公讳和阳之墓》碑、《嗣长春正派第十三世羽化恩师李公讳永仁之仙墓》碑；民国以来墓葬有《羽化师祖长春派第十四世谢公讳传秘惜斋老真人之鹤台》墓碑、《长春派第十五代弟子曾正林之寿藏》碑、《长春正派第十六代羽化父师杨公讳教能之鹤台》碑、《长春正派第十七世羽化仙师陈日中老真人鹤台》碑等。塔式鹤台有定风塔、《龙泉观长春正派第十二世都纪赵法师讳和沛鹤台》、《羽化龙门正派全真恩师何公讳教允塔》①等。

据清代道光八年（1828）立《真庆观古名真武祠碑记》②记载：明墓的《明致和景玄法师李真人鹤台》，就是"明封致和法师长春正派李真人讳道如"，李道如是长春正派第二代弟子；《明弘妙法师提点蒋真人鹤台》是"明封弘妙法师长春正派蒋真人讳日和"。蒋日和是长春正派第一代弟子，也是刘渊然的四大弟子之一。从现存的五老山道士墓群清代、民国的碑文可知，连续记录了长春派自第九代"真"字辈，一直到十七代的传承关系，理清了明代长春真人刘渊然所创立"长春派"的传承历史。

**2. 龙泉观长春兴教塔林的兴建始末**

2017年适逢云南道教中兴之祖——明代国师刘渊然祖师诞辰666周年，云南省

---

① 收入《云南道教碑刻辑录》，第579页。
② 萧霁虹：《云南道教碑刻辑录》，第494页。

**图 2　龙泉观长春正派第十二世都纪赵法师讳和沛鹤台修葺前后**

道教协会龙泉观长春兴教塔林修复工程于 3 月 15 日动工。第一层恢复重建石牌坊，第二层修复了清代龙门派羽化仙师李阳春、杨来淯，清代长春派羽化仙师张永兴、毕正宗，民国时期长春派羽化仙师邓教坤及王道尊共六位祖师的鹤台。第三层供奉明代长春派始祖刘渊然真人、初祖邵日云真人、二祖喻道纯真人三座鹤台，恢复了明皇圣旨碑、丹炉华表、石五供具等。

长春兴教塔林于龙泉观后山上重修。东、西两面各有风景石作为标记，大书"长春兴教塔林"；迎面是太极葫芦形石雕丹炉一座居中而立，华表两座，伫立于塔林牌坊门外，石牌坊上正书"道德长春"四字，两面共镌刻有楹联四副。牌坊正面楹联为长春正派第十九代玄裔廖大淳①所撰：

　　号朝天号灵济号神乐统归龙泉宏道德
　　曰清静曰金丹曰忠孝大成长春冠古今

中台有六位祖师鹤台。上台石雕香炉、蜡台、花瓶一字排开，五供具后为塔林的主体建筑物"兴教塔"等三座鹤台。坐北向南，按中轴线对称排列。左右两面有龟

---

① 云南省道教协会会长廖东明道名。

驮圣旨碑两座。分别刻有"敕真人刘渊然"①、"敕左正一邵以正"② 圣旨两道,《御制山水图歌》③ 两道,塔林的后墙为五个连绵不断的弧形构成,用条石66块砌就,上面镌刻有《长春刘真人仙踪录》《冲虚至道长春刘真人语录》及刘真人圣迹图四幅,分别为:紫衣入梦、刘渊然降生,祥符入道、金精修真、恩隆朝天,辅佐五帝、南滇弘道,立派长春,用图画的形式展示了刘渊然一生中的重要经历。

塔林九座鹤台所供奉的祖师分别如下。

图 3 兴教塔林主塔

兴教塔林主塔共七层。供奉:

> 诰封冲虚至道玄妙无为光范衍教庄静溥济长春刘大真人讳渊然号体玄子鹤台

左右两塔陪祀:

> 长春正派初祖诰封悟玄养素凝神冲默阐微振法通妙邵真人讳曰云字以正号承

---
① (明)葛寅亮撰《金陵玄观志》,敕书为明仁宗洪熙元年正月初四日所颁。
② (明)葛寅亮撰《金陵玄观志》,敕书为明英宗天顺二年五月二十五日所颁。
③ 出自明葛寅亮所撰《金陵玄观志》。

康子鹤台

长春正派二祖诰封体玄守道安恬养素冲虚湛默演法翊化普济喻真人讳道纯鹤台

塔林的中台共有六座塔，从东到西排序，依次是：

嗣龙门正派第十二世李真人讳阳春号应和鹤台
嗣龙门正派第十三世道纪司都纪杨真人讳来须号正一鹤台
嗣长春正派第十三世张真人讳永兴鹤台
嗣长春正派第十五世毕真人讳正宗号云止鹤台
嗣长春正派第十六世龙泉堂上邓真人讳教坤名月芳字育元鹤台
嗣长春正派第十八世王真人讳道尊名仁慈号宗懋鹤台

另造两座石龛，在塔林上台两侧，分别供奉：

敕封威灵感应本山后土地脉墓龙尊神位
龙泉观长春堂上前羽后化历代先师栖修霞灵鹤台

塔林修复重建工程于2017年11月底竣工，12月3日举办"纪念刘祖圣诞六百六十六周年暨长春兴教塔林竣工庆典"活动，省市领导亲临祝贺。江苏南京、江西赣州来宾、省内诸山道友、十方护法居士、道缘善信出席庆典活动。《龙泉观重修兴教塔林碑记》赞道："塔林大功之成也，瑞云结篆。遍满虚空。众真遥唱。人天欢悦。翔舞天端，庄严肃穆，称赞圣德，以慰仙灵，冀列幕宗师，恒受奉祀。各派霞灵，永享蒸尝。宝塔林立，鹤台生辉，道德长春。永镇龙泉。"①

**3. 长春兴教塔林与勅建龙泉观**

据《龙泉观重修兴教塔林碑记》记载："刘祖鹤台始建于明景泰二年岁次辛未。乃长春正派初祖通妙真人邵日云受封之后，追念先师传授恩德，无以为报，乃悉出其平昔所受上赐金帛诸物，遣人赍告镇守滇南总戎沐璘、参赞佥都御史郑颙，求与主

---

① 碑立今龙泉观兴教塔林。

持，修建长春真人祠于龙泉观，并建鹤台于五老山麓，以承奉祀。"由上可知，最初并无塔林的建制，邵以正被封为"通妙真人"以后，为怀念先师，于是将所有皇帝赐给的金银财物，请世袭镇守云南的黔宁王沐璘等人在龙泉观修建了长春真人祠，并请明户部尚书、少保兼文渊阁大学士陈循，撰写了《龙泉观长春真人祠记》，记录了这一事件，并在五老山修建了刘真人衣冠冢，方便云南长春派弟子四时祭祀之用。后来因为历史原因，龙泉观道士古墓群及塔林被毁坏，时至2017年初，才由长春派第十九代弟子、云南省道教协会会长廖大淳道长发心重修，塔林才得以矗立于五老山接受道门弟子的景仰和朝拜。长春兴教塔林自重修竣工以后，慕名前来朝拜、参观的人络绎不绝，成为昆明的道教文化景观。

## （二）南京长春刘真人藏蜕墓[①]

刘渊然祖师先后被赐住"朝天宫""灵济宫""神乐观""洞阳宫"等多座著名宫观弘法宣道，羽化后敕建栖真观于南京雨花台区，以承祭祀。

明宣德七年（1432）二月，刘渊然恳以老辞，返回南京朝天宫，宣宗皇帝亲自洒翰作《山水图》，题诗《歌赐长春真人刘渊然归南京》[②] 相送。刘渊然回到南京后不久羽化于朝天宫，享年八十二岁。"是年八月八日，真人沐浴更衣，集其徒告曰：'人以气聚而生，气散而死，生死之理，一而已，吾将逝矣！'坐化于朝天宫。"[③] 逝后七天入殓，端坐如生。并命工部出资，赐葬于江宁县安德乡园子冈（今南京市西善桥街道梅山村尚家庄）并敕建栖真观以祀刘渊然。其高徒邵以正命时任道录司的弟子李希祖，在南京新修"长春刘真人祠堂"，昆明龙泉观内也筑有祠堂（今黑龙潭龙泉观长春祠）和衣冠冢（今黑龙潭龙泉观长春兴教塔林），以示怀念。

**1. 刘渊然鹤台（墓）的发现与迁葬保护**

南京为明初京师，四郊分布着大量的明代墓葬。2010年12月17日深夜，南京市博物馆在雨花台区西善桥街道梅山村一处施工工地抢救性地发掘了一座明代砖室墓，墓北侧为南京绕城高速公路、宁芜公路，南侧为岱山，西侧约1公里为姚南村明代石刻。墓葬处于一坡地的西北部，经过初步勘探证明这座古墓没有被盗痕迹，保存完好。砖石古墓，长3.98米、宽3.6米，墓室后部的棺床则是八边形的，非

---

[①] 岳涌：《南京西善桥明代长春真人刘渊然墓》，《文物》2012年第3期。
[②] 明宣宗《山水图》《歌赐长春真人刘渊然归南京》出自明葛寅亮所撰《金陵玄观志》。
[③] 萧霁虹：《云南道教碑刻辑录》，第37页。

常少见。棺床正中还散落着一片朱砂沙土。明墓保存完整。出土墓志显示墓主为明代早期道教领袖长春真人刘渊然。刘渊然受封后"领天下道教事",宗教地位显赫,成为全国道教领袖。羽化后由朝廷工部营坟造葬,其墓中出土的文物等级高,出土器物组合特殊,砖室结构保存完整,墓主身份明确,是近年南京地区明代墓葬考古乃至中国道教考古的一次重要发现。于是"西善花苑刘渊然墓"被列入南京2010年"十大考古发现"之一。① 其墓葬的发现对研究明代墓葬制度、道教礼仪等具有重要价值。

南京出土的刘渊然墓位置正好位于新规划的"岱山中路"和"管道路"交会处。由于该墓的位置正巧位于十字路口,原本准备原地保护的刘渊然墓只能搬迁。2011年初,经过街道的争取,在专家、南京市博物院的支持下,市住建委出资将刘渊然墓迁往向南500米的"小山"上,并立碑纪念。一代宗师刘渊然祖师在南京受封、宣道、成道、羽化,云南也因此与南京道源相连、道脉相通。

**图4 2010年12月南京市博物馆在雨花台区西善桥街道梅山村刘渊然墓发掘现场**

### 2. 刘渊然鹤台(墓)与敕建栖真观

刘渊然于朝天宫坐化后,"宣宗讣闻,遣行人吴惠谕祭,并命工部出资,葬于江宁县安德乡园子冈,命胡俨撰文立碑以表彰真人之功。"②

邵以正命弟子李希祖在南京修建长春刘真人祠堂,完工后请王直为其作《长春刘真人祠堂记》③:"守元感训诲奖拔之勤,念授受承传之妙,尝建祠祀于滇南龙泉观,至是复以,栖真观乃先朝所赐,长春始终所",可见云南昆明龙泉观长春真人祠堂要比

---

① 岳涌执笔:《南京西善桥明代长春真人刘渊然墓》,《文物》2012年第3期。
② 岳涌:《〈长春刘真人祠堂记〉与栖真观》,《中国道教》2017年第2期。
③ 清乾隆《四库全书》集部别集类,王直《抑庵文后集》卷五,第46页。

南京的栖真观修建得更早，所以，龙泉观的《龙泉观长春真人祠记》应比《长春刘真人祠堂记》要早，随着时间的推移，南京雨花台区刘渊然真身墓的地上建筑已经毁坏殆尽，墓碑等物至今未见，墓旁的栖真观也成为历史遗迹仅存于史书之中。

云南省道教协会近年一直在呼吁南京方面加以重视保护，并于2015~2017年先后派人前去祭祀刘渊然并实地考察。因为原址没有条件就地保存，刘渊然墓被迁葬至一里外的地方，而且，周围建筑垃圾过多，墓碑深陷土里，迁葬后的祖师墓得不到有效的保护，刘渊然墓作为道教文化遗产，是人类历史文化的财富，其保护存在危机。

**图5 刘渊然墓**

**3. 云南朝圣团朝拜刘渊然鹤台记事**

2017年2月27日至3月11日，云南省道教协会举办"纪念云南道教中兴祖师——明代国师刘渊然诞辰666周年系列活动"。并以刘真人入道—学道—成道—弘道为主线组织朝圣活动，其中2017年3月1日至7日由云南省道教协会会长廖东明道长为团长，组织朝圣团从昆明出发，沿着刘渊然祖师的足迹，朝圣参访。云南、江西、江苏三省联动，行香礼祖，朝圣参访，开展道教文化交流。云南各州、市道教协会、省内外道教弟子、居士信众共66人组成朝圣团，于2017年3月1日从昆明出发经江西朝圣，3月5日赴南京朝天宫、夫子庙、栖真观及刘渊然祖师藏蜕鹤台。

3月7日上午，朝圣团一行前往南京市雨花台区西善桥街道岱山敕建栖真观旧址朝拜刘渊然祖师藏蜕鹤台，定鼎安炉，献花上供，祭祖追思，江苏省道教协会、南京市雨花台区民宗局、文化局、西善桥街道办事处等相关部门陪同，诸山道长大德、十方道缘善信参会，朝圣圆满结束。

图6　纪念刘渊然诞辰周年活动

### （三）保山象头山刘渊然鹤台

道教在云南保山历史悠久，明宣宗宣德年间，长春真人刘渊然奏请朝廷，"立云南、大理、金齿（今保山）三道纪司，以植其教"①，云南始有专门管理道教事务的官方机构。明代云南府道纪司有都纪、提点各一人，大理府道纪司亦有都纪、提点各一人，楚雄府道纪司仅有都纪一人，永昌府道纪司有都纪、副都纪各一人，其下属腾越州（今腾冲）设道正司并有道正一人。②

**1. 刘渊然鹤台的史话及保护**

保山地方志记载："永昌府保山县刘渊然，封长春真人。洪武间祷雨救荒，自以偷泄天河水，请远戍。及抵金齿，神术屡显，凡水旱有祷必应。卒葬于城西北象头山，郡人立庙祀之。"③ 象头山刘渊然墓位于今天保山市隆阳区（仁寿门外）黄纸坊村后山麓长春真人祠（亦称"刘祖祠"，已被拆）大殿后。

刘渊然是保山道士的总祖师，也是现在境内所有正一派道士的开山祖师。因历史上有功于民，道法高强，所以刘渊然墓一直被保护遗存至今。一代一代的徒子法孙按

---

① 明代的"金齿驿"，在永昌府城（今保山）拱北门外，故刘渊然所请立的三道纪司为云南府、大理府、永昌府辖。
② （明）邹应龙修，李元阳纂：万历《云南通志》建设志1934年龙氏崇源别墅重印万历四年（1576）刻本。
③ （清）刘毓珂等纂修：光绪《永昌府志》，清光绪十一年（1885）刻本，卷四十八《人物志·仙释》。

时前往扫墓祭祀，才使保山刘渊然鹤台历尽劫难，而屹立不倒，在三座刘渊然鹤台中，是唯一保存完整的古迹。明洪武乙丑年至永乐丁亥年间①，刘渊然至保山传教弘法，建设宫观、培养人才，教授了当地一批高徒：潘真人、柴真人、沈真人、霍真人等。陪葬在刘渊然北边的潘真人，据传为保山城内金刚庵旁荷花塘人氏，即现在城南的拐棍巷人②。得到刘渊然真传，修行有成，为刘渊然在保山的第一大弟子，羽化后才有陪葬在刘渊然墓左侧的殊荣。传说潘真人之前已经七世修行，故能在此生遇见刘渊然，当生修成正果，这就是墓联："七世真灵凡骨换……"一句的来源。

云南地方志记载：明代永昌府道士潘烂头"幼随长春真人（刘渊然）学法，其头常烂，人以'烂头'呼之，有疾通往求者，即以头上血书符，无不立愈。水旱祈祷辄应，相传其头因误召神，为天君所击云……"③。又《镇江府志》载：潘道泰号无涯子，年八岁为万寿宫道士巫得真弟子，幼遇异人授以雷法，一日登厕诵咒，误召雷部辛天君，天君怒以火笔燃其头，头烂，人皆呼为潘烂头。景泰间（1450～1457）大旱，郡守郭济命祷雨，"俄倾雨沾足。郡守冒雷雨病疟，药不愈，延道泰往护视，道泰以掌抚其背即愈。维扬属邑旱，召道泰往祷，命置一大黑鲤，于釜中炊之，火愈炽，雨倾如注。"有人疾病来求者，或为书符，或咒水噀之，随愈之。"后奉玺书，封通玄五雷法官灵济真人。"④ 陪葬在刘渊然南边的柴真人是二弟子，据传说为腾越厅西三连。⑤ 沈真人，保山人。在保山境内有流传甚广、赫赫有名的"沈道士求雨"故事存世，沈家传至清代均为当地著名道士世家。霍真人，保山城南辛街霍家坡黑泥田人（今保山市辛街镇）。当地现在尚存霍真人修道处庙院及不少传说故事。

在保山流传着很多刘渊然的传说，如法术灵验类的咬指求雨、示病传法、卖雷治病、卖糕度徒等。最有特色的是"空棺显化"的故事。传说刘渊然羽化后，葬在长春真人祠后山洞中，有人在五六十里以外的青冈坝见到刘渊然，祖师便请其把便铲送回长春真人祠，弟子民众接到便铲后，开棺查看，发现里面仅有刘渊然的一只鞋及宝剑、衣服等物，遗体不知去向，传说刘渊然因与保山缘尽，不忍离去，乃化现尸解成仙。传说刘渊然的足迹遍布今保山市，到过腾冲等处弘教传法。

---

① 《故彭城刘公墓碑》，萧霁虹：《云南道教碑刻辑录》，第586页。
② 相传刘渊然祖师的拐棍保存在巷道内，因而得名。
③ （清）鄂尔泰修：雍正《云南通志》三十卷首一卷，清乾隆元年（1736）刻本，卷二十五《方技传》。
④ （清）冯夔飏重修，朱霖增纂：乾隆《镇江府志》五十五卷首一卷。现存乾隆十五年（1750）增刻本，卷四十《仙释方技》。
⑤ 腾越厅西三连即今天腾冲市。

### 2. 刘渊然鹤台的修复及现状

2012 年保山刘渊然鹤台修缮工程动工，由保山市道协会长周诚桄道长、保山市隆阳区道协副会长宋传真道长、保山长春灵宝派弟子万上行、王代德等发起重修。三座鹤台原址未动，重修时在墓后方高砌石挡墙。重新铺设了地坪，在三座鹤台前各立了一座石碑，分别镌刻有《长春刘真人仙踪录》《重修永昌长春真人寿藏碑记》、刘真人圣像一幅，及长春正派、长春灵宝派传承字辈仙谱等内容。碑前的供具为：香炉、蜡台、花瓶，一字排开，三座鹤台，坐西向东，按中轴线品字形对称排列。所供奉的祖师，中间是"长春刘大真人讳渊然号体玄子鹤台"，左右陪祀：祖师潘真人和柴真人之墓。

**图 7　修葺一新的保山祖师墓**

鹤台修缮工程于 2012 年腊月竣工，并隆重举办落成庆典仪式，保山市隆阳区道协、保山全真、正一派弟子及闻讯而来的道缘善信参加了庆典活动。于是《重修永昌长春真人寿藏碑记》写道："昔冲虚成至道，顿别六百岁；今长春振宗风，期寿亿万年……"期望"庶使仙迹永驻于南国。道化宏施于滇省，德光常曜，惠雨普沾"，并祝愿："慈悲广布，仙宗永续，慧目开明，荫佑后人；祖师遗教，溥利十方，施资善信，长发其祥。"

### 3. 刘渊然鹤台与长春真人祠

据《永昌府志》记载："长春真人祠，在城北仁寿门外，明时建。康熙间总兵周化凤、游击姚龙重修，辛酉焚毁，该地士民重建。"① 保山市传统庙会录记载：农历二月十四日，仁寿门外刘祖祠会，搭台唱滇剧三天庆祝刘祖诞辰。可见此地的道教信仰浓厚，时至今日，依然如此。

20 世纪 80 年代，保山黄纸坊村后山麓的刘祖祠"长春真人祠"被拆，庙产被占

---

① （清）刘毓珂等纂修：光绪《永昌府志卷二十六·祠祀志》。

用至今。唯长春真人祠大殿后的刘渊然、潘真人、柴真人三墓尚存。三座墓呈品字形置放，坐西向东。刘渊然墓居中靠后，他的两个大弟子分列左右。整个墓丘外观呈圆形，底座呈四方形。以保山特有的青条石砌成，还有雕刻精致的墓碑墓门等。三座墓气势宏伟、做工精细，碑体大气而不失精致，端庄肃穆。墓后是刘渊然当年修行的刘祖洞。除了刘渊然墓后有被盗墓的痕迹外，基本保存完整。墓碑文字除少部分风化模糊外，大部分可以辨识。三座鹤台为清代光绪五年所重修[①]。正一经箓弟子王道人等人重修，并刻石立碑，传于后世。从碑文内容来看，其降生、羽化年月和籍贯都与历史文献记载有出入。据现有资料来看，保山的刘渊然墓与昆明龙泉观刘渊然鹤台一样，都是后人为了纪念刘渊然而修建的衣冠冢。

## 三　长春派道士墓塔与历史铭刻

### （一）昆明龙泉观长春兴教塔林碑刻

#### 1.《重修明刘真人衣冠墓记》[②]

先君子墓下西南数武有古冢，无碑志，世相传为刘真人之衣冠墓。按真人讳渊然，封长春，明季栖龙泉观，有道术，能致甘露鸾鹤，为民间祈禳无不验。朝廷重之，敕领天下道教事。后奉召入都，寻羽化。徒众思之，葬其衣冠于此。忆铁了成道士义让此地于予家时，殷殷以重修斯墓为请。颇符予意，予慨诺之。今岁，先君子墓工竣，而了成道士已物故数年，爰饬工重修，以践予诺，以慰其心，以存古迹。庶后之景仰真人而过斯墓者，知此梗概也。

中华民国二十五年岁次丙子仲冬月中浣　吉旦

#### 2.《重修龙泉观后山历代先师鹤台碑记》[③]

云南省道教协会于2015年5月，龙泉观后山历代仙师鹤台墓群修缮竣工后，特

---

[①] 见保山刘渊然墓碑，重修碑记上所刻时间为"光绪五年岁次己卯嘉平月吉日"。
[②] 此碑于民国25年（1936）立，宾川李培炎谨识，李培天敬书。碑现存于昆明市黑龙潭龙泉观内。青石质，碑高1.68米，宽0.80米。直行隶书，阴刻。
[③] 碑立在黑龙潭公园内龙泉观后山历代仙师鹤台墓群旁，一共两通。

立此碑，一共两通。长春正派第十二世赵和沛塔前一通，长春正派第九世徐真元墓片区入口处立有一通。

  道开阊阖天地动，德衍阴阳万物生。
  长兴教宗群黎化，春明景和嗣宗传。
  道无经不立，经无师不传，师者，传道授业解惑，能奥明要旨；经者，能教演千秋，教化万方。历代真人霞举飞升之际。师入灵圃，立鹤台，故建设琳宫，以彰其灵，以养其性，所谓尊师重道矣。
  吾祖长春真人刘渊然，明初，教立南滇，宗传长春，至今越数百年，其时愈久，其灵愈著。岁月沧桑，历经风雨，导致龙泉观后山道士墓葬群断碣残碑，仙冢湮没。加之宵小之徒，起偷盗之念，坏仙茔，破寿基，实令云南道众扼腕。
  所幸，当今世道遐昌，国富民强。长春玄裔发报恩之心，怀希夷之志，感师立教以开先，令后学承宗而启迪，立志重修龙泉观后山之先师祖茔。其时得政府、园林、文物、公园鼎助，重修鹤台，再立丰碑。而今善功圆融，庶使仙宗永驻于南国，道化宏施于滇省。德光常曜，惠雨普沾。
  后若暗室欺心，将祸及子孙，报应长久。冥冥之中，神目如电，人各警之！敬之！礼之！当有福报也！伏愿：慈悲广布，仙宗永续，慧目开明，荫佑后人。祖师遗教，溥利十方。
  是故不揣凡愚，惶恐谨意。纪其实，彰其德，以垂永久耳！
  大中国道历肆仟柒佰壹拾贰年　岁在乙未清明　吉旦
  公元贰仟零壹拾伍年肆月伍日　清明　吉旦
  云南省道教协会暨领滇省诸山道众敬立

### 3.《纪念刘渊然祖师圣诞六百六十六周年朝圣碑记》[①]

  恭闻，云南道教中兴之祖刘渊然大真人，乃明代四朝五帝护国法师。真人于永乐初年，栖居昆明龙泉观，施符舍药，济民拔苦，兴建宫观。阐道衍教。广收门徒，

---

① 碑立在龙泉观长春兴教塔林主塔基座。

开宗长春正派。弘扬无上大道,为云南道教贡献巨大,传流至今,影响深远。时值丁酉,卯月甶日。适逢祖师大真人圣诞六百六十六周年之际,上应天时,庆祝圣诞。

史载,长春真人刘渊然者,赣县人,幼为祥符宫道士,颇能呼召风雷。洪武二十六年,太祖闻其名召至,赐号高道,馆朝天宫。永乐中从至北京,仁宗立赐号长春真人给二品印诰,与正一真人等。永乐时谪往云南三载,沐王宫中。白日群鬼迷人索命,众不能制,渊然驱之,鬼即号泣去。宣德初,进大真人。七年乞归朝天宫,御制山水图歌赐之。卒年八十二。阅七日入殓,端坐如生。渊然有道术,为人清静自守,故为累朝所礼,诰封

冲虚至道玄妙无为光范衍教庄静溥济长春刘大真人。领天下道教事。开宗长春派,兴建宫观,阐道衍教。传流至今,影响深远,考诸史乘。

刘渊然祖师降生于元至正十一年岁次辛卯二月甶日,羽化于明宣德七年岁次壬子八月初八日午时,世寿八十二岁。宣德八年三月初六日赐葬于南京应天府江宁县安德乡园子冈之阳,敕建栖真观以祀之。工部营造墓葬。

为如上因,组织六十六人朝圣团,于丁酉年二月初四日自昆明长春祖庭敕建龙泉观启程,赴江西、江苏等地。三省联动,追念祖师遗风。赴承宗处南昌西山万寿宫、成道处宁都金精山、阐教处万松山玉虚观、宣教处于都紫阳观、入道处赣州祥符宫今辟为文庙、受封处南京朝天宫、藏蜕处南京西善桥街道敕建栖真观旧址等地,行香礼祖,朝圣参访。

二月初十日清旦,前往南京市雨花台区西善桥街道岱山敕建栖真观旧址朝拜刘渊然祖师藏蜕鹤台。定鼎安炉,献花上供,祭祖追思,朝圣圆满。诸山道长大德、十方道缘善信参会。江苏省道教协会、南京市雨花台区民宗局、文化局、西善桥街道办事处等相关部门陪同。是年巳月,门下后学,为报圣恩,在五老山植树六百六十六株建长春银杏林。嗣后重修长春兴教塔林九祖鹤台,敬造长春始祖刘大真人玉像一百尊,应供十方,以兹纪念。诸山高道大德、十方道缘善信,踊跃欢忻,赞叹功德,各抒己忱,喜舍善资。如上盛事,功乃告成。是故诚叙善因,刻石为记,永昭后贤,以彰众德。

赞曰:

道济滇邑,教衍长春,渊然弘教,厚德开基。

宏发万品,馀庆元亨,通彻圣天,遇仙遇春。

修真有路,圣功无量,恩被群黎,功德溥沾。

>朝圣思祖，造像供养，植树培福，建塔修善。
>十方施主，共襄盛举，龙泉古观，法隆人兴。
>尊道贵德，胜境长春，宗坛永护，景运恒通。
>时在华夏共和大中国道历肆仟柒佰壹拾肆年岁在丁酉重阳吉旦
>滇中长春正派第十九代玄裔弟子廖大淳统领云南省道教协会暨龙泉观合堂大众　仝立

## （二）南京栖真观刘真人藏蜕墓碑刻

### 1.《明长春真人刘渊然墓志铭》[①]

2010年12月，墓志出土于南京市雨花台区西善桥街道梅山村，长春真人刘渊然墓中。

石墓志1合，方形，边长64厘米、志盖厚13.4厘米、志石厚12.5厘米，上部风化严重，两石以子母口相扣，志盖边缘凸起，篆书阴刻，5行，满行6字，可辨识18字为："□□□冲虚至道，玄妙无为光范，演教庄静，普济长春真人，渊然刘公墓志铭"，与刘渊然道号"冲虚至道玄妙无为光范演教庄静普济长春真人"完全吻合，志文内容与文献记载之长春真人刘渊然事迹近同。

至于所出土《明长春真人刘渊然墓志铭》的作者，据《净明宗教录》记载刘渊然羽化后宣宗"复召胡俨至内廷，授旨撰文，立碑以表彰之。"可得知胡俨曾为刘渊然作《墓志铭》。这可从陈循作《龙泉观长春真人祠记》中得以证实。《祠记》说："按前太子宾客，国子监祭酒致仕胡公若思所为长春之传"。从文中可得知，陈循所作《记》是从胡俨之作《墓志铭》中传抄。可知胡俨极有可能为出土《明长春真人刘渊然墓志铭》的作者。

志文边缘下凹，楷书阴刻，可辨33行，抄录如下：

>……大父修醮事于郡城/……异□儿特为陈钟爱年十六/……斋□□谓吴曰此子有道气/……宗教及祈祷之法越三年/……用之已疾疫致雨旸也如响/……以其

---

[①] 岳涌：《南京西善桥明代长春真人刘渊然墓》，《文物》2012年第3期；岳涌：《明长春真人刘渊然墓志考》，《中国道教》2012年第2期。

道法精专恐分散精神遂止/……山道院馆之是为夏五月朔/……神庶不为凡所累当日入/……家/……嘉励六年冬偶雁/……教庄静普济长春真人领/……妙传道秘显神明不测之功昔/……万里还归皓然白首又曰/……遣太监侯泰鸿胪寺官送至/……其老/……道孙道录司左玄义李明善/……不举哀服孝上以道衣/……利济为心集诸宗/……大□不尊礼四方往/……无为为教汉文皇/……丧历事□四朝/……为□□人履谦用虚/……

### 2.《明代长春真人刘渊然墓迁建记》①

2010年12月在南京市雨花台区西善桥街道梅山村出土了被列入南京2010年"十大考古发现"之一的"西善花苑刘渊然墓",经过街道的争取,在专家、南京市博物院的支持下,市住建委出资将刘渊然墓迁往向南500米的"小山"上,并立碑纪念。

刘渊然（1351~1432）,江西赣县人,祖籍徐州萧县。据载刘渊然十六岁入玄妙观学道,后师从原阳子赵宜真,习道教净明、清微、全真北宗、金丹南宗诸派,被净明宗尊为第六代嗣师。刘渊然历事洪武、永乐、洪熙、宣德四朝,极受礼遇。洪武二十六年十一月,明太祖召其于赣州,赐号"高道",并于朝天宫建西山道院以居之。永乐初年,升为道录司左正一,后谪置云南。在云南期间,他广收徒众,传播教义,大力推动了西南地区道教的发展。仁宗即位后,刘渊然受召还京,赐号"冲虚至道玄妙无为光范演教庄静普济长春真人"。宣德初年,宠眷弥加。宣德七年二月,以疾辞归朝天宫,宣宗亲作山水图题诗送之。同年八月羽化于西山道院,享年八十二岁。其宗教思想见于《长春刘真人语录》,主要著述有《原阳子法语》《增注感应篇》等。

2010年12月17日,南京岱山国家保障性住房建设工程在西善桥街道梅山村施工中发现一座明代早期砖室墓（坐标北纬31°56.534′、东经118°41.432′）,南京市博物馆考古部、雨花台区文化局遂对这座墓葬进行了抢救性考古发掘。发掘表明,墓葬为单室券顶结构,砖室全长4.8米,由挡土墙、封门墙及墓室等部分构成,砖室前方有长5.1米的阶梯状墓道。墓内出土铜炉、铜烛台、铜双耳瓶、漆碗等文物17件。据

---

① 碑立在南京市雨花台区西善桥街道新迁葬地刘渊然墓前,南京市博物馆岳涌撰文。

墓志确认，墓主为明代长春真人刘渊然。出土文物现藏南京市博物馆。

  鉴于刘渊然在明初道教界的崇高地位以及墓葬的重要性，南京市文物局决定对刘渊然墓进行科学保护。但由于原地已不具备保护条件，2011年3月至6月，在南京市保障房建设发展有限公司、南京建发集团及雨花台区西善桥街道办事处的大力支持下，有关部门将刘渊然墓异地原貌迁建于此，以使名迹不致湮没。

南京市文物局<br>2011年6月

### 3.《纪念刘渊然祖师圣诞六百六十六周年安鼎铭文》①

  2017年3月7日上午，云南道教朝圣团一行前往南京市雨花台区西善桥街道岱山敕建栖真观旧址朝拜刘渊然祖师藏蜕鹤台。云南长春派弟子专程定制石雕鼎炉一座，放置在刘渊然墓前，并举行了定鼎安炉仪式，以供后人祭祖追思上供之用。

  刘祖长春正派字谱：
  日道大宏，玄宗显妙，真崇元和，永传正教。
  云清守静，法嗣延浩，宣瑞常兴，福德普兆。
  （中间篆字）：道德长春
  大中国道历肆柒壹肆年岁在丁酉阳春吉旦
  嗣长春正派第十九代玄裔弟子廖大淳统领云南道教协会及云南朝圣团全体道众人等敬献

## （三）保山象头山刘渊然鹤台碑刻

### 1.《重建刘祖祠碑记》②

  盖闻庙宇之维新，实由人为，竭诚之所至。郡城西北，仁寿门外，旧有刘

---

① 安鼎铭文刻在南京市雨花台区西善桥街道新迁葬地刘渊然墓前香炉上。
② 《重建刘祖祠碑记》碑今存保山市隆阳区象头山下，青石质，高约2米，宽约0.7米，直行楷书，碑额楷书大字：永垂不朽。为清光绪五年（1879）八月，信士刁玉贵、董逢春、何嗣陶等立。

祖祠一观。创自前明，殿宇巍峨，崇奉甚度。溯自咸丰辛酉年，地方遭变，庙宇焚毁，香火湮没。迨此次克城之后，凡属寺观均焕然一新。于是刁玉贵、董逢春、何嗣陶等□为倡首，共成善举。除捐募功德外，田工碓砠踦挂共得银三百数十余金，已将大殿南厢山门修理完全。本拟照旧起建，乃力有未逮，惟望后之善人君子继续成之，将见媲于前也钦。今将所捐功德及一切费用录列于后：（以下为功德名录及建庙收支、塑像刻石用银情况，香火田、碓房所收租金、香灯用费。）

大清光绪五年岁次己卯秋八月日管事刁玉贵、董逢春、何嗣陶（以下模糊，约有十一人名）住持（人名模糊）仝立。

**2.《故彭城刘公墓碑》**①

刘渊然墓位于保山市隆阳区黄纸坊村后象头山麓。保山道士将此奉为"长春真人刘渊然祖师"之衣冠冢墓，与潘真人墓、柴真人墓构成品字形。

（中碑上篆书八字）春秋祭祀，四时思之。

（正中大字）故彭城刘公之墓。

（右书小字）大明洪武乙丑年其来金齿司，原籍北京顺天有通州三河县人。饶一着，退一步，息一怒，忍一言。

（左书小字）谨守行之：周人急，济人乏，容人过，悯人孤。儒：忠上爱亲，隆师勤学，敬长己行，治家施惠。释：一切有为法，如梦幻泡影，如露亦如电，应作如是观。道：视不见我，听不得闻，离种种边，名为妙道。大明永乐丁亥卒于西山其地□□□□。

（内抱柱联）西山有幸埋仙骨，南国成真见道心。

（外抱柱联）知真身心周济悯容常在念，识假性命名利声色尽着空。

附一：《祖师柴真人墓碑》

（正中大字）祖师柴真人之墓。

---

① 据墓侧潘真人、柴真人碑文显示，刘渊然碑最迟于清光绪五年（1879），正一经箓弟子王□山等人立石。碑为青石质，高0.64米，宽0.48米，直行楷书。

（右书小字）光绪五年岁次己卯嘉平月吉日。

（左书小字）经箓弟子王□山道众仝立石。

（内抱柱联）烟霞常啸傲，□□□□。

（外抱柱联）道宗刘祖登仙界，身并潘真化羽神。

附二：《祖师潘真人墓碑》①

（正中大字）祖师潘真人之墓。

（右书小字）光绪五年岁次嘉平月吉旦。

（左书小字）经箓□□□□□道众立石。

（外抱柱联）七世真灵凡骨换，千年正果道心清。

## 3.《重修永昌长春真人寿藏碑记》②

昔冲虚成至道，顿别六百岁。

今长春振宗风，期寿亿万年。

太上经曰：混茫之气，变化为真人。又曰：道之积成，托形立影，与时翱翔，有名无形，谓之真人。真人之称由来已古，惟吾祖

刘真人，于明洪武乙丑岁其来永昌，至永乐丁亥年仙化于此，至今越数百年，其时愈久，其灵愈著。

光绪五年己卯岁，嗣教弟子王道人等，感念祖德，修缮立石，逾百年矣。

今岁月沉埋，仙冢埋没，幸善眷发慈悲之心，怀希夷之志，感真师立教以开先，令后学承宗而启迪，道德长春，随方应化，故重修鹤台，再立丰碑，庶使仙迹永驻于南国，道化宏施于滇省。德光常曜，惠雨普沾。伏愿：慈悲广布，仙宗永续，慧目开明，荫佑后人，祖师遗教，溥利十方，施资善信，长发其祥。是故不揣凡愚，惶恐谨意，纪其实，彰其德，用垂永久云耳。

中华人民共和国岁在壬辰腊月吉旦长春灵宝弟子　　　　道众仝立石

---

① 潘真人墓位处刘渊然墓北侧。青石质碑，高0.54米，宽0.42米，直行楷书。据原碑录文。《云南通志》记载，墓主即是长春真人刘渊然的弟子潘烂头。明万历《云南通志》卷二十五"方技"有传，曾随长春真人刘渊然学法。
② 碑立于保山刘渊然墓碑前，2012年重修时所刻。

综上所述，昆明长春兴教塔林、保山刘渊然鹤台、南京刘渊然藏蜕墓的修复，使三地恢复了一段尘封的记忆，同时亦为南京、昆明、保山增添了一张历史文化景观。道士墓是地方道教和地方社会历史的重要文物，常常不被重视或疏于保护。呼吁唤起和强化社会各界对道士墓群、墓塔等道教文物的保护意识，特别需要道教界自身关注道教文物的保护和研究。道教文物是道教历史文化传承的遗存，也是民族文化的重要载体，可充分发掘传统道教文化的当代价值。

# 南台湾灵宝道派填库科仪中的"十月怀胎"歌<sup>*</sup>

姜守诚

**内容摘要**：填库仪式是台湾南部地区民众比较看重的一项斋科法事，通常由演法道士吟唱"十月怀胎"歌来完成。南台湾灵宝道派吟唱的"十月怀胎"歌大抵可分为两种类型，分别施用于台南地区和高雄及屏东地区。这两地道坛中流行的"十月怀胎"歌，尽管在内容上存在较大差异，但其主旨都是渲染母亲孕育的辛苦、分娩的痛楚以及父母养育的恩情，借此劝勉子女要有孝心、"知报本"，自觉为亡父/母设斋超度。

**关键词**：高屏地区　灵宝道派　填库仪式　"十月怀胎"歌

**作者简介**：姜守诚，中国人民大学哲学院教授、博士生导师，教育部人文社会科学重点研究基地中国人民大学佛教与宗教学理论研究所专职研究员。

　　填库仪式是台湾南部地区民众比较看重的一项斋科法事，通常由演法道士吟唱"十月怀胎"歌来完成。顾名思义，"十月怀胎"歌的主旨就是要渲染母亲孕育的辛苦、分娩的痛楚以及父母养育的恩情，借此劝勉子女要有孝心、"知报本"，自觉为亡父/母设斋超度。填库期间，全体孝眷始终手牵绳子、围成一圈，以这种特殊的方式来彰显家族内部的紧密团结。面对丧亲之痛，所有的家庭成员相互扶持，手拉手、心连心，共同应对这场变故，也体现出传统伦理观念的根深蒂固。在这种氛围下，道士吟唱"十月怀胎"歌，叙述父母的艰辛，并配以凄凉的道乐，更加激发了生者对逝者的思念和感怀。

　　从严格意义上说，"十月怀胎"歌不属于道教科仪之范畴，乃系受到民间丧葬礼俗的影响和渗透下的结果。在拔度仪式中吟唱"十月怀胎"的做法在台湾各地比较常见，并为灵宝道派、释教、法教（红头小法）等诸派别所接受和演行。不过，台

---

＊ 本文系国家社会科学基金一般项目"台湾南部地区灵宝道派拔度科仪研究"（项目批准号：17BZJ038）的阶段性成果。

湾释教法师扮演目连演行"挑经"时会根据亡者的性别，分别唱念"二十四孝"（男丧）或"十月怀胎"（女丧）。① 南台湾灵宝道派则不论性别皆在填库时吟唱"十月怀胎"歌。另外，中国内地湘西土家族人去世后举行的"下柳床"巫祀仪式中，梯玛所唱"下柳床"巫辞亦把死者的一生描述出来，"土家人死的'下柳床'巫祀仪式要由梯玛主持……梯玛所唱下柳床巫辞，把死者的一生从娘胎中讲起，一月两月，一岁两岁，十岁二十岁，一直讲到结婚、生子、生病、死亡为止，一点也不涉及亡魂下地府之事"②。显然，这首"下柳床"巫辞与台湾"十月怀胎"歌有着异曲同工之妙。

南台湾灵宝道派吟唱的"十月怀胎"歌大抵可分为两种类型，乃分别施用于台南地区和高雄及屏东地区（以下简称高屏地区）。这两地流行的"十月怀胎"歌，尽管在内容上存在较大差异，但其核心的宗旨理念则是相同的。

## 一 台南地区的"十月怀胎"歌

我们在实地的田野调查中发现，今台南地区诸家道坛流传的"十月怀胎"文本不尽相同。或许是因为，台南灵宝道派的科仪传统中原本就没有吟唱"十月怀胎"的做法，是后来为迎合当地民众的信仰需求而将当时社会上盛行的"十月怀胎"予以吸收、借鉴和改造。我们推测，在早期相当长的一段时期内，这个施用于道教填库科仪中的"十月怀胎"本子是不固定的，很可能是通过口耳相传来传播的。因此，演法道士会根据场地情况、时间长短、个人好恶、亡者及斋主的家庭背景等因素临时增补或删减部分内容。久而久之，一些个性化、区域化的内容就得以沉淀和保留下来，遂造成各家道坛所持"十月怀胎"文本多有不同的状况。然而，从这些不同的版本中，我们也可以体味出他们其实有一个共同的来源，其文本结构、主旨理念、核心思想乃至部分措辞上都颇具有相似性。经过多方努力，我们收集到颍川道坛陈荣盛道长、白砂仑道坛郭献义道长、延陵道坛吴政宪道长等目前使用的"十月怀胎"文本，经过比对、勘误和补遗，整理出一份相对完备的"十月怀胎"文本。下面，我

---

① 杨士贤：《台湾的丧葬法事——以花莲县闽南释教系统之冥路法事为例》，兰台出版社，2006，第 91～94 页。
② 马昌仪（执笔）、彭荣德、郭振华：《土家族巫师——梯玛——湘西土家族梯玛文化调查报告之一》，上海民间文艺家协会编《中国民间文化（第二集）——民俗文化研究》，学林出版社，1991，第 19 页。

们对其内容略做分析和概括。为了方便论述，我们将文本划分为十七个小节，并据文意拟定标题，依次论述如下。

### （一）母亲怀胎及分娩的艰辛

本小节主要强调母亲怀胎十个月的艰辛及分娩的危险，"十月怀胎"的题名亦当源于此。开篇就强调说：太乙救苦天尊传经法，劝导世人报答父母养育之恩。然后，文中逐月描述了胎儿在母体内十个月的发育情况及母亲怀孕时的苦楚："一月怀胎如露水，二月怀胎心茫茫。三月怀胎成人影，四月怀胎结成人。五月怀胎分男女，六月怀胎六根全。七月怀胎分七孔，八月怀胎涨如山。九月怀胎肚中转，十月怀胎脱娘身。"

接着，歌词形象地描述了母亲在分娩时遭受的痛苦，以及爹亲、公妈（即爷、奶）的慌乱和无助，只能借助于求神拜佛来祈求生产顺利。最终，在产婆的帮助下，孩子降生了。孩子生下来后，却妈抱过来，剪脐带、抹麻油、喂糖水，手忙脚乱。一切收拾妥当后，报给外公、外婆知道。母亲开始坐月子。

### （二）在父母的辛勤抚育下，孩子长大成人、功成名就

本小节简要勾勒出孩子在各个年龄段的成长过程，以及父母的默默付出。这里反复宣讲了养儿育女的辛劳，强调父母对子女的爱是无私的、不求回报的，子女对父母却少有能做到这样的。孩子出生以后，母亲不分昼夜地哺乳喂养，把屎把尿、移干就湿，悉心照料。接着又描述了孩子从一岁到二十岁的成长历程："一岁二岁手里抱，三岁四岁四处坐。五岁六岁长容貌，出珠病痛爹共娘。七岁八岁入学堂，读书所望福荫爹共娘。九岁十岁知世事，十一十二岁勤苦贤读书。十三十四岁进秀才，金花俵裹夯至尔厝来。十五十六岁结完亲，十七十八岁福州中举人。十九二十岁跃龙门，龙门跃过京城中状元。状元做官为宰相，紫袍金带不离身。"孩子一两岁时，被父母整天抱在怀里。三四岁时，四处乱跑，十分顽皮。五六岁时生天花、麻疹，病在孩身，痛在父母心。待到七八岁，入了学堂，孩子知书达理、勤奋苦读，学业有成，十三十四岁中秀才，十五十六岁结婚成家，十七十八岁中举人，十九二十岁高中状元，并"学而优则仕"而官拜宰相，在京城享受荣华富贵。这表达了平民百姓对子孙后代的美好愿望。上述说辞完全属于封建帝制时代的价值观念，时至今日已颇显陈旧，却仍为各家道坛所沿用。这是因为，无论时代怎样变迁、社会如何发展，父母对子女事业有成的殷切期望和望子成龙的心态，始终是相同的，也是超越时代背景的。

### （三）儿女要知报本、还父母恩

本小节申论儿女应体谅父母养育的艰辛，要懂得报本、还父母养育的恩情。并且，文中还从因果报应、善恶轮回的角度，劝导儿女要有孝心、知本报恩：行孝者必会有好报，生下孝顺的儿女。反之，不孝将会生下忤逆子。

耐人寻味的是，本节中有一段文字："养男养女知报本，替娘食菜拜血盆。食卜三年血盆菜，准报娘亲十月怀胎。血盆化作莲池水，五色莲花满池开。"上述内容似乎暗示"十月怀胎"歌，最早与"替娘食菜拜血盆"的仪式有关。我们知道，高屏地区灵宝道坛敷演采盆科仪时，执法高功率众孝眷礼拜血水盆后，足踏木屐，站在矮凳上吟唱"十月怀胎"。由此可见，"十月怀胎"原本是在"拜血盆"时所唱的。台南地区道坛盛行打城科仪，未见有"拜血盆"仪式，故而将"十月怀胎"施用于填库科仪中，或许是一种权宜之计。不过，值得一提的是，高屏地区填库时亦会再次吟唱"十月怀胎"。

### （四）做人父母不可惜细怨大子

本小节主要针对家庭伦理关系中的父母偏心问题给予批评。在日常生活中，父母偏爱"细子"（么子、小儿子）恐怕是一种常见的现象。但是，这种情况往往会引起家庭纠纷，导致兄弟不睦。有鉴于此，歌词中劝说父母要秉持公正的心态处理家庭事务，"做人父母着平正，不可惜细怨大子。大子细子一样子，十个指头咬着宰宰痛。大子细子一般样，父母教子照世上。"大儿、小儿都是自己的亲骨肉，要尽可能做到一碗水端平，公平、公正地对待每个孩子。若一味偏袒小儿子，大儿子遭受冷落，必然会心存不满，从而引发兄弟之间的争吵和纠纷。所以说，兄弟间隙的根子还是出在父母身上，"惜细怨大是不好，害伊兄弟擎昏相打不合好。兄弟相打不合和，是尔是大做不好。"因此，父母在对待大子、细子的问题上，应该反思、检讨一下自己的行为是否妥当。

### （五）做人子儿着行孝

本小节旨在告诫为人子要行孝道，不可不孝、詈骂爹娘。尤其，对于儿子骂爹骂娘的行为给予严厉警告，指出这是"大不孝"的行为，其后果很严重，必将招致酷烈的惩罚——"十八地狱罪难当""雷公打死顺信放水流"。

## （六）做人兄弟着和顺

本小节意在劝说兄弟之间要和顺、和睦，相互扶持。若兄弟一条心，终能发家致富。若兄弟之间三心二意，各打各的算盘，则将穷困潦倒。如歌词中所言："兄弟双人同一心，尔厝乌土变作金。兄弟一人一样心，尔厝无钱买灯心。"

## （七）做人媳妇着行孝

本小节宣讲为人媳妇要谨行孝道、恪守本分，特别强调了两个注意事项：其一是不可詈骂"乾家官"（公婆），其二是不可吵闹分家出伙。对于前者，歌词中主要采取恐吓的方式，指出媳妇若詈骂公婆，死后将在阴府遭受"过刀山""下油锅"的惩罚。对于后者，歌词则从正、反两方面将分家所导致的严重后果进行比对，"家伙未分三餐沄，家伙分了三日断火烟。家伙钱银分了离，外头人笑败国人子儿。家伙钱银存在公，外头呵脑内头好家风。"旧时，社会习俗十分推崇合族而居，追求"财产归公，子弟无私富"，谓之"在伙""伙居"，甚至认为父母在兄弟分家为"不孝"。有关法令对分家也做出限制，如《大清律例》卷八《户律·户役》"别籍异财"条规定："凡祖父母、父母在，子孙别立户籍、分异财产者，杖一百。"又云："祖父母、父母在者，子孙不许分财异居。"①

## （八）做乾家的风光

本小节渲染了做人乾家（婆婆）的无限风光和种种好处。歌词中用正反对比的手法描述了做乾家和未做乾家的不同境遇，"能做乾家真清闲，未做乾家三餐居灶前。能做乾家能宅头，未做乾家暗暗目滓流。能做乾家食饭上大桌，未做乾家食饱做老甲作。能做乾家真自在，未做乾家十念加利害。能做乾家摇孙四处坐，未做乾家做着媳妇火夫婆。"诙谐的话语，强烈的反差，读起来令人笑喷。

不过，歌词中不惜笔墨来描述做乾家的风光，其实是为了引出下文："人说好布对好纱，有好媳妇对好乾家。人说金臼对玉杵，好乾家对贤媳妇。做人乾家着平正，不可苦毒别人查某子。若烦苦毒别人查某子，外头说乾家歹名声。"有了儿媳妇，才会做婆婆。换言之，做婆婆的种种风光，乃系由于有了儿媳妇。那么，为人婆婆就要

---

① 马建石、杨育棠主编《大清律例通考校注》卷八，中国政法大学出版社，1992，第418页。

善待媳妇，要有公正心，不可苛刻、虐待媳妇。有通情达理的好婆婆，才会有贤惠的好媳妇。

最后，针对婆婆偏袒自家的"查某子"（出嫁女儿）而虐待媳妇的现象，歌词中这样说道：媳妇即使再不好，毕竟也是自家人，每天在身边服侍，负责三餐做饭，操持家务。出嫁的女儿，吃饱饭就走了，回到别人家里，伺候别人去了。"媳妇虽歹三餐烧，查某子食饱路上摇。媳妇虽歹在脚兜，查某子别人厝内头。媳妇虽歹来归家，查某子却伺别人个。"这番话的用意，是要劝解婆婆正确处理媳妇与出嫁女儿之间的关系，识大局、懂分寸，要分清自家人与外家人的区别。

婆媳关系，是家庭生活中最棘手的问题。本节或许顾及婆婆的年龄、身份和地位，故而一改之前居高临下式、恐吓式的说教方式，放低姿态，采用促膝谈心的方式，先胪列出"多年媳妇熬成婆"后的风光和体面，然后话锋一转，强调要珍惜现有生活，善待媳妇，自己先做好婆婆，才会有贤媳妇。这番良苦用心，无疑是为了达到协调和改善婆媳关系的目的。

## （九）查某子着行孝

本小节旨在劝诫查某子（出嫁的女儿）行孝道，知报本、还父母恩。这部分歌词首先指出：查某子不可在出嫁以后，就将自己的父母兄弟看作外人。否则，那就太漠视十月怀胎的恩情了。随后，歌词列举出有孝查某子和不孝查某子，在对待父母丧事及过生日等事宜上的不同态度：

> 有孝查某子报着父母老半路哮，不孝查某子锉日头到。
> 有孝查某子做答肉绫，不孝查某子入门举锁匙开箱开柜，想卜偷宅银。
> 有孝查某子来弄楼，不孝查某子举尺量箨头。
> 有孝查某子糊金银山，不孝查某子见物滥参搬。
> 有孝查某子来过旬，不孝查某子讨袋仔裙。
> 有孝查某子过旬拾外楹，不孝查某子入门哭歹命。
> 有孝查某子父母做生日炖猪脚共鸭母，不孝查某子空旋兄弟共父母借钱、借银，借无讨。

有孝心的查某子得知父母亡故的消息，立即奔丧，一路走、一路哭。没孝心的查某子不急不慌,走路慢悠悠,直到太阳落山才来到。有孝查某子忙于答谢吊唁者,不孝查某子却翻箱倒柜、偷拿父母家的钱财。有孝查某子花钱请人表演弄楼(弄锚),不孝查某子却无所事事。有孝查某子糊金银山、填还库钱,不孝查某子却将娘家的东西搬回家。有孝查某子过旬时每场都到,不孝查某子却讨要袋仔裙。有孝查某子花钱请道士为父母过旬办超度法事,不孝查某子进门就哭诉自己的命不好。此外,有孝查某子为父母过生日时置办丰盛的菜肴,不孝查某子却只会向父母兄弟借钱,有借无还。

(十)做人子婿着行孝

本小节旨在劝诫做人女婿要行孝道。文中强调说,女婿切勿将岳父母视作外人,岳母当初是那么疼爱女婿。岳父母有儿子,老了就依靠儿子,若无儿子就投靠女儿生活。女婿是半子,当岳父母年老无依靠时,女婿有责任扶持照顾他们。好女婿到了岳父母家,进门就放开手脚干活。歹女婿好吃懒做,进门就想喝酒、吃肉。有孝心的女婿得知岳父母亡故后,进门就哭,不孝女婿慢悠悠穿上白孝袍。有孝女婿进门就跪倒,不孝女婿进门就想吃肉。这两种女婿的品行好歹,判然分明。

(十一)做人小叔姑着做好

本小节旨在劝诫小叔子、小姑子要谨守本分,与兄嫂和谐相处。小叔子、小姑子不可学语、传话,不可搬弄是非,挑拨哥嫂之间的关系,让夫妻二人拳脚相向。小叔子、小姑子也要勤劳,小叔子上山砍柴,小姑子学针织。嫂子也要善待小叔子、小姑子,不可虐待他们。随即,歌词中描绘出一幅兄嫂与小姑子分工协作、刺绣针织的动人画面:

兄嫂小姑相叫好,挑花刺绣外头人啊老。
兄嫂绣金柱玉栏杆,小姑绣双凤朝牡丹。
兄嫂绣尾蝶采花心,小姑绣十八罗汉朝观音。
有人啊老兄嫂贤教示,有人啊老小姑好针织。

## （十二）做人前子着行孝

本小节的内容乃系规劝做人前子者要孝顺后母，要懂得回报后母的养育之恩，如谓："做人前子着行孝，不可后母是别人。是你生母早过世，养母功劳大如天。"

## （十三）做人后母着平正

本小节规劝后母要善待前人子，不可虐待、打骂前人子，并勾勒出好后母与歹后母的两种形象："好后母打前子不甘打甲着，歹后母打前子无死也食药。好后母打前子目滓流，歹后母打前子用脚尖同拳头。"

不过，有些版本的《十月怀胎》中没有"做人前子着行孝""做人后母着平正"这两节内容。

## （十四）做人夫妻着做好

本小节旨在宣讲夫妻相处之道，为人丈夫要有志向，不能胸无大志、无所事事，若一无所成，就会拖累妻儿，亦将遭到上天的惩罚。为人妻子要吃苦耐劳、勤俭持家，恪守妇道、相夫教子。最后，歌词中还分别为男人（丈夫）和女人（妻子）树立一个好榜样和一个坏榜样：男人的坏榜样是百里奚，好榜样是梁武帝；女人的坏榜样是朱买臣妻，好榜样是朱弁妻。如下所云：

> 做人男儿着掌志，不可耽误妻共儿。
> 若烦耽误妻共儿，天地责罚总有时。
> 做人妻儿着勤俭，不可尪婿无趁内头念。
> 男人莫学百里奚，女人莫学买臣妻。
> 男人着学梁武帝，女人着学朱弁妻。

百里奚是春秋楚国人（或云虞国人），著名的政治家、思想家，秦穆公时贤臣，又称"五羖大夫"，在位颇有政绩。早年饱读诗书、才智超群，但家境贫寒，求仕无门。妻子杜氏深知丈夫是旷世奇才，鼓励他出游列国谋求发展。百里奚辗转数国、历经坎坷、几番沉浮，终获秦穆公重用而位极人臣，成为一代名相。妻子杜氏自丈夫离别之后，几十年杳无音讯，饥寒交迫，又逢灾年，就带上儿子外出逃荒，一路讨饭来到秦国，得知丈夫已为秦相，于是就设法入相府当了洗衣的佣人。在一次宴会上，杜氏主动抚琴献唱，凭借一首委婉幽怨的曲子，夫妻得以相认。这则感人的故事收入东汉应劭撰《风俗通义》中，① 后来改编为戏剧《百里奚认妻》，以汉剧、粤剧、潮州剧、闽剧等多个剧种在各地演出，尤其在广东、福建、台湾等南方地区广为流行。有趣的是，文献史料及传统戏剧中的百里奚，位高不忘旧情、相堂认妻，是以正面形象出现的。但在百姓眼中，百里奚离家几十年无音讯，飞黄腾达后亦未寻找家人，而由故妻千里寻夫找上门来才获相认，这种不顾妻儿死活的丈夫，确实算不上好榜样。

那么，男人（丈夫）的好榜样是谁呢？是南朝梁武帝萧衍。这位梁朝开国皇帝在位四十八年，颇有建树，而且笃信佛法、虔心修行，世传为超度已故皇后郗氏而创《梁皇宝忏》（又称《梁皇忏法》《慈悲道场忏法》），请僧行忏礼，夫人遂化为天人、谢帝而去。因此之故，梁武帝就成为人夫楷模的不二人选了。

为人妻的坏榜样是朱买臣的妻子。有关朱买臣其人其事，《汉书·朱买臣传》有详细介绍。② 这里仅抄录与朱买臣妻有关的两段文字，如下：

> 朱买臣字翁子，吴人也。家贫，好读书，不治产业，常艾薪樵，卖以给食，担束薪，行且诵书。其妻亦负戴相随，数止买臣毋歌呕道中。买臣愈益疾歌，妻羞之，求去。买臣笑曰："我年五十当富贵，今已四十余矣。女苦日久，待我富贵报女功。"妻恚怒曰："如公等，终饿死沟中耳，何能富贵！"买臣不能留，即听去。其后，买臣独行歌道中，负薪墓间。故妻与夫家俱上冢，见买臣饥寒，呼饭饮之。③

> （上拜买臣会稽太守。）会稽闻太守且至，发民除道，县吏并送迎，车百余乘。入吴界，见其故妻、妻夫治道。买臣驻车，呼令后车载其夫妻，到太守舍，置园中，给食之。居一月，妻自经死，买臣乞其夫钱，令葬。悉召见故人与饮食

---

① 《风俗通义·佚文》"情遇"条云："百里奚为秦相，堂上作乐，所赁浣妇，自言知音，呼之，搏髀援琴，抚弦而歌者三。其一曰：'百里奚，五羊皮，忆别时，烹伏雌，炊扊扅，今日富贵忘我为。'其二曰：'百里奚，初娶我时五羊皮，临当别时烹乳鸡，今适富贵忘我为。'其三曰：'百里奚，百里奚，母已死，葬南溪，坟以瓦，覆以柴，舂黄藜，搤伏鸡，西入秦，五羖皮，今日富贵捐我为。'问之，乃其故妻，还为夫妇也。"（东汉）应劭撰，王利器校注《风俗通义校注》佚文，中华书局，1981，第592~593页。
② （东汉）班固撰，（唐）颜师古注《汉书》卷六四上，中华书局，1962，第2791~2794页。
③ （东汉）班固撰，（唐）颜师古注《汉书》卷六四上，第2791页。

诸尝有恩者，皆报复焉。①

后人取其夫妻离异之事，作《烂柯山》昆剧折子戏，又衍变出"朱买臣休妻""马前泼水"的故事和剧目，其中朱买臣妻名叫崔氏。总之，上述故事中的朱买臣妻目光短浅、贪图眼前享乐、爱慕虚荣，确实难以算得上贤妻良母。

那么，为人妻的好榜样是谁呢？是朱弁的妻子。朱弁是南宋名士，建炎元年（1127）自荐为通问副使赴金国，被羁拘十六年，坚守气节、忠贞不屈，终得放归，高宗诏为"忠义守节"。有关朱弁的事迹，《宋史·朱弁传》有载，②然对其家室，传中仅云："（朱弁）既冠，入太学，晁说之见其诗，奇之，与归新郑，妻以兄女。……靖康之乱，家碎于贼，弁南归。"③又言："王伦还朝，言弁守节不屈，帝为官其子林，赐其家银帛。……其后，伦复归，又以弁奉送徽宗大行之文为献……帝读之感泣，官其亲属五人，赐吴兴田五顷。"④后世以朱弁事迹为依托，改编、创作出梨园戏《朱弁》，凭空虚构出两个故事情节：其一，朱弁囚禁期间为金兀术之女雪花公主爱慕，求婚遭拒，结为兄妹，获释返国前，公主长亭送别；其二，朱弁妻王氏贤孝，于战乱中苦守寒窑，侍奉婆婆颜氏而不惜弃子，为给婆婆祝寿于寒冬深夜不眠、赶制新衣。戏剧中朱弁妻，确实是一位贤妻、孝妇的道德楷模。

## （十五）劝人男女老幼着做好

本小节对每位家庭成员又劝诫一番，其对象包括乾家（婆婆）、媳妇、人子及男女老幼。

对乾家劝诫时云"乾家着学孟道母"，意思是说为人母要以孟母为榜样，秉持"孟母三迁""择邻而居"的精神，重视子女的教育，引导他们积极向善，做个有益于社会的人。

对媳妇劝诫说："媳妇着学明州曾二娘。媳妇着学孙荣嫂，杀狗劝夫兄弟和。"文中引用的两个典故"明州曾二娘""杀狗劝夫"皆出自民间戏剧。歌仔戏、劝善歌《明州曾二娘》（或称《曾二娘歌》）在闽台地区颇为盛行，各地多见有书坊刊集的

---

① （东汉）班固撰，（唐）颜师古注《汉书》卷六四上，第2793页。
② （元）脱脱等撰：《宋史》卷三七三，中华书局，1977，第11551~11553页。
③ （元）脱脱等撰：《宋史》卷三七三，第11551页。
④ （元）脱脱等撰：《宋史》卷三七三，第11552~11553页。

唱本。此外，这位"曾二娘"也是"目连挑经"戏中常见的人物，并衍生出《曾二娘割股》等皮影戏剧目。概言之，曾二娘虔诚信佛、一心向善，侍奉公婆至孝，而她的妯娌曾大娘则詈骂公婆、大不孝。元杂剧《杀狗劝夫》（又名《杨氏女杀狗劝夫》《贤达妇杀狗劝夫》《王修然断杀狗劝夫》），明初时改编为《杀狗记》（全名《杨德贤妇杀狗劝夫》），描写纨绔子弟孙华与市井无赖柳龙卿、胡子传交往，其弟孙荣屡次劝谏无果，反被逐出家门。孙华妻杨氏设计杀狗，使丈夫认清了柳、胡等酒肉朋友的虚伪本质，深刻体会到同胞手足的患难真情，兄弟二人和好如初。

对为人子者劝诫说："着学古早廿四孝，莫学许豹共韩消。许豹打父雷打死，韩消害母害自己。"这两句话是说，为人子者要以古代的"二十四孝"为榜样，不要仿效许豹和韩消。许豹打自己的父亲，结果被雷劈死。韩消害自己的母亲，最后害了自己。不行孝道、虐待父母的那些人，终会得到报应。"许豹打父雷打死"的说法，当出自傀儡戏《许豹打父》，戏中的不肖子许豹最后被雷公电母惩处。而"韩消害母害自己"中的"韩消"，笔者未能找到线索。我们颇怀疑是脱胎于民间流传的"韩信害母"的风水故事，"韩消"是"韩信"之讹误。

最后，歌词对全体家庭成员予以勉励："劝人男女老幼着做好，不可学话嘴鬼双面刀。劝人世间行孝昭经文，不可说是道士的念儒。"这里强调说，家中的男女老幼都不可油嘴滑舌、两面三刀、阳奉阴违，做人要诚实守信，要行孝道，需持知本报恩的心。

### （十六）烧库荐亡

一曲"十月怀胎"临近终了，终究要落实到本场科仪的重点——"烧库钱"上来。本节一开始就为烧库钱唱赞祝辞，反复强调说：烧了库钱，亡魂可超度升天，在世亲属平安发大财，后世子孙出高官。如云：

> 库钱烧了变火灰，围库钱围久会拖龟。
> 库钱烧了真正圆，围库钱斗脚手平安大赚钱。
> 天空地空人亦空，库钱烧了亡魂往西方。
> 天空地空人亦空，库钱烧了子孙做帝王。

接下来，又奉劝孝眷和睦友善，不可结冤仇。要知道，天道昭昭，因果轮回，报应不爽。

> 天休地休人亦休，劝您四生大小不可结冤仇。
> 冤仇可解不可结，冤冤相报无时休。
> 莫道虚空无报应，举头三寸有神明。

最后，唱赞太乙救苦天尊的慈悲济度，并称念圣号："惟愿天尊来拔度，拔度亡灵早超升。愿从吾等诸众生，罗列香花普供养。填库财太乙救苦天尊，化冥财太乙救苦天尊。"

（十七）天尊说经教颂

在本节中，道士吟唱"天尊说经教"五字偈道曲，如下："天尊说经教，引接于浮生。勤修学无为，悟真道自成。不迷亦不荒，无我亦无名。朗诵罪福句，万遍心垢清。"这段文字亦被称为"天尊说经教颂"①，约唐宋时造作的《太上洞玄灵宝救苦妙经》中已有著录。② 关于其含义，约南宋时人洞阳子从内丹修炼及水火炼度的角度有过诠释。③

最后，道士称念圣号"填库财太乙救苦天尊""化冥财太乙救苦天尊"，结束本场填库法事。

## 二 高屏地区的"十月怀胎"歌

高屏地区灵宝道坛的填库科仪，乃是以吟唱"十月怀胎"歌来完成的。从内容上看，"十月怀胎"歌并没有悠久的历史传统，当是近人杜撰而成。透过这首歌，我们可以清楚地看到台湾道教科仪对民间俚俗文化的融摄和改造。高屏地区"十月怀胎"歌的篇幅不长，计有千余字，措辞浅白、通俗易懂，十分口语化，且大量夹杂着闽台等地民间常见的方言俚语。当地各家道坛所传承的科仪文本大抵相同，然某些

---

① 《灵宝玉鉴》卷三《灵旛宝盖门》"摄召拯疗资次"条将此段文字省称为"天尊说经教颂"。（《道藏》第10册，第152页）
② 《太上洞玄灵宝救苦妙经》，《道藏》第6册，第283页。
③ 洞阳子批注《太上洞玄灵宝天尊说救苦妙经批注》，《道藏》第6册，第496页。

文句、段落上略有出入。此外，在具体的操作实践中，演法道士亦会根据焚化库钱的持续时间、场地设施、天气状况、参与人员等因素进行临时调整，增删部分内容。大致说来，"十月怀胎"歌的内容结构可划分为五个部分。下面，我们对其文化内涵展开分析和论述。

### （一）起赞

法事开始，演法道士大声吟唱："救苦尊，太乙寻声救苦天尊。东极青宫救苦尊，身骑狮子出天门。是生是死若是存，忏化完满出苦轮。"文中反复吟唱救苦天尊的圣号，乃因为他作为地狱之主，掌握冥界的最高权力，可济度亡魂出离苦海、飞升仙界。因此，在填库科仪的开头，演法道士惯例地称颂救苦圣号、礼赞太乙天尊。

### （二）妊娠的辛苦

道士吟唱"起赞"完毕后，旋即转入"十月怀胎"歌的正文部分，逐月描述母亲妊娠期间的各种不适。其歌名之由来，恐系源于此。

这部分唱词对母亲怀孕不同阶段的体态特征、心理感受、妊娠反应及胎儿发育状况等进行了形象的刻画，凡计有十段文字，分别以"×月怀胎"引出下文，如"一月怀胎如露水""二月怀胎心茫茫""三月怀胎成人影""四月怀胎结成人""五月怀胎分男女""六月怀胎六根全""七月怀胎分七孔""八月怀胎肚圆圆""九月怀胎为珍动""十月怀胎可怜代"。就上述起首文字而言，前七句是对妊娠前期（即一月至七月）胎儿在母腹内发育情况的勾勒，后三句是对妊娠后期（即八月至十月）母亲体态动作的概括。事实上，在起首语之后，这十段唱词均侧重于描述母亲怀孕时的辛苦。

怀胎一个月时，母亲食欲不振，腿脚浮肿，腰骨酸软，浑身乏力。

怀胎两个月时，母亲心肝纠结，对是否怀孕尚不敢确定，不便向人述说。

怀胎三个月时，身孕已获确认，母亲喜忧参半。在此期间，母亲口中泛苦，吃东西寡淡无味，反而被人误解为挑食。

怀胎四个月时，母亲时常头晕目眩，有饥饿感，手脚酸软却又睡不着觉。

怀胎五个月时，母亲有时喜欢吃甜食，身体清瘦，脸色泥青。

怀胎六个月时，母亲的肚子凸显出来，行动不便，走路喘气。

怀胎七个月时，母亲的肚子鼓胀如箜篌，方才对人讲已有孕在身。

怀胎八个月时，母亲的肚子圆滚滚的。

怀胎九个月时，为了安胎，母亲减少活动，不再涂脂抹粉，即便不吃饭，肚子也很大。

怀胎十个月时，母亲的肚子大如海，想到即将临盆就会担忧流泪，日夜祈盼孩子平安出生。

（三）分娩的痛楚

十月怀胎的辛苦还不算什么，接下来临盆分娩时的痛楚更是折磨人。"十月怀胎"歌词中是这样描述的：待产之际，母亲腹痛难忍，赶紧请来产婆。这位产婆技艺高超，却怎奈火候未到，孩子半天也没生下来。对母亲而言，分娩就像是过鬼门关，随时会丢掉性命。此时，母亲已被钻心的疼痛，折磨得说不出话来了。阿公、阿嬷慌忙到厅堂神龛前上香，乞求神明保佑，不论男女，但求孩子顺利生下来。最后，在产婆和母亲的共同努力下，加上有神明的庇护，孩子顺利出生。母子相见，皆大欢喜。

值得一提的是，歌词中还延续了古代重男轻女的传统观念，并且指出人若积善行德，将获神明佑护，头胎可生查浦（男孩）。生了男孩，乾家、乾官（婆婆、公公）十分欢喜、笑眯眯，孩子满月时置办鸡油饭来答谢。若生到查某（女孩），公婆就会不高兴，脸色难看、直摇头。男孩长大了继承家业，女孩则迟早要嫁出去的。

（四）抚育的恩情

讲完母亲分娩时的苦楚，"十月怀胎"歌接着叙述父母养育的恩情。新生命的诞生仅仅是万里长征走完了第一步，从出生那天开始，先后经历了婴幼儿、青少年等阶段，最终长大成人，乃至学有所成、成家立业，这期间倾注了父母的心血。

歌词从一岁开始讲起，逐一胪列出孩子在不同年龄段的成长经历："一岁、二岁手里抱，三岁、四岁地上爬""五岁、六岁当贤走，七岁、八岁入学校""九岁、十岁知世事，十一、十二贤读书""十三、十四毕业后，顺利考入中学校""十五、十六读中学，十七、十八当贤读""十九、二十到台北，要考台湾的大学""读书毕业有完满，有通做官掌大权""大学毕业好完亲，目地人今莫看轻"。上述文字犹如幻灯片式地为我们展现出一幕幕人生历程：怀抱中的襁褓婴儿；满地爬的孩童；活蹦乱跳的黄毛小子；初登学堂，读书识字、明世理；考入中学，勤奋苦读；考入台北的名牌大学，日后出国留学；学成就业，做官掌权，娶妻成家。

这些成长足迹的背后，是父母的默默付出及对子女的殷切期望。年幼时，孩子的头疼脑热令父母忧心焦虑——"心苦病痛娘烦恼"。待孩子长大、入了学堂，父母的最大心愿就是希望他用功读书、出人头地。这类措辞在歌词中频繁表达，诸如"父母用心共计较，望子读书第一贤""望要我子有出息，父母吃老着免惊""父母晟子免计较，望我子后日会出头""子儿会读无竹壳，后日给予考大学""望要金榜有一角，后日给予出国去留学"。

学而优则仕，是中国古人的传统价值取向。这在"十月怀胎"歌中也得到充分体现，如歌词中唱道："医生不做做别款，回来故乡竞选市长/市议员""要娶高女巧四阵，箱布金银百万斤"。学有所成后，孩子从此步入坦途：功成名就，做高官、掌大权；结婚成家，娶名门闺秀。这些愿望十分朴实，代表了基层民众的人生规划和理想追求。

### （五）结尾

前述内容从各个角度渲染了生育、抚养子女的艰辛和不易，在"十月怀胎"歌的末尾处则道出了宗旨所在，亦即提醒孝眷不要忘记父母的恩情，要及时行孝"报答爹娘养育恩"。而行孝"知报本"的重要表现，就是为逝世的父/母亲设斋超度——"三宝殿前发善心，替爹/娘设灵三年斋"。歌词中反复强调说：做人子者应当孝敬父母，"岂可无孝心""不能不孝你爹娘"。对于子女而言，父母就像是无价之宝，花再多钱也买不来——"父母正是无价宝，提钱去买买陇无。"面对丧亲之痛，有孝子与无孝子表现出截然不同的态度——"有孝子见哭父母，不孝子泪屎陇无流"。不过，天界的神明却始终鉴察分明、报应不爽，有孝与无孝也将因此受到奖惩——"莫说虚空不报应，举头三寸有神明"。

最后，道士惯例念诵："惟愿天尊来拔度，拔度亡魂早超生。太乙寻声救苦天尊。"至此，填库科仪圆满结束。

高屏地区灵宝道坛敷演填库法事时未见施用道教传统仪轨，仅是吟唱"十月怀胎"歌。因此，从严格意义上说，高屏地区的填库法事并不属于道门科仪之范畴。这是近代以来台湾道教仪式走向民间化、本土化的一种体现和反映。

与台南地区相比，高屏道坛敷演的填库法事较为简短、紧凑。加之，高屏地区是将请库官、宣库牒作为一项独立的科仪（即请库/贡王科仪）而于此前已演行完毕，故填库时仅吟唱"十月怀胎"歌而已。尽管高屏与台南两地填库时皆唱"十月怀胎"歌,其宗旨、理念和意境亦大略相同,但措辞内容差异甚大。此外,台南道坛在填库时会根据焚化库钱的耗时长短、斋家的意愿等情况来决定是否吟唱"十月怀胎"歌。亦即说,对台南地区而言,"十月怀胎"歌并非不可或缺的项目,其吟唱与否并不影响填库科仪的完整性,只不过起到了锦上添花的效果。但对高屏地区而言,道士吟唱"十月怀胎"歌不仅是填库法事的表演形式,也是唯一的科仪内容,故而是必不可少的。此外,高屏地区灵宝道士在演行采盆科仪时亦会吟唱这首"十月怀胎"歌。

## 三 结语

综上所述,南台湾灵宝道派敷演填库科仪时吟唱的"十月怀胎"歌突出强调了一个"孝"字。孝是中华文化的传统美德,也是封建宗法社会的核心价值观念,诚可谓"百善孝为先"。孝敬父母,兄友弟恭,保持家庭的和睦融洽,是为人子的重要责任。孝敬公婆、乳姑不怠,是为人媳妇者的使命所在。此外,父母对子女要一碗水端平,不可偏心、偏袒,对儿媳妇不可欺凌、虐待。小叔子、小姑子要勤劳,不可搬弄是非,挑拨兄嫂之间的感情。总之,每位家庭成员在家庭生活中均需扮演好各自的角色,担负起自己的责任,引用古人的一句话就是"父义,母慈,兄友,弟恭,子孝"(语出《史记·五帝本纪》)[①]。

事实上,《十月怀胎》几乎不具有道教色彩,而颇似民间劝善文化的集合体,乃采用通俗化、口语化的措辞,援引民间戏剧中人们喜闻乐见、耳熟能详的人物形象,来褒奖善行义举,贬斥无事生非,弘扬孝道,劝导良俗。选择在焚烧库钱的特定场合下,道士吟唱"十月怀胎",并假借三清、太乙救苦天尊等神祇的名义,有针对性地对每位家庭成员予以劝诫和说教,确实能够起到协调家庭人伦关系的作用,而且符合亡者的心愿,唱出了亡者的心声。这份浓浓深情,彰显出道教拔度科仪在追求解脱出世之外,又兼有强烈的入世色彩和人文关怀精神。

---

① (西汉)司马迁:《史记》卷一,中华书局,1959,第35页。

# 唐代昊天观历史与现状考察

高叶青

---

**内容摘要**：昊天观是唐高宗李治为太宗荐福而创建的一座皇家宫观，其址系高宗为晋王时在长安保宁坊的旧宅。作为长安规模最大的皇家宫观，昊天观承担皇室的斋醮祭祀任务，在唐代京城社会有着非同寻常的地位，楼观大德尹文操被敕命为第一任观主，天师叶法善曾为皇家祈雨有验，历来高真住守，大德辈出，仙迹颇多，而京城文人士子亦尝寓居或游览，诗文仙话流传，更为昊天观的历史增添了许多饶有趣味的传奇往事。

**关键词**：昊天观　长安　唐代　皇家宫观　社会生活

**作者简介**：高叶青，陕西泾阳人，历史学博士，陕西省社会科学院古籍整理研究所副研究员。

---

西安市莲湖区红庙坡现存一座未开放的道教宫观"昊天观"，当地村民称之为"红庙"，村中故老相传此庙系唐高宗为追荐其母长孙皇后，于显庆元年（656）所修建的。考诸历代文献史料，现存西安红庙坡昊天观与唐代长安昊天观之间，有着许多错综复杂的问题没有厘清，而唐宋笔记、明清地方志之误，又使错讹流传至今，致使昊天观史实难辨。笔者广泛搜集相关史料并实地考察保宁坊昊天观遗址及红庙坡昊天观，对长安昊天观的变迁及其与唐代京城社会的关系等问题，做了一个比较清晰的梳理和考证，尽可能还原唐代长安昊天观的历史真貌。

## 一　父子情深与长安昊天观的创建

长安昊天观是唐初皇家敕建的几座重要宫观之一，昊天观的创建因由及其得名，都与高宗李治追福太宗有着密切的关系。据《大唐尹尊师碑》所载："是故高宗以晋府旧宅为太宗造昊天观，以尊师为观主。"① 这是关于昊天观建造历史的最早最可信的史料。又据《唐会要》卷五十载："昊天观在全一坊地，贞观初为高宗宅，显庆元年三月二十四日为太宗追福，遂立为观，以昊天为名，额高宗题。"② 后来的《长安志》③和《类编长安志》均沿此说④，然唐人彦琮《西京寺记》云："乃敕造大慈恩寺，度僧一百人，造观一，名昊天观，宫一，名罔极宫，度道士五十人。"将昊天观和罔极宫的建造一并附会在高宗为文德皇后所建造寺观的功德之中，穿凿的痕迹十分明显。贞观五年（631），太宗第九子李治封晋王，晋王府就建在长安城南的保宁坊内，显庆元年（656）三月二十四日高宗于旧宅为太宗追福，遂立为道观以为常祀，以谢父母昊天之恩，此开唐皇室舍宅为观的先河。

"昊天"一词常用来比喻父母之恩，《诗经·小雅·蓼莪》有："哀哀父母，生我劳瘁……欲报之德，昊天罔极。"贞观二十一年（647），太子李治为追念长孙皇后而建造了大慈恩寺，以答慈母养育之恩，在《为文德皇后荐福令》中称："既而笙歌遂远，瞻奉无逮，徒思昊天之报，罔寄乌鸟之情！……寺成之日，当别度僧，仍令映带林泉，务尽形胜。仰规忉利之果，副此罔极之怀。"⑤ 时隔八年后，李治为太宗荐福而舍宅为观，而昊天观之得名，亦源于此报恩之情，而李治为子之孝，亦由此可见。

高宗李治自幼以仁孝著称，幼而岐嶷端审、宽仁孝友，不喜"游观习射"，只愿"奉至尊，居膝下"，深得太宗喜爱，在寝殿之侧营建别院使居之。⑥ 太宗曾问高宗《孝经》的主旨，高宗回答："夫孝始于事亲，中于事君，终于立身。君子之事，上进思尽忠，退思补过，将顺其美，匡救其恶。"太宗闻言大悦，给予了很高的评价："行此，足以事父兄、为臣子矣！"⑦ 贞观十年（636）长孙皇后薨，李治仅九岁，哀恸不已，太宗深受感动，屡加慰抚，特深宠异，还将幼小的晋王和晋阳公主留在寝宫

---

① （元）朱象先撰《古楼观紫云衍庆集》卷上，《道藏》第19册，文物出版社、上海书店、天津古籍出版社，1988，第551c页。
② （宋）王溥撰：《唐会要》卷五十《尊崇道教·观》，台湾商务印书馆影印文渊阁《四库全书》本第606册，第638a页。
③ （宋）宋敏求撰：《长安志》卷九："（唐皇城·次南保宁坊）昊天观尽一坊之地。贞观初为晋王宅，显庆元年为太宗追福，立为观，高宗御书额并制歌。"台湾商务印书馆影印文渊阁《四库全书》本第587册，第124a页。
④ （元）洛天骧撰，黄永年点校《类编长安志》卷五："（昊天观）在保宁坊。贞观初为晋王宅。显庆元年，为太宗追福，立为观，高宗御书额，并制叹文。"三秦出版社，2006，第144~145页。
⑤ （唐）慧立本、彦悰笺：《大唐大慈恩寺三藏法师传》第七，《大正藏》第50册，第258页上栏。
⑥ （宋）欧阳修等撰：《新唐书》卷三《高宗本纪》，中华书局，1975，第51页。
⑦ （后晋）刘昫等撰：《旧唐书》卷四《高宗本纪》，中华书局，1975，第65页。

亲加鞠养。贞观十九年（645），太宗征辽东，太子李治亲送至定州，悲啼数日，曰："念臣七岁偏孤，蒙陛下手加鞠养，自朝及夕，未尝违离……帝亦为之洒泪。"① 太宗在征战时写给太子李治的家书《两度帖》，更见这位雄才大略的君王对儿子细腻温情的宠爱："两度得大内书，不见奴表，耶耶忌欲恒死，少时间忽得奴手书，报娘子患，忧惶一时顿解，欲似死而更生，今日已后，但头风发，信便即报。耶耶若少有疾患，即一一具报。今得辽东消息，录状送，忆奴欲死，不知何计使还，具。耶耶，敕。"父子朝夕相处多年，情深非同一般。太宗驾崩之后，高宗异常悲痛，史载他"拥无忌颈，号恸将绝"②。为了寄托这份深邃似海、广大如天的父子之情，高宗于即位后的显庆元年下令舍宅为观，以"昊天"为名，并"御书额，并制叹道文"③。长安昊天观之建立，正是李世民、李治父子深情的直接表现。

## 二 晋王旧宅与昊天观之皇家气派

据《唐会要》所载，昊天观是以高宗为晋王时的旧宅改建而成，位置在唐长安城南的"保宁坊"，称道观"尽一坊之地"④"全一坊之地"⑤，足见其规制之宏阔。至于保宁坊昊天观的位置与面积，据《长安志》记载，保宁坊为长安外郭城坊里之一，位于皇城正南朱雀门街之东从北第八坊，属万年县领，西界朱雀门大街，东界安上门街，北邻开明坊，南界安义坊。又据新出土的《昊天观周尊师墓志铭》所载："观在天街之左，去明德门一二里。"⑥ 综合诸多文献，可以明确长安保宁坊昊天观的位置，大致在今西安城南西八里村与西北政法学院之间。⑦

---

① （宋）王钦若等撰：《册府元龟》卷一五七《帝王部·诫励第二》第 1 册，中华书局，1989 年影印版，第 317 页上栏。案，此处"七岁"当为"九岁"之误。
② （宋）司马光撰，胡三省音注《资治通鉴》卷一九九《唐纪十五》，台湾商务印书馆影印文渊阁《四库全书》本第 308 册，第 428c 页。
③ （元）骆天骧撰，黄永年点校《类编长安志》卷五《寺观·昊天观》，《长安史迹丛刊》，第 144～145 页。案，此处引文《长安志》卷七《唐皇城·次南保宁坊》作"御书额并制歌"，但无论是《叹道文》还是《歌》，笔者尚未见到，姑存其线索，待他日再论。
④ （宋）宋敏求撰：《长安志》卷七《唐皇城·次南保宁坊》，台湾商务印书馆影印文渊阁《四库全书》本第 587 册，第 124a 页。
⑤ （宋）王溥撰：《唐会要》卷五十《尊崇道教·观》，台湾商务印书馆影印文渊阁《四库全书》本第 606 册，第 638a 页。
⑥ 李举纲、贾梅：《唐〈昊天观周尊师墓志铭〉考释》，《考古与文物》2007 年第 5 期，第 92～94 页。
⑦ 张永禄主编《唐代长安词典》，陕西人民出版社，1990，第 140 页。

据《长安志》，保宁坊东西与南北各三百五十步（约合514.5米），开东、西两坊门，中央有东、西横街。据考古实测保宁坊东西宽562米，南北长530米，面积297860平方米，与《长安志》记载基本符合。唐代长安里坊为封闭形，四周有坊墙，坊门有两个到四个不等，如同一座封闭的小城市，诸王、贵族的府邸占地面积很大，有的占1/4坊的面积，① 而晋王府则占地一坊，足见太宗对晋王李治的厚爱。实际上由于长孙皇后早亡，李治自幼与晋阳公主随父住在宫中，直到立为太子乃至登基为帝，晋王府一直空置。晋王府改建的昊天观，也因此成为长安城中规模最大的一座皇家宫观，宫阙巍峨，为城中大观。

昊天观以晋王府改置，其建筑和园林亦多半在此基础上增修而来，其雄伟壮观的建筑、精致的园林景象，吸引了当时的诸多名士前来游访，也因此留下了不少著名的诗画作品。唐代著名画家吴道子（约680~759）在开元年间被召入宫廷作画，他擅长绘画佛道、人物、山水、鸟兽、草木、楼阁等，其间他曾为昊天观创作过壁画，壁画的草稿后为长安安氏所收藏，南宋时朱熹还曾在好友张栻（字敬夫）的家中见过这幅壁画草稿的一半。据《晦庵集》卷八十四《跋吴道子画》：

> 顷年见张敬夫家藏吴画昊天观壁草卷，与此绝相类，但人物差大耳。此卷用纸而不失色，又有补画头面手足处，应亦是草本也。张氏所藏本出长安安氏，后有张芸叟题记，云其兄弟析产，分而为二，此特其半耳。顷经临安之火，今不知其存亡，而此卷断裂之余，所谓天龙八部者，亦不免为焦头烂额之客，岂三灾厄会，仙圣所不能逃耶？是可笑也。吴笔之妙，冠绝古今，盖所谓不思不勉而从容中道者。兹其所以为画圣，与季路所藏法书名画甚富，计无出其右者。既以得观为幸，因记岁月于其后，时庆元丁巳十月十日己卯也，朱熹仲晦父。②

据朱熹的描述，这幅珍贵的壁画草稿应为神仙画卷，可惜经历临安的大火，不知其存亡，致使后人再难睹其风采。不过据前述新出土的《昊天观周尊师墓志铭》（见图），为我们提供了关于中晚唐时期昊天观的不少珍贵信息。

《昊天观周尊师墓志铭》刊刻于乾符四年（877），墓主周尊师出生于唐德宗贞元

---

① 王俊编《中国古代城市》，中国商业出版社，2015，第22~23页。
② （宋）朱熹撰：《晦庵先生宋文公文集》卷八十四，《四部丛刊》景上海涵芬楼藏明刊本，第3013页。

六年（790），法名道仙，贞元十八年（802）"被褐受箓"，正式成为道士，随即"配住昊天观"。据墓志所载："观在天街之左，去明德门一二里。风景清闲，不似在尘寰内。其流率多种竹栽花，朝之卿士，日相往来，师之门徒、追游莫非闻人高士。"周尊师住持昊天观期间①，曾进行了大规模的修缮："凡昊天之殿堂、塑像、藻绘、结构之工，皆师总领之。由是土木常新，他观无以为比。"②

昊天观作为长安城最雄伟壮丽的道教宫观，殿宇巍峨，神像庄严，园林雅致，翠竹成林，是京城士大夫交游论道的乐游之所，留下了许多涉道游仙之作。初唐四杰之一的杨炯（650~693）的《和辅先入昊天观星瞻》，是目前所见较早的以昊天观为题材的诗作，该诗系与友人在昊天观中夜观天象、占验吉凶时所作。诗句里提到的遁甲、占星等均与道教相关，其中的"黄图"则代指昊天观，而昊天观内道士精通天文由此可知，必当建有观星台之建筑。诗中描绘了"上真朝北斗，元始咏南风"的庄严科仪并"草茂琼阶绿，花繁宝树红"③的优美景致。

武则天的曾侄孙武元衡（758~815）曾写过两首与昊天观有关的诗作。其一是《夏日陪冯许二侍郎与严秘书游昊天观览旧题寄同里杨华州中丞》，诗中有"碧霄回骑吹，丹洞入桃源。台殿云浮栋，緌缨鹤在轩"④。贞元某年夏天的某一天，时任御史中丞的武元衡与兵部侍郎冯伉、刑部侍郎许孟容、秘书郎严维同游昊天观，看到时任华州刺史的杨於陵之前与同僚崔邠、张荐、苗发游览昊天观所作的题壁诗，深有感

---

① 按，据《昊天观周尊师墓志铭》记载，周尊师于贞元十八年住持昊天观，后又于宪宗朝隶名太清宫达五十余年，懿宗朝以疾辞，重回昊天观"服气炼形，有鹤化蝉蜕之念"。乾符四年终，寿八十七。
② 李举纲、贾梅：《唐〈昊天观周尊师墓志铭〉考释》，《考古与文物》2007年第5期，第92~94页。
③ （唐）杨炯撰《盈川集》卷二，《四部丛刊》景江南图书馆藏明刊本，第29页。
④ （宋）李昉等编《文苑英华》卷二五五，陈贻焮主编《增订注释全唐诗》卷三〇六《武元衡》，文化艺术出版社，1997，第1151页。

慨，遂赋诗一首相寄，二人相互酬唱。诗中的"黄公垆"系魏晋时竹林七贤会饮之处，后代诗文常以"黄公酒垆"指朋友聚饮之所，武元衡触景伤怀，赋诗以寄，诗文再现了昊天观诸贤竹林畅饮的热烈场面。

武元衡的另一首《和杨三舍人晚秋与崔二舍人张秘监苗考功同游昊天观时中书寓直不得陪随因追往年曾与旧僚联游此观纪题在壁已有沦亡书事感怀辄以呈寄兼呈东省三给事之作杨君见征鄙词因以继和》，也是此时应和杨於陵的诗作，诗中有言："瑶圃高秋会，金闺奉诏辰。朱轮天上客，白石洞中人。"① 诗人将游览昊天观比作瑶池仙会，反映了唐代文人游观的社会风尚。当时礼部侍郎权德舆亦在同游之列，其酬和杨於陵之作《晚秋陪崔阁老张秘监阁老苗考功同游昊天观时杨阁老新直未满以诗见寄斐然酬和有愧芜音》有言："泛菊贤人至，烧丹姹女飞。步虚清晓籁，隐几吸晨晖。竹径琅玕合，芝田沆瀣晞。银钩三洞字，瑶笥六铢衣。"② "烧丹""步虚""隐几""三洞""瑶笥"这些典型的道教意象，勾画了一幅晚秋时节昊天观优雅逍遥的道教生活场景。

昊天观的竹林幽静，游览的诗人们以竹林七贤自比，在游观之余亦不无寄托，因此昊天观的竹林就成为京城文人士大夫最为钟情的聚会之所，晚唐诗人刘得仁就曾写过一首《昊天观新栽竹》的诗："清风枝叶上，山鸟已栖来。根别古沟岸，影生秋观苔。遍思诸草木，惟此出尘埃。为恨移君晚，空庭更拟栽。"③ 描绘了昊天观中竹林风起，清幽雅致、阆苑仙境般的景象。除了清幽的竹林，让人称奇的还有昊天观的一口神奇的水井。据唐人丁用晦的《芝田录》所载：

> 李德裕在中书，常饮常州惠山井泉，自毗陵至京，致递铺，有僧人诣谒，……僧人曰："贫道所谒相公者，为足下通常州水脉，京都一眼井，与惠山寺泉脉相通。"德裕大笑："真荒唐也。"僧曰："相公但取此井水。"曰："井在何坊曲？"曰："在昊天观常住库后是也。"德裕以惠山一罂，昊天一罂，杂以八罂一类，都十罂，暗记出处，遣僧辨析。僧因啜尝，取惠山寺与昊天，余八乃同

---

① 《御定全唐诗》卷三〇七，陈贻焮主编《增订注释全唐诗》卷三〇六《武元衡》，第 1154～1155 页。
② （唐）权德舆撰：《权文公集》卷七，陈贻焮主编《增订注释全唐诗》卷三一五《权德舆》，第 1239 页。
③ 案，刘得仁生卒年不详，约唐文宗开成年间（836～840）在世，著有《诗集》一卷。

味。德裕大奇之，当时停其水递，人不告劳，浮议弭焉。①

宋代王谠的《唐语林》②、曾慥的《类说》所引"昊天观井"皆录自《芝田录》，但文字稍有差异。宰相李德裕因昊天观井水与惠山泉通而下令停止从惠山泉运送水至长安的唐代传奇，在宋以来的文人阶层广为流传，苏轼贬谪儋州时所作的《琼州惠通泉记》，也饶有兴致地提到了这段泉水佳话。无论如何，长安昊天观的这口水井，水若甘泉，在唐代京城社会就广为人知，在甜水井稀缺的长安城，这口水井也再次印证了晋王府和昊天观的特殊恩宠地位。明代纂修的《陕西通志》亦提到西安府城内的昊天观水井，又因其在城中的布政司，故称为"布政司井"。按，明代西安府城范围仅在城墙以内，城中布政司与城南保宁坊旧址相去甚远，如果不是明《陕西通志》误记的话，大概此时的昊天观已经迁到城内了。

## 三 昊天观大德与皇室斋醮祭祀活动

昊天观自建立之初，就因尊崇之特殊地位汇聚了天下道门贤才，如尹文操、叶法善、周道仙等，皆是在唐代道教史上产生过深远影响的大德。据终南古楼观所藏《大唐宗圣观主银青光禄大夫天水尹尊师碑》所载，尹文操（622~688）尊师"讳文操，字景先，陇西天水人也。后秦尚书仆射纬之后，纬仕长安，故为鄠人焉"。天水尹氏为望族，迁居鄠邑（今西安鄠邑区）后，世代为宦，曾祖尹洪、伯父尹舒、父亲尹珍分别在北周、隋、唐任官，少习《老子》《孝经》，因听说楼观有尹真人（尹喜）庙，便精心读《西升》《灵宝》等道教经典，拜师于大德周法的门下，得授紫云之妙旨、青羽隐法。十五岁，道行已远近闻名。其年"属文德皇后遵上景而委中宫，于时搜访道林，博采真迹。尊师即应玄景，行预绿云，奉敕出家，配住宗圣观"。此后行丧三年，云游南昌、昆仑、五岳等，乃栖止终南、太白。高宗即位后，因彗星事问道于尊师，"是故高宗以晋府旧宅为太宗造昊天观，以尊师为观主，兼知本观事"。尹文操为皇后祈福而奉敕出家，为高宗解答天象而敕封昊天观主，至于授银青光禄大夫、太常少卿，他的一生参与皇室的道教斋醮活动，倍受皇家恩宠。仪凤四年

---

① （宋）李昉撰《太平广记》卷三九九第 8 册，中华书局，1961，第 3208 页。
② （宋）王谠撰，周勋初校证《唐宋史料笔记丛刊·唐语林校证》卷七，中华书局，1987，第 613~614 页。

(679)尊师奉敕于洛阳"老君庙修功德,及上亲谒,百官咸从"①。尊师垂拱四年(688)羽化,修《玄元皇帝圣纪》一部凡十卷及编《玉纬经目》,著《袪惑论》四卷、《消魔论》三十卷、《先师传》一卷。

叶法善也是活动于高宗朝至玄宗朝的著名道士,关于叶法善的崇拜和研究也非常之多。② 据《旧唐书·叶法善传》,叶法善(616~720),括苍(今浙江丽水)人,生于天师道世家,道行远播,往来名山,曾参与高宗、中宗、睿宗朝的祭祀、投龙等道教活动,玄宗朝征召为内道场景龙观观主,并授银青光禄大夫鸿胪卿越国公,恩宠非常。传说叶法善精于道术,玄宗时栖止长安昊天观,尝为朝廷以水月镜祈雨有验,唐人传奇《异闻录》有载:

> 天宝七载,秦中大旱,自三月不雨至六月。帝亲幸龙堂祈之,不应。问昊天观道士叶法善曰:"朕敬事神灵,以安百姓。今亢阳如此,朕甚忧之。亲临祈祷,不雨何也?卿见真龙否乎?"对曰:"臣亦曾见真龙,臣闻画龙四肢骨节,一处得以似真龙,即便有感应。用以祈祷,则雨立降。所以未灵验者,或不类真龙耳。"帝即诏中使孙知古,引法善于内库遍视之。忽见此镜,遂还奏曰:此镜龙真龙也。"帝幸凝阴殿,并召法善祈镜龙。顷刻间,见殿栋有白气两道,下近镜龙。龙鼻亦有白气,上近梁栋。须臾充满殿庭,遍散城内。甘雨大澍,凡七日而止。秦中大熟。帝诏集贤待诏吴道子,图写镜龙,以赐法善。③

唐代的昊天观聚集了众多或博通经藏、或精于道术的高道大德。据唐代笔记小说《唐摭言》载,"陈磻叟者,父名岵,富有词学,尤溺于内典……磻叟形质短小,长喙疏齿,尤富文学,自负王佐之才,大言骋辩,虽接对相公,旁若无人,复自料非名教之器,弱冠度为道士,名于昊天观。"陈磻叟约活动于穆宗、懿宗朝,自幼善于文学,有辩才,懿宗咸通某年的降圣节,佛道二教在宫中论义,"黄衣屡奔,上小不怿,宣下,令后辈新入内道场有能折冲浮图者许以自荐,磻叟摄衣奉诏。"昊天观虽非内道场,但其作为皇家宫观担任皇家祭祀已形同内道场。陈磻叟凭借卓越的辩才和

---

① (元)朱象先:《古楼观紫云衍庆集》卷上,《道藏》第19册,第551c页。
② 吴真:《为神性加注:唐宋叶法善崇拜的造成史》,中国社会科学出版社,2012。
③ (宋)李昉等编《太平广记》卷二三一第5册,第1771~1772页。

精通佛道经典的博学,"自是连挫数辈,圣颜大悦,左右呼万岁,其日帘前赐紫衣一袭"①。前述昊天观周道仙(790~877),宪宗朝"入内修功德,或隶名太清宫,余五十年,行业精勤,都中为首"。周道仙的徒弟、交游皆名士,羽化后,"翰林承旨学士银青光禄大夫行尚书户部侍郎知制诰上柱国王徽"亲为撰写墓志,"徽于师为琴酒烟花之侣垂卅年矣"②,也由此可见昊天观道士周道仙在京城上层社会的重要地位和深远影响。

昊天观以尊崇之地位、幽雅之环境,吸引了许多道士、文人往来其间,唐宋以来的传奇小说,记载了昊天观内发生的许多奇人异事。据唐裴铏《传奇》载,"许栖岩,岐阳人也。举进士,习业于昊天观。每晨夕必瞻仰真像,朝祝灵仙,以希长生之福"③。唐代的贫寒士子应举,不少人在京城的寺观居住,因寺观清净,是读书的好去处,也能节约不少的旅费。这位来自岐阳(在今岐山东北)的许栖岩,就借住在幽静的昊天观学习,亦学道求仙。德宗贞元初年入蜀,途中坠马入崖,误入仙洞遇太乙真君,邀饮石髓,随赴群真之会,复归太白洞,居半月还家之时,已经六十余年过去了。许栖岩误入洞穴遇仙、饮石髓乃至与尘世时光错位,正是唐代传奇误入仙界的典型主题。

又据《中朝故事》载,文宗太和年间,有"李思齐者,常着绿,戴席帽于京辇",令狐楚召入宅中问对,言语非常人,其子令狐绹亦觉奇怪,李自称在昊天观安住,"明日,楚令人觅之,无踪。咸通中,绹为淮南节度使,已逾三十年矣。门吏于市肆见思齐,貌若当时,惊而白绹,绹亦惊,使邀之,拜为丈人"④。这位行踪难测的云游异人,显然有驻颜之术,却是一位不愿为尘俗所累的隐修高道。如果说许栖岩、李思齐的故事有过多的神话色彩,则唐人笔记《剧谈录》所载昊天观的周尊师,当属可信的故事;乾符中周尊师已经九十七岁高龄,自言童幼间便居洞庭山修道,是精通炼丹术的道士。⑤ 除此之外,穆宗长庆年间,昊天观还有一位道士符契元,"德行法术为时所重"⑥;僖宗年间,昊天观"声赞大德赐紫谢遵符",道行为朝廷所重,

---

① (五代)王定保:《唐摭言》卷九,台湾商务印书馆影印文渊阁《四库全书》本第1035册,第7646页。
② 李举纲、贾梅:《唐〈昊天观周尊师墓志铭〉考释》,《考古与文物》2007年第5期,第92~94页。
③ (宋)李昉等编《太平广记》卷四十七《许栖岩》第1册,第294页。
④ (南唐)尉迟偓撰:《中朝故事》卷下,《唐五代小说笔记大观》下册,上海古籍出版社,2000,第1788页。
⑤ (唐)康骈:《剧谈录》卷下,台湾商务印书馆影印文渊阁《四库全书》本第1042册,第690d页。
⑥ (宋)李昉等编《太平广记》卷七十八《符契元》,第1册,第493页。

"请充淮南管内威仪,兼指挥诸宫观庄田等务"①。

昊天观是专为太宗祈福而建的皇家道场,玄宗的宠妃武惠妃也曾于此立过别庙。据《旧唐书》:"惠妃以开元二十五年十二月薨,年四十余。……赠贞顺皇后……葬于敬陵。时庆王琮等请制齐衰之服,有司请以忌日废务,上皆不许之。立庙于京中昊天观南,乾元之后,祠享亦绝。"②《唐会要》亦载:"皇后武氏,恒安王攸止女。攸止卒后,后尚幼,随例入宫,及王皇后废,赐号惠妃,宫中礼秩,一同皇后。开元二十五年十二月七日薨,年四十,赠皇后,谥曰贞顺。仍立庙于京师昊天观之角。"③武惠妃是武则天的侄孙女、玄宗之宠妃,宫中礼节同于皇后,死后谥封贞顺皇后,并在昊天观之一角靠近安义坊的地方为其立贞顺皇后庙以祭祀,不过在肃宗以后,贞顺皇后庙的祠享就停止了。又据《唐新平长公主故季女姜氏墓志铭并序》,代宗永泰元年(765),"乙巳岁四月二十六日,有唐新平长公主季女姜氏卒于京师昊天观。"新平长公主是玄宗之女,历玄宗、肃宗、代宗三朝,恩宠非常,其第四女姜氏卒于昊天观,"乃未笄而夭命也"④。公主之女夭折而亡,暂厝于昊天观中,从中也可印证昊天观实属皇室家庙之性质。

作为唐朝的皇家宫观,昊天观自然担负着皇家祈福、祭祀和斋醮的使命。据《愧郯录》卷十三《国忌设斋》载:"肃宗四月十八日忌,崇圣寺、昊天观各设三百人斋。"⑤这类三百人共同举行的大型斋醮仪式,当是灵宝派的金箓斋,专为帝王国主请福延祚,消除刀兵水火疾疫,安国宁人,敦煌遗书就有唐代的《灵宝金箓斋仪》的残卷。与昊天观同时举办斋醮的崇圣寺,位于长安崇德坊西南隅,隋时建,其东门有道德尼寺,贞观二十三年(649),"以其所为崇圣宫,以为太宗别庙,仪凤二年并为崇圣僧寺"⑥。设斋的崇圣寺和昊天观均与太宗有着密切的关系,崇圣寺曾立有太宗的别庙,而昊天观则是专为太宗祈福所立,地位非同寻常,而此类斋醮仪式也是在重要的道教节日和皇帝祭日举行的。

昊天观自高宗朝始建至晚唐僖宗朝,历经数百年而不衰,一直为皇家祭祀重地,

---

① (新罗)崔致远:《桂苑笔耕集》卷十四,《四部丛刊》景无锡孙氏小绿天藏高丽刊本,第147页。
② (后晋)刘昫等撰:《旧唐书》卷五十一,第2178页。
③ (宋)王溥:《唐会要》卷五十一,台湾商务印书馆影印文渊阁《四库全书》本第606册,第18d页。
④ (唐)独孤及:《毗陵集》卷十二,《四部丛刊》景上海涵芬楼藏赵氏亦有生斋刊本,第160页。
⑤ (宋)岳珂:《愧郯录》卷十三,《四部丛刊》常熟瞿氏铁琴铜剑楼藏宋刊本,第215页。
⑥ (宋)宋敏求撰:《长安志》卷九,台湾商务印书馆影印文渊阁《四库全书》本第587册,第1416页。

据《京兆金石录》，唐武宗会昌三年（843）十月，昊天观再次得到重修，有王珉撰文、柳公权书、徐方平篆额的碑记，可惜都已不存。不幸的是，这座满载历史与艺术的皇家宫观，毁于唐末的动乱之中。经历了黄巢起义兵燹和凤翔节度使李茂贞、宦官韩全诲等人的纵火，长安城几成一片废墟，至昭宗天祐元年（904）正月，宣武、宣义、天平、护国四镇节度使朱全忠勾结宰相，劫持昭宗迁都洛阳，"令长安居人按籍迁居"，并"毁长安宫室、百司、民间庐舍，取其材，浮渭沿河而下"，同时他还将长安城的居民按户籍整体迁洛，以空长安。昔日繁荣数百年的长安城，至此不复存在①，昊天观也应是在这场浩劫之中被彻底毁弃的。

自唐末昊天观废弃以后，至五代宋均未见任何资料的记载，直至元中统中。据《终南山祖庭仙真内传》，"中统初京兆昊天观先生门人赵志冲，于府城之北特置吉地，请翰林待制孟攀鳞作志，起坟葬先生之衣冠，以致春秋之祀云"。元中统年间，京兆府（即今西安）尚存昊天观的可能是后人择址重建的，住持昊天观的赵志冲，就是金代全真道士赵九渊的弟子。

至明代这个择址重建的昊天观又多次重建过，据雍正《陕西通志》载："（昊天观）在城北一里许，唐贞观初为晋王宅，显庆元年改为观。明嘉靖戊子，岁旱，祷雨有应。庚戌年重修（《兰谷邢朝桢记》）。万历二十三年耆民徐楫等重修，应天府尹王鹤撰记（《县志》）。"② 显然这个位于城北的昊天观并非唐长安城南保宁坊故址的昊天观，但志书仍称此昊天观系唐高宗李治的旧宅，修纂者如非有意增溯昊天观的古老历史，显然是将唐保宁坊的昊天观与明代城北的昊天观混为一谈了，致使昊天观之历史真伪难辨，谬误流传至今。

---

① （宋）洪迈撰：《容斋四笔》续笔卷第十，《四部丛刊》宋刊本配国立北平图书馆藏宋刊本常熟瞿氏铁琴铜剑楼藏弘治中活字印本，第345页。"朱全忠自长安迁唐于洛，驱徙士民，毁宫室百司及民间庐舍，长安自是丘墟。"
② （清）沈青崖等编辑（雍正）《陕西通志》卷二十八，台湾商务印书馆影印文渊阁《四库全书》本第552册，第447a页。

# 区域聚焦: 河南道教

# 北宋东京道教的初步考察

张泽洪　施　义

**内容摘要**：北宋是中古史上道教兴盛的时代，东京道教在宋王朝大一统的历史背景下蓬勃发展。论文对北宋东京的宫观与道士，北宋东京道教的斋醮科仪进行考察，以揭示北宋东京的道教弘道活动及其社会影响。认为北宋东京是高道汇聚之地，道门精英参与国家政治活动，在中国道教史上留下浓墨重彩的一笔。

**关键词**：东京道教　玉清昭应宫　威仪道士　斋醮科仪

**作者简介**：张泽洪，四川大学道教与宗教文化研究所教授；施义，哲学博士，四川省社会科学院民族与宗教研究所助理研究员。

北宋东京道教在宋王朝大一统的历史背景下，因应赵宋皇帝尊崇道教，攀附道教神仙赵玄朗为圣祖的契机而有蓬勃发展。宋王朝在都城东京兴建道教宫观，广泛招揽天下有道之士，并将道教斋醮科仪设为国家祭祀大典，东京道教由此赢得前所未有的发展和社会影响力。北宋东京道教的发展及其社会历史文化原因，无论是在道教兴盛的唐宋元明的纵向比较还是在北宋全国范围内的横向比较，其历时性和共时性的比较都同样显示出其典型性，值得我们从道教史的角度予以考察分析。

## 一　宋代东京的宫观与道士

北宋是中古史上道教兴盛的时代，都城东京道教宫观的大规模兴建，从一个侧面反映出道教注重在国家政治中心的都市弘道。据明李濂《汴京遗迹志》卷一〇《寺观》所载，东京道教共有十七座宫观，即延庆观、佑圣观、三清观、玉阳观、建隆观、会灵观、祥源观、天庆观、醴泉观、西五岳观、南山观、四圣观、延真观、玉霄观、洞源观、遇仙观、逍遥观。① 清周城《宋东京考》卷十三《宫观》，则统计宋代东京道教宫观有二十七座，即玉清昭应宫、九成宫、宝成宫、玉清神霄宫、迎真宫、上清宝箓宫、朝元万寿宫、建隆观、会灵观、醴泉观、天庆观、祥源观、玉阳观、佑圣观、玉仙观、万寿观、元符观、寿星观、祥祺观、南山观、延庆观、鸿烈观、四圣观、西五岳观、延真观、玉霄观、洞源观。② 宋代东京盛极一时的宫观，后多因火灾兵燹而不复存在，著名的玉清昭应宫就毁于大火。宋欧阳修《归田录》卷一谈皇宫中玉石三清真像因火灾而迁徙时说："初在真游殿。既而大内火，遂迁至玉清昭应宫。已而玉清又大火，又迁于洞真。洞真又火，又迁于上清。上清又火，皆焚荡无孑遗，遂迁于景灵。"③ 另外一部分宫观如建隆观、会灵观、醴泉观、祥源观、佑圣观、玉仙观、万寿观、鸿烈观、四圣观，则又毁于北宋末年靖康事变的战火中。而余下的一些宫观，又在元末的兵燹中被焚毁。

北宋东京道教宫观的数量和规模，大致沿袭了唐代长安道观林立的盛况。史称大中祥符（1008~1016）崇尚道教，建立宫观，专尚祥瑞。宋真宗时以天书下降的神异，专门建造玉清昭应宫以奉天书。史称宋真宗大中祥符元年（1008）大兴土木之役，倾全国人力物力，日役工三四万，历时七年建成东京最宏伟的宫观。宋李攸《宋朝事实》卷七《道释》记玉清昭应宫的修建说：

> 其所用木石，则有秦、陇、岐、同之松，岚州、汾阴之柏，潭、衡、道、永、鼎、吉之杉松，桐、楮、温、台、衢、婺之豫章，明、越之松杉。其石则淄、郑之青石，卫州之碧石，莱州之白石，绛州之斑石，吴越之奇石，洛水之玉石。其采色则宜圣库之银珠，桂州之丹砂，河南之赭，衢州之朱土，梓州之石青、石绿，磁相之黛，秦阶之雌黄，广州之藤黄，孟、泽之槐花，虢州之铅丹，信州之黄土，河南之胡粉，卫州之白垩，郓州之螺粉，兖、泽之墨，宣、歙之漆，贾谷之望石，莱芜、兴之铁。其木石皆遣所在官部押兵民入山谷伐取，挽辇车泛舟航以至，余皆分布部纲输送。④

---

① （明）李濂撰，周宝珠、程民生点校《汴京遗迹志》，中华书局，1999，第163~168页。
② （清）周城撰，单远慕点校《宋东京考》，中华书局，1988，第227~242页。
③ 上海古籍出版社编《宋元笔记小说大观》第1册，上海古籍出版社，2001，第610页。
④ 《文渊阁四库全书》第608册，台湾商务印书馆，1986，第84页。下同。

征调天下土木奇石建成的玉清昭应宫,东西三百一十步,南北四百三十步,宫宇共一千六百一十区。东西山院,皆累石为山,引流水为池。东有昆玉亭、澄虚阁、昭德殿,西有瑶峰亭、涵辉阁、昭信殿。北门有迎禧、迎祥二宴殿。太初殿础石为丹墀、龙墀,前置日月楼,画太阳太阴像,环殿图八十一幅。太一殿东西廊有五百灵官图。玉清昭应宫五十多所宫殿门名,都是宋真宗御制赐名并亲书填金。宋田况《儒林公议》卷上赞玉清昭应宫说:

> 其宏大瑰丽,不可名似。远而望之,但见碧瓦凌空,笋耀京国。每曦光上浮,翠彩照射,则不可正视。其中诸天殿外,二十八宿亦各一殿。楩楠杞梓,搜穷山谷,璇题金榜,不能殚纪。朱碧藻绣,工色巧绝。甍栱栾楹,全以金饰。入者惊怳褫魄,迷其方向。所费巨亿万,虽用金之数,亦不能会计。天下珍树怪石,内府奇宝异物,充牣襞积,穷极侈大。余材始及景灵、会灵二宫观,然亦足冠古今之壮丽矣。议者以为玉清之盛,开辟以来未始有也,阿房建章固虚语尔。①

清周城《宋东京考》卷十三说玉清昭应宫:"制度宏丽,屋宇少不中程序,虽金碧已具,必令毁而更造,有司莫敢较其费。"② 宋徽宗时期兴建的上清宝箓宫、延福宫,也是东京著名的宫观。宋陈均《九朝编年备要》卷二八载上清宝箓宫的兴建说:

> 宫中山包平地,环以佳木清流,列诸馆舍台阁,多以美材为楹,栋不施五采,有自然之胜。上下立亭宇不可胜计,若江南陈后主三品之石,姑苏白乐手植之桧,皆取以实之。又于宫前作仁济、辅政二亭,命道士施水药于民,上时登皇城下视之。由是开景龙门,城上作复道通宝箓宫,以便斋醮之路,上数从复道上往来,未几则有期门之事矣。③

宋杨仲良《皇宋通鉴长编纪事本末》卷一二八《徽宗皇帝》载重和元年(1118)二月辛酉:

---

① 朱易安、傅璇琮等主编《全宋笔记》第1编第5册,大象出版社,2003,第92~93页。
② (清)周城撰,单远慕点校《宋东京考》,中华书局,1988,第227页。
③ 《文渊阁四库全书》第328册,第764页。

> 御笔左右街道院，差威仪道士三百人，赴礼制局制造所迎导神霄飞云鼎，赴上清宝箓宫神霄殿奉安。①

当时林灵素鼓动铸造的神霄九鼎，就安放于上清宝箓宫神霄殿。宋陈均《九朝编年备要》卷二八载东京延福宫的殿阁亭台说：

> 其殿则有穆清、成平、会宁、睿谟、凝和、昆玉、群玉，而蕙馥、报琼、蟠桃、春锦、叠琼、芬芳、丽玉、寒香、拂云、偃盖、翠葆、铅英、云锦、兰熏。摘金之阁居其东，繁英、芳雪、铅华、琼华、文绮、绛萼、秾华、绿漪、瑶璧、清阴、秋香、丛玉、扶玉、绛雪之阁居其北。会宁之北，叠石为山，而上起殿，曰翠微。旁为二亭，曰云岿，曰层巘。凝和之次，阁曰明春，高为重层，自下而睥睨之百一十丈有奇，径量之七楹。而裹阁之侧为殿二，曰玉英，曰玉涧。其背则附城筑土，植杏名冈，覆茅为亭，修竹万竿，引流其下，翠干碧澜，交相隐映。②

宋徽宗时蔡京以延福宫制度不广，召内侍童贯、杨戬、贾详、何欣、蓝从熙，授意扩建延福宫。五人各出新意，修成的新宫号"延福五位"。《宣和遗事》前集载延福宫，"'五位'既成，楼阁相望。引金水天源河，筑土山其间，奇花怪石，岩壑幽胜，宛若生成"③。东京延福宫是皇家宫苑，其规模之巨大，气派之宏伟，制作之奇巧，可谓亘古未有。

北宋东京道教宫观由朝廷重臣出任宫观使，这是与长安道教宫观的不同之处。宋真宗兴崇道教，置玉清昭应宫、景灵宫、会灵观使，以宰相担任。副使、判官、都监及集禧观、醴泉观、东西太一宫提举，则以两省两制丞郎及防御诸司使为副职。这些朝廷官员出任东京宫观使、副使、判官、都监、提举等职司，提高了东京道教的社会地位。

北宋东京道教兴盛与东京汇聚了较多道士有关，各名山高道活动于东京的城市山林，通过弘道的威仪展示道教的社会形象。宋代皇室注重招延山林道术之士，宋杨仲

---

① 《续修四库全书》第387册，上海古籍出版社，1995，第363页。下同。
② 《文渊阁四库全书》第328册，第759~760页。
③ 《宣和遗事》，中华书局，1985，第15页。

良《皇宋通鉴长编纪事本末》卷一二七《徽宗皇帝·道学》载宣和四年（1122）三月丙子："诏诸路提举神霄宫监司，解发有道行能行天心正法及拜章有应验道士，逐路各三两人，赴提学道录院，审察取旨。"① 茅山道士刘混康就曾到东京，游说宋徽宗在东京建成著名的艮岳。

清徐松《宋会要辑稿·道释一》载："至天禧五年，道士万九千六百六人，女冠七百三十一人，东京道士、女冠共九百五十九人"②，这是宋真宗天禧五年（1021）的统计数字，此时东京道教还未臻于极盛。关于在东京活动的道士人数，史籍中的各种记载透露出一些信息。道士王仔昔政和中得宋徽宗赐号冲隐处士，进封通妙先生。史称徐知常、王老志、林灵素等在宋徽宗时期，曾在东京作千道会，成为道教史上空前盛举的道会。《宋史》卷二一《徽宗本纪三》载政和七年（1117）春正月甲子，"会道士二千余人于上清宝箓宫"③。清毕沅《续资治通鉴》卷九十三载重和元年（1118）九月癸卯，"帝如上清宝箓宫，传度玉清神霄秘箓，会者八百人"④。史称参与重和元年（1118）二月辛酉上清宝箓宫神霄殿神霄飞云鼎奉安仪式的东京威仪道士就有三百人之多。

东京道士参加国家斋醮仪式的人数规模，亦可见东京道士众多的历史实况。《宋史》卷二十一《徽宗本纪三》载政和三年（1113）十月戊辰："诏冬祀大礼及朝景灵宫，并以道士百人执威仪前导。"⑤《宋史纪事本末》卷十一《道教之崇》载政和三年（1113）十一月癸未："祀天于圜丘，帝执大圭，以道士百人执仪仗前导。"⑥ 宋洪迈《夷坚丙志》卷十五《种茴香道人》载政和末，"林灵素开讲于宝箓宫，道俗会者数千人皆擎跽致敬"⑦。宋刘克庄《饶州天庆观新建朝元阁》说："及林灵素辈出，神霄宫遂遍天下，黄冠尤贵者，秩视法从聚京师，美衣玉食者几二万人。"⑧《宋史》卷四百六十二《林灵素传》亦载："其徒美衣玉食，几二万人。"⑨ 史称宋自真宗兴崇道教，至宋徽宗时道教达到极盛，而宋徽宗崇道的高峰时期，东京道士就已有两万

---

① 《续修四库全书》第 387 册，第 354 页。
② （清）徐松辑《宋会要辑稿》，中华书局，1957，第 7875 页。
③ （元）脱脱等撰《宋史》第 2 册，中华书局，1985，第 397 页。
④ 《续修四库全书》第 344 册，第 415 页。
⑤ （元）脱脱等撰《宋史》第 2 册，第 392 页。
⑥ 《续修四库全书》第 353 册，第 323 页。
⑦ （宋）洪迈撰《夷坚志》第 2 册，中华书局，1981，第 494 页。下同。
⑧ 《后村集》卷九十一，（宋）刘克庄撰《后村集》，上海古籍出版社，1994，第 835 页。
⑨ （元）脱脱等撰《宋史》第 39 册，第 13529 页。

人的规模。《宣和遗事》元集说政和三年（1113），"那时道教之行，莫盛于此时"。①宋徽宗时道教改隶秘书省直接管辖，当时东京设左右街道录院，最高道官称为都道录。

北宋东京是政治中心和文化中心，许多知名道士游走于东京，弘扬道教。宋陈均《九朝编年备要》卷二八说："时道教之盛，自道士徐知常始。徐知常始赐号冲虚先生，徐守信赐虚靖先生，刘混康赐葆真观玄妙冲和先生，后并赠大中大夫。"② 东京道士徐知常、李德柔，都是图绘神仙事迹的知名画家。李德柔的神仙题材画颇为知名，宋蔡绦《铁围山丛谈》卷五说他："能诗善画，酷肖于传神写照，出入公卿门。"③ 李德柔宣和中曾任凝神殿校籍。宋徽宗政和四年（1114）春正月，置道阶共二十六等，置道官共十六等，又制定道职如文臣带贴职，自冲和殿侍晨至凝神殿校经，共分为十一等。宋代东京不少知名道士出任道职，如道士徐知常、林灵素，曾任蕊珠殿侍晨。茅山宗第二十六代宗师笪净之，曾任凝神殿侍宸。北宋道士留用光的师祖王道坚，亦曾任凝神殿校籍。④ 道阶、道官、道职的分等级设立，有助于提高道士的社会地位。

宋代东京道士以医道济世度人，提高了道教在东京的社会影响力。《宋史》卷四六二《方技下》载道士甄栖真："久之出游京师，因入建隆观为道士。周历四方，以药术济人，不取其报。"⑤《宋史》卷四六一《方技上》："王怀隐，宋州睢阳人，初为道士，住京城建隆观，善医诊。"⑥ 王怀隐作为道医的贡献是编撰《太平圣惠方》。他奉命将翰林医官献出的家传经验方，每部开篇以隋太医令巢元方《诸病源候论》简述病因，接着是治疗此病的方药配方，以此体例编成一百卷，宋太宗御制序并赐名《太平圣惠方》。宋代路时中、刘混康等道门宗师，都曾在东京活动而名显于世。开封人路时中少小得高道传授法术，以符箓逐鬼治病，以法力通神著名，故世号路真官，史称"路之捕治鬼物，其术甚神，人多能言之。"⑦ 宋张知甫《张氏可书》载

---

① 《大宋宣和遗事》，第 14 页。
② 《文渊阁四库全书》第 328 册，第 757 页。
③ （宋）蔡绦撰，冯惠民、沈锡麟点校《铁围山丛谈》，中华书局，1983，第 91 页。
④ 宋蒋叔舆《无上黄箓大斋立成仪》卷五七《宋冲靖先生留君传》载留用光"少解悟玄学，受法于上清正一宫道士蔡元久。元久，宣和间太素大夫、凝神殿校籍王道坚三世孙也"。《道藏》第 9 册，第 728 页。
⑤ （元）脱脱等撰《宋史》第 39 册，第 13517 页。
⑥ （元）脱脱等撰《宋史》第 39 册，第 13507 页。
⑦ （宋）曾敏行撰《独醒杂志》卷十《路真官神术》，《宋元笔记小说大观》第 3 册，上海古籍出版社，2007，第 3291 页。

路时中,"京师人也,行正一箓,能致已焚之词,役使鬼神,呼吸风雨,骇人耳目。又以炊饼布气令圆,其红如丹砂,谓之三光丹"①。路时中是灵宝大法紫英灵书摄召法的传人,相传又是《天心正法》的编撰者。绍圣四年(1097)六月,哲宗诏茅山道士刘混康上东京住持上清储祥宫。政和年间路时中更以法箓符水出入禁中,以周易堪舆之说建言而得徽宗信任。北宋宣和年间(1119~1125)女道士曹道冲以女丹修炼著名,宋徽宗召入东京礼遇有加,先后敕封为文逸真人、清虚文逸大师。

## 二 宋代东京道教的斋醮科仪

经历五代变乱而建立的北宋王朝,在尊崇道教方面沿袭了唐代的传统。宋初终南山道士张守真以降神言人祸福而闻名,宋开宝九年(976)张守真被召进京,在建隆观设黄箓醮降神。张守真在斋醮坛场制造"天上宫阙已成,玉锁开,晋王有仁心"的降言,②最终太祖赵匡胤禅位于晋王赵光义。宋太宗以皇弟即位的非常经历,敕封降言的天之尊神为翊圣将军。

宋真宗大中祥符(1008~1016)年间,以所谓天书下降的祥瑞,而有天庆节、天祺节、天贶节、先天节、降圣节等道教节日。北宋王朝以祥瑞设立道教神仙节日,可谓尊崇道教的重要举措。宋洪迈《容斋五笔》卷一《天庆诸节》载:"大中祥符之世,谀佞之臣,造为司命天尊下降及天书等事,于是降圣、天庆、天祺、天贶诸节并兴。"③宋真宗大中祥符年间以正月三日天书降日为天庆节,六月六日为天贶节,七月一日圣祖降日为先天节,十月二十四日为降圣节,每逢这些道教节日,例要举行斋醮科仪活动。清徐松《宋会要辑稿·礼五七》:"王钦若言天庆、先天、降圣节,请令诸州军长吏已下,前七日依大祠散斋例,建置道场。"④

重文治的北宋皇室重视国家祭祀礼仪,在沿用传统儒家礼仪祭典的同时,吸收道教斋醮科仪用于郊祀大礼。宋孟元老《东京梦华录》卷一○记国家行郊祭大礼,祭坛上"有登歌道士十余人,列钟磬二架,余歌色及琴瑟之类"⑤。《宋史·礼

---

① 《文渊阁四库全书》第1038册,第712页。
② 《续资治通鉴长编》卷十七,(宋)李焘:《续资治通鉴长编》第3册,中华书局,1986,第378页。
③ (宋)洪迈撰,孔凡礼点校《容斋随笔》,中华书局,2005,第831页。
④ (清)徐松辑《宋会要辑稿》,第1607页。
⑤ (宋)孟元老撰,邓之诚注《东京梦华录注》,中华书局,1982,第243页。

志七》载：

> 宋徽宗崇尚道教，制郊祀大礼，以方士百人执威仪前引，分列两序，立于坛下。①

这里所谓方士就是道士，威仪指道教斋醮的幡幢仪仗。宋祁曾撰写南郊道场青词十余首，就是郊祭大礼的斋醮祀神词文。北宋时期蜀中道士刘若拙活动于东京，常参与朝廷的祭祀活动。宋李攸《宋朝事实》卷七《道释》说刘若拙："每水旱，必召于禁中致祷，其法精至，上甚重之。"②

宋代东京的学士院承袭唐代翰林院礼制，有为国家斋醮撰写青词的职责。宋代学士院正厅称为"玉堂"，玉堂学士中不乏深具道学修养者。学士院文士撰写的供奉青词，一时间在社会上广为流传，以至青词成为宋代文士创作的常见文体。文人青词的大量传写始于宋代，宋代文士的文集中不乏青词作品，如苏轼撰青词十七首，王安石撰青词二十六首，欧阳修撰青词四十五首，夏竦撰青词二十七首，王珪撰青词一百四十一首，胡宿撰青词一百二十五首，张孝祥撰青词十三首，洪适撰青词四十二首，周必大撰青词九十首。宋代东京斋醮青词的撰写，有选文学官修撰的传统。不少传世的祭祀青词，就是为东京道教斋醮而写。宋王珪《内中福宁殿开启天贶节道场青词二道》说：

> 伏以珍符发瑞，嘉节标期；披太素之琅书，企紫宸之芝御。伏冀密诚上格，灵贶下敷，助永昌图，归勤大道。伏以时维季夏，炽以景炎，天发珍符，祚我皇历。载企九清之御式，敷三洞之科，仰通至忱，昭格灵监。③

宋代农历六月初六为天贶节，宋初以六月六有天书再降的祥瑞，故定为"天贶节"。《宋史》卷八《真宗本纪三》载大中祥符四年（1011）正月："丙申，诏以六月六日天书再降日为天贶节。"④诏令东京和天下诸路禁屠宰九日。按照北宋国家礼制，天贶节宰臣率百辟朝谒神霄宫，诸郡长吏与其下属要拜谒圣祖殿。天庆节、天祺节、天贶节、先天节、降

---

① （元）脱脱等撰《宋史》第8册，第2543页。
② 《文渊阁四库全书》第608册，第83~84页。
③ （宋）王珪撰《华阳集》卷十二，《文渊阁四库全书》第1093册，第85页。
④ （元）脱脱等撰《宋史》第1册，第147页。

圣节等道教节日，东京皇宫福宁殿和道教各宫观，都要举建国家斋醮道场，著名文士要为斋醮仪式撰写青词。文士青词丰富的祭祀主题内容，从一侧面反映出东京斋醮道场的兴盛。明朱国祯《涌幢小品》卷二九就说宋世尤重科醮，"朝廷以至闾巷，所在盛行"①。

在中国道教斋醮科仪史上，唐宋元明历代皇帝皆崇信斋醮，但唯有宋代的太宗、真宗、徽宗，热衷于为皇室的金箓斋撰写词文。《正统道藏》收录的《金箓斋三洞赞咏仪》三卷，卷上是宋太宗撰写的步虚词、白鹤赞、太清乐共四十首，卷中是宋真宗撰写的步虚词、玉清乐、太清乐、白鹤赞、散花词共六十首，卷下是宋徽宗撰写的玉清乐、上清乐、太清乐、步虚词、散花词、白鹤词共六十首。陆游《家事旧闻》卷下记宋徽宗重视道教科仪，热衷于撰写科仪文书，"每斋醮，上必亲札辞表"。②《正统道藏》还收录《宋真宗御制玉京集》六卷，是斋醮仪式中上玉皇、圣祖天尊大帝、三清、太祖、太宗等的表文和告谢词，共有一百五十七道，宋真宗撰写的斋醮敬神乐章，在玉清昭应宫、景灵宫等醮坛使用。宋杨仲良《皇宋通鉴长编纪事本末》卷一二七《徽宗皇帝·道学》说：

> 玉清和阳宫玉虚殿羽人，以岁时入内讲斋醮事，亲制步虚乐章，调其音声焉。而道家遂谓上为赤明和阳天帝，然上肃祇神祇，所崇者祀事而已，亦未有少君、栾大者。③

宋徽宗就曾亲制《玉虚乐章》，施行于国家斋醮的法坛。皇帝御笔撰写斋醮词文，这在中国古代的封建帝王中，唯崇尚文治的赵宋皇帝最具雅兴。

宋朝可谓是科仪编撰史上的重要时期。为使道教斋醮科仪适应国家祭祀的需要，宋代肇开由国家组织编撰科仪经典的先例。徐松《宋会要辑稿·礼五七》载宋真宗于大中祥符二年（1009）四月二十六日，"诏太常礼院，详定诸州天庆节道场斋醮仪式颁下"④。继宋真宗时期编撰科仪之后，宋神宗、宋徽宗时亦继续编撰斋醮科仪。宋神宗时命宋敏求负责制定国家祭祀仪礼，其中的《祈禳》仪礼共四十卷，内分《祀赛式》《斋醮式》《金箓仪》，主要由道教斋醮科仪构成，这些祈禳仪式用于国家

---

① （明）朱国祯撰《涌幢小品》，中华书局，1959，第694页。
② （宋）陆游、姚宽撰《家世旧闻》，中华书局，1993，第219页。
③ 《续修四库全书》第387册，第350页。
④ （清）徐松辑《宋会要辑稿》，中华书局，1957，第1606页。

斋醮的祭祀活动。① 宋神宗熙宁六年（1073），陈绎编修《道场斋醮式》二十八卷。张商英亦奉旨修订《金箓斋科仪》，署名为张商英编修的《金箓斋投简仪》一卷，为明代编修的《正统道藏》收录而流传后世。宋杨仲良《皇宋通鉴长编纪事本末》卷一二七《徽宗皇帝·道学》载大观二年（1108）三月庚申：

> 诏以金箓灵宝道场仪范四百二十六部降天下有道观处，令守令选道士依按奉行。②

道教的灵宝斋是济世度人的主要科仪，宋徽宗敕修金箓灵宝道场仪范四百二十六部并颁行天下，标志着道教为国家祈福的金箓斋得到国家的推广和规范。宋杨仲良《皇宋通鉴长编纪事本末》卷一二七《徽宗皇帝·道学》载政和四年（1114）三月辛卯："诏诸路监司每路通选宫观道士十人，遣发上京赴左右街道录院讲习科教声赞规仪，候习熟遣还本处。"③ 这次全国性的科教声赞规仪的培训，编撰的《玉音法事》是最早的斋醮音乐经韵集。

宋真宗时王钦若在奉敕撰写的《翊圣保德真君传》中，按道经神仙降世说的神学表达手法，宣称翊圣保德真君降世教张守真结坛：

> 上三坛则为国家设之。其上曰顺天兴国坛，凡星位三千六百，为普天大醮，旌旗鉴剑，弓矢法物，罗列次序，开建门户，具有仪范。其中曰延祚保生坛，凡星位二千四百，为周天大醮，法物仪范，降上坛一等。其下曰祈谷福时坛，凡星位一千二百，为罗天大醮，法物仪范，降中坛一等。……中三坛则为臣寮设之。其上为黄箓延寿坛，凡星位六百四十；其中曰黄箓臻庆坛，凡星位四百九十；其下曰黄箓去邪坛，凡星位三百六十。……下三坛则为士庶设之。其上曰续命坛，凡星位二百四十；其中曰集福坛，凡星位一百二十；其下曰却灾坛，凡星位八十一。……此九坛之外，别有应物坛。或六十四位，或四十九位，或二十四位，法

---

① 《宋史》卷九十八《礼志》载宋敏求同御史台、阁门、礼院制定"《祈禳》总四十卷，曰《祀赛式》，曰《斋醮式》，曰《金箓仪》"。（元）脱脱等撰《宋史》第8册，第2422~2423页。
② 《续修四库全书》第387册，第350页。《宋史纪事本末》卷十一《道教之崇》亦载宋徽宗大观二年（1108）三月："颁金箓灵宝道场仪范于天下"。《续修四库全书》第353册，第323页。
③ 《续修四库全书》第387册，第350页。

> 物所须，各以差降，士民之类，可量力而为之。①

唐代已有举行周天大醮、罗天大醮的记载，但《翊圣保德真君传》用宗教神学的手法，肯定了三等九级坛法的功能和位格。宋李攸《宋朝事实》卷七《道释》说："如臣庶上为帝王祈佑，当作祈谷福时坛，凡一千二百位，或为父母师尊禳灾祈福，当为醮设坛，随宜增益也。"②《翊圣保德真君传》的记载，反映出宋真宗时三等九级坛法已经形成的历史真实。经王钦若等人的修订，三等九级坛法大行于世，为后世道教斋醮奉为圭臬，在科仪史上影响甚为深远。宋陈葆光《三洞群仙录》卷二《翊圣九坛》说："本朝建隆翊圣真君降，谓张守真曰：坛法有九，上三坛为国家设，中三坛为臣僚设，下三坛为百姓设，而九坛各有仪式焉。"③张守真所传九种结坛法，分为上中下三等，适应了社会各阶层的祭祀需求。大中祥符年间，王钦若主持编修斋醮科仪的另一成就，是重新编成《罗天大醮仪》十卷，其中包括《罗天圣位》九卷、《罗天科仪集成》一卷。后由崇文院缮写十五本，颁给会真、太宁、上清、太平等宫观，作为国家斋醮科仪的范本。

东京道士路时中撰《黄箓大斋仪范》，南宋蒋叔舆撰《无上黄箓大斋立成仪》曾提及。④道教经书中有路真官仪、路真官立玉堂醮法之说，则北宋时期确有路真官斋醮仪行世。《道藏》本《无上玄元三天玉堂大法》三十卷，即为上清大洞三景法师路时中所编撰。北宋东京道士宁全真更主持撰写两部大型科书：《灵宝领教济度金书》三百二十卷，署"洞微高士、开光救苦真人宁全真授，灵宝通玄弘教水南先生林灵真编"；《上清灵宝大法》六十六卷，署"洞微高士、开光救苦真人宁全真授，上清三洞弟子灵宝领教嗣师王契真纂"。林灵素徽宗朝在东京活动，其间亦曾编撰科仪经书。宋赵与时《宾退录》卷一说林灵素："被旨修道书，改正诸家醮仪，校雠丹经灵篇，删修注解。"⑤明白云霁《道藏目录详注》卷二《洞玄部·威仪类》载："《济度金书目录》一卷，洞微高士开光救苦真人宁全真授，灵宝通教水南先生林灵素编。"⑥清范邦甸《天一阁书目》卷三

---

① （宋）张君房撰《云笈七签》卷一○三，《道藏》第22册，第659页。
② 《文渊阁四库全书》第608册，第90页。
③ 《道藏》第32册，第245页。
④ （宋）蒋叔舆《无上黄箓大斋立成仪》卷十五《醮谢请献门·醮说》："路时中《黄箓大斋仪范》，正筵一百二十，而冥官四十位在外。每位一请一献，其礼备矣。"《道藏》第9册，第465页。
⑤ （宋）赵与时撰《宾退录》，上海古籍出版社，1983，第4页。
⑥ 《文渊阁四库全书》第1061册，第665页。

之二载："《上清灵宝济度大成全书》四十卷，林灵素撰，周思得重修。"① 则林灵素在东京曾编撰《上清灵宝济度大成全书》，此经因明代周思得的重修而大行于世。

# 结　语

北宋时期东京道教宫观的建筑规模，玉清昭应宫、上清宝箓宫、延福宫及艮岳的宏大华丽，可能创下中国道教宫观之最。东京祭祀天蓬、天猷、黑杀、真武四神的四圣观，在宋太祖统一全国的军事行动中显示出特殊的灵异。以神道设教的赵宋王朝选择尊崇道教，其对道教的扶持力度可谓空前绝后，在这种极度崇道的社会氛围之下，东京成为天下道士弘道的绝佳场所，道教各派宗师都曾有在东京活动的记录。东京的国家斋醮科仪活动，北宋时期道教斋醮科仪经书的编撰，都在中国道教史上留下浓墨重彩的一笔。本文对宋代东京道教的初步考察，显示了北宋东京道教确有与唐代长安道教诸多不同之处，北宋东京道教的建树和社会影响值得我们从不同维度进行深入研究。

---

① 《续修四库全书》第920册，第180页。明孙能传《内阁藏书目录》卷七"《上清灵宝大成全书》，法师林灵真撰集"，可知今《道藏》本林灵真撰《灵宝领教济度金书》，亦曾有"全书"之称。

# 从文物和遗迹看武则天的道教信仰

张得水 黄林纳

**内容摘要**：根据目前所发现的和武则天有关的文物和遗迹，以文献记载为补充，我们可以将武则天的道教态度分为三个时期，即显庆五年武则天开始执政至功垂四年，为武则天辅佐高宗推崇道教时期；从功垂四年至天册万岁二年嵩山封禅前为抑制道教、扶植佛教时期；从天册万岁二年嵩山封禅至其逝世为崇信道教时期。同时探求了她对道教采取不同态度的主要原因，认为她在不同时期对道教采取不同态度和推行的不同政策与当时的政治及社会状况有着很大的关联。

**关键词**：文物 碑刻 武则天 道教 佛教 信仰

**作者简介**：张得水，河南博物院副院长、研究员；黄林纳，河南博物院研究员。

关于武则天的宗教信仰问题，历来为学术界所关注。传统观点多认为武则天佞佛抑道，她曾捐助脂粉钱二万贯，修造大奉先寺石窟。"武周革命"后，更是有意提高佛教地位，贬低道教。但随着对武则天研究的不断深入，越来越多的学者注意到了武则天与道教有着千丝万缕的联系。对于此研究最早是汤用彤先生，认为武则天根据其政治利益来利用佛道两教。[①] 其后饶宗颐先生，从碑刻材料记载谈起，对此问题进行了进一步的探讨，认为武则天是出于利用的目的而崇佛，及至晚年求长生，故兴趣转移于道教。[②] 李斌诚、牛志平先生进一步探讨武则天与道教的关系，揭露出其宗教信仰的心路历程。[③] 王永平先生则在此基础上探讨了武周朝政治与道教的发展等问题[④]，

---

① 汤用彤：《从〈一切道经〉说武则天》，《汤用彤全集》卷七，河北人民出版社，2000，第42页。
② 饶宗颐：《从石刻论武后之宗教信仰》，《饶宗颐史学论著选》，上海古籍出版社，1993，第504页。
③ 李斌诚：《武则天与道教》，阎守诚：《武则天与文水》，山西人民出版社，1989，第198页；牛志平：《武则天与宗教》，阎守诚：《武则天与文水》，山西人民出版社，1989，第184页。
④ 王永平：《论武周朝政治与道教的继承发展》，赵文润、李玉明：《武则天研究论文集》，山西古籍出版社，1997，第246页。

等等，以上研究使我们对于武则天与道教的关系认识逐渐深化。目前发现在不同时期遗留有和武则天相关的文物和遗迹，本文在先贤研究的基础上进一步探讨武则天与道教的关系，从武则天不同时期遗留的道教文物与遗迹入手来反映武则天在不同时期对于道教的不同态度和政策，并以文献记载作为补充，同时探寻其内在的政治原因和社会背景。

## 一 目前发现和武则天有关的道教遗迹和遗物

1. 《唐默仙中岳体元先生太中大夫潘尊师碣文并序》

又称为《潘尊师碣》，由大周圣历二年（699）二月雍州司功王适撰文，潘师正弟子司马承祯书丹，刻立在嵩岳逍遥谷隆唐观中，现存嵩山老君洞南，已断为两截。此碑详细地记述了高宗、武后对潘师正的优礼。题额为篆书，碑文使用篆、隶、籀三体合一的"金剪刀"书法。通碑共 23 行，2200 余字，历代金石书籍对其多有著录。①

2. 《显庆岱岳观造像记碑》

碑立于唐显庆六年（661），碑首作九脊歇山顶状，碑座为长方体，碑身由两块同样尺寸的条石并立组成，每块条高 2.38 米、宽 0.50 米、厚 0.22 米，由于其特殊造型故称"鸳鸯碑"或"双束碑"。此碑原立在泰山脚下的岱岳观内，后被新移立于岱庙碑廊中。碑文记载了和武则天有关的在泰山进行的八次道教投龙斋醮活动。最早为显庆六年（661）二月廿二，其余七则均为大周朝建立之后，分别为：大周（天）（授）二（年）（691），大周万岁通（天）贰（年）（697），大周（圣）历元（年）（698），久视二（年）（701），长安元（年）岁（701），大周长安四（年）岁次（704），大周长安四（年）岁次。②

3. **武则天封禅的遗迹和碑刻**

（1）登封坛和《大周升中述志碑》《大周降禅碑》

登封坛设在嵩山太室山之巅峻极峰，是武则天祭天之所在。目前此坛在峻极峰顶

---

① 陈垣：《道家金石略》，文物出版社，1988，第 83 页。
② 米运昌：《泰山唐代双束碑与武则天》，《故宫博物院院刊》1986 年第 3 期。

依稀能够看到遗迹。① 武则天在登封坛旁树立两个碑：《大周升中述志碑》《大周降禅碑》。《大周升中述志碑》为武则天撰写，睿宗李旦书，碑背面为钟绍京书，后来在北宋政和年间被破坏。② 《大周降禅碑》为李峤撰，今已无踪，《全唐文》卷二四八录有碑文，此碑主要记录和歌颂了武则天封禅的盛大场面和封禅伟绩。

（2）封祀坛和《大周封祀坛碑》

封祀坛又称为"降禅坛"，设在嵩山少室东麓万羊岗，是武则天禅地之所在。今坛存登封市万羊岗上，坛为高约5米的一个圆形土台，下呈方形。由于坛已受风雨严重侵蚀，四周装饰等皆已无存，坛也有缺损。其旁树《大周封祀坛碑》，武三思撰，薛曜书，碑现存于登封市西万羊岗封祀坛南约20米处，碑体完整。该碑在民国时被推倒，正面向下，下部没入土中，今外露部分高2.4米，宽1.6米。③

4.《升仙太子碑并序》

此碑至今保留在洛阳偃师市府店缑山上，碑高6.70米，宽1.55米，厚0.55米，盘龙首，龟趺。碑额有"升仙太子之碑"六字，为武则天亲书鸟篆飞白体。碑文33行，每行66字，为武则天亲笔书写。④ 该碑阴刻文分为三截：上为武则天的杂言诗《游仙篇》及诸臣题名，为薛曜所书；中为钟绍京等人衔名和神龙二年（706）题记及衔名，为薛稷和钟绍京所书；下为相王李旦的题记及从臣题名等。

5.《石淙河摩崖题记》

大周久视元年（700）五月，武则天率皇太子显（唐中宗）、相王旦（唐睿宗）、梁王武三思、张易之、张昌宗，以及狄仁杰等君臣十七人，到石淙河游玩，并设宴于一巨石之上，赋诗饮酒。武则天所作诗为《夏日游石淙诗并序》，王公群臣等人也相继作诗，共17首。⑤ 武则天命薛曜书丹，让工匠将其君臣所赋诗句刻在北面临水的崖壁上，成为摩崖诗碑，碑高3.65米，宽2.4米。

6. 武则天金简

1982年登封县唐庄公社王河大队屈西怀在嵩山的主峰峻极峰植树造林，在《大

---

① 常松木、秦福杰：《大周登封坛考》，王双怀、郭绍林：《武则天与神都洛阳》，中国文史出版社，2008，第228页。
② （宋）赵明诚：《金石录·跋尾十五唐伪周》卷二十五，中华书局，1991，第582页。
③ 河南省文物管理局编《全国重点文物保护单位：河南文化遗产》，文心出版社，2007，第317页。
④ 河南省文物局编《河南碑志叙录》，中州古籍出版社，1992。
⑤ 洛阳市文物管理局编《古都洛阳》，朝华出版社，1999。

周升中述志碑》遗址北面七八米处高崖边发现一枚金简。① 金简呈片状,长方形,长36.2厘米,宽8厘米,厚约0.1厘米,重223.5克,含金量为90%。金简整体素面无纹饰,正面镌刻双钩楷书铭文,自右至左竖3行63字,每字直径约1厘米,文曰:"上言:大周国主武曌好乐真道长生神仙,谨诣中岳嵩高山门,投金简一通,乞三官九府除武曌罪名,太岁庚子七月甲申朔七日甲寅,小使臣胡超稽首再拜谨奏。"②

## 二 武则天在不同时期对道教采取的不同态度

目前来看,和武则天有关的道教遗迹和遗物主要以碑刻为主。在武则天执政前期有关的主要有《潘尊师碣》以及《显庆岱岳观造像记碑》上的第一条记录,其他则主要集中于大周国建立之后和武则天执政后期。地点只有《显庆岱岳观造像记碑》在泰山上发现,其他则集中于嵩山之上。相比之下其执政中期则很少发现有相关的道教文物和遗迹遗留。根据这些遗迹和遗物,并以相关的文献为补充和互证,我们可以将武则天对道教采取的不同态度和政策分为三个时期。

**1.推崇道教**

此时期主要从显庆五年(660)至垂拱四年(688)魏王武承嗣进奉"圣母临人,永昌帝业"瑞石。《旧唐书》记载自显庆年之后,高宗开始"多苦风疾,百司表奏,皆委天后详决"③。《资治通鉴》则详细地记载了武则天掌权的经过,显庆四年(659)长孙无忌集团被铲除,自此"政归中宫"。至显庆五年(660)冬,高宗的病情不断加重,目不能视,武后开始从幕后出来,直接辅佐高宗处理政事,"百司奏事,上或使皇后决之。后性明敏,涉猎文史,处事皆称旨。由是始委以政事,权与人主侔矣"④。《唐会要》记载:"显庆五年十月已后,上苦风眩,表奏时令皇后详决。自此参预朝政。"⑤ 而自显庆五年她开始处理政务,首先之要就是帮助高宗提高道教的地位。

《显庆岱岳观造像记碑》首条记载的就是显庆六年(661)朝廷特地派遣武则天

---

① 李振中、王雪宝:《武则天金简发现始末》,王文超、赵文润:《武则天与嵩山》,中华书局,2003,第162页。
② 张得水、黄林纳:《与武则天有关的嵩山道教文物》,《文物天地》2017年第7期。
③ (后晋)刘昫:《旧唐书·本纪六》卷六,中华书局,1975,第115页。
④ (宋)司马光、(元)胡三省注疏《资治通鉴》卷二百,中华书局,1956,第6322页。
⑤ (宋)王溥:《唐会要·皇后》卷三,中华书局,1955,第24页。

崇信的道士郭行真和其弟子为高宗和武则天进行斋醮行道，并为此建造了此特殊样式的"鸳鸯碑"，"显庆六年（661）二月二廿二日，勒使东岳先生郭行真，弟子陈兰茂、杜知古、马知止，奉为皇帝皇后七日行道，并造素象一躯，二真人夹侍"。

乾封六年（666），她随高宗巡幸了老君故里亳州谷阳县，并下令扩建老君庙的规模，增创祠堂，追赠老君为"太上玄元皇帝"，追封其母为"先天太后"[①]，这显然和武则天有很大的关系。上元元年（674），她又建言高宗将《道德经》纳入科举考试中。她在建言十二事中提出："伏以圣绪出自玄元，五千之文，实惟圣教。望请王公以下内外百官，皆习老子《道德经》，其明经咸令习读，一准《孝经》《论语》，所司临时策试。"[②] 上元二年（675）高宗正式下令："加试贡士《老子》策，明经二条，进士三条。"[③] 仪凤三年（678），又进一步申令："自今已后，《道德经》并为上经，贡举人皆须兼通。"[④]

这段时期由于高宗的身体不适，武则天多次陪同高宗到嵩山寻仙访道。自上元三年（676）高宗在嵩山首次召见潘师正，其后仪凤三年（678）、调露元年（679）、调露二年（680）、永隆二年（681）、永淳元年（682）、永淳二年（683），直至高宗逝世，多次去拜访潘师正。[⑤]《旧唐书》记载："高宗、天后，访道山林，飞书岩穴。"[⑥]《潘尊师碣》具体记载了武则天陪高宗多次拜访潘师正并潜心问道的情景，还记载潘师正到洛阳，武则天亲自"馈金鼎而献玉厨，五芝云敷，八桂霜靡，允执天师之礼，以旌问道之勤"[⑦]。在潘师正死后，武则天哀痛非常，并追赠其为体玄先生。[⑧]

不仅如此，咸亨元年（670）其母荣国夫人去世，她让太平公主入观为道士，以祈福禳灾。[⑨] 上元二年（675）长子李弘病逝，她为其抄写《一切道经》36部，并亲自作序。[⑩] 从以上武则天所推行的政策和行为来看，这段时期她应是在辅佐高宗，推崇道教。

---

① （清）董浩：《全唐文·上老君玄元皇帝尊号诏》卷十二，中华书局，1983，第151页。
② （元）马端临：《文献通考·选举二》卷二十九，中华书局，1986，第1171页。
③ （宋）欧阳修、宋祁：《新唐书·选举志上》卷四十四，中华书局，1975，第1163页。
④ （后晋）刘昫：《旧唐书·礼仪四》卷二十四，中华书局，1975，第918页。
⑤ 汪桂平：《潘师正生平考述》，《首届嵩山道教文化论坛论文集》，2016，第109页。
⑥ （后晋）刘昫：《旧唐书·隐逸传序》卷一九二，中华书局，1975，第5116页。
⑦ （清）董浩：《全唐文·体玄先生潘尊师碣》卷二八二，中华书局，1983，第2856页。
⑧ （后晋）刘昫：《旧唐书·隐逸传》卷一九二，中华书局，1975，第5126页。
⑨ （宋）欧阳修、宋祁：《新唐书·诸帝公主传》卷八三，中华书局，1975，第3650页。
⑩ 汤用彤：《从〈一切道经〉说武则天》，第42页。

## 2. 抑制道教

从垂拱四年（688）武承嗣进奉"圣母临人，永昌帝业"瑞石至天册万岁二年（696）嵩山封禅。在此阶段目前很少发现关于武则天相关的道教文物和遗迹遗留，此时期武则天采取的是抑制道教、扶植佛教的政策。

垂拱四年四月，武承嗣献"圣母临人，永昌帝业"瑞石之后，武则天想要登上皇位的意图就明显地显露出来了。五月她给自己加尊号为"圣母神皇"，七月，改此石为"天授圣图"。虽然武承嗣利用了道教的谶纬之说正合武则天的心意，但是道教在此后的表现却远远不如佛教。武则天的男宠薛怀义，以白马寺住持身份，大肆利用佛教为武则天做舆论上的宣传，他伙同其他僧人伪撰《大云经》，"表上之，盛言神皇受命，宣扬她为弥勒转世，当为天下主"①。武则天下令两京各州各置大云寺一所，藏《大云经》，总度僧人千人，专门派遣僧人在各地讲解《大云经》②。天授元年（690）九月九日，武则天革唐命，改国号为周，并不忘奖励这次炮制伪经的僧怀义和法朗等人，封他们为县公，赐紫袈裟、银龟袋。③ 同时发布政令提高佛教的地位，贬低道教。她下令推翻了原来自己给高宗的建议。如在永昌元年（689），废黜玄元皇帝尊号，仍称老君。④ 天授二年（691）令释教在道法之上，僧尼处道士女寇之前。⑤ 长寿二年（693），停贡举人习《老子》，改习她所编的《臣轨》。⑥ 同时更改自己的名号为"金轮圣神皇帝""越古金轮圣神皇帝"及"慈氏越古金轮圣神皇帝"⑦，非常明确地表达了她对佛教的支持。

道教和道士的地位在这段时期明显下降。如薛怀义"见道士则极意殴之，仍髡其发而去"⑧。当时不少道士或受逼迫或为邀宠纷纷弃道从佛，如洛阳大弘道观主侯敬忠，就因"永昌之岁，有逆僧怀义，持宠作威，抑尊师为僧"⑨。如武则天曾经崇信的道士郭行真，在这时又皈依了佛法。洛阳大恒观主杜乂，也上书祈求弃道从佛，

---

① （宋）司马光、（元）胡三省注疏《资治通鉴·唐纪二十》卷二〇四，中华书局，1956，第6469页。
② （后晋）刘昫：《旧唐书·则天皇后本纪》卷六，中华书局，1975，第121页。
③ （后晋）刘昫：《旧唐书·薛怀义传》卷一八三，中华书局，1975，第4742页。
④ （宋）王溥：《唐会要·尊崇道教》卷五十，中华书局，1955，第865页。
⑤ （后晋）刘昫：《旧唐书·则天皇后》卷六，中华书局，1975，第121页。
⑥ （后晋）刘昫：《旧唐书·礼仪四》卷二四，中华书局，1975，第918页。
⑦ （后晋）刘昫：《旧唐书·则天皇后》卷六，第121页。
⑧ （宋）司马光、（元）胡三省注疏《资治通鉴·唐纪二十》卷二〇四，第6437页。
⑨ 《大唐大弘道观主故三洞法师侯尊（敬忠）志文》（千唐志斋藏志），吴钢：《全唐文补遗》第2辑，三秦出版社，1995，第434页。

并著《甄正论》对道教反戈一击。①

此阶段虽然提高了佛教地位但也并没有完全废止道教,道教虽位于佛教之下,但是也一直为武则天的登基做舆论上的宣传和支持,如《大云经神皇授记义疏》中也不乏道教的谶纬。②天授二年(691)即"武周革命"的第二年,武则天就派道士马元贞前往泰山、济源、嵩山等五岳四渎投龙做功德,③《显庆岱岳观造像碑》记载了马元贞和其弟子"奉圣神皇帝敕,缘大周革命,令元贞往五岳四渎投龙作功德"。

### 3. 崇信道教

自天册万岁二年(696)嵩山封禅至其逝世,此阶段为武则天崇信道教时期。其遗留的相关道教文物和遗迹基本都处于这个阶段,这些文物和遗迹也基本上能够反映出武则天对于道教的信仰轨迹。

天册万岁二年腊月甲戌(初一),武则天前往中岳嵩山封禅。封禅活动是一种十分庄严、神圣的活动,主要目的是通达上苍、彰显帝王统治的功绩,昭告天下其统治得到上天的认可,从而体现了大周王朝的正统性。武则天在嵩山封禅的活动进行得十分顺利,封禅后她将嵩山改称神岳,册封神仙王子晋为升仙太子,重立升仙太子庙。④圣历二年(699)武则天从嵩山回洛阳经过缑氏山,看到还没有竣工的升仙太子庙,就亲自书写《升仙太子碑并序》。圣历二年,道士胡超将配制好的丹药进奉给武则天,她吃后病情大好,改年号为道教中的"久视"。几日后,大周久视元年(700)五月,率皇太子等君臣十七人,到石淙河游玩,并在摩崖上刻诗。久视元年七月七日,还是道士胡超,受武则天的委派,在嵩山的峻极峰,向昊天上帝投掷了"武则天金简"。在此阶段她曾分别派遣不同的道士到泰山上投龙祈福做功德,时间分别是大周万岁通(天)贰(年)(697),大周(圣)历元(年)(698),久视二(年)(701),长安元(年)岁(701)直至她逝世前的大周长安四(年)(704)九月和大周长安四(年)十月。

同时她将上一阶段的对于道教的抑制政策进行了重新调整。于万岁通天元年(696)下了一道《禁僧道毁谤制》:"佛道二孝,同归于善,无为究竟,皆是一

---

① (宋)赞宁撰、范祥雍点校《宋高僧传》卷一七,中华书局,1987,第414页。
② 雷闻:《道教徒司马贞与武周革命》,《中国史研究》2004年第1期。
③ 陈垣:《道家金石略》,第79~80页。书中收录碑刻上分别记载了道士马元贞在泰山、曲阜、嵩山、济源等地为"武周革命"投龙做功德。
④ (清)董浩:《全唐文·升仙太子碑并序》卷九十八,中华书局,1983,第1008页。

宗"①，这道诏令看似折中的说法，其实是又重新偏重了道家，因为佛道之争中，最为关键的是围绕着"老子化胡"，政令中说的"皆是一宗"显然是并不反对道教中的"老子化胡"说。同年，东都福先寺僧乞表求毁《老子化胡经》，武则天随后发《僧道并重敕》"老君化胡，典诰攸著，岂容僧辈，妄请削除，……明知化胡是实，作佛非谬；道能方便设教，佛本因道而生，老释既自元同，道佛亦合并重"②，可见其完全同意了"老子化胡说"，显然是明确地支持了道教。

在此阶段，她宠信张易之张昌宗兄弟，他们以为武则天炼制丹药的身份在其身边，并扮演成神仙的模样，"被羽衣，吹箫，乘木鹤，奏乐于庭，如子晋乘空"③。她宠信道士胡天师，在胡天师离开洛阳时，亲自为胡天师作诗。④ 洛阳大弘道观主侯敬忠被薛怀义逼迫弃道从佛后，又在万岁登封年（696）上表，要求重新入道"登封年，遂抗表顾复其道"⑤，并得到准许。司马承祯所写《潘尊师碑碣》追忆武则天陪同高宗一道礼遇其师潘师正的情形也是在大周圣历二年（699），这都证明了武则天对道教的态度与前阶段明显不同。

## 三 武则天对道教采取的不同态度原因之探析

据陈寅恪先生考证，武则天出生于一个受佛教影响非常深的家庭中，⑥ 她自己也曾说"朕幼崇释教，夙慕归依。"⑦ 但观其一生却与道教又有着千丝万缕的联系。从她最初推崇道教，到抑制道教，再到崇信道教，武则天在不同时期对于道教有着不同的态度。为什么其对道教的态度有如此之大的反差，其中的原因值得我们进一步进行探索。

**1. 辅佐高宗，巩固地位**

李唐王朝一直以老子的后代自居，道教作为官方宗教一直受到李唐王朝的推崇，自高宗上台后就有意识地提高道教的地位。武则天非常了解高宗的意图，在这个时期

---

① （清）董浩：《全唐文·禁僧道毁谤制》卷九十五，中华书局，1983，第983页。
② （清）董浩：《全唐文·僧道并重敕》卷九十六，中华书局，1983，第990页。
③ （后晋）刘昫：《旧唐书·张昌宗传》卷七十八，中华书局，1975，第2706页。
④ （清）彭定求：《全唐诗·赠胡天师》卷五，中华书局，1980，第58页。
⑤ 《大唐大弘道观主故三洞法师侯尊（敬忠）志文》（千唐志斋藏志），第434页。
⑥ 陈寅恪：《武曌与佛教》，《金明馆丛稿二编》，生活·读书·新知三联书店，2001，第164页。
⑦ （清）董浩：《全唐文·三藏圣教序》卷九十七，中华书局，1983，第1003页。

不断地向高宗上书进言，提高道教的地位。如使道教在科举考试中占有重要的地位，陪同高宗一起去拜谒老子，到嵩山中寻仙访道，礼遇道士等，在他们的倡导下老子的地位被提高到一个前所未有的高度。而武则天的一系列活动，也得到了高宗的认可和赞许，从显庆五年辅政，到麟德元年（664）的二圣①，直至高宗临终，其所发布的诏令中仍赞扬武后，"比来天后事条，深有益于为政，言近而意远，事少而功多，务令崇用，式遵无怠"②，肯定了其在政治上的才能和贡献。她之后能够辅佐和废立皇帝，也是得到了高宗临终时的认可，当时大臣认为她是"承天皇之顾托而有天下"③。

### 2. 为登皇位，提高佛教

垂拱四年（688）五月，武承嗣让人在一块白石上，凿了"圣母临人，永昌帝业"八个字，并以"紫石杂药"装饰起来，然后令雍州人唐同泰献给太后。④ 自此之后武则天就开始一步步策划其登基的方案。但她以女人之身和外姓之人登上皇帝的宝座是前所未有的，因此亟须得到舆论的支持。于是她利用佛教的《大云经》对外宣称其为弥勒下世，当为天下主。在利用此舆论登上皇位后，就对为其出力的佛教和和尚进行推崇和封赏。在武则天为登基做准备的同时，却得到了李唐子孙们的反对，他们纷纷起来反抗武则天，垂拱四年八月李冲于博州举兵，李贞起兵豫州，以呼应李冲。⑤ 武则天使用武力来铲除李家子孙的同时，道教作为李唐王朝的官方宗教，就自然受到排挤和打压。佛道之争在唐代一直持续，道士和尚经常互相诋毁，而武则天需要得到佛教的支持，因此就打击、压制道教，以提高佛教之地位。

### 3. 效仿李唐，显示正统

李唐王朝崇信道教有着非常明显的政治目的，为了利用道教制造皇权神授的舆论，神化李唐宗室。武则天也想效仿李唐王朝，为自己的统治披上皇权天授的外衣。武则天的男宠薛怀义作为白马寺的住持，不仅为武则天伪造《大云经》为其登基找舆论支持，而且在武则天登基后，又为她建造明堂、天堂。明堂在当时被认为是沟通天地的一个重要地方，武则天早在高宗时期就有意建造明堂，但由于种种原因未能实

---

① （宋）司马光、（元）胡三省注疏《资治通鉴·唐纪十七》卷二〇一，第634页。
② （宋）宋敏求：《唐大诏令集·改元弘道诏》卷三，商务印书馆，1959，第15页。
③ （后晋）刘昫：《旧唐书·李昭德传》卷八十七，中华书局，1975，第2855页。
④ （宋）司马光、（元）胡三省注疏《资治通鉴·唐纪二十》卷二〇四，第6448页。
⑤ （宋）司马光、（元）胡三省注疏《资治通鉴·唐纪二十》卷二〇四，第6450页。

现。武则天为登上皇位，立即建造明堂。关于明堂的功能和作用，据蔡邕《月令论》记载："明堂者，天子太庙也，所以宗祀而配上帝，明天气，统万物也。"① 高宗虽然没有建成明堂，但在执政时期曾对明堂制度进行过制定，乾封元年（667）冬下诏："自今祀昊天上帝、五帝、皇地祇、神州地祇，并以高祖、太宗配，仍合祀昊天上帝、五帝于明堂。"② 武则天在《亲享明堂制》中说："夫明堂者，天子宗祀之所，朝诸侯之位也。"③ 从以上文献来看，当时明堂既是祭祀的场所又是布政的场所，具有浓厚的宗教和政治色彩。明堂祭祀的主要对象是昊天上帝。

薛怀义在明堂建立好后，为了储放一座大佛像，又在其旁专门建立了一座更加雄伟奢华的天堂。据文献载：垂拱四年（688）"辛亥明堂成，……号曰万象神宫……又于明堂北起天堂五级以贮大像，至三级，则俯视明堂矣。"④ 薛怀义还在明堂进行佛教活动，如无遮大会，凿地为坑，佛像皆于坑中引出之，云自地涌出，来模拟弥勒下世的情形。证圣元年（696）正月十六日夜，"明堂火，延及天堂，京城光照如昼，至曙并为灰烬"⑤，二堂被焚。这次大火在重视灾异说的当时，更多地被认为是上天有意降临的灾难，是上天对武则天统治的警示。她是不是佛教中的弥勒转世？其统治下的百姓来说不得不产生了疑问。武则天随后下了罪己诏，并除去代表弥勒下世的"慈氏越古"尊号。⑥ 但大周王朝建立的舆论基础就是她是弥勒的转世，这对于痴迷于祥瑞和迷信的武则天来说应该是一个沉重的打击。虽然事后她又令薛怀义重新建立明堂以来压胜⑦，但她对于佛教的态度却开始有了转变。此后薛怀义被杀，有专家认为695年薛怀义被杀、武则天频繁造访中岳、册封神仙等举动，已经透露出她在佛、道态度上有所转变。⑧ 但代表武则天抛弃佛教转向道教的转折点却是嵩山封禅的举行。

封禅大典的顺利完成，又让武则天看到新的希望。通过封禅，她以大周国皇帝的名义向昊天上帝进行祭祀，并向其汇报了她的功德，她通过封禅再次向百姓证明其统治的正统性，她所做的一切，均属天命所归，她的统治得到了昊天上帝的认可。和李

---

① 欧阳询等编《艺文类聚》卷三十八，上海古籍出版社，1982，第851页。
② （宋）司马光、（元）胡三省注疏《资治通鉴·唐纪十七》卷二〇一，中华书局，1956，第6353页。
③ （宋）宋敏求：《唐大诏令集·亲享明堂制》卷七十三，商务印书馆，1959，第401页。
④ （宋）司马光、（元）湖三省注疏《资治通鉴·唐纪二十》卷二〇四，第6455页。
⑤ （后晋）刘昫：《旧唐书·五行志》卷三十七，中华书局，1975，第1366页。
⑥ （后晋）刘昫：《旧唐书·则天皇后·本纪六》，第121页。
⑦ （后晋）刘昫：《旧唐书·五行志》卷三十七，第1366页。
⑧ 王永平：《论武周朝政治与道教的继续发展》，赵文润、李玉明：《武则天研究论文集》，第246页。

唐王朝为自己攀附道教始祖李耳作为祖先一样，她也给自己找到了一个神仙祖先——子晋。武姓出自姬姓，《新唐书》上记载："周平王少子生而有文在手曰'武'，遂以为氏。"① 武则天一直以周氏后裔自居，而升仙太子晋为周灵王太子，他和武则天同样为周氏后裔。所以武则天推崇升仙太子，在成功封禅之后封子晋为升仙太子，并为其立庙，亲自撰写升仙太子碑文，这不仅是推崇道教、攀附神仙思想，更有着神化武周政权的意图。

**4. 确立太子，缓和矛盾**

为了登上皇位，武则天大肆残杀李唐皇室宗亲，同时任用周兴、来俊臣等一批酷吏，在朝中实行高压政策。建立大周国之后，为了缓和矛盾，在万岁通天二年（697）六月处死来俊臣，结束了酷吏政治的局面。下一步立谁为太子，立子还是立侄，成为她必须要面临的一个问题。经过一番慎重的权衡，她最终决定立李显为太子。圣历元年（698）三月，她派人秘密召回李显及家人。这年九月，武则天立李显为皇太子，李旦由皇嗣封为相王，同处宫中十余年不出庭院的李旦诸子与章怀太子李贤之子李守礼至此都封为郡王，许出外邸，作为李氏的子孙终于恢复了往日的地位和荣耀。一心想为太子的魏王武承嗣"不得立为皇太子，怏怏而卒"，于圣历元年（698）八月病逝。② 这意味着武则天百年之后将还政于李唐王朝，道教则将仍然为官方宗教。武则天为了使李氏继位得以顺利实现，并在自己百年后能使武氏免遭灭顶之灾，她在圣历二年（699）四月壬寅，"命太子、相王、太平公主与武攸暨等为誓文，告天地于明堂，铭之铁券，藏于史馆"③，让他们向昊天上帝保证和睦相处，永不争斗。此时朝中朝外展现了一片和谐的局面。第二年的久视元年（700）五月，武则天带领太子、相王、梁王等君臣十七人来到石淙河游玩赋诗，并在摩崖石上刻下诗句，所做诗句君臣一致，都是抒发求仙慕道之心意，歌咏武周王朝国泰民安之盛世。

**5. 祈求长生，继续统治**

随着年龄的增长和健康水平的下降，疾病不断地困扰着她，面对她到晚年建立起来的大周政权，她不想就这样还政给李唐王朝。相对于佛教宣扬的来生转世，道教的长生升仙更为吸引她，她迫切地想借助道教寻找到延年益寿之仙方。

---

① （宋）欧阳修、宋祁：《新唐书·宰相世系四上》卷七十四，中华书局，1975，第3136页。
② （后晋）刘昫：《旧唐书·武承嗣传》，中华书局，1975，第4729页。
③ （宋）司马光、（元）胡三省注疏《资治通鉴·唐纪二十二》卷二〇六，第6540页。

自从薛怀义被杀之后,她身边又出现了张易之和张昌宗,他们负责给武则天炼制丹药,陪她进行各种道教方面的娱乐,可见武则天在晚年已是十分沉迷于道教和炼制丹药中。据记载,她在嵩山曾有两次生病。第一次是圣历二年(699)二月,武则天拜谒升仙太子庙时,病重几天,后来跟随她一起出游的给事中栾城阎朝隐,以自己作为牺牲祭祀少室山后,她才感到病情大好。① 第二次是久视元年(700)五月,武则天在三阳宫生病时,吃了道士胡超用三年时间、花巨资所制的丹药,病情大轻,心情十分舒畅,不仅改元为久视,② 还在石淙会饮,不久又命胡超在峻极峰投下金简,胡超以天帝使臣的名义向天帝上书,希望能够为武则天消灾除罪。③ 长安四年(704)岁次的《显庆岱岳观造像记碑》上明确地表达了"表(圣)寿之无穷者也"④。

武则天在《升仙太子碑并序》中非常明确地表达了她等待上天派使者过来为其赐予长升不老之药的意愿:"方伫乘龙使者,为降还龄之符;驾羽仙人,曲垂驻寿之药。"⑤ 用武则天所作《游仙诗》中的话说,最能够表达晚年武则天对于道教态度的是:"方期久视御隆周"。

## 四 结语

以上从和武则天相关的文物和遗址入手,和史料相结合,将武则天道教信仰的历程做了较为全面的梳理,并对其背后原因做了进一步的探讨。不难看出,从武则天显庆五年(660)开始辅政到建立大周王朝,直至逝世的近半个世纪的时间中,其真正抑道崇佛是从垂拱四年(688)到天册万岁二年(696),即8年的时间,其余时间则是推崇道教。以嵩山封禅为转折点,特别是到了晚年可以说是崇信道教。她在不同时期对道教采取的不同态度、推行的不同政策和当时的政治及社会状况有着很大的关联,在早期是为了巩固地位,中期则是为登基做舆论准备,后期则是为了缓和矛盾、祈求长生、维护大周之正统等。虽然,武则天从小生长在一个受佛教影响很深的家庭

---

① (宋)司马光、(元)胡三省注疏《资治通鉴·唐纪》卷二〇六。
② 张鷟:《朝野佥载》卷五,中华书局,1979,第116页。
③ 河南博物院:《河南博物院镇院之宝》,大象出版社,2017,第10页。
④ 米运昌:《泰山唐代双束碑与武则天》,《故宫博物院刊》第3期,1986。
⑤ (清)董诰:《全唐文·升仙太子碑并序》卷九十八,中华书局,1983,第1009页。

中，但作为一个政治家，她推崇道教的同时并不排斥佛教，她扶植佛教的时候依然利用道教，同时又不断地宣扬儒学的忠孝。宗教在她这里很大程度上成为统治政权的一个工具。但是到了晚年，武则天还是不免落入追求丹药、渴望长生的唐代大多帝王都落入的窠臼之中。

# 潘师正生平考述

汪桂平

---

**内容摘要**：潘师正是唐代初年的著名道士，关于其生平经历，诸书记载颇有龃龉。本文通过对碑刻和文献资料的细致梳理，重点澄清了文献记载中的一些矛盾冲突之处。潘师正的籍贯是赵州赞皇人，而非贝州宗城人。潘师正是唐代初年来到嵩山隐居修炼，直到睿宗文明元年（684）仙逝，共在嵩山修道五十余年。其他文献关于潘师正仙逝于高宗永淳元年（682），以及其在嵩山隐修二十余年的记载，均系错误和以讹传讹。潘师正有入室弟子十余人，其中继任为隆唐观主的衣钵传人，名"韩法昭"，而非"韦法昭"。唐高宗与潘师正的交往异常密切，不仅多次召见问道，还多次亲临潘师正居住的精舍。

**关键词**：潘师正　道教　嵩山　唐高宗　隆唐观　奉天宫

**作者简介**：汪桂平，中国社会科学院世界宗教研究所研究员。

---

潘师正是唐代初年的著名道士，因师事茅山宗师王远知，尽得其隐诀秘箓，成为上清派第十一代传人。又因其长期居住嵩山修炼，道业高深，信徒众多，唐高宗和武后多次召请问道，尊宠异常，赐观赐物不断，这些都大大促进了嵩山道教的复兴与繁荣，故而潘师正是唐代嵩山道教史上宗师式的人物。

关于潘师正的生平经历，碑刻和文献多有记载。

潘师正作为嵩山隆唐观的祖师爷，死后不久，其弟子韩法昭等人就在隆唐观前为其立有两通碑：一通题《唐默仙中岳体玄先生太中大夫潘尊师碣文并序》（简称《潘尊师碣》），大周圣历二年（699）二月八日立，雍州司功王适撰文，弟子司马承祯书；另一通题《续唐故中岳体玄先生潘尊师碑颂》，大约同时所立①，右拾遗陈子昂

---

① 陈碑所立时间，史无明载，但据碑题及碑文内容来看，当是陈子昂应潘师正弟子韩法昭之请所写，是接续王适所撰《潘尊师碣》之后的一篇颂文，故曰"续唐故中岳体玄先生潘尊师碑颂"。两碑所立时间应为同时。

撰文。前碑现在仍存于嵩山老君洞南，但早已断为两截，字迹多有漫漶。碑文在《嵩书》卷二十、《全唐文》卷二八二、《嵩阳石刻集记》卷上、《金石萃编》卷六二等文献中均有完整收录，国家图书馆亦收藏有清人拓片，今人陈垣先生《道家金石略》所收的全文更成为通行的文本①。后碑无存，碑文存于《陈子昂集》卷五、《文苑英华》卷八四八、《全唐文》卷二一五等文集中。这两通碑刊立的时间在公元699年，距离潘师正仙逝时间（684）也就十多年，因而所载潘师正的生平事迹翔实可靠，是关于潘师正最早的第一手资料。

潘师正作为唐代历史上的著名道士，正史著作如《旧唐书》《新唐书》中均有其传记，道教史传类著作如《真系》《历世真仙体道通鉴》《茅山志》《玄品录》《三洞群仙录》等，亦多记载其事迹。然而，这些记载互有矛盾冲突，或龃龉不清或有演绎增衍之成分，以至后世治史者多因循其误，以讹传讹，造成阅读或理解上的迷误。如关于潘师正的籍贯，《旧唐书》曰赵州赞皇人，《新唐书》则曰贝州宗城人；又如潘尊师在嵩山修道的时间，或曰五十余年，或曰二十余年，如此等等，令人迷茫，故有必要对潘师正的生平进行一番考证。

本文以大周圣历二年（699）的两通碑刻为主要依据，结合其他史料，以年代为序，对潘师正的生平经历进行梳理，并重点考证其籍贯、生卒年、隐修时间、帝王召见、弟子姓名等项，对诸书记载不清或矛盾冲突的地方，指出其正误，力求还原真实的历史。

## 一 籍贯与童年

关于潘师正的籍贯，诸书记载不一。主要有两种说法，一说赵州赞皇人，一说贝州宗城人。

现存最早的记载，来自圣历二年（699）的《潘尊师碣》，曰"赵国赞皇青山里人"②，其次是唐贞元二十一年（805）李渤撰《真系》，云"赵州赞皇人"③，再次是

---

① 陈垣编纂，陈智超、曾庆瑛校补《道家金石略》，文物出版社，1988，第83~85页。标题为《唐默仙中岳体元先生太中大夫潘尊师碣文并序》，其中"体元先生"应为"体玄先生"（据原拓），"玄"字盖清人避讳而改，《道家金石略》因循之。
② 王适：《潘尊师碣》，陈垣：《道家金石略》，第83页。
③ 李渤：《真系》（载《云笈七签》卷五），《道藏》第22册，第29页。

五代刘昫的《旧唐书》，亦主张是赵州赞皇人。然而，宋欧阳修《新唐书》却曰："潘师正者，贝州宗城人"①，宋司马光《资治通鉴》亦曰"宗城潘师正"，其后成书于元代的《茅山志》《历世真仙体道通鉴》均曰"贝州宗城人"。

很显然，五代以前的史料均认为潘师正是赵州赞皇人，而宋元时期的记载却说是"贝州宗城人"。考其所据，北宋司马光在《资治通鉴考异》卷一〇"永隆元年二月宗城潘师正"条有所说明："《旧传》：师正，赵州赞皇人。今从实录。"② 就是说，宋代司马光编写《资治通鉴》、欧阳修编撰《新唐书》的根据，是《唐实录》。当然，《唐实录》是记录唐朝史事的官修编年体史书，资料来源于档案、起居注等，比较可靠，故司马光采用了《唐实录》的说法。宋元以后之著述，多沿用司马光的观点。

那么，司马光的考证是否可以成为定论？《唐实录》现已无存，司马光考证时提到的《旧传》，即《旧唐书·潘师正传》，编写于五代时期，比较于《唐实录》，确实相差一个时代。然而，司马光考异时并未提到时人所立碑刻《潘尊师碣》，它才是关于潘师正生平的最早和最准确记载。可以说，司马光的考证遗漏了重要的资料，存在一定的局限，故不能完全认同。

因此，笔者主张应以时人的最早记载为依据，确认潘师正的籍贯为赵州赞皇人。

关于潘师正的童年经历，诸书记载略同。据载，潘师正出生之夜，满室有光，识者认为是"天阶之祥，非世贵者"。尽管如此，潘师正还是接受了标准的儒学教育，自幼即通读儒家六经，兼学黄老之书。"年十二，通《春秋》及《礼》。见黄老之旨，薄儒墨之言，白云在天，心已遐岭。"③ 就是说，在十二岁之前，潘师正尽管生有仙相，喜好黄老，但还是作为一个儒士被培养。然而，在他十三岁时，潘家发生了一场重大变故，即潘母的离世，彻底改变了潘师正的人生轨迹。幼年丧母对潘师正打击巨大，他伤心欲绝，庐于墓侧，守孝多年以后，遂毅然谢俗，走上了寻真修道之路。

但是，对于潘师正父母的生平和他少年向道的因缘，五代以前的史料着墨不多，如《潘尊师碣》中只寥寥数句："十三丧母氏，攀坟柏以泣血，伏冢庐而椎心，缅维大孝严天，非负土之义，慎终崇德，实致福之基。"④ 但是到了宋元道书如《历世真

---

① 《新唐书》卷一九六《隐逸·潘师正传》，中华书局，1975，第5605页。
② 《资治通鉴考异》卷一〇，《钦定四库全书》本，第21页。
③ 王适：《潘尊师碣》，《道家金石略》，第83页。
④ 王适：《潘尊师碣》，《道家金石略》，第83页。

仙体道通鉴》《茅山志》中，对于潘师正的父母有了更翔实生动的描述，元赵道一编《历世真仙体道通鉴》卷二五曰：

> 祖居常，周楚州刺史，父寔，隋通州刺史。母鲁氏，善言名理。师正始生，有光。邻母善骨法，谓此儿不仙即贵。及能言，授六经皆通。且曰：此书外，有过此者乎？母曰：惟《道德》五千文尔。遂诵之。及母病将危，谓师正曰：死者人之大期，期至而往，吾何恨哉。然汝尚幼，不免为吾念。师正泣血捧母手曰：若天夺慈颜，某亦不能生。母曰：汝若毁灭，非尽终始之孝也。师正殒绝良久，曰：忍死强生，当绝粒从道，庶凭真教以为津梁。母摩其顶勉之。①

可以看出，这段记载不仅增加了潘师正祖、父的姓名官职，而且重墨描写了一个向潘师正传授《道德经》，并引导其走上道教之路的崇道母亲形象。这些内容不见载于唐代文献，大概是宋元以来对潘师正事迹和形象的不断演绎而成。

## 二 茅山求道

关于潘师正的求道经历，王适《潘尊师碣》曰：

> 大业云季，回手谢俗，启金丹之术，祈玉清之台，却粒而练肌……时升玄真人王君居在茅山，山有华阳洞天，群仙之府，乃负笈潜往，结草幽居，受秘录于金坛，奉玄文于石室。②

陈子昂《续唐故中岳体玄先生潘尊师碑颂》载：

> 初学茅山济江水，乃入华阳洞天里，道逢真人升玄子，授以宝书青台旨。③

唐李渤《真系》亦曰：

---

① 《道藏》第 5 册，第 245 页。
② 陈垣：《道家金石略》，第 83 页。
③ 《陈子昂集》卷五，中华书局，1960，第 99~100 页。

> 隋大业中入道，王仙伯尽以隐诀及得符箓相授。①

根据上述记载，可以肯定两点：第一，潘师正在隋大业（605~617）末年决定离家舍俗，修炼向道；第二，潘师正负笈远往茅山华阳洞天结草而居，拜师于茅山道士王远知（谥号升玄真人，又称王仙伯），并得到王远知的秘录真传。

上述诸书对于潘师正学道的细节并无详述，而宋元时期的道教典籍如《历世真仙体道通鉴》《茅山志》等，却详细记载了潘师正早年的求道经历，更具故事性和可读性。元赵道一《历世真仙体道通鉴》卷二五载：

> 隋炀帝大业中，有道士刘爱道，见而器之，曰：三清之骥，非尔谁乘之。时茅山王远知为炀帝所重，每诏入禁中，躬荐松水以祈福庆。爱道谓师正曰：吾非不欲尔相从，然成就功道，非远知不可。远知既见，忻然谓爱道曰：今日复有潘仙，吾教之幸也。由是隶道士籍，授三洞隐诀真文。未几，远知请还茅山，师正侍行。渡扬子江，饮秽水，痢下如凝脂。遂梦见一人衣冠皓鲜，乘空而下，授白药一粒，饮之。及寤而愈。②

这里主要讲述了两个故事，一个是道士刘爱道看中了资质优异的潘师正，但并没有把他留在自己身边，而是介绍他拜师于名重一时的茅山宗师王远知。另一个故事是讲潘师正随侍师父王远知南下时生病，夜梦神仙赐药而愈。

上述故事中的神仙之事自然无从查证，但文中提到的道士刘爱道却是确有其人。刘爱道又名刘道合③，唐代初期的著名道士，亦修炼于嵩山。《旧唐书·刘道合传》载："道士刘道合者，陈州宛丘人。初与潘师正同隐于嵩山，高宗闻其名，令于隐所置太一观以居之。"④ 作为太一观主的刘道合，又见于唐开元六年（718）所撰的《大唐大弘道观主故三洞法师侯尊（敬忠）志文》，文曰：侯敬忠于"龙朔二载，睿宗帝降诞日，□出家焉，便居郑崇灵观。既名列道枢，而愿进真位，遂诣中岳太一观刘合

---

① 《道藏》第22册，第29页。
② 《道藏》第5册，第245页。
③ 赵道一：《历世真仙体道通鉴》卷二九《刘道合》曰："刘道合者，一名爱道，陈宛丘人。"《道藏》第5册，第270页。
④ 《旧唐书》卷一九二《隐逸·刘道合传》，中华书局，1975，第5127页。

尊师□受《真文》《上清》，便于嵩阳观黄尊师处听读《庄》《老》"①。上文中的"中岳太一观刘合尊师"，无疑就是《旧唐书》中的刘道合。可见，刘道合（爱道）是与潘师正齐名的唐高宗时期的著名道士。

尽管刘爱道实有其人，但刘爱道推荐潘师正拜师王远知的故事，却不见载于唐代文献，该事最早的记载大概始于北宋贾善翔的《高道传》。据《三洞群仙录》卷二〇引《高道传》曰：

> 潘师正奉母至孝，母丧，乃庐于墓侧。道士刘爱道见而奇之，云：三清之骥，非汝谁乘之邪。②

《高道传》原本十卷，北宋道士贾善翔编写，大概亡佚于元明之际，《宋书·艺文志》《遂初堂书目》《道藏阙经目录》均列其书目。后世道教典籍如《历世真仙体道通鉴》《三洞群仙录》《茅山志》等，多引用《高道传》之内容，上述经籍中记载的关于潘师正与刘爱道的故事，即来源于此。

就是说，刘爱道举荐潘师正的故事是在北宋初年才流传开来，距离他们生活的唐代初年已经过去了数百年，唐人文献中亦查无所载，因此其中的附会与演绎成分不可避免。在历史上，由于道教人物常常云游四方、飘忽不定，或隐居深山、神秘莫测，故社会上流传着他们各种各样神奇的传说，而道门传记亦常常将想象、传说与真实交错在一起，难辨真假，甚至有些故事流传已久，早成典故，故无须也无从考辨。

## 三　嵩山隐修

潘师正随侍师父左右，在茅山幽居多年，一心求道，深得王远知的赏识，终于获得道门真传，成为入室弟子。史载"潘师正、徐道邈同得秘诀，为入室弟子"，"王仙伯尽以隐诀及得符箓相授"③。在获得道门秘传之后，潘师正就被师父王远知指派到中岳嵩山修炼弘道，所谓"王君以尊师名著紫简，业盛黄丘，指以所居，告归中

---

① 《全唐文补遗》第 2 辑，三秦出版社，1995，第 434 页。
② 《道藏》第 32 册，367 页。
③ 李渤：《真系》（载《云笈七签》卷五），《道藏》第 22 册，第 29 页。

岳"①。传说王远知曾嘱咐潘师正说:"吾虽欲留汝于此,而嵩阳乃汝修真之地,当亟往也"②。

潘师正遵从师嘱,来到嵩山,并努力寻找山高林密、人迹罕至之地进行修炼。他先在嵩山双泉顶潜心修炼了十年,但他仍嫌此地能够听到樵歌,不够隐幽,于是攀岩登壁,找到一处极幽场所——嵩山逍遥谷。他发现此地"有古仙之迹,雄峰晃朗,抗升天之阶,牡谷空蒙,洞入冥之路"③,是隐居修炼的绝佳胜境。于是潘师正在林石间结茅而居,隐迹忘形,清静寡欲,邈与世绝,心与道合。关于这段隐修经历,诸书均有记载,其中王适《潘尊师碣》所载最为详细:

> 于是因林石结茅构,烧枫柏而戒埽,练松苵以存精,志逸翔云,神合浩气,吞沆瀣以龟息,吸裔皇以龙盘,青古不留,丹田已见,冥寂五纪,邈与代殊,想望三清,悠然景会。……后年季夏一日,谓弟子曰:吾获保兹岭,于今五十余年,灵异在谷,仙鹤满野。④

陈子昂作颂曰:

> 今守嵩山玉女峰,云栖穷林今五纪。圣人以万机为贵,而我以天下为累,圣人以大宝为尊,而我以天下为烦,是以冥居于崾垒,寄遗迹于轩辕。⑤

唐李渤《真系》载:

> 栖于太室逍遥谷,积二十年,但嚼松叶饮水而已。⑥

《旧唐书·潘师正传》曰:

---

① 王适:《潘尊师碣》,陈垣:《道家金石略》,第83页。
② 《历世真仙体道通鉴》卷二十五《潘师正》,《道藏》第5册,第245页。
③ 王适:《潘尊师碣》,陈垣:《道家金石略》,第83页。
④ 王适:《潘尊师碣》,陈垣:《道家金石略》,第83~84页。
⑤ 《陈子昂集》卷五,第100页。
⑥ 《道藏》第22册,第29页。

师正清净寡欲,居于嵩山之逍遥谷,积二十余年,但服松叶饮水而已。①

《历世仙体道通鉴》载:

于是与刘爱道合居双泉顶间二十余年,复庐于逍遥谷,食饮惟青松涧水而已,洗心忘形,与草木俱。所修经法,有太清之道三,中真之道六,下清之道八。②

根据以上记载,潘师正在嵩山隐居修道多年,是公认的事实,但具体修道多长时间,各书记载有较大的差异。王适碑曰"冥寂五纪""五十余年",陈子昂碑曰"云栖穷林今五纪",按一纪为十二年,五纪即为六十年,则二碑所载潘尊师在嵩山隐修的时间为五十余年,或者说六十年。考上述两通碑文,分别为唐代儒学官员王适和陈子昂所撰,他们与潘师正及其弟子司马承祯等人交往密切,而且立碑时间是在潘师正仙逝后不久,碑刻所记是当时所有最早、最全面的有关潘师正的资料,因此二碑明确记载潘师正隐居嵩山的时间是"五纪",或曰"五十余年",这应该是没有疑义的。又,据《唐故蝉蜕刘真人传》载:"刘道合者,一名爱道,陈宛丘人也。……武德中,入嵩山与潘师正同居"③。如果说刘道合在唐武德年间(618~626)入嵩山与潘师正同居,则潘师正开始隐居嵩山的时间最迟也在武德年间,距离潘师正仙逝时间(684)大约六十年,这也证明了上述二碑所载"五纪"的准确。

但是《真系》《旧唐书》《历世真仙体道通鉴》等书均载为"二十余年"。两者相差近四十年,又作何解释呢?考"二十余年"之说,最早来自唐李渤的《真系》,盖"二"字大概是"五"字在刻写流传过程中因形似而产生的笔误。其后著述多引用《真系》之说,以讹传讹而已。

潘师正在嵩山修道五十余年,过着清心寡欲、简朴自然、与世隔绝的生活,据说他住在自建的小茅屋里,睡的是薜荔绳床,食饮唯青松涧水而已。经过长时间的静心修炼,潘师正的思想已经达到超凡入圣、与道合真的境界。

潘师正在嵩山隐修期间,尽管与世隔绝,但还是有二三道友,并收有若干徒弟。

---

① 《旧唐书》卷一九二《隐逸·潘师正传》,第5126页。
② 《道藏》第5册,第245页。
③ 陈垣:《道家金石略》,第717页。

根据记载，与潘师正同时在嵩山修炼的道友有刘爱道、王玄宗等人。前文已经提及，刘爱道又名刘道合，唐代初年著名道士，善符箓斋醮、祈雨驱蝗等法，并精通炼丹术。自唐武德年间开始就与潘师正一起在嵩山隐居，后来唐高宗闻其名，召入宫中，深尊礼之，并赐建太一观于其隐居之所，咸亨（670～674）中卒，传其尸解而去。《旧唐书·刘道合传》载："及将封太山，属久雨，帝令道合于仪鸾殿作止雨之术，俄而霁朗，帝大悦。又令道合驰传先上太山，以祈福佑。前后赏赐，皆散施贫乏，未尝有所蓄积。高宗又令道合合还丹，丹成而上之。"① 可见，刘道合以术名世，是高宗朝极受重用的道士。

与潘师正同时在嵩山修炼的，还有道士王玄宗。《新唐书·王绍宗传》载："绍宗兄玄宗隐嵩山，号太和先生，传黄老术"②。王绍宗，官至秘书少监，唐代著名的书法家。其兄长王玄宗，就是一位隐居嵩山的潘师正道友。又，据王绍宗甄录并书的碑刻《大唐中岳隐居太和先生琅耶王征君临终口授铭并序》③ 记载，王玄宗名承真，本琅耶临沂人，祖辈徙居江都，其本人长期隐修于嵩山石室之中，曾撰有玄图秘录，垂拱二年（686）卒，年五十五，谥号太和先生。此碑刻立于唐垂拱二年，位于嵩山现存清代建筑老君殿（即唐代隆唐观）前，保存完好。王玄宗（632～686）尽管比潘师正（586～684）年轻不少，但他们近乎忘年之交，故在其临终前，潘师正的门徒潘大通特意赶来探望，并劝其仙化后归神于中顶石室之中，曰："倘或不讳，愿归神中顶石室之中。曩者升真临终一令宅彼。况与先师平生居止，宿昔神交，冥期不沫，宜还洞府"④。潘大通劝说王玄宗归神于中顶石室，以便与先师潘师正的冥宅相近，是考虑到他们二人生前即是一起修炼的至交道友，死后亦可为邻。王玄宗仙逝后，按其临终遗言，归葬于中顶旧居之石室，并立碑一通，以记其事。又，《道家金石略》收有一通《桐柏真人茅山华阳观王先生碑文并序》，题"朝散大夫行江宁县令河南于敬之撰，琅耶王玄宗书"⑤，则此"王玄宗"应即嵩山道士王玄宗，考其弟王绍宗是当时著名书法家，从碑记可知王玄宗亦善书。

总之，潘师正遵照师命，自唐初武德年间来到嵩山，先后在嵩山双泉岭及逍遥谷

---

① 《旧唐书》卷一九二《隐逸·刘道合传》，第5127页。
② 《新唐书》卷一九九《儒家·王绍宗传》，中华书局，第5668页。
③ 陈垣：《道家金石略》，第71～72页。
④ 王绍宗：《大唐中岳隐居太和先生琅耶王征君临终口授铭并序》，陈垣：《道家金石略》，第72页。
⑤ 陈垣：《道家金石略》，第58页。

隐修，累计在嵩山居住了五十余年，一直过着远避尘世的隐者生活。与他同时隐居修炼的道友有刘爱道、王玄宗等人，亦高标世外，道业精深。唐高宗在位期间，多次召见问道并亲临嵩山拜访，打破了潘师正的平静隐修生活，也使得其声名鹊起，并促进了嵩山道教再度走向繁荣。

## 四　帝王召见

潘师正隐居深山五十余年，虽然邈与世绝，但因其修行有德，道法高深，以至远近闻名，甚至上达宫廷。自唐上元三年开始，唐高宗多次巡幸东都洛阳，多次御驾嵩山，多次征请有道之士。潘师正刚开始不愿应命，称疾辞谢，后来不得已接诏前往，从而开始了与唐高宗的密切交往。唐高宗向潘师正询问关于人体的九宫太一之秘，关于三洞七真的原理，关于功德祈福的做法等，潘尊师均一一回答称旨。唐高宗对潘师正极度尊崇，下诏在逍遥谷为其建造一座宫观，名隆唐观，上起精思院，供潘师正居住。同时，又制命将邻近隆唐观的嵩阳观改为奉天宫，成为高宗在嵩山的离宫别苑，以便随时召见或拜访潘师正。可以说，在唐高宗晚年，两人的交往非比寻常，唐高宗不仅多次驾幸嵩山，向潘师正问道，而且在奉天宫一住就是十多天，若忘天下。同时，潘师正也获得极高殊荣，获得敕建宫观多座，各种赏赐不断，以及皇帝御驾亲临的荣誉效应，这些在客观上都助推了嵩山道教的发展与繁荣。

关于潘师正与唐高宗的多次交往，诸文献多有记载，但较为笼统，唯碑刻所载最为详细，兹以《潘尊师碣》为依据，结合其他史料，将二人的交往史实按年代顺序梳理如下。

第一，上元三年（676），唐高宗在嵩山首次召见潘师正。

上元三年，唐高宗驾幸东都洛阳，参谒嵩山，询问符书图箓之事，潘师正以"无为"推辞，"尊师以道有所申，贵有所屈，竟不膺命，对以无为"①。高宗又问山中所须，潘师正答曰："所须松树清泉，山中不乏"②。高宗叹异，遂莫留。这是二人的第一次交往，潘师正并没有回答任何问题，也没有提出任何要求，唐高宗对其无欲无为的形象深为叹异。

---

① 王适：《潘尊师碣》，陈垣：《道家金石略》，第 84 页。
② 《旧唐书》卷一九二《隐逸·潘师正传》，第 5126 页。

第二，仪凤三年（678），唐高宗巡幸许昌，下诏邀请，但潘师正以幽疾为由，婉言谢绝。

第三，调露元年（679），唐高宗在嵩阳观会见潘师正，并亲临逍遥谷潘师正居所。

调露元年（679）孟冬月（十月），唐高宗与武则天驾临嵩山，他们在嵩阳观与潘师正会晤，斋心问道。此次会面甚为融洽，所谓"乃清碧瑶之坛，访皇人之道，会师于嵩阳观焉。"会面之后，唐高宗又亲自移驾，送潘师正回逍遥谷，并造访潘尊师居住的茅屋，一路上所见所谈甚为愉快，所谓"访天人之际，究性命之元，欣然顺风，叹以颓景，睿情邈伫，欲罢不能"①。在见到潘尊师居住的地方后，唐高宗更加感叹惊异，因为其居处不仅体现了自然之道，浑然天成，朴素简单，"鸿崖龁以抗室，赤松森而环阶，药铫绝烟，无若火化，林扉拥雾，有同巢居"②，屋内的陈设更是简易至极，且已破旧不堪，"薜荔绳床将朽败，余无火粒之具，惟有两大瓢"③。于是，唐高宗敕命有司，在潘师正居住的逍遥谷建造宫观，赐名隆唐观，岭上别起精思院，作为潘师正的起居之所。

唐高宗亲临逍遥谷潘师正居所，又见于《旧唐书·高宗纪》，曰："（调露二年二月）丁巳，至少室山，戊午，亲谒少姨庙，赐故玉清观道士王远知谥曰升真先生，赠太中大夫，又幸隐士田游岩所居。己未，幸嵩阳观及启母庙，并命立碑，又幸逍遥谷道士潘师正所居。甲子，自温汤还东都"④。《旧唐书》所载唐高宗幸嵩阳观及潘师正居所，是在调露二年（680）二月，与碑文载"调露元年十月"在时间上有所差异，但基本事实相同。

第四，调露二年，唐高宗在洛阳会见潘师正，下诏将嵩阳观改建为奉天宫。

明年仲春，唐高宗驾幸洛阳，以乘舆步辇接送潘师正到洛阳的配宫居住，高宗虚心问道，相会甚欢。不久潘师正要求回嵩山，高宗作赋相送。随后，敕命将嵩山的嵩阳观改建为奉天宫，成为高宗在嵩山的一处帝王行宫。此地与潘师正居住的逍遥谷隆唐观毗邻，高宗命人在逍遥谷口特开一门，号曰仙游门，又在苑北别置寻真门。奉天宫修好后，唐高宗在此居住了十多天，每日往来于山谷之中，斋心向道，若忘天下。

---

① 王适：《潘尊师碣》，陈垣：《道家金石略》，第84页。
② 王适：《潘尊师碣》，陈垣：《道家金石略》，第84页。
③ 《历世真仙体道通鉴》卷二五，《道藏》第5册，第246页。
④ 《旧唐书》卷五《高宗本纪下》，第106页。

可以想象，唐高宗在此期间与潘师正多次见面，问道至勤，定然收获不少。

第五，永隆二年（681），唐高宗在金阙亭向潘师正问道，敕建弘道坛和玄元观。

永隆二年，唐高宗和武则天又派人把潘师正接到洛阳的金阙亭相会，询问关于三洞七真的奥秘，并亲制御宴款待潘师正，殷情问道，执以天师之礼。碑曰："后年复降师于金阙亭，问三洞之阶，稽七真之秘，神皇亲馔金鼎而献玉厨，五芝云敷，八桂霜靡，允执天师之礼，以旌问道之勤"①。唐高宗向潘师正虚心问道，尊之为天师，自称为弟子，"每手诏抚问，皆具弟子姓名咨白"②，反映了唐高宗对潘师正的极度尊崇。

唐高宗又向潘师正咨询功德祈福之事，于是根据潘尊师的建议，在洛阳城内外敕建了弘道坛和玄元观两处祈福场所，由潘师正亲口命名，唐高宗亲笔题榜。随后，让潘师正遥统其纲，进行总指挥，在两处举行了盛大的斋醮祈福法事，皇帝亲临，百官观礼，灵异纷陈。碑曰："乃于太子甲第建弘道之坛，老君寿宫立玄元之观，二名禀于师口，双榜题于帝笔。"

由潘师正亲口命名的弘道坛，位于洛阳修文坊，原为太子李显的宅第，李显在永隆元年被立为太子后，遂舍旧宅而立道坛。弘道坛即后来的大弘道观，规模宏大，占有洛阳城一坊之地，是唐代东都最显赫的道观之一，与当时的政治、宗教形势有着密切的关系。③ 可以说，洛阳弘道观的建立和地位，潘师正功不可没。

第六，永淳元年（682），唐高宗专程到嵩山探望潘师正，大举营造奉天宫。

永淳元年正月，嵩山出现仙乐异象，中使具以状闻，高宗以为潘师正将要升仙，即日驾幸奉天宫，并拜谒潘师正所居之虚室。当时高宗皇帝亲行看望，帝子后妃扈从，声势浩大，山路堵塞。不过，结果是虚惊一场，潘师正暂且没事，于是高宗多加赏赐而归。

当年七月，唐高宗在嵩山之阳大举营造奉天宫。《旧唐书》卷二三《礼仪志》："高宗既封泰山之后，又欲遍封五岳，至永淳元年，于洛州嵩山之南置崇（嵩）阳县，其年七月，敕其所造奉天宫"。《唐会要》卷三十亦曰："永淳元年七月，造奉天宫于嵩山之南，仍置嵩阳县"。上述关于永淳元年（682）营造奉天宫的记载，与上

---

① 王适：《潘尊师碣》，陈垣：《道家金石略》，第84页。
② 《历世真仙体道通鉴》卷二十五，《道藏》第5册，第246页。
③ 参见雷闻《唐洛阳大弘道观考》，载《国学的传承与创新——冯其庸先生从事教学与科研六十周年庆贺学术文集》下册，第1234~1248页，上海古籍出版社，2013。

碑中提到的调露二年（680）改嵩阳观为奉天宫，时间上和内容上有所差异。陈国符先生认为，《旧唐书》所述，可能是另外一个奉天宫。① 但是，同样在嵩山之南，时间相差不过两年，似乎不太可能建两个奉天宫。因此，笔者认为，奉天宫只有一个，地址就在嵩阳观，只不过刚开始是改建，后来是大规模营建。调露二年（680），敕改嵩阳观为奉天宫，当时是小规模的改建，是为了方便与潘师正会面而采取的临时措施，奉天宫作为行宫的规模和设施都不完备，故而第二年（681）唐高宗又在洛阳行宫召见了潘师正，而不是在奉天宫。而到永淳元年（682）营造奉天宫，却是在原址的基础上，大兴土木，营建宫室，规模和设施都是按照皇帝行宫设计。针对这种大规模兴建宫室的行为，时任监察御史李善感曾上疏极言，认为高宗"营造宫室，劳役不已，天下闻之，莫不失望"②。当时承平日久，谏诤殆绝，李善感既进谏，时人甚称美之，谓为凤鸣朝阳。可见，此次营造奉天宫规模之大，劳役之重，引起了朝臣的极言进谏。

那么，永淳元年正月，潘师正有升仙之兆，唐高宗亲临问候，当年七月，高宗又在嵩山大举营造奉天宫。两者之间有何关联？唐高宗不顾谏阻执意营建奉天宫，其一方面是为封禅嵩山做准备③，另一方面是否与潘师正病重不能出山、毗邻潘师正居所的奉天宫就成为唐高宗向潘师正问道的最佳联络点有关？

第七，永淳二年（683），唐高宗两次驾幸嵩山奉天宫。

永淳元年七月，高宗下诏营建嵩山奉天宫，当年建成。第二年（683），高宗两次驾幸奉天宫。《旧唐书》载："二年春正月甲午朔，幸奉天宫，遣使祭嵩岳、少室、箕山、具茨等山，西王母、启母、巢父、许由等祠。……癸亥，幸奉天宫。……丁未，自奉天宫还东都。"④

可见，奉天宫完工不久，唐高宗就两次行幸于此，每次都在奉天宫入住很长时间。如高宗在二年正月甲午到达奉天宫，直到"夏，四月，己未，车驾还东都"⑤，在奉天宫一待就是四个月。同年，高宗于十月癸亥幸奉天宫，至十一月丁未还东都，

---

① 陈国符：《道藏源流考》，第51页。
② 《唐会要》卷三十，中华书局，1955，第557页。
③ 《旧唐书·高宗本纪》载："（永淳二年十一月）癸亥，幸奉天宫。时天后自封岱之后，劝上封中岳，每下诏草仪注，即岁饥、边事警急而止，至是复行封中岳礼，上疾而止"。可见，高宗曾三次准备封禅中岳。
④ 《旧唐书》卷五《高宗本纪下》，第110~111页。
⑤ 《资治通鉴》卷二百三"高宗弘道元年"，中华书局，1956，第6413页。

也在奉天宫住了一个多月。此次行幸，如若不是高宗头病发作，病情严重，可能还会在奉天宫待更长时间。高宗自奉天宫回到东都洛阳不久，十二月丁巳，崩于真观殿。高宗去世时，遗诏"废万泉、芳桂、奉天等宫"①。

可以说，高宗生命中的最后一年，有半年时间是在奉天宫度过的。那么，高宗晚年如此钟情于嵩山奉天宫，而奉天宫最初又是为了临近潘师正而建，并且特开二门以通往潘师正居住的隆唐观，这不能不让人联想到唐高宗与潘师正的关系。那么，唐高宗在入住奉天宫期间，是否与潘师正有过密切接触，正史资料中未见记载。考碑刻所载，亦比较含混。《潘尊师碣》曰："其后乘舆屡陟山宫，必陈□墅之间。尊师深视绝景，不降河宗之居。虽甫对云霓，类蓬壶之恍忽，而玄通寝寐，若胥庭之肸蚃"②。文中提到"其后乘舆屡陟山宫，必陈□墅之间"，虽未标明具体时间，但可以肯定的是，唐高宗屡次驾幸奉天宫时，总是要到潘师正的居所探望问道。尤其是在潘师正年岁已高、身体渐差、不便出行的晚年，唐高宗总是亲自到潘师正居住的精庐看望，并允许潘师正接驾时不必行下拜之礼。据载，"高宗皇帝每降銮辇，亲诣精庐，先生身不下堂，接手而已"③。由此可见，唐高宗与潘师正二人晚年的关系确实非同一般。

永淳二年（683）十二月，唐高宗驾崩，奉天宫亦废，潘师正黯然神伤，独守洞室，碑曰"浔而高宗厌世，乘彼白云，我师宁极，独守玄牝"④。不久之后的第二年六月，潘师正亦仙化于嵩山。

## 五　潘师正卒年考

据《潘尊师碣》载，永淳元年（682）正月，嵩山出现异常仙乐，时人以为是潘师正将要升天的征兆，唐高宗也急忙赶往嵩山看望潘师正，不过，当年潘师正并未仙逝。第二年（683）十二月，唐高宗驾崩。第三年（684）季夏（六月），潘师正端坐而化。就是说，潘师正的仙逝时间是在唐高宗崩后一年，故而圣神皇帝武则天闻讯后感叹曰："去年冬晚轩皇之驾不追，今岁秋初广成之居又寂，以此哀悼，情何可任，

---

① 《资治通鉴》卷二〇三"高宗弘道元年"，第6416页。
② 陈垣：《道家金石略》，第84页。
③ 李渤：《真系》（载《云笈七签》卷五），《道藏》第22册，第29页。
④ 陈垣：《道家金石略》，第84页。

赠太中大夫，追谥曰体玄先生，昭国礼也"①。所谓"去年冬晚轩皇之驾不追"指的就是上年冬天唐高宗去世，"今岁秋初广成之居又寂"指的是今岁（即684年）六月潘师正的仙逝。因此，碑刻明确记载，潘师正的去世时间是文明元年即公元684年。

但是，关于潘师正的去世时间，其他文献记载有不同的说法。如《真系》曰："以永淳元年（682）告化，时年八十九"②。《旧唐书》曰："师正以永淳元年卒，时年九十八。高宗及天后追思不已"③。《册府元龟》卷七八四："潘师正为道士，师事王知远，永淳元年卒，年九十八"④。《茅山志》《历世真仙体道通鉴》均载潘师正是永淳元年六月十六日解化。总之，上述史料基本都认为潘师正仙逝于永淳元年（682）。这与碑刻所载的文明元年（684）相差两年。到底孰是孰非？我认为还是原始的碑刻资料最为精准。而后世记载之所以出现两年的误差，大概是由于永淳元年（682）嵩山出现异常仙乐，中使具状上闻，高宗亲临嵩山探望，如此兴师动众，后世遂误以为潘师正仙逝于当年。

因此，潘师正的卒年可以确定为文明元年（684）。

又，《旧唐书》《新唐书》《册府元龟》等均记载潘师正"年九十八"，唯《真系》曰"时年八十九"。今从正史，按照潘师正九十八岁计算，则其生年为公元586年。

总之，潘师正生于隋开皇六年（586），卒于唐文明元年（684），享年九十八岁。

## 六　潘师正弟子考

《潘尊师碣》曰："尊师有弟子十人，并仙阶之秀，然鸾姿凤骨，眇爱云松者，唯颍川韩法昭。皆禀训瑶庭，密受琼室，专太清之业，遗下仙之俦，谷汲芝耕，服勤于我，着历岁纪也"⑤。陈子昂《续唐故中岳体玄先生潘尊师碑颂》亦曰："尊师有弟子十人，并仙阶之秀，然鸾姿凤骨，眇爱云松者，唯颍川韩法昭、河内司马子微。皆禀训瑶庭，密受琼室，专太清之业，遗下仙之俦"⑥。

---

① 陈垣：《道家金石略》，第84页。
② 《道藏》第22册，第30页。
③ 《旧唐书》卷一九二《隐逸·潘师正传》，第5126页。
④ 《册府元龟》卷七八四，中华书局影印本，1960，第9322页。
⑤ 陈垣：《道家金石略》，第84页。
⑥ 《陈子昂集》卷五，第99页。

上述二碑均载，潘师正有弟子十人。对于这个人数，其他史料有不同的说法，如《真系》载："弟子十八人，并皆殊秀。然鸾姿凤态，眇映云松者，有韦法昭、司马子微、郭崇真，皆禀训瑶庭，密受琼室，专玉清之业，遗下仙之俦矣"。《历世真仙体道通鉴》曰："弟子凡八人，并皆殊秀。然鸾姿凤态，渺映云松者，有韦法昭、司马子微、郭崇真，皆禀训瑶庭，密受琼室，专玉清之业，遗下仙之俦矣"。

其实，潘师正在嵩山修道约六十年，声望隆重，前来投奔的弟子众多，不过，真正登门入室的弟子并不多。所以上述所载，大概是根据弟子们跟随潘尊师的时间长短或获得秘传的程度来统计，故有十人、十八人或八人等不同的统计结果，不必过于纠结具体的数字，总而言之，潘师正的弟子优秀者，有十人左右。

根据相关资料，在潘师正的弟子中，其姓名可考者有韩法昭、司马承祯、郭崇真、韩文礼、潘大通、冯齐整等人。

韩法昭，颖川人，潘师正的衣钵传人，继任为隆唐观主。圣历二年（699），在嵩山为潘师正立有两通石碑，并邀请著名文人王适和陈子昂撰写碑序和碑颂。交游广泛，与唐初方外十友之宋之问、陈子昂均有交往。宋之问曾写有《使至嵩山寻杜四不遇慨然复伤田洗马韩观主因以题壁赠杜侯杜四》一诗，诗云："与君阔松石，于兹二十年。田公谢昭世，韩子秘幽埏。"其中田洗马，即指田游岩。韩观主，则指韩法昭。

考《真系》《仙鉴》所载潘师正弟子有"韦法昭"者，误，应为"韩法昭"。又，《道家金石略》移录陈子昂的《体玄先生潘尊师碑颂》，其中"韩法昭"下加注曰："'韩'应为'韦'"①，大概是受到《真系》中错误信息的影响，以至以讹传讹，将正确的注释为错误的。

司马承祯（647~735），字子微。自幼师事潘师正，深得赏异，传其符箓及辟谷导引服饵之术，是继潘师正之后茅山上清派的第十二代传人。曾遍游天下名山，又长期隐居于天台山，自号"天台白云子"。与陈子昂、卢藏用、宋之问、王适、毕构、李白、孟浩然、王维、贺知章为"仙宗十友"。武则天、唐睿宗、唐玄宗多次召见问道，回答称旨。开元十五年又召入宫，玄宗让其在王屋山自选形胜，敕建阳台观以居之，赏赐甚厚。开元二十三年（735）卒，年八十九，制赠银青光禄大夫，谥曰贞一先生，又御制碑文。事见《旧唐书》《新唐书》《真系》《历世真仙体道通鉴》等。

---

① 陈垣：《道家金石略》，第92页。

郭崇真，潘师正优秀弟子之一，《真系》《历世真仙体道通鉴》载其姓名，生平无考。

韩文礼，潘师正弟子之一，《历世真仙体道通鉴》载，潘师正"忽谓弟子韩文礼曰：为吾造石室于北岩之下，夏末当迁居"①。可见，韩文礼是潘师正临终前委以营造石室重任的弟子。

潘大通，潘师正门徒。据《王征君临终口授铭》②载，垂拱二年（686）道士王玄宗在洛阳病重，潘大通从中岳前来看望，并劝其羽化后归葬于中顶石室之中，以与其先师潘师正葬在一起。可见，潘大通作为潘师正的同族和门徒，在潘师正仙逝后，一直居住在嵩山，并与潘师正生前密友王玄宗等人交往密切。

冯齐整，潘师正弟子之一，著名道士吴筠的师父。据唐礼部侍郎权德舆撰《宗玄先生文集序》载，吴筠于天宝初"宅居于嵩阳丘，乃就冯尊师齐整受正一之法。初，梁贞白陶君以此道授升玄王君，王君授体玄潘君，潘君授冯君，自陶君至于先生，凡五代矣"③。可见，吴筠所受道法，是自陶弘景——王远知——潘师正——冯齐整一系相承而来。又，天宝二载立碑《玉真公主受道灵坛祥应记》载："有若监度保举中岳三洞炼师冯齐□王玉京、同法坛西岳道士敬延寿……咸同盛观"④。则此"中岳三洞炼师冯齐□"应即吴筠的师父冯齐整，他曾担任玉真公主道坛的监度大师。

上述数人，乃有名可考的潘师正嫡传弟子。实际上，潘师正作为德高望重的一代宗师，又在嵩山居住五十余年，同时期在嵩山修炼的众多道士，他们大多数或多或少与潘师正有着一定的师承关系。

## 七　小结

本文通过对碑刻和文献资料的细致梳理，考述了唐代著名道士潘师正的生平经历，重点澄清了文献记载中的一些矛盾冲突之处。认为潘师正的籍贯是赵州赞皇人，而非贝州宗城人。认为潘师正是唐代初年来到嵩山隐居修炼，直到文明元年（684）

---

① 《道藏》第 5 册，第 246 页。
② 陈垣：《道家金石略》，第 72 页。
③ 《道藏》第 23 册，第 653 页。
④ 陈垣：《道家金石略》，第 140 页。

仙逝，共在嵩山修道五十余年。其他文献关于潘师正仙逝于永淳元年（682），以及其在嵩山隐修二十余年的记载，均系错误和以讹传讹。认为潘师正有入室弟子十余人，其中继任为隆唐观主的衣钵传人，名"韩法昭"，而非"韦法昭"。

另外，关于潘师正与唐高宗的交往，也并非一般认为的唐高宗多次召见问道，而是多次召见之外，唐高宗还多次亲临潘师正居住的精舍。自从调露元年（679）唐高宗在嵩阳观会见潘师正并相谈甚洽之后，直至永淳二年（683）唐高宗驾崩的五年间，几乎每年唐高宗均不止一次地面晤潘师正，或者在洛阳行宫召见之，或者到嵩山与潘师正会见。与此同时，唐高宗又在嵩山大兴土木，不仅给潘师正修建了隆唐观、精思院，而且在毗邻隆唐观的地方为自己营造了奉天宫。作为帝王行宫的奉天宫原址在嵩阳观，初期只是简单改建，后来经大规模营造而成为唐高宗的嵩山行宫。高宗生命中的最后一年几乎有一半的时间都是在奉天宫度过的，其间唐高宗到邻近的隆唐观探望潘师正并问道谈玄，应是常有之事。唐高宗与潘师正的密切交往，可见一斑。

# 《中国本土宗教研究》 征稿函

近三十年来，中国的宗教学研究逐渐走上快速发展之路，在研究领域、研究方法方面有很大的进展，关于中国本土宗教的研究也在不断深入，资深学者有新的成果，年轻学者也提出了很多有价值的新观点。鉴于中国宗教学专门期刊的数量有限，我们决定编辑出版这本《中国本土宗教研究》集刊，向全世界的中国宗教研究学者约稿。

《中国本土宗教研究》由中国社会科学院道教与民间宗教研究室主办，定位是反映当下领域研究最新成果的论集。基于鼓励学术创新的原则，在保证论文研究水平的前提下，不对研究方法和对象做限制，不做字数要求，不持特定学术立场，不设栏目。为了保证学术质量，论文将接受匿名审稿。另外，目前刊物仅接受中文稿件。来稿注释体例以《中国本土宗教研究》（第一辑）为准。

为了提高编辑效率，请来稿统一发送 Word 电子版，并在电子邮件的"主题"一栏注明"《中国本土宗教研究》投稿"。超过四个月没有收到反馈意见可以转投他处。

编辑部联系方式：

投稿邮箱：wanghaoyue@ cass. org. cn

地址：北京市东城区建国门内大街 5 号中国社会科学院世界宗教研究所道教研究室

《中国本土宗教研究》 编委会

图书在版编目(CIP)数据

中国本土宗教研究.第三辑/汪桂平主编.--北京：社会科学文献出版社，2020.5
　ISBN 978 - 7 - 5201 - 6598 - 3

Ⅰ.①中… Ⅱ.①汪… Ⅲ.①宗教 - 中国 - 文集 Ⅳ.①B929.2 - 53

中国版本图书馆 CIP 数据核字（2020）第 069096 号

中国本土宗教研究（第三辑）

主　　编 / 汪桂平

出 版 人 / 谢寿光
组稿编辑 / 袁清湘
责任编辑 / 张馨月　赵怀英

出　　版 / 社会科学文献出版社·联合出版中心（010）59367202
　　　　　　地址：北京市北三环中路甲29号院华龙大厦　邮编：100029
　　　　　　网址：www.ssap.com.cn

发　　行 / 市场营销中心（010）59367081　59367083
印　　装 / 三河市尚艺印装有限公司

规　　格 / 开　本：787mm × 1092mm　1/16
　　　　　　印　张：20.75　字　数：371千字
版　　次 / 2020年5月第1版　2020年5月第1次印刷
书　　号 / ISBN 978 - 7 - 5201 - 6598 - 3
定　　价 / 98.00元

本书如有印装质量问题，请与读者服务中心（010 - 59367028）联系

版权所有 翻印必究